中央财经大学中央高校基本科研业务费专项资金资助
全国统计科学研究重大项目（2024LD010）
国家资助博士后研究人员计划C档（GZC20242118）

研究阐释青年丛书

# 中国数字不平等
## 统计测度、影响因素与溢出效应

周元任 ◎ 著

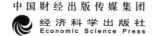

中国财经出版传媒集团
经济科学出版社
Economic Science Press
·北 京·

图书在版编目（CIP）数据

中国数字不平等：统计测度、影响因素与溢出效应 /
周元任著. -- 北京：经济科学出版社，2024.10.
（研究阐释青年丛书）. -- ISBN 978 - 7 - 5218 - 6297 - 3

Ⅰ. F492

中国国家版本馆 CIP 数据核字第 2024Y80G57 号

责任编辑：王　娟　徐汇宽
责任校对：刘　昕
责任印制：张佳裕

中国数字不平等：统计测度、影响因素与溢出效应
ZHONGGUO SHUZI BUPINGDENG：TONGJI CEDU、
YINGXIANG YINSU YU YICHU XIAOYING
周元任　著
经济科学出版社出版、发行　新华书店经销
社址：北京市海淀区阜成路甲 28 号　邮编：100142
总编部电话：010 - 88191217　发行部电话：010 - 88191522
网址：www. esp. com. cn
电子邮箱：esp@ esp. com. cn
天猫网店：经济科学出版社旗舰店
网址：http://jjkxcbs. tmall. com
北京季蜂印刷有限公司印装
710×1000　16 开　20 印张　340000 字
2024 年 10 月第 1 版　2024 年 10 月第 1 次印刷
ISBN 978 - 7 - 5218 - 6297 - 3　定价：78.00 元
（图书出现印装问题，本社负责调换。电话：010 - 88191545）
（版权所有　侵权必究　打击盗版　举报热线：010 - 88191661
QQ：2242791300　营销中心电话：010 - 88191537
电子邮箱：dbts@ esp. com. cn）

# 前　　言

当前，新一轮科技革命和产业变革正在重构全球创新版图、重塑经济社会发展结构，借助数字技术、大力发展数字经济是把握战略机遇、顺应时代潮流的必由之路。以习近平同志为核心的党中央高度重视我国数字经济发展。党的二十大报告指出："加快发展数字经济，促进数字经济和实体经济深度融合，打造具有国际竞争力的数字产业集群。"数字经济在带动经济社会发展、提升经济高质量发展水平、形成壮大新质生产力、促进共同富裕等层面具有重要的驱动、引擎作用。但与此同时由于经济差异、地理差异、群体差异等已有的多维禀赋差异存在，数字经济对经济社会发展的拉动效应可能存在异质性，这限制了我国数字经济发展带来的普惠性、包容性。

以数字鸿沟为基础、代表数字化技术分布不均衡及其经济社会影响的数字不平等现象引起了众多学术机构和研究人员的广泛关注。本书试图建立数字不平等研究框架，澄清数字不平等内涵，以测算出的数字经济综合发展指数为数据基础，探究数字经济发展空间关联网络，测算数字不平等程度并进行地区层面的分解，再从地区、居民、企业三个视角探讨数字不平等的影响因素以及数字不平等对经济社会的影响效应。为切实解决我国数字不平等及相关问题，进一步释放数字经济发展潜力，不断促进我国数字经济向更高水平、更高质量发展提供理论与实践证据。本书的主要研究结论如下：

一是从数字不平等的内涵上看，数字不平等广义上既包括一、二、三级数字鸿沟，还包括数字鸿沟引致的机会不平等和结果不平等。一、二、三级数字鸿沟分别对应传统信息通信技术接入、使用和获益的差异。数字鸿沟引致的机会不平等主要包括使用机会的不平等和参与机会的不平等。数字鸿沟引致的结果不平等主要包括经济层面的结果不平等和社会层面的结果不平等，数字鸿沟现象会加剧固有的社会不平等程度。

二是本书参考《数字经济及其核心产业统计分类（2021）》标准，按照"产品制造→销售→推广→渗透→融合"的思路，使用综合评价方法对全国及地区数字经济发展水平进行统计测度，为测算数字不平等程度提供数据基础。结果发现中国数字经济一直呈现增长态势。数字技术应用、数字要素驱动和数字化效率提升三个维度发展更快、年均增速更大。复杂网络分析的结果表明，数字经济发展空间关联网络具有显著的地理集聚性、空间通达性和非均衡性。在数字经济发展过程中，东、中、西部省份分别主要扮演"引擎"、"受益"和"要素输出"的角色。

三是本书使用基尼指数法、广义熵指数法中的泰尔 T 指数和泰尔 L 指数对全国数字不平等程度进行测算，并从四大地区视角进行分解。结果发现，全国数字经济发展的不平等程度逐渐下降，地区数字经济发展水平逐渐趋于均衡。分地区来看，东部地区和西部地区的数字不平等程度更高，中部地区的数字不平等程度较低。地区内贡献率显著大于地区间贡献率，东部和西部地区对总体数字不平等程度的贡献率相对更高。

四是从地区视角看，经济发展对数字不平等的影响呈现倒"U"型趋势，基础设施和创新水平对数字不平等的影响显著为负，社会连结程度对数字不平等的影响显著为正。不同时段内数字不平等的关键影响因素也存在差异。数字不平等对经济增长不均衡程度的影响显著为正。分时段来看，数字不平等对经济增长不均衡的影响逐渐加深。数字不平等能够通过扩大地区间生产率差异，进而增加地区间经济增长的不均衡性。

五是从居民部门视角看，家庭收入提升能够缩小不同收入水平群体间的数字技能差异，女性群体中数字技能差异更小，年龄越大群体更容易处于数字不平等中的弱势一端，受教育水平越高群体中数字技能差异越小，健康群体中数字技能差异更小，婚姻中离异和丧偶群体中数字技能差异更小，不同规模的家庭间数字技能差异在显著缩小，群体内社会网络越复杂，数字技能差异越小。数字不平等对收入、支出和主观福利的影响均显著为负。数字不平等对收入和支出的负向影响逐渐增加，对主观福利的影响呈"U"型变动。低等财富群体、低受教育水平群体、老年群体、农村群体、西部地区群体中，数字不平等产生的负向影响更大。数字不平等通过减少劳动力市场参与，降低正规型就业比例，进而降低工资性收入；通过抑制创业行为，进而减少经营性收入；通过抑制投资行为，降低财产性收入。数字支付的普及能够缓解数字不平等对支出水平的负向作用；数字不平等通过降低物流便利、限制网购行为，进而降低家庭支出水平。数字不平等能够限制居民原有社交网络的增加，限制现有社交网络的拓宽，进而降低居民生活满意度，还能够通过限制工作保障程度提升，减少正规型就业，进而降低居民工作满意度。

六是从企业部门视角看，企业经营效益越好，对应企业的数字不平等程度越低，基础设施水平对数字不平等的影响显著为负，规模相对较小的企业在数字不平等中更容易处于优势一端。数字不平等对企业生产效率呈现显著的负向影响，并且数字不平等对企业生产效率的负向影响逐渐增加。数字不平等对小型企业生产效率的负向影响更大，数字不平等对非国有企业生产效率的负向影响更大。数字不平等能够通过抑制企业创新能力，进而降低企业生产效率。数字不平等对人工成本份额的影响显著为负，并且数字不平等对人工成本份额的负向影响逐渐减弱。数字不平等对小型企业人工成本份额的负向影响更大，数字不平等对非国有企业人工成本份额的负向影响更大。数字不平等能够抑制高技能员工、非常规任务劳动力数量增加，提高常规任务劳动力数量，进而降低企业人工成本份额。

本书是在作者的博士毕业论文基础上修改、完善形成的，在此特别感谢我的博导——陈梦根教授，感谢导师的悉心教导与指点。此外，作者还要感谢在本书撰写、修改过程中提出宝贵意见的各位老师，包括吕光明教授、王亚菲教授、李昕教授、张勋教授等。本书在出版过程中得到了中央财经大学科研处丁永玲副处长和经济科学出版社王娟编辑的大力支持，在此一并致谢。本书可能存在的不足与错漏，敬请各位专家学者批评指正。

周元任

2024 年 6 月 14 日

于北京

# 目　　录

# 第一章

# 数字不平等研究概述

近年来，以互联网为代表的数字化技术飞速发展，推动全社会迅速发展和变革，全球已经进入了一个以互联网技术为内生动力的第四次技术革命时期。数字技术通过降低成本、拉动就业、促进创新等途径带动了经济增长和社会发展。但由于经济差异、地理差异、群体差异等多维因素，互联网技术接入和使用的不均衡使得数字经济对经济增长的带动效应呈现异质性，甚至可能加剧居民收入分配层面的不平等，这不利于宏观经济的"包容性增长"以及居民享受数字经济带来的"信息福利"。由此，数字不平等问题日益受到学术界和政府部门的关注。国内外学者对数字不平等问题开展了诸多研究，针对如何理解数字不平等现象的内涵，科学测度不同地区、不同群体间的数字不平等程度，探究数字不平等形成的背后机制以及溢出性影响，取得了一些成果。本章试图对数字不平等研究的最新进展进行系统评述，澄清数字不平等的理论内涵，梳理数字不平等的测度方法，探讨其背后的机制及其经济社会影响，为数字不平等的治理提供参考。

## 第一节　数字不平等的内涵

### 一、概念提出

数字不平等现象伴随着互联网的普及而逐渐显现，早期主要表现为数字鸿沟，后来逐渐演变成一种新型的不平等现象。关于数字不平等的研究也是始于对数字鸿沟的考察，最早可以追溯到阿尔温·托夫勒在1990年出版的《权利的转移》一书，但该书中并未直接给出"数字鸿沟"的定义，而是提到"信息沟壑""电子鸿沟"等相关概念。随后，关于"信息和电子技术方面的鸿沟"问题开始引起世界各国尤其是欧美发达国家的广泛关注。美国Markle基金会的总裁劳埃德·莫里斯特（Lioyd Morrisett）在1995年首次提出了"数字鸿沟"概念（Kahin and Keller，2010），美国国家通信与信息管理局（National Telecommunications and Information Administration，NTIA）从1995～2000年连续发布了主标题为《在网络中落伍》的4份有关数字鸿沟的报告，其副标题分别为《对美国农村和城镇信息穷困群体的调查》（1995）、《数字鸿沟的新数据》（1997）、《定义数字鸿沟》（1999）、《走向数字包容》（2000）。这几个报告对数字鸿沟给出了全新的定义。1999年7月，美国发布《填平数字鸿沟：界定数字鸿沟》的官方文件，代表其开始对数字鸿沟现象展开全面研究。2000年7月在日本召开的八国首脑会议通过了《全球信息社会冲绳宪章》，该宪章指出，发达国家和发展中国家在信息发展当中存在巨大的数字鸿沟，并重点讨论了如何填平数字鸿沟等问题，这是数字鸿沟问题第一次在国际组织的正式文件中出现。同年11月，在北京召开了"跨越数字鸿沟"的高层研讨会，并就数字鸿沟的本质和应对策略问题进行了深入探讨。此后，世界范围内掀起了研究数字鸿沟现象的热潮。

根据OECD（2001）的定义，数字鸿沟表示不同社会经济水平的个人、家庭、企业和地理区域之间在获取信息通信技术的机会和使用信息通信技术方面的差距。伴随着信息与通信技术（Information and Communications Technology，ICT）及其应用的不断发展，数字鸿沟现象的内涵也在不断丰富，根据现有研究的进程，大致分为三个阶段，分别为一级数字鸿沟阶段、二级数字鸿沟阶段和三级数字鸿沟阶段。

一级数字鸿沟阶段，时间跨度上为1995年至2000年。所谓一级数字鸿沟，具体是指互联网技术"是否接入"在不同地区、群体之间的差异（Dewan and Riggins，2005），一级数字鸿沟在20世纪90年代中期成为学术界考察的重点之一。伴随着互联网接入和个人计算机使用的迅速增加，在ICT技术发展较快的发达国家中，接入互联网的人口比例不断提升，一级数字鸿沟已经不再是制约数字经济发展的重点。但在诸如非洲等ICT技术较为落后的国家或地区，多数居民持续处于"信息贫瘠"状态，互联网覆盖率低是制约经济发展的重要因素之一（Aker and Mbiti，2010）。

二级数字鸿沟阶段，时间跨度上为 2001 年至 2010 年。所谓二级数字鸿沟，具体是指互联网技术技能在不同地区、群体之间的差异（van Dijk，2005），因此又被称为"技能鸿沟"。范德尔森（van Deursen）和范戴克（van Dijk）在 2019 年的研究、蒙塔尼耶（Montagnier）和维尔特曼（Wirthmann）在 2011 年的研究均发现，即使一个国家或地区的互联网普及率达到饱和后，其内部的数字鸿沟问题仍在扩大，因此数字鸿沟问题的研究方向由互联网接入转为互联网技能，而互联网技能差异不仅与 ICT 基础设施的普及相关，还与使用者的物质资本、人力资本或社会资本相关。

三级数字鸿沟阶段，时间跨度上为 2010 年至今。学者们对三级数字鸿沟的定义略有不同，但当前最主要的是通过互联网技能转化为收益的大小来判别（Wei et al.，2011）。例如，将总体划分为对互联网技能利用"占优"一方和"劣势"一方，双方在互联网接入和使用方面的机会均等。但是，受潜在的收入因素、受教育程度因素等影响，"占优"一方更倾向于使用互联网进行学习或工作，"劣势"一方更倾向于使用互联网进行交友或娱乐。其中，使用互联网进行劳动生产的"占优"方通常能够利用互联网技能获得比使用互联网进行闲暇娱乐的"劣势"方更多的收益，因此出现了三级数字鸿沟。

迪马吉奥（DiMaggio）和哈尔吉塔伊（Hargittai）在 2001 年首次提出数字不平等的概念，他们不仅考察了互联网接入差异导致的数字鸿沟现象，还深入探讨了互联网接入和使用对居民生活机会不平等的影响，认为数字不平等的本质是数字鸿沟，其表现形式还包括数字鸿沟所造成的机会不平等现象。随后，关于 ICT 技术接入或使用不均衡而带来的机会不均等的研究逐渐增多，代表性研究如国际电信联盟（ITU）（2006）认为互联网技术在扩散中带来的不平等现象可能对经济增长、人类发展和财富创造产生重大影响。迪马吉奥和加里普（Garip）在 2012 年的研究指出，ICT 技术为社会经济地位较高的人提供了更多的资本增值机会。范德尔森和范戴克（2014）认为，社会内部一直存在着不平等现象，由于社会中地位较高的成员相比地位较低的成员获取信息的成本更小，因此互联网技术造成了更大的分化，甚至加速了社会中的不平等现象。

## 二、内涵澄清

显然，产生数字不平等的直接原因是 ICT 技术接入和使用在不同地区、不同群体分布的不均衡，即数字鸿沟。但正如塞尔温（Selwyn）在 2004 年的研究所指出，在关注多维度的数字鸿沟现象时，不仅要关注对信息通信技术获取和使用的机会不均等，还应考虑这些机会不均等直接或间接导致的结果方面的不平等。因此，数字不平等在内涵上还应包括数字鸿沟现象对社会不平等的溢出性影响，而且，随着各国数字化的不断深入，数字不平等的内涵也不断丰富。基于当前数字经济发展的现状，结合数字鸿沟对经济社会产生的溢出性影响，本书认为对数字不平等现象的考察主要可以分为三个维度：传统的数字鸿沟现象、由数字鸿沟引致的机会不平等和结果不平等，如图 1-1 所示。

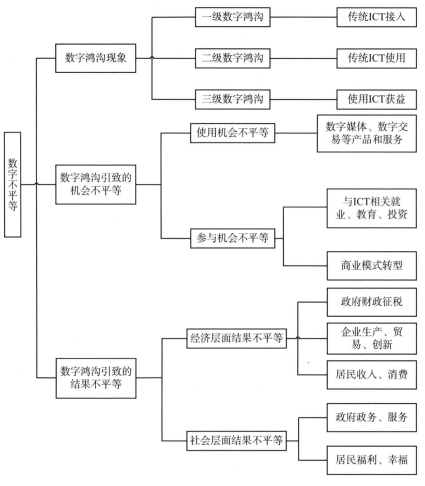

图 1-1　数字不平等的内涵

### （一）数字鸿沟现象

传统的数字鸿沟现象是造成数字不平等的直接原因，然而，数字鸿沟本身也属于数字不平等的内涵之一（张正平和卢欢，2020）。总体来看，数字鸿沟是诸如移动电话、计算机、互联网等设备和服务等传统 ICT 技术在不同地域、不同群体间分布不均衡的现象，其中，一、二、三级数字鸿沟分别表示 ICT 接入、使用和获益的不均衡（Wei et al.，2011）。这种不均衡现象会导致处于信息"优势"的一方接入并使用 ICT 技术拉大与处于"劣势"一方的差距，进而造成经济、社会等多维度的不平等。因此，数字鸿沟是最基础、最直接的数字不平等类型，也是导致经济、社会不平等的直接原因之一。

### （二）数字鸿沟引致的机会不平等

由数字鸿沟导致的机会不平等现象是数字不平等的重要类型之一，主要表现在处于信息"优势"的群体能够获得更多的与数字技术相关的机会，进一步可分为使用机会的不平等和参与机会的不平等。首先，使用机会不平等主要表现为在数字经济时代，类似于数字媒体、数字交易等数字产品和服务不断增多，在数字鸿沟中处于"优势"的一方可能凭借对数字技能的掌握而更早、更好地享受数字产品和服务带来的红利，进而增加自身的效用。其次，参与机会不平等主要表现在两个维度：一是在居民层面，掌握数字技能较好的家庭可能通过互联网、手机 App 等数字设备和服务更好地参与就业、创业，或者通过线上平台跨越空间地域的限制，更好地参与到网络课程中，实现数字化教育（Martínez，2020），或者通过在线理财平台更好地参与金融投资活动。而对数字技能掌握较差的家庭可能不能享受 ICT 技术带来的参与机会，反而可能被数字化社会排斥，或者较慢融入数字化社会。二是在企业层面，数字化程度较高的企业能够较快实现商业模式转型、管理模式改革和创新，较快融入企业数字化的潮流之中。

### （三）数字鸿沟引致的结果不平等

由数字鸿沟导致的结果不平等现象是数字不平等的另一种重要类型，主要表现为数字技术给处于信息"优势"的群体带来红利，具体又可分为经济结果和社会结果两方面的红利。在经济层面上，首先，数字经济对传统经济体系下建立的国际税收体制造成较大冲击，在国家之间出现税基侵蚀和利润转移（BEPS）行为（Fronda，2014）。数字经济发展较慢、数字技术较为落后的国家或地区对于税基侵蚀冲击的应对较慢、相关制度不完善，致使其财政收入受到影响。其次，在企业层面，数字技术具有显著的生产率效应。对于数字化水平较高的企业，其生产成本降低、生产效率提升、创新能力提高、对外贸易增加等。然而，对于数字化发展较慢的企业，其生产效率相对较低，并逐渐向数字不平等"弱势"的一方倾斜。除此之外，根据梅耶（Mayer）在2018年的研究，数字技术对生产工人的替代效应可能使得生产中的附加值下降，而生产前和生产后的附加值相对增加，因此企业数字化还可能改变企业内部雇佣结构，造成生产工人与非生产工人之间的不平等。最后，在居民层面，数字技能掌握较好的群体可能通过参与ICT相关的就业、创业、投资等行为，或通过在线平台进行工作、学习，进而增加收入、提高消费。相对于信息"弱势"群体来说，"优势"群体通过数字技能增加收入和消费的过程同时也加剧了经济不平等的程度。在社会层面上，首先，对于数字化程度较高的政府部门，其可以通过政务线上化、电子化，使得政府办公更加公开、透明，便于公民进行监督，有助于提高政务效率。然而，数字经济发展较慢地区的政府部门则受到技术限制，无法快速实施电子政务（E – government）模式。其次，数字技能较高的居民可以通过增加收入、提高消费、线上娱乐、网上服务等多种形式增加自身福利，提升主观幸福感。

## 第二节　数字不平等的测度

当前，数字经济的统计框架尚不完善。针对数字不平等的测度，现有统计大多数是关于ICT技术接入和使用的相关指标，比如刻画ICT技术接入的互联网用户数量、居民拥有计算机数量、人均互联网带宽等（ITU，2017）；再如刻画ICT技术使用的互联网浏览、通信、电子邮件、博客、在线流媒体、社交网络等（Krishnan et al.，2017；van Deursen and Helsper，2018）。可见，相关研究主要测度了数字不平等当中的一级数字鸿沟和二级数字鸿沟，对三级数字鸿沟以及数字鸿沟引致的机会、结果不平等测度问题关注较少。

## 一、测度方法

根据现有文献，对数字不平等的测度思路主要有三种：ICT 指数法、不平等指标法和计量模型方法。

### （一）ICT 指数法

ICT 指数法是当前数字不平等测度相关研究中使用较多的方法，其机理在于考察能够代表 ICT 发展水平和群体差异的指标，构建相应的 ICT 指数，通过不同地区、群体 ICT 指数相对位置的排名来考察数字不平等的大小。根据评级体系中指标的数量与综合性，又可分为单一指数法和综合指数法。在 ICT 技术发展早期，研究人员对数字不平等的理解主要停留在计算机和互联网使用与否的二元差异上，即一级数字鸿沟层面。例如，塞尔霍夫（Selhofer）和胡辛（Hüsing）在 2002 年用未接入 ICT 设备人群占总体比重表示数字鸿沟程度的方法构造了数字鸿沟指数（Digital Divide Index，DDIX），他们分别从性别、年龄、受教育程度、收入差别四个方面考察发现，2002 年欧盟 15 国中弱势群体与平均水平之间的差距较为明显，造成这种差距的因素按程度从大到小分别为收入、教育、年龄、性别。

单一指数不能全面、系统地刻画数字鸿沟的覆盖范围，伴随 ICT 技术的发展和数字媒介形式的不断丰富，相关学者逐渐将重点转向 ICT 使用差异的二级数字鸿沟上，大多采用综合指数法对数字鸿沟进行更为系统的刻画。例如，卡茨（Katz）等在 2013 年使用 2004～2010 年间覆盖 150 个国家的调查数据，从 ICT 的可负担性、ICT 基础设施、互联网接入、互联网使用、互联网技能和人力资本 6 个维度，选取 23 个相关指标，其中包括互联网使用成本/GDP、人均电信投资、互联网覆盖率、使用互联网社交人数占比等，并使用主成分分析和因子分析相结合的方法，构建了数字水平综合评价指数。瓦拉里艾（Várallyai）等在 2015 年采用因子分析方法考察数字鸿沟的整体维度，基于欧盟统计局对匈牙利的调查数据对不同维度的相关性进行实证研究，其中调查领域包括可访问互联网的家庭占比、拥有宽带连接的家庭占比、每周至少一次定期使用互联网的居民占比、从未使用过计算机的居民占比、在线订购商品或服务以供私人使用的居民占比，证实人均国内生产总值、科学和技术人力资源以及区域人口差异对 ICT 使用的影响较大。

由于统计框架尚未完善和基础数据缺乏，对 ICT 技术带来的"有益"成果，即三级数字鸿沟的测度仍处于探索中。范德尔森和赫尔斯珀（Helsper）在 2018 年从互联网使用和获益的视角，通过互联网浏览、互联网通信、电子邮件、博客、在线流媒体和社交网络等方面对数字鸿沟进行刻画，基于对荷兰的调查数据从经济、文化、社会、个人四个维度考察互联网所带来的"附加收益"，证实经济成果是互联网带来收益的最显著因素。

### （二）不平等指标法

ICT 指数法可以通过比较 ICT 发展水平的相对位置，进而考察不同地域、不同群体间数字不平等程度的大小，但这种方法不够直观和具体。因此，一些学者还提出了直接采用不平等指标的思路对数字不平等程度进行刻画，主要采用的方法如下。西希勒（Sicherl）在 2002 年提出了一种新的统计方法，即时间差距法，对西欧和北美之间的数字鸿沟进行测算，该方法的机理在于使用达到相同 ICT 水平的时间点距离来表示数字鸿沟的大小。马丁（Martin）在 2003 年根据美国商务部报告中的基础数据，利用差额比率法对计算机和互联网普及率在美国不同群体之间的差距进行测算，差额比率指标越大，表明群体间数字鸿沟的程度越大。阿尔布贾（Albuja）等在 2015 年以终端用户 ICT 的服务支出为基础数据，测算出厄瓜多尔国内的数字基尼指数，并通过考察数字设备使用的洛伦兹曲线发现，相对于固定电话和台式电脑，智能手机和手提电脑的洛伦兹曲线相对于绝对平等曲线偏倚更大，基尼指数更高。菲丹（Fidan）在 2016 年将数字鸿沟看作资源分配的不平等现象，借鉴刻画收入分配中不平等程度的基尼系数指标，将计算机和互联网的使用率作为基础数据，测算出土耳其和立陶宛两国在 ICT 使用方面的基尼系数，以刻画两国之间的数字不平等程度。

### （三）计量模型方法

如前所述，数字不平等不仅包括表示 ICT 接入、使用、收益的数字鸿沟现象，还包括数字鸿沟引致的一系列机会不平等或结果不平等，遗憾的是，现有文献对数字鸿沟引致的社会不平等现象关注极少。仅有的相关研究通常使用分位数回归模型的方法进行考察，其机理在于处于数字鸿沟不同位置的个体在经济、社会等方面的表现也存在一定差异，通过分位数回归的方法可以反映不同数字化水平的区域或群体在经济、社会等方面表现出的异质性程度，以此来刻画数字鸿沟引致的社会不平等程度。马旺林等（2019）以中国农村家庭的收入和支出为样本，利用无条件分位数回归模型考察不同数字化水平对收入、支出不平等的影响，表明收入或支出越高的农村家庭从使用互联网中受益更多。陈丛波和叶阿忠（2021）基于中国地级市样本数据，采用空间分位数自回归模型考察了 ICT 发展水平对区域经济增长的异质性影响，结果发现 ICT 对中国欠发达城市的经济增长的促进作用更大，即中国欠发达城市比发达城市能够获得更多的"数字红利"。

此外，另有学者采用计量经济模型对数字不平等成因进行判别与测度。例如，宋周莺等（2019）使用地理加权回归模型考察数字鸿沟形成的主要因素，发现居民收入、居民受教育水平是数字鸿沟的主要驱动因素，基础教育和高等教育分别是 ICT 获取、使用以及 ICT 成果差异的驱动因素。埃琳娜－布塞亚（Elena－Bucea）等在 2021 年利用因子分析模型将数字使用差异分为电子服务和社交网络两个维度，再采用多变量方差分析方法对欧盟 28 个成员国之间及其内部的数字鸿沟的成因进行考察，发现电子服务的数字鸿沟主要驱动因素为教育，而社交网络的数字鸿沟主要驱动因素为年龄。

## 二、测度实践

数字不平等的基础和直接原因是数字鸿沟，还包括由数字鸿沟导致的一系列社会不平等现象，但由于缺乏可靠数据源（官方机构调查数据较少）、数据种类单一（部分国家或地区的相关统计指标缺失）等限制，以及数字技术更新换代较快，部分与 ICT 相关的指标不具有时间连续性等原因，当前国内外机构和部门对数字不平等的测度实践较少，关注点主要停留在一、二级数字鸿沟层面。

### （一）以国际电信联盟（ITU）为代表的国际组织对数字鸿沟的测度

作为国际上研究数字鸿沟的最主要机构，ITU 对测度全球数字鸿沟工作作出了诸多贡献。在 2003 年的世界信息社会峰会上，ITU 提出了数字访问指数（Digital Access Index，DAI），2005 年，ITU 将数字访问指数 DAI 与联合国 Orbicom 项目组织开发的信息状态指数合并，形成信息通信技术机会指数（ICT – OI）。同年，ITU 在世界信息社会峰会日内瓦行动计划中还提出了一个数字机会指数（Digital Opportunity Index，DOI）。此后，ITU 又将各个指数综合统一，形成单一的信息通信技术发展指数（Information Development Index，IDI），并在 2007 年、2009 年至 2017 年发布的《衡量信息社会发展报告》中公布了测算结果。如表 1 – 1 所示，IDI 指数由 ICT 接入、ICT 使用和 ICT 技能三方面指标构成，对数字鸿沟问题的测度最具国际可比性。通过 ITU 提出的 ICT 综合指数在国家或地区之间的相对排名，可以较为直观地考察全球或区域数字鸿沟的状态。此外，从世界银行、经济合作与发展组织（OECD）、联合国教科文组织（UNESCO）等机构也可以获得部分相关数据，用于测度各国或地区的数字鸿沟，考察数字鸿沟的成因及影响。

表 1 – 1                                ICT 发展指数（IDI）指标权重

| | 指标 | 参考值 | 百分比（%） | 权重（%） |
|---|---|---|---|---|
| ICT 接入 | 每百名居民的固定电话用户数 | 60 | 20 | 40 |
| | 每百名居民的移动电话用户数 | 120 | 20 | |
| | 每个互联网用户国际带宽（bit/s） | 2'158'212 * | 20 | |
| | 家庭电脑普及率 | 100 | 20 | |
| | 家庭上网普及率 | 100 | 20 | |
| ICT 使用 | 互联网普及率 | 100 | 33 | 40 |
| | 固定宽带普及率 | 60 | 33 | |
| | 移动宽带普及率 | 100 | 33 | |
| ICT 技能 | 平均上学年限 | 15 | 33 | 20 |
| | 初中入学率 | 100 | 33 | |
| | 高中入学率 | 100 | 33 | |

注：* 表示本项指标取对数值，参考值为 6.33。
资料来源：ITU 2017 年发布的报告 *Measuring the Information Society Report*。

**（二）欧盟研究计划的"信息社会的统计指标基准"（Statistical Indicators Benchmarking Information Society，SIBIS）项目对数字鸿沟的测度**

该项目开发了一类将互联网使用差异与性别、年龄、教育程度和收入四大社会学统计因素相结合的数字鸿沟指数（Digital Divide Index，DIDIX）。最初该指数的分项指标为：使用计算机居民占比（50%）、使用互联网居民占比（30%）和在家使用互联网的居民占比（20%）。由于测算出的国家或地区之间的差异不能反映数字鸿沟真实情况，后又引入验证性因子分析方法以克服指数中权重设置的任意性。

### （三）美国商务部与国家电信和信息管理局（NTIA）对数字鸿沟的测度

美国商务部（USDOC，2002）通过使用基尼系数法、相对比率法和反相对比率法，对美国不同群体之间的计算机和互联网普及率的不均衡程度进行了测算，发现数字鸿沟程度在不断缩小。美国国家电信和信息管理局也在其发布的《在网络中落伍：定义数字鸿沟》（1999）报告中使用相对差距法和绝对差距法，利用互联网覆盖率的差异及其变化，分别描述不同人群在主要信息通信技术应用方面的差异。

### （四）澳大利亚电信公司澳洲电信（Telstra）和斯威本大学对数字鸿沟的测度

这两个机构联合发起了一个项目，开发了澳大利亚数字包容指数（Australia Digital Inclusion Index，ADII），包括三个维度的指标：互联网接入、互联网花费的可承担性和数字技能。ADII 指数的总得分是三项分指数的加权聚合，该指数自 2014 年起每年发布一次统计结果。威尔逊（Wilson）等在 2019 年的研究发现，ADII 指数自 2014 年起一直稳步增长，其中互联网接入指数已经相对较高，这反映了澳大利亚居民拥有互联网设备（尤其是智能手机）数量的激增和对数据需求的不断增长。

### （五）中国国家信息中心信息化研究部和中国互联网络信息中心（CNNIC）对数字鸿沟的测度

中国从 21 世纪初也开始逐渐关注数字不平等现象，对数字鸿沟的测度实践最早见于中国国家信息中心信息化研究部"中国数字鸿沟研究"课题组自 2005 年开始发布的《中国数字鸿沟报告》。《中国数字鸿沟报告 2006》采用基尼系数法测算了我国互联网普及率的地区差异，结果表明，随着互联网的快速普及，我国地区间差异呈逐年缩小态势，2005 年已接近人均 GDP 的基尼系数。自《中国数字鸿沟报告 2007》后，课题组开始使用相对差距综合指数法测算数字鸿沟指数（Digital Divide Index, DDI），该指数以互联网、计算机、固定电话和移动电话、彩色电视机的普及应用为依据，综合反映我国城乡、地区和性别层面的数字鸿沟。此外，中国互联网络信息中心（CNNIC）从 1997 年 12 月 1 日起不定期发布《中国互联网络发展状况统计报告》。该报告主要从互联网接入和使用层面对我国数字化发展进行了不定期评估，统计范围包括城乡、省际区域以及不同性别、年龄、学历、职业、收入的群体，统计指标从数字化发展初期时的计算机数量、域名数、站点数到数字化发展水平较高时的基础应用、商务交易、网络娱乐、公共服务等。该报告内容不断丰富，通过不同地域、群体数字化指标的比较也可以从侧面反映出中国数字鸿沟的发展程度。

## 第三节　数字不平等的"前因"与"后果"

各国社会内部普遍存在着各种不平等现象，如属于经济差异的收入不平等、消费不平等，属于社会或生活机会差异的教育不平等（van Deursen and van Dijk，2014）。社会固有的不平等会导致整个社会的资源分配不均，而资源分配的不均衡会导致数字技术获取和使用的不平等，即形成不同地区、不同群体之间的数字鸿沟，这种数字技术参与机会的不平等可能引发新的社会参与不平等，进而加剧社会资源的不平等分配（van Dijk，2017）。从这种意义上说，数字鸿沟是引致经济、社会数字化不平等的直接原因，而数字鸿沟的驱动因素是加剧经济、社会不平等的根本原因。下文针对已有文献，先从"前因"的视角总结数字不平等的形成机制研究，厘清数字化技术发展及应用引发或加剧社会不平等的途径，再从"后果"的视角考察数字不平等对经济社会发展的主要影响。

### 一、数字不平等的形成机制

数字鸿沟的驱动因素是数字不平等形成的根本原因，故考察数字鸿沟的驱动因素是研究数字不平等形成机制的必要条件。数字鸿沟的形成受多种因素影响，不同地区、不同群体间的数字不平等形成机制也不尽相同。归纳来看，数字不平等形成的根源主要可分为四个方面：物质资本的差异、人力资本的差异、社会资本的差异和政府干预，针对前两个因素的研究较为丰富。

### （一）物质资本的差异

"经济鸿沟"是形成数字不平等的最主要因素（DiMaggio et al.，2004），经济发展水平的差异导致了不同地区、不同群体间资源拥有程度和生活水平的差异，进而影响到数字技术接入和使用的机会，造成数字技术分布的不均衡现象。

物质资本的差异在宏观层面上表现为经济发展程度的差异，在微观层面上表现为居民收入水平的差异。在宏观层面上，迪马吉奥等（2004）指出，形成数字不平等的主要因素为经济发展不均衡，不同地区之间的经济发展差异制约了 ICT 技术的发展，从而直接导致一级数字鸿沟。比利翁（Billón）等在 2010 年对 142 个国家和地区的宏观数据进行实证分析发现，GDP 是唯一对所有国家的数字化发展都有显著影响的指标。赵方等（2014）认为，当前数字鸿沟研究主要分为两个维度：国家间的数字鸿沟和国家内群体间的数字鸿沟。在前一维度中，经济发展程度差异是发展中国家和发达国家数字鸿沟较大的主要原因，在后一维度中，居民收入和受教育程度差异是不同群体间互联网技能差距较大的原因。在微观层面上，秦（Chinn）和费尔利（Fairlie）在 2010 年的研究发现，以人均收入为代表的经济财富是解释计算机和互联网普及率差异的最大单一因素，发达国家和发展中国家现有的收入差异导致计算机和互联网普及率的差距分别为 43.7% 和 20.6%。蒙塔尼耶和维尔特曼（2011）通过分析 18 个欧洲国家、韩国、加拿大的 ICT 使用模式，考察家庭与个人层面的数字不平等现象，发现收入、年龄、职业、家庭中儿童的存在以及是否居住在城市地区是互联网接入和使用差异的决定因素，但在不同国家，起主要决定作用的因素不尽相同。范德尔森等（2021）依据资源和挪用理论（the resource and appropriation theory）对荷兰的物联网不平等进行调查发现，收入和受教育程度较高的人会发展必要的物联网技能，并且参与多样化的物联网设备使用并从中受益，而无法参与物联网的群体则会受到排斥。

值得关注的是，由于互联网接入和使用成本较小，随着 ICT 技术覆盖率和渗透率的不断提升，其对收入较低的"弱势群体"的带动效应也在不断增强，基于物质资本差异导致的数字不平等程度在逐渐减弱。例如，潘蒂亚（Pantea）和马腾斯（Martens）在 2013 年考察了欧盟五个最大经济体在互联网使用方面的数字鸿沟，同时考虑普遍使用和特定目的使用（休闲娱乐、提高人力资本、获得商品和服务等）两方面，发现低收入人群的互联网使用强度很高，基于收入差异的数字鸿沟正在逐渐呈现逆转态势。

### （二）人力资本的差异

在相关研究中，人力资本的差异主要涉及群体的受教育程度、年龄、性别等方面的差异。首先是教育因素。受教育程度差异是导致数字鸿沟的最显著因素，文化程度较高的地区相对来说更容易表现出较高的 ICT 渗透率。例如，戈德法布（Goldfarb）和普林斯（Prince）在 2008 年通过问卷调查研究发现，受过良好教育的高收入人群更倾向于使用互联网，并拥有较高的互联网技能。比利翁等（2010）则证实接受高等教育的人口比例与互联网和电子商务的采用呈显著的正相关关系。西岛（Nishijima）等在 2017 年通过考察巴西 2005 ~ 2013 年数字鸿沟的演变和决定因素后发现，平均受教育程度和人均收入的提高是数字鸿沟缩小的主要因素，提高群体中教育水平是减少"数字文盲"的有效途径。从机制上看，受教育程度差异导致数字不平等的影响途径在于：一是个人受教育程度越高，对数字技术的接触机会越大，并且更能够熟练掌握互联网技能，从而在数字鸿沟中处于占优的位置（Hargittai，2005）；二是高技能和高教育程度的劳动力更倾向于在城市中聚集，而城市电信基础设施通常较好，部署新型基础设施的成本更低，因此能够更好地掌握互联网技能，享受数字时代的"信息福利"（Vicente and López，2011）。

其次是年龄因素。通常情况下，老年人相对于年轻人更有可能处于数字鸿沟中的"劣势"地位，这种不同年龄段之间的数字不平等也被称为"灰色鸿沟"。秦和费尔利（2007）通过社会人口统计学特征考察了跨地区的数字鸿沟问题，其中最具代表性的特征即为年龄。研究发现，ICT 技术的采用主要与年轻一代的生活相关，老年人口比例较高的地区互联网普及率较低。希勒（Scheerder）等在 2017 年对一级数字鸿沟的研究也表明，互联网访问在具有不同人口统计学特征的个人中分布不均，而年龄因素是最具代表性的特征之一。与此同时，相关研究还发现，不仅年轻人和老年人之间存在数字鸿沟，老年人内部也存在较为明显的互联网技能分化。例如，赛尔温等（2003）发现，年龄较小的老年人、没有长期疾病且受过高等教育的已婚人士更倾向于使用互联网。李（Lee）等在 2011

年通过考察 50~64 岁的"前辈"、65~74 岁的"较为年轻的老年人"和 75 岁及以上的"较为年长的老年人"三组人群证实,互联网使用情况存在明显差异。皮科克(Peacock)和库内蒙德(Künemund)在 2007 年的研究则发现,与 55~64 岁的"前辈"相比,65~74 岁的"较为年轻的老年人"使用互联网的可能性为 63%,而 75 岁及以上的"较为年长的老年人"使用互联网的可能性仅为 30%。关于影响老年人互联网使用的机制,代表性研究如皮科克和库内蒙德(2007)认为,老年人互联网技能较差的原因主要在于:一是缺乏使用互联网的技术设备,如计算机、手机等;二是缺乏互联网的使用动机,如认为互联网中的信息无用或与自身的生命健康关联不大。李等(2011)将影响老年人互联网使用的因素归纳为四点:一是人际因素(如使用动机和自我效能感);二是功能限制(如记忆力下降);三是结构性限制(如预算约束紧并且为使用互联网愿意付出的成本较小);四是人际关系限制(如缺乏帮助其使用互联网的人员或群体)。

最后是性别因素。"性别鸿沟"是数字鸿沟的一个重要表现形式,性别数字鸿沟可能使女性无法从技术革命中获得与男性同等的收益。但是,现有文献中有关互联网使用的性别差异的研究较少。库珀(Cooper)在 2006 年通过检验性别差异对互联网技能的影响发现,在学习计算机或借助计算机辅助进行学习时,女性相对于男性处于劣势。欧盟委员会(2012)利用欧盟、挪威和冰岛的个人和家庭数据估算互联网使用频率后发现,年龄较小、性别为男性、居住在城市地区、收入水平较高、就业或参与劳动等因素对互联网使用产生正向影响。沃瑟曼(Wasserman)和里士满-阿博特(Richmond-Abbott)在 2005 年的研究还发现,互联网的使用水平与使用者自身掌握的网络知识相关,男性的网络知识掌握比例明显高于女性,因此导致女性掌握互联网技能的速度较慢。此外,也有少数学者对数字鸿沟中的性别差异提出质疑,如弗里梅尔(Friemel)在 2016 年通过 Logistic 回归模型对瑞士的一项代表性调查数据进行分析发现,若控制教育程度、收入、对互联网的兴趣、退休前互联网使用情况和婚姻状况指标,那么互联网使用中的性别差异将消失。

## (三)社会资本的差异

数字鸿沟不仅表现为 ICT 的接入和使用差异,更是一种多维现象,其中社会资本分布的不均衡可能会对数字鸿沟的形成产生影响，包括不同地区之间社会、文化的差异。迪马吉奥和哈尔吉塔伊（Hargittai）在 2001 年的研究认为，社会资本是个人或组织获取和利用 ICT 技术的重要因素，其中的社会性因素主要来源于社会网络中的家庭、邻里、社区和其他组织或群体对数字生活的认知、态度、规范和文化等。维森特（Vicente）和洛佩兹（López）在 2011 年通过对欧盟 27 个成员国的数字鸿沟进行测算和比较发现，社会、文化等因素的差异是各个国家之间存在较大差异的原因之一。阿加瓦尔（Agarwal）等在 2009 年从社会学习的角度进行分析发现，城市居民由于能够从邻居处学习如何使用互联网，使用互联网的社会成本比较低，更容易掌握互联网技能。

### （四）政府干预

政府因素也是导致数字鸿沟现象的重要因素之一，原因在于政策靶向的不同会使居民使用互联网基础设施和服务的机会不均等。秦和费尔利（2010）研究发现，人力资本、ICT 基础设施、监管基础设施等方面的公共投资能够有效缓解个人计算机和互联网接入和使用方面的差距。菲利普（Philip）等在 2017 年也指出，政府大力推行基础设施建设能够促进数字化技术的推广和渗透。斯泽尔斯（Szeles）在 2018 年的研究表明，国家和地区层面的诸多因素在形成数字鸿沟方面发挥着不同的作用，只有国家层面和地区层面政策的有效结合才能够缩小地区间的数字鸿沟程度。

## 二、数字不平等的溢出性影响

数字经济作为一种全新的社会经济形态，已成为各国和地区经济增长的重要驱动力，极大地改变了民众的生活方式。但数字鸿沟现象可能使数字经济发展中"优势群体"获得更大的"红利效应"，而"弱势群体"难以同等地享有互联网技术革命带来的发展机会，导致其与"优势群体"的差距被进一步拉大，进而加剧整个社会中经济增长、收入分配、社会福利等各方面的不平等。根据数字不平等的定义，数字不平等的影响不仅包括数字鸿沟的影响，还包括数字鸿沟引致的机会不平等和结果不平等对经济社会带来的影响。

### (一) 数字鸿沟与地区经济增长的不均衡

数字经济的发展极大地促进了经济增长，但由于不同地区、不同群体间存在数字鸿沟现象，使得数字经济的带动效应存在地区异质性。例如，希勒等 (2017) 指出，互联网接入和使用方面的明显差异可能引发经济增长和社会发展的不平等，通信技术在给经济发展较快地区带来红利的同时，不一定能给发展较慢地区带来相同程度的红利。但不少研究却表明，数字经济的发展有助于促进整体经济的包容性增长，如伯吉斯 (Burgess) 和潘德 (Pande) 在 2005 年的研究证实，数字金融发展通过降低金融服务成本等途径，显著缩小了城乡居民收入差距。

### (二) 数字鸿沟与居民层面的不平等问题

从居民层面来看，数字不平等的溢出性影响主要体现在居民收入、就业或创业、金融投资、社会福利等方面。首先在收入方面，数字不平等对居民收入的溢出性影响主要是通过改变居民就业或创业的便利性来实现的，对于掌握互联网技能的部分居民来说，就业选择变得更加丰富，创业成本也显著降低。福尔曼 (Forman) 等在 2012 年通过考察 1995～2000 年美国互联网投资与县级工资增长之间的关系，发现地区互联网覆盖的不均衡可能拉大地区间的收入差距，造成更大程度上的收入不平等。实际上，随着互联网普及率和渗透率的不断增加，居民收入和教育水平不断提升，处于数字鸿沟中"弱势群体"的一方也开始逐渐熟练使用互联网技能并能够使用互联网获得超额收益。

其次在投资方面，数字不平等对居民投资的溢出性影响主要通过拓宽金融服务渠道、改变金融服务成本而实现，互联网技能熟练的人群能够更加方便地进行金融投资。互联网、移动设施等数字工具一方面能够创新服务渠道、降低服务成本，使更多消费企业、贫困和低收入人群公平地获得金融服务；另一方面还能有效解决地理排斥，使得远距离资金供需双方实现对接。博根 (Bogan) 在 2008 年通过研究互联网使用对家庭股票投资参与的影响发现，互联网技能显著提高了家庭参与股票投资的概率。梁平汉和郭士祺 (2015) 将互联网看成一种信息渠道，研究发现通过互联网能够更好地对接资金的供需双方。

最后在福利方面，数字不平等对居民福利的溢出性影响主要在于数字经济中的互联网技能具有正外部性，居民能够享受其带来的便捷而低成本的服务。斯坦菲尔德（Steinfield）等在 2008 年的研究发现，使用 Facebook 能够增加社会间的互动交流，促进个人社会资本的积累，显著提升居民的主观幸福感。格雷厄姆（Graham）和尼科洛娃（Nikolova）在 2013 年的研究也表明，使用手机、电视、电脑等不同新兴信息技术对居民主观福利具有显著促进作用。但是，处于数字鸿沟中的"弱势群体"可能由于互联网技能不熟练而无法享受数字经济带来的"信息福利"。正如菲利普等（2017）所指出的，在不断发展的数字化社会中，地域间的数字鸿沟现象限制了农村地区人群充分利用数字化技术带来的便利性。穆姆波雷泽（Mumporeze）和普里勒（Prieler）在 2017 年的研究则发现，互联网技术的可得性和使用技能上的性别差异增加了女性在教育、就业、卫生等生活中的性别不平等现象。

### （三）数字鸿沟与企业层面的不平等问题

从企业层面来看，数字不平等的溢出性影响主要体现在生产能力、协同合作、创新能力等方面。首先在生产能力方面，数字化技术降低了企业的生产成本、信息交流成本和交易成本，扩大交易规模并优化资源配置，从而提高企业生产率（Mouelhi，2009；Hellmanzik and Schmitz，2015）。克拉克（Clarke）等在 2015 年以 100 多个发展中国家的企业为样本进行实证分析，发现当互联网在更大程度上被使用或企业使用互联网更频繁时，企业的生产率和利润增长率均会得到提高，且这些影响在规模较小的企业中更加明显。当部分企业未能将传统生产模式与数字化技术有效结合时，其生产率可能在整个市场中逐渐处于落后位置，从而形成"生产数字鸿沟"。

其次在协同合作方面，数字化技术降低了企业与上下游供应商之间、企业与消费者之间的搜寻、匹配和交流成本以及物流运输成本等，从而增强了企业之间的协同与合作（Mourtzis，2011）。苏珊蒂（Susanty）等在 2016 年从家具行业出发探讨了以数字化技术为基础的地理信息系统如何影响行业供应链问题，研究发现，当企业自身数字化程度较低时，其在整个产业链中的地位、作用可能会下降，与消费者之间的搜寻、匹配和交流成本则会上升，这不利于数字化社会中企业的长期发展。

最后在创新能力方面，互联网技术显著提升了企业的创新能力，推动传统企业的数字化转型升级。考夫曼（Kaufmann）等在 2003 年的研究证实，互联网对企业创新网络空间的延展具有显著的正向作用，并在澳大利亚、欧洲甚至全球层面得到验证。梅耶等（2014）也发现，互联网强大的信息搜索功能使得产品供求信息通过网络平台更加透明，促使企业淘汰低竞争力旧产品、增加高竞争力新产品，形成资源在企业内产品间的重置，进而促进企业创新投入和产出，提升创新能力。研究表明，不同类型、不同规模、不同行业中的企业数字化程度不尽相同，从而受互联网影响的创新提升能力也不同。

**（四）数字鸿沟与政府层面的不平等问题**

从政府层面来看，数字不平等的溢出性影响主要体现在一国内部的电子政务实施与国家之间的税基侵蚀和利润转移（BEPS）行为。首先在电子政务方面，随着数字技术的发展，电子政务已成为政府与居民互动的新方式，电子政务提升了公共部门的响应能力、效率和透明度，但由于数字鸿沟现象的存在，数字化水平较低地区的电子政务发展较慢，并且电子政务带来的便利性可能并未普及到每一位公民。贝朗热（Bélanger）和卡特（Carter）在 2009 年的研究指出，若居民能以更小的成本获得政府服务和信息，政府的责任感和居民的主观幸福均会增加，但互联网的收入、教育程度、使用年龄、使用频率的不均衡会对电子政务服务产生负向影响。阿布 - 沙纳布（Abu - Shanab）和卡苏奈（Khasawneh）在 2014 年的研究也认为，由于部分居民难以接触到互联网或没有掌握互联网技能，导致电子政务发展缓慢。

其次在税基侵蚀和利润转移方面，数字经济对传统经济体系下建立的国际税收体制造成较大冲击，在国家之间出现税基侵蚀和利润转移行为（Fronda，2014）。综合现有文献，数字经济对传统税收规则的冲击主要在于税收管辖权的划分问题，具体体现在：一是新商业模式的流动性、无形性、隐匿性造成一国居民身份难以确定；二是常设机构标准难以使用以及利润归属难以确定；三是少数大型科技跨国公司运用数字化工具合法避税。由于不同国家数字经济发展水平存在差异，居民互联网覆盖和使用存在较大差距，发达国家往往对数字经济的税收冲击做出较为充分的应对，制定了较为详尽的数字跨境税收规则，而发展中国家往往较为被动。这使得数字经济发展较慢、数字税收规则空白的国家更容易受到税基侵蚀和利润转移的影响，从而增加全球财政税收的不平等程度。

**（五）数字机会不平等的影响**

除数字鸿沟现象外，数字不平等还包括由数字鸿沟引致的机会不平等现象，其中主要包括就业或创业、投资、受教育机会及生活参与等方面的不平等。数字机会不平等所造成的影响主要表现在以下几个方面。首先在就业机会方面，处于数字鸿沟"优势"一方的群体可以通过各种数字化方式为自身带来就业或创业机会，进而提升家庭收入和消费，而处于数字鸿沟"劣势"一方的群体虽然也可以通过学习数字技能，增加自身的就业或创业机会，但数字技能掌握较差的群体可能无法很好地利用数字技术进行就业或创业。因此，这种机会的不平等可能拉大群体间的收入差距。其次在投资机会方面，数字技术为较好掌握数字技能的群体提供了更多的资本增值机会（Robinson et al., 2015）。因此，处于数字鸿沟"优势"一方的群体可以充分利用数字技术带来的投资机会，获得较多的红利收益或再投资，而处于数字鸿沟"劣势"一方的群体可能受到一定的投资排斥。再次在教育机会方面，数字鸿沟也会带来受教育机会的不平等，主要体现在网络课程、在线教育参与的不平等。例如，马丁内斯（Martinez）在2020年的研究表明，在新冠肺炎疫情大流行期间，全球数字教育获得了快速发展，处于数字鸿沟"优势"一方的学生群体可以通过参与线上课程、网络参与等方式实现与线下教育同样的学习效果。相比之下，处于贫困、残疾等状态下的不能较好利用数字技术的学生则在数字教育中处于不利地位，因此数字教育不平等可能加剧文化教育层面的不平等现象。最后在生活参与机会方面，数字鸿沟还可能带来生活参与的不平等，主要体现在老年人、低受教育程度群体被数字化社会排斥，从而不能正常参与社会生活的现象。例如，郑英琴和沃尔沙姆（Walsham）在2021年的研究发现，老年人、低受教育程度群体因为受教育程度较低、接受并熟练使用更新换代快的数字设备的能力较弱，可能被逐渐发展成熟的信息化社会所排斥，主要体现在数字支付、数字出行、数字医疗等方面，而数字社会参与度的降低可能造成老年人、低受教育程度群体的幸福感降低和社会福利减少。此外，弗里德曼（Frydman）等在2022年的研究发现，并非所有患者都能平等地享受远程在线医疗的服务，比如患有严重疾病的老年人，由于视觉、听觉、认知、技能等层面的障碍，通常被在线医疗所排斥，这可能会扩大医疗健康不平等程度。

#### （六）数字结果不平等的影响

数字鸿沟引致的结果不平等范围较广，主要可以归纳为经济层面的不平等和社会层面的不平等。然而，目前理论界对数字结果不平等的影响关注极少，原因在于经济和社会层面的不平等现象的驱动因素是多维的，数字鸿沟仅是其中之一。厘清仅由数字鸿沟引致的结果不平等并分析其产生的溢出性影响具有较大难度。值得关注的是，范戴克（2017）建立了一套循环因果理论，认为社会中的绝对不平等导致资源分配不均，进而造成数字技术获取和使用的不平等，由此导致社会参与的不平等。而社会参与的不平等又进一步加剧了社会绝对不平等和资源的不平等分配，从而形成了一种闭合关系，即数字鸿沟引致的机会和结果的不平等加剧了社会绝对不平等和资源的不平等分配，最终作为新的驱动因素再次扩大数字鸿沟，引起新的数字不平等。

# 第四节　数字不平等的治理

数字经济的发展显著提升了宏观层面的经济增长，数字化技术也对社会"弱势群体"产生了一定程度的普惠性。但是，数字化技术接入和使用的不均等也催生了社会中新型的不平等问题。社会中固有的机会不平等现象是形成不同地区、不同群体间数字鸿沟的主要原因，但数字鸿沟现象反过来又进一步加剧了社会中的机会不平等，从而影响数字经济对居民、企业、政府带来的"信息红利"（van Dijk，2017）。对此，政府部门应采用有效政策缩小不同地区、群体间的数字鸿沟程度，缓解数字不平等对经济社会发展带来的负向影响，这已成为数字化时代降低和消除社会不平等的新任务。下面分别从居民、企业和政府三个层面对数字不平等治理的研究进行归纳和评述。

## 一、居民层面

数字鸿沟是形成数字不平等现象的直接原因，而一级数字鸿沟又是数字鸿沟中最基础的等级。对于 ICT 基础设施建设较为完善的地区，数字化接入已不再是形成数字鸿沟的重要因素（Riddlesden and Singleton，2014）。不过，根据中国互联网络信息中心最新发布的第 54 次《中国互联网络发展状况统计报告》，我国网民城乡结构中城镇地区和农村地区的互联网普及率分别为 85.3% 和 63.8%，二者相差 21.5 个百分点，农村地区仍有接近 40% 的居民未能实现互联网覆盖，且城市内部也仍有约 15% 的居民未能接入互联网。因此，政府仍应关注互联网接入的一级数字鸿沟，应继续采取措施加强 ICT 基础设施建设。具体包括：继续提升互联网普及率、增加固定互联网宽带接入和光纤接入规模；加快研发推广低成本智能终端、增加接入互联网的设备数量；为数字鸿沟中诸如农民、老年人、贫困人群等"弱势群体"获取并使用数字工具提供消费补贴等。

除此以外，二级、三级数字鸿沟也是形成数字不平等现象的重要因素，而缺乏必要的数字技能则是形成二级、三级数字鸿沟的关键（Robinson et al.，2015）。第 54 次《中国互联网络发展状况统计报告》的数据显示，2024 年 6 月我国互联网应用中即时通信、网络视频（含短视频）的网民使用率分别为 98% 和 97.1%，搜索引擎、网络新闻、网络购物、网络支付、网络音乐的网民使用率也均超过 65%，但对于互联网医疗和网络音频等互联网技能的网民使用率却较低，分别为 33.2% 和 29.19%。这表明使用互联网的群体中对数字素养要求较高、知识水平要求较高的互联网应用的使用率仍较低。因此，政府应不断强化互联网教育，对知识水平较低、认知能力较差、数字素养较低的群体进行专业培训。同时，还应注重高阶互联网技能的培训，推动我国居民跨越二级和三级数字鸿沟。

实际上，经济因素是数字不平等形成的最主要原因，教育因素和年龄因素是在经济因素之后的两个主要因素（DiMaggio et al.，2004）。对于农村居民、受教育水平较低群体、老年人群体而言，由于自身知识水平、数字技能素养较低，对更新换代较快的数字设备接受较慢等原因，在数字鸿沟中处于"弱势"地位，从而无法充分参与到数字化社会中，享受数字经济带来的"信息福利"（Zhao et al.，2014）。长期来看，缓解数字不平等现象的关键在于消除数字鸿沟形成的驱动因素。因此，政府应抓住数字不平等形成的根本原因，重点解决不同地区、不同群体内部的收入不平等和教育不平等问题，对处在数字鸿沟中的"弱势"群体提供精准帮扶。比如，对贫困和偏远地区居民建立起长期、有效的增收机制，促进不同地区间的教育公平、提升教育质量，对老年人、残疾人等"弱势"群体进行数字技能的普及与培训，提高老年人、残疾人等群体对数字化社会的参与度。

## 二、企业层面

从企业层面看，数字技术能够有效降低生产成本，提高生产率（Hellmanzik and Schmitz，2015），并通过降低企业与供应商、消费者之间的搜寻、匹配和交流成本，增强企业之间的协同与合作，显著提升企业的创新能力（Mourtzis，2011）。传统企业的数字化成为一种必然趋势，但由于不同行业性质和行业内部数据资源、技术的不平衡配置，传统企业是否能够与数字化技术有效融合以及融合程度和融合后的收益，决定了相关企业数字化程度及其在数字不平等结构中的地位。相关部门应努力促进数字化技术与传统产业的深度融合，不断推动"产业数字化"的发展，通过数字技术在经济上的正外部性对传统企业的生产、销售、运营、创新产生一定的带动效应，不断推动传统企业的数字化转型。当前比较有意义的尝试包括：数字化技术与传统医疗结合形成精准医疗，通过大数据、人工智能等数字化技术，对患者进行远程、精准服务，有效解决"看病贵、看病难"问题（van Deursen，2020）；数字化技术与传统教育结合形成线上教学、培训，有效解决地理排斥，降低学习成本，提高教育公平，为民众提升人力资本提供便利（Martínez，2020）。

此外，在企业数字化过程中，数字技术可能对生产工人产生一定的替代作用，这种替代效应使得生产中的附加值下降，而生产前和生产后的附加值相对增加（Mayer，2018）。因此，企业数字化可能改变企业内部雇佣结构，形成人工成本的极化效应，造成生产工人和非生产工人间参与机会的不平等。企业应注意生产部门人工成本份额下降的态势，积极保障生产工人的员工福利。相关政府部门也应重视短期失业人员的转岗工作，加大对从业人员、择业人员的数字技能培训工作，还应拓展就业模式，鼓励柔性就业。

## 三、政府层面

从政府层面来看，数字技术与政府公务融合形成的电子政务已成为政府办公、政府与居民互动的新方式，电子政府提升了公共部门的响应能力、效率和透明度（Bélanger and Carter，2009；Abu – Shanab and Khasawneh，2014）。但不同地区政府的数字化能力、程度不同可能会影响电子政务办公的实际效果，从而影响政策传达和实施的效果。对此，有关部门应积极加强数字政府建设，推动政府办公与数字技术相结合，尤其是对于偏远、贫困地区，其经济发展较为落后，整体数字化水平较低，更需要上级政府或其他数字化水平较高地区的政府进行精准帮扶，提高其政务数字化水平。从国际上看，政府有关部门和学术机构还应积极加强与国外政府部门、学术机构、国际组织的交流与合作，为全球数字不平等的治理作出贡献。特别是针对伴随数字经济发展而不断涌现的新型 BEPS 行为，各国应积极研究、商讨、制定国际统一的数字跨境征税政策，以保护全球各经济体的税收收入，保证其内部税基不被侵蚀（Fronda，2014）。

## 第五节 本章小结

人类社会正在经历一场深刻的数字化变革，数字化技术分布不均衡带来的数字不平等问题越来越受到关注。基于数字经济发展现状，结合数字鸿沟对经济社会产生的溢出性影响，数字不平等的内涵可概括为，数字鸿沟现象及其引致的参与机会和结果的不平等。研究人员从地区层面和群体层面对数字不平等测度问题进行了探索，所用方法主要包括 ICT 指数法、不平等指标法和计量模型方法。数字不平等现象的产生有着深刻的社会经济根源，主要体现在物质资本差异、人力资本差异、社会资本差异和政府干预等方面。数字经济促进了经济增长，已成为一国或地区高质量发展的主要动力源，但数字不平等的加剧可能导致地区经济增长的不均衡，加剧居民收入、消费、就业或创业、金融投资、受教育机会、福利与幸福感等方面的不平等，增加企业生产、协同合作、转型、创新等方面的不平等，加剧国家内部电子政务覆盖与实施的不平等以及国际间的税基侵蚀和利润转移行为。因此，有关部门应高度重视数字不平等的治理。在数字经济时代，有关部门应加强数字不平等治理，科学制定各项政策以缩小地区、群体之间的社会不平等程度，充分发挥数字化技术的"普惠效应"，确保不同地区、企业和居民公平享受到数字经济带来的"信息红利"，实现包容性增长和共享式发展。

研究人员针对数字不平等的内涵、测度、形成机制及溢出影响方面的研究已取得了一定成果，但未来还应进一步拓展，重点包括以下三个方面。

一是数字不平等内涵有待丰富。现有文献对数字不平等的定义多限于互联网技术接入和使用不均衡的数字鸿沟现象。但是伴随着数字经济的不断发展，人工智能、大数据、区块链等新型数字化技术迅速发展，数字化社会正在形成，数字不平等的定义也应紧跟时代背景加以拓展，形成一个较为科学、全面、系统的研究框架。实际上，数字不平等在内涵上应注意和数字鸿沟概念的差别，而与社会固有的不平等现象结合起来。由 ICT 技术接入使用不均衡导致不同地区、不同群体间的机会不平等和结果不平等也应纳入数字不平等的范畴。

二是数字不平等测度的数据基础薄弱，有待强化。数字不平等是数字化发展背景下产生的新问题，基础数据不足是制约数字不平等测度的最大问题。首先，由于新型数字化技术的不断涌现，早期通过地区内部的互联网覆盖率、移动设备使用率、固定宽带接入率等宏观指标测算数字化技术使用差异的方法可能由于数字技术的更新换代而不能准确刻画当前数字不平等的程度，必须根据数字不平等的广义内涵建立系统、全面的测算框架。其次，由于统计数据的缺失，当前测算的范围主要是国家间和省份间，对于地市、区县、乡镇、村庄级别等更细化范围的数字不平等考察较少，现有的微观普查或抽样调查数据对数字不平等现象关注不足，调查问卷中设置的相关问题较少。

三是数字不平等影响研究仍需拓展。现有文献多关注数字鸿沟的测度及其成因的探讨，对数字鸿沟引致的机会不平等和结果不平等问题考察较少，而这种数字机会不平等和结果不平等产生的溢出性影响则更是罕有研究。因此，未来要拓展对数字不平等的溢出性影响的研究，从不同层面、不同视角、不同领域全面考察数字不平等对地区、政府、企业、居民的影响路径与机制，澄清数字不平等的内涵演进。

当前，我国正处于快速的数字化转型过程中，随着 ICT 基础设施逐渐趋于完善，一级数字鸿沟显著缩小，而互联网技能和使用回报的二、三级数字鸿沟影响不断扩大（许竹青等，2013）。不少学者研究证实，数字不平等对我国居民的家庭收入影响显著，缩小数字鸿沟有助于降低收入不平等。例如，尹志超等（2021）从"可及性"和"使用度"两个维度出发，基于是否拥有电子计算机、是否拥有智能手机、是否有宽带覆盖、是否使用互联网、是否电子支付五个指标构建数字鸿沟综合指数，证实数字鸿沟显著降低家庭总收入，对不同类型收入均有负向影响。邱泽奇等（2016）从"红利差异"视角，通过不同地区互联网基础设施以及以淘宝平台为代表的电子商务差异，分析了互联网技术为我国居民收入带来的超额收益差异，发现数字接入鸿沟的缩小有助于居民将以往投入的各类资产在网络上转化为有差别的、组合性的互联网资本并从中获益。程名望和张家平（2019）则发现，互联网普及对城乡收入差距的影响呈现先增加后降低的倒"U"型趋势，微观层面上互联网的使用对农村居民的收入效应要大于城镇居民，使得城乡居民收入差距缩小。因此，进入数字经济时代后，关注数字化转型带来的各种不平等问题，加强数字不平等的治理，积极提升数字鸿沟中处于"弱势群体"的数字化技能，缩小由数字鸿沟现象加剧的收入及社会不平等，有助于促进中国经济社会发展的"效率与公平"，推动实现中国式现代化与全体人民共同富裕。

# 第二章

# 数字经济发展水平测度及空间特征分析

从全局来看，数字不平等的表现主要体现在地区数字经济发展不均衡的程度，科学、系统测度数字经济发展水平是测算数字不平等程度的重要基础。从内涵上看，数字经济是继农业经济、工业经济后的一种新型经济形态。伴随互联网、人工智能、大数据、云计算、区块链等数字技术的不断发展，数字经济逐渐成为促进产业融合、推动经济社会变革和提高全球竞争新优势的重要推动力。党的十八大以来，中共中央高度重视发展数字经济，将其上升为国家战略。习近平总书记在党的二十大报告中强调，要"加快发展数字经济，促进数字经济和实体经济深度融合，打造具有国际竞争力的数字产业集群"。实际上，我国数字经济一直处于蓬勃发展态势，并逐渐跃升至全球的领先地位（UNCTAD，2019），已成为拉动经济增长的重要引擎。但与此同时，数字技术的发展对传统统计与核算体系产生了巨大冲击，数字经济测度问题受到各界广泛关注。厘清数字经济的内涵，评析数字经济测度的理论与实践，对推动我国数字经济高质量发展具有重要参考意义。本章从宏观视角对我国各地区数字经济发展水平进行统计测度并考察数字经济发展空间特征，为后面测算数字不平等提供数据基础以及实践证据。

## 第一节　数字经济测度的理论思路

数字经济内涵丰富，其影响已经深入到各类国民经济活动中，数字经济测度的视角不仅包括数字经济发展的总体态势，还包括数字经济发展要素、数字技术发展催生的新型经济模式及传统产业转型等（胡西娟等，2022；任保平，2023）。总体来看，国际组织、各国统计部门及学术界对数字经济的测度在思路上主要涉及三个方面：对数字经济发展水平的测度、对数字经济要素的测度以及从新经济形式与传统产业数字化角度开展的测度。

## 一、数字经济发展水平测度理论

伴随数字技术对经济社会发展的影响不断加深，数字经济发展水平和规模结构的测度越来越受到国内外研究机构和学者的广泛关注。归纳起来，当前对数字经济总体水平的测度思路大体有两类：一是采用国民经济核算方法测算数字经济的增加值或总产出（简称核算法）；二是基于综合评价方法，编制数字经济发展指数（简称指数法）。

### （一）核算法

该方法依赖于现有的国民经济核算框架，使用投入产出分析法、生产法、支出法、增长核算、建立数字经济卫星账户等方法，对行业中数字部门的增加值或总产出进行加总，得到数字经济的增加值或总产出（许宪春和张美慧，2020；陈梦根和张鑫，2022）。受制于统计数据的完整性和可得性，部分数字经济的测度需要通过其他方法进行推算，比如通过设定合理假设，如假设数字经济中间消耗占数字经济总产出的比重与相应产业中间消耗占相应产业总产出的比重相同，对数字经济与实体经济融合部分进行测度（BEA，2019）；采用计量经济模型，计算ICT相关变量对国内生产总值（GDP）的影响系数或拟合程度，进一步对数字经济增加值占GDP的比重进行估计（腾讯研究院，2017）；通过增长核算框架，测算ICT资本对传统产业增加值的贡献作为数字经济通过效率提升作用带来的产出增加部分（中国信息通信研究院，2022）。

### （二）指数法

该方法重点在于反映数字经济的综合发展水平，测算数字经济指数的数值本身并无经济意义，但在一致的评价体系下，可以进行时间或空间维度的比较。此外，指数法能够通过设置较为系统、全面的指标，将数字技术带来的新媒介、新服务、新交易形式等影响活动纳入评价体系之中，进而更真实、全面地反映数字经济发展的水平及动态趋势。但在不同的研究中，综合评价体系中数字经济分类及具体指标的选取往往存在差异，评价标准和数据来源不统一，可能会影响到数字经济测度结果的可靠性（ITU，2021）。

## 二、数字经济要素测度理论

数字化背景下，传统经济发展下的资本、劳动生产要素受数字技术的影响逐渐加深，数据成为经济活动的一种关键生产要素。众多机构和学者开展了数字要素测度的尝试，但当前有关数字经济视角的要素核算尚未形成一个较为一致的框架。

### （一）数字资本投入

资本投入主要用来记录社会生产活动中投入资本的价值变化情况，又称为资本服务。根据 2008 年版国民账户体系（SNA），通常采用永续盘存法（PIM）进行测算，但由于现有研究并未将数字资本单独从全社会总资本中区分出来，数字资本投入测算是数字要素核算中的一大难点。按照一般的研究惯例，资本类型主要划分为建筑物、机器设备、其他资本、ICT 硬件、ICT 软件，其中 ICT 硬件主要包括通信设备、计算机及其他电子设备制造等，ICT 软件主要包括信息传输、计算机服务及软件业等（Barefoot et al.，2018）。通过以上形式将数字资本从传统资本中剥离出来，进而测算数字资本服务总量。

### （二）数字劳动投入

劳动力是数字经济活动中的关键要素，广义上看，工作内容涉及数字经济产品生产或数字技术服务的劳动力均属于数字劳动投入的范畴，如所有 ICT 产业从业人员、新型商业模式衍生出的职业（如快递员、网约车司机、网店营业者等），但这会极大程度上增加数字劳动投入的规模（罗良清等，2021）。狭义上看，具有数字技术应用能力的劳动者才属于数字劳动投入范畴，比如业务架构师、软硬件工程师、数字技术科研人员等具备 ICT 专业技能和补充技能的人才。通过统计与测算数字经济从业人员的性别比重、薪资水平、工作时长等，能够进一步准确测度社会中总的数字劳动投入。

### （三）数据资产测度

数据是数字化时代中衍生的一种重要生产要素，但并未包含在现有的国民经济核算体系中，这可能导致 GDP 的低估。2008 年版 SNA 中仅在"数据库"固定资本形成的估价原则中涉及数据，而未明确提出数据资本化处理方法，因此数据资产的测度也是当前数字经济测度研究中的一项重要课题（IMF，2018）。学术界对数据资产的性质、来源、使用、估价、核算体系等问题进行了探讨，但远未达成一致结论，其主要原因在于对数据资产核算的难度和工作量较大，比如数据源难以获得且需要估计的数据量较大，数据核算框架与方法难以统一，各国开展的数据核算实践极少等（Ahmad and van de Ven，2018）。针对数据资产核算，现有研究结论主要包括：数据具有显著的非生产性资产属性（李静萍，2020），属于一种特殊的无形资产，参照会计核算体系，可使用收益法、市场法和成本法来进行测算。而基于客观性、可靠性和较强可行性的原则，外加成本法是相对较优的方法，其中对应的成本包括数据生产活动相关人员的劳动成本、数据生产活动中的经费支出、成本法包括的其他项目等（许宪春等，2022）。

## 三、新经济形式与传统产业数字化测度理论

伴随数字技术的发展，众多新兴经济形式或商业模式不断涌现，最具代表性的如免费经济、共享经济（分享经济）等。除此以外，数字技术与传统产业的深度融合降低了生产成本，减少信息不对称性，提高生产效率，推动产业结构升级，最具代表性的有电子商务、智能制造、数字金融等。

### （一）新经济形式的测度

免费经济是数字经济时代的产物，数字化时代中消费者越来越倾向于通过在线浏览的方式获取知识、信息并进行娱乐，居民获得内容产品的成本大大下降，能以免费或者低廉价格享受到数字服务，同时，企业也常常通过提供"免费"内容产品来实现其商业模式的创新。这种"免费"互联网服务的产出价值和消费行为未能在 GDP 核算中体现，从而受到越来越多的研究机构和学者重视。当前对

免费经济测度的思路主要有两类：实物转移和易货交易。前者首先对免费内容产品的生产者虚拟一笔产出，该产出以实物转移的方式免费提供给使用者，再对生产者虚拟一笔实物转移支出，其次对使用者虚拟一笔实物转移收入，用来消费生产者提供的免费内容产品，同时使用者也虚拟一笔消费支出（许宪春等，2021）。后者中生产者虚拟一笔产出，用来提供互联网免费服务，使用者虚拟一笔产出，用来提供顾客价值，双方通过互联网免费服务和顾客价值进行易货交易，同时，生产者虚拟一笔收入，获得顾客价值，使用者虚拟一笔消费，获得互联网免费服务（平卫英等，2021）。

共享经济的本质是商品和服务的分享与交换，这种经济形式在数字技术迅速发展前即存在，但由于信息成本较高，共享形式的经济规模并没有扩大。数字技术的出现与应用极大程度上降低了信息搜索的成本，减少了信息不对称性，通过互联网平台交易双方能够更好地实现商品与服务的交换，促进社会中闲置资源的优化配置。共享经济作为一种新型经济模式不断发展壮大，但有关共享经济的测度远未形成统一框架。实际上，共享经济活动仍处于传统国民经济核算的范围内，对共享经济的测度关键在于厘清参与共享经济的机构部门和产业部门，梳理共享经济测算中涉及的主要项目，比如总产出和增加值、混合收入、最终消费和资本形成、中间消耗、进口和出口等，从而在SNA框架下建立共享经济卫星账户，包括供给使用表、闲置资源价值总表等，最终测算出共享经济总的增加值。

**（二）传统产业数字化的测度**

新型数字技术与传统产业深度融合，能够为传统产业优化赋能，降低生产成本，提高生产效率，显著促进传统产业的转型升级。产业数字化的测度主要对应《数字经济及其核心产业统计分类（2021）》中的"数字化效率提升"维度，是数字经济基础部分向实体经济的延伸，从内容上看主要包括智慧农业、智能制造、智能交通、智慧物流、数字金融、数字商贸、数字社会、数字政府等。传统产业数字化发展时间较短，不同产业中数字技术的作用路径与机制存在差异，对产业数字化测度的探索刚刚开始。基本思路是使用增长核算模型测算出ICT资本存量，通过ICT资本对各行业增长的回报估算数字技术与产业融合的规模，或通过计量模型法考察ICT对经济发展的影响，进而推算出产业数字化维度的增加值占GDP比重。其他思路还有：使用代表指标或编制综合指数的方法对产业数字化发展水平进行测度，如以电子商务销售额或采购额表征数字商贸发展；使用工业机器人在不同行业安装数量或覆盖率表征智能制造发展；编制数字金融综合评价体系，测度数字普惠金融指数表征数字金融发展等。

# 第二节　数字经济测度实践与难点探析

在数字化时代，传统核算体系无法全面反映数字经济活动，可能造成 GDP 的漏统，也无法准确刻画数字技术对居民生产、生活的影响，这使得对数字经济测度实践工作的开展变得极为紧迫。已有的数字经济测度理论为测度实践工作提供了基础和支撑，各国政府部门、学术机构和学者从不同视角对数字经济测度开展了诸多实践探索，具体来看，相关实践探索可以分为对数字经济发展水平的测度实践、对数字经济要素的测度实践、对新经济形式和产业数字化的测度实践。

## 一、数字经济发展水平测度实践

数字经济发展水平的测算实践主要包括两类：增加值规模的测算和发展指数的测算。

### （一）数字经济增加值核算

数字经济总产出或增加值的测度是数字经济测度最受关注的内容，由于各个研究主体对于数字经济内涵的理解、核算方法的使用、数据推算的方式、核算的基础数据源存在差异，数字经济总量测算结果的可比性往往不足。从实践上看，基于不同的分类方案，数字经济增加值测算一般有窄口径和宽口径两类。此外，数字经济卫星账户的构建与完善是数字经济增加值测算方法的未来发展方向。

1. 数字经济的窄口径测算。

测算内容方面，窄口径测算主要着眼于数字产业化维度，即对 ICT 产业的测度。窄口径测算能够与传统国民经济核算框架在较大程度上保持一致，而不用对原有框架做出太大变革，是许多国际组织、政府部门和学者青睐的方法，而且该方法的测算具有一定的空间可比性。

测算方法方面，数字经济的窄口径测算实践多使用生产法、投入产出分析法等，即将传统的国民经济核算方法套用到对数字经济的测算中，能够较好地与整个国民经济核算框架相统一。各个国家的学术组织、机构及学者对数字经济窄口径测算的差异主要体现在对数字经济内涵的理解及分类上（许宪春和张美慧，2020；BEA，2022），在测算过程中，对数字经济分类的差异可能会影响到最终的测算结果，但由于其测算主体均是数字经济中的 ICT 产业，因此不同国家或地区的测算结果仍具有较强的可比性。

测算结果方面，表 2-1 总结了全球主要国家对数字经济窄、宽两种口径的测算实践结果，可以看出在窄口径下，各国数字经济发展总规模占 GDP 的比重绝大多数小于 10%，这表明单纯使用数字产业的发展代替数字经济的发展，其测算结果相对较小。

表 2-1 主要国家数字经济规模测度实践对比

| 测度主体 | 部门/机构/专家 | 测度范围 | 测度口径 | 最新测度年份 | 数字经济占比（%） |
|---|---|---|---|---|---|
| 美国 | BEA | 数字基础设施、电子商务、付费数字服务 | 窄口径 | 2020 | 10.2 |
| 加拿大 | 国家统计局 | 数字赋能基础设施、电子商务、数字交付产品 | 窄口径 | 2019 | 5.5 |
| 英国 | DCMS | 电子产品和计算机制造等9个行业 | 窄口径 | 2019 | 7.6 |
| 澳大利亚 | 国家统计局 | 数字赋能基础设施、电子商务、数字媒体 | 窄口径 | 2021 | 6.1 |
| 中国 | 国家统计局 | 计算机、通信和其他电子设备制造业等7个行业 | 窄口径 | 2020 | 7.8 |
| | 信息通信研究院 | 数字产业化和产业数字化 | 宽口径 | 2021 | 39.8 |
| | 许宪春和张美慧（2020） | 数字化赋权基础设施、数字化媒体、数字化交易、数字经济交易产品 | 窄口径 | 2017 | 6.46 |
| | 蔡跃洲和牛新星（2021） | 数字经济的渗透、替代、协同效应 | 宽口径 | 2018 | 17.16 |

| 测度主体 | 部门/机构/专家 | 测度范围 | 测度口径 | 最新测度年份 | 数字经济占比（%） |
|---|---|---|---|---|---|
| 中国 | 陈梦根和张鑫（2022） | 数字经济基础部门、替代部门、融合部门 | 宽口径 | 2018 | 15.86 |
| | 鲜祖德和王天琪（2022） | 《数字经济及其核心产业分类（2021）》中界定的数字经济核心产业 | 窄口径 | 2020 | 7.84 |

注：表中最后一列除英国外，均为数字经济增加值占 GDP 比重，英国的数据为数字部门 GVA 占全国 GVA 比重（GVA = GDP + 补贴 – 税收）。

资料来源：各国政府部门、学术机构官方网站中的统计数据库与统计报告以及各专家学者的研究成果。

2. 数字经济的宽口径测算。

测算内容方面，宽口径的测度不仅包括数字产业化维度，同时考虑产业数字化维度，即涵盖 ICT 产业对经济社会发展的渗透效应、替代效应、融合效应。事实上，宽口径测算顺应了数字技术快速发展的趋势，更能凸显出数字经济在经济发展中的重要作用。但是，当前对数字经济宽口径测算的实践较少，主要原因还是在于新型数字活动的统计方法尚不成熟，基础数据的统计工作也尚未完善，统计核算方法较难与传统国民经济核算框架保持一致，相关测算实践虽对数字经济测度领域具有启发式意义，但其结果难以进行时间、空间上的对比，应用范围较窄。

测算方法方面，数字经济的宽口径测算实践多依赖于增长核算框架，在窄口径"数字产业化"的测算基础上，需要进行推算来考察数字经济对其他传统产业的融合与创新效应，比如：（1）在增长核算框架下，加总传统产业中的 ICT 资本服务量作为在数字技术渗透效应的影响下传统产业中产出增加和效率提升的部分（中国信息通信研究院，2022）；（2）同样，在增长核算框架下测算"ICT 资本服务"对行业增长的贡献作为"ICT 替代效应"增加值，运用面板数据考察"ICT 资本服务"对"全要素生产率增长"的影响，进而推算出"ICT 协同效应"增加值（蔡跃洲和牛新星，2021）。

测算结果方面，如表 2 – 1 中结果所示，基于宽口径测算的数字经济规模占 GDP 比重均大于 10%，个别测算结果（如中国信通院）甚至高于 30%。通过基于宽口径测算的数字经济总规模明显大于基于窄口径的测算结果，主要原因在于ICT 产业自身的规模在经济增长中占比较小，但数字技术具有显著的渗透效应与融合效应，通过降低生产成本、增加协同交流、提高生产效率，能够使传统产业加快转型升级，数字技术促进传统产业产出增加和效率提升的部分是宽口径测度比窄口径测度多出来的数字经济增加值。

3. 数字经济卫星账户。

数字技术催生新事物的快速发展，这也要求传统的国民经济核算体系需要灵活适应数字经济带来的影响。2008 年版 SNA 已经确立了较为完备的核算体系，建议对一些专门或新兴领域建立卫星账户并进行核算。据此，部分机构和学者开始尝试构建数字经济卫星账户，在现行核算体系下全面反映数字经济活动，这是当前条件下将数字经济总量与结构测度纳入整体核算体系的可行方案。

从目前来看，国际上关于数字经济卫星账户的理论和实践研究已取得一定进展，但受制于基础数据的可得性及一些难点问题，实践中暂时还无法编制完善的数字经济卫星账户。其中，OECD 较早对数字经济卫星账户进行系统性研究，其在 2016 年成立的"数字经济下 GDP 测度咨询组"（Advisory Group on Measuring GDP in a Digital Economy）提出了数字经济卫星账户的基本框架，并尝试编制数字经济卫星账户的供给使用表，框架中系统厘清了数字经济的"生产者""使用者""赋权者""产品"等概念范畴。BEA 在 OECD 研究的基础上构建了美国数字经济卫星账户，利用北美产业分类体系（North American Industrial Classification System，NAICS）的框架对数字经济供给使用表中数据进行分类，最终测算出 2006～2016 年美国数字经济的总规模。国内相关学者也及时跟进数字经济卫星账户的构建及应用研究，探讨了中国数字经济卫星账户的编制问题，包括数字经济供给使用表、数字经济投资矩阵表、数字经济生产信息补充表（如数字经济就业统计表、互联网免费服务统计表等）等的编制（杨仲山和张美慧，2019）。数字经济卫星账户是将数字经济测度纳入整个国民核算体系的有益尝试，也是 SNA 卫星账户体系的延伸与发展。

### （二）数字经济发展指数测算

数字经济增加值核算存在概念界定不统一、生产边界模糊、部分新型数字活动未被纳入核算范围、现行统计分类体系和统计方法不完善等问题，因此建立数字经济综合评价体系，编制数字经济发展指数，成为考察数字经济发展水平的替代性方案。该方法便捷可行、结果可比，通过在同一综合评价体系中测算数字经济发展指数，能够直观比较和分析不同国家或地区在不同时期数字经济发展水平的差异。

实践上，一些国际机构和学者在测算数字经济发展水平指数时往往倾向于使用与 ICT 相关的宏观经济统计指标，例如，国际电信联盟（ITU）体系中的评价指标总结起来可以分为三类：ICT 接入相关、ICT 使用相关和 ICT 技能相关（ITU，2017）。但根据测算目的的不同，不同机构在选取指标时的侧重点以及最终构建的评价体系不尽相同，最终测算出的数字经济发展指数受制于体系中所选择的评价指标，以及构建综合指数时所选用的赋权方法。不同研究结果实际上并无可比性且数值本身也没有经济意义，只能是在同一综合评价体系中比较不同国家或地区的数字经济发展水平的相对高低。还需要说明的是，全球各个国家和地区数字经济发展水平与结构差异较大，通常应根据本国国情的需要来构建自身的综合评价体系。数字基础设施发展较好的发达国家往往更加关注数字技术如何更好地与传统产业深度融合，提高生产效率，而数字基础设施较差的发展中国家可能仍在关注如何更好更快地扩大数字产业规模，普及数字智能设备。因此，研究者在比较地区间数字经济综合发展水平时应兼顾当地经济发展总体水平和内在结构，避免误判。

## 二、数字经济要素测度实践

数字经济时代下，数字化要素在生产活动中的作用日益突出，有必要从数字经济视角开展要素核算，考察数字要素的贡献。当前数字经济测度研究的考察重点在于增加值或总产出的测度，对于数字经济要素测度的研究较少，主要集中于理论层面的探讨。按照要素分类，数字经济要素测度可以分为数字资本核算、数字劳动核算和数据资产核算。

### （一）数字资本核算

区别于传统资本，如建筑物、机器设备等，当前对数字资本的试算主要集中于 ICT 硬件和 ICT 软件上（Barefoot et al.，2018），原因在于对于 ICT 相关的计算机硬件、软件、通信设备等相关的投资数据统计较为完善且易于获取，为数字资本的测算奠定了一定基础。但与此同时，数字技术发展迅速，数字经济内涵不断外延，数字资本也不再仅包括 ICT 资本，还应该关注 ICT 资本与其他传统资本融合的部分（陈梦根和张鑫，2022）。参考数字经济总规模的测算，仅测算 ICT 资本作为数字资本的替代可能造成一定程度的低估。

### （二）数字劳动核算

针对数字劳动的测度实践极少，根本原因在于对数字劳动力的界定较为模糊，并未形成统一的测算口径。从狭义上看，只有将数字技术素质应用于工作内容的数字技术人才才能够纳入数字型劳动力的测算范围内（罗良清等，2021）；从广义上看，数字经济带来的新型就业形态，如外卖员、网约车司机、网络主播等均属于数字型劳动投入的范畴。显然，广义口径的数字劳动投入规模远大于狭义口径，这可能使得数字型劳动投入的测算结果并不可比。因此，在数字经济核算总框架下，科学、准确地界定数字型劳动力的内涵、范围，借鉴传统劳动投入核算方法，进一步提出适用于数字型劳动投入的测算方法，是数字劳动核算工作推行的重点。

### （三）数据资产核算

由于基础数据统计工作相对缺失，数据资产统计框架尚未建立，对数据资产的测度目前仅限于理论层面探讨或案例试算。在已有的研究中，对数据资产的核算趋向于保守和稳健，即参照 2008 年版 SNA 对数据库的核算方法，将数据看作非生产活动结果，构建数据资产附属核算框架，综合运用市场价格法、收益法、支付意愿法、广告收入法等现有研究方法估算数据资产的价值（Ahmad and van de Ven，2018）。但值得注意的是，伴随大数据、人工智能、物联网、云计算等新型数字技术的快速发展，数据以数字化形式来记录并存储，通过辅助决策、促进创新、推动产业升级与融合，可以为社会发展创造巨大经济价值，因此数据具有的生产属性也不容忽视，可以基于对数据支出资本化核算的基本分类，从生产视角出发，采取科学、准确的统计方法，如收益法、市场法、成本法等对现有数据资产价值进行测算（许宪春等，2022）。

## 三、新经济形式测度实践

数字经济蓬勃发展的时代背景下，衍生出一系列新型商业模式。有关新经济形式的测度，最具代表性的就是免费经济和共享经济。

### （一）免费经济测度

数字经济时代涌现了大量的免费数字产品和服务，免费经济主要表现为互联网平台提供"免费"内容产品给消费者的商业形式。针对免费数字产品测度，在早期，主要参照免费数字内容能够带来消费者剩余的思路，将互联网企业提供的数字内容产品作为免费经济的替代（Brynjolfsson and Oh, 2012）。此后，易货交易和实物转移作为两种新思路应用于测度实践中，前者的观点在于免费数字内容双方的交易体现为互联网免费服务与消费者顾客价值的交易（Nakamura and So-loveichik, 2016），但基于易货交易的思路可能存在一定的问题，比如会同时虚拟免费内容产品产出和消费者的收视服务产出，进而导致重复计算，此外还会导致同一免费内容产品交换不同量的收视服务的情形。后者的观点在于供给者为使用者提供免费内容产品，未收取对应物作为回报，而以向广告商提供广告位，收取广告费的方式进行经营。这种方法的局限性在于并未考虑到免费内容产品给消费者带来的全部回报，可能会低估消费者总体福利（许宪春等，2021）。因此，如何克服不同测度方法的局限性，或进一步提出更为科学、完善的方法是进一步丰富免费经济测度理论与实践的重点。

### （二）共享经济测度

共享经济或称分享经济，主要表现为利用互联网平台降低信息不对称性，将社会中闲置资源进行再次配置的经济形式。基于互联网平台视角的共享经济测度是当前的研究重点，但事实上，如同数据资产等一系列数字技术催生的新要素和新发展形式一样，对共享经济的定义、核算框架与测度方法也并未形成普遍共识。当前对共享经济的测度实践极少，通过构建共享经济综合评价体系，测度共享经济总体发展水平是现有较为通用的思路（宋傅天等，2018），但这种思路仅能对比不同地区共享经济发展的相对水平，并不能得到地区共享经济发展规模，此外指数构建的方法也受制于现有可得的宏观经济统计数据，可能并不能反映共享经济发展的全貌。因此，构建共享经济的卫星账户体系，将共享经济测算纳入整体国民经济核算框架中是共享经济测度未来发展的可行方向，在卫星账户体系中可包括共享经济的供给表、使用表、闲置资源价值总表，重点测算共享经济增加值、数字平台数量/所属行业/就业人数等指标（平卫英和罗良清，2018）。

## 四、产业数字化测度实践

在数字化浪潮下，各传统产业均不同程度地与数字技术结合，向网络化、智能化、自动化方向发展，但不同产业中数字技术渗透的机制和路径存在差异，导致不同产业数字化程度也并不相同。针对传统产业的数字化程度开展测度，也是数字经济测度的重要内容。

从实践上看，相关测度主要可从两个层面展开：一是从宏观层面，利用增长核算框架，通过测算 ICT 资本对其他行业增加值的贡献推算传统产业数字化的规模（中国信息通信研究院，2022），或是通过使用面板数据考察 ICT 资本服务对全要素生产率增长的影响，进而推算 ICT 协同效应对各行业增长的贡献（蔡跃洲和牛新星，2021）。二是从行业层面，使用替代指标或构建综合评价体系对产业数字化进行测度。其中使用的替代指标或构建的评价体系重点参照相应行业与数字技术的融合特征，比如制造业中可以使用各行业内工业机器人的安装数量作为产业智能化的替代性指标（Acemoglu and Restrepo，2020），零售业中可以使用电子商务的销售额作为数字零售的替代性指标（Fan et al.，2018），金融业中可以使用综合测算的数字普惠金融指数作为数字金融的替代性指标（郭峰等，2020）。事实上，在传统产业数字化测度实践的初期，使用相关性较强的替代性指标来表征产业数字化发展不失为一种权宜之计，能够便捷、直观地反映传统产业数字化的程度，并用于时间、空间双重维度的比较。

## 五、数字经济测度难点探析

数字经济是一个新生事物，数字经济测度在理论与实践上尚存诸多难点。推动数字经济高质量发展，需要从根本上把握数字经济测度的发展方向，进一步明确数字经济测度的范围与边界、不断更新完善数字经济测度的统计方法、加强关于数字经济统计的基础数据收集。

### （一）数字经济测度的范围与边界尚无共识

当前，国际组织和各国机构对数字经济测度边界尚无共识。由于数字技术发展速度较快，新型经济模式层出不穷，对数字经济内涵的理解在不断更迭。从目前来看，各个国家和地区倾向于使用宽口径（数字经济不仅包括 ICT 产业的发展，同时包括 ICT 产业对其他行业的渗透、融合效应）来定义数字经济的内涵，但对数字经济的测度实践并不一致。考虑到测度方法尚未成熟、基础数据的局限性和测算结果的可比性，多数国家偏向于基于窄口径（ICT 产业发展）来测算数字经济的发展规模。与此同时，数字技术发展的确催生了新型的商业模式，显著促进了传统产业的转型升级，基于窄口径的测算方法会显著低估数字经济发展的总体规模。由此少数国家也基于宽口径对数字经济规模进行试算，其结果显著高于基于窄口径的测算规模。然而使用宽口径测算的局限性在于测度过程中具有较多的推算步骤，这使得测算结果缺少理论支撑，且不好落地。

还值得关注的是，统一数字经济测度边界工作的推进也存在一定的困难，不同国家或地区数字经济发展水平和内部产业结构均不相同，数字技术对不同行业的渗透性影响存在差异，并且行业内部数字活动与非数字活动的界限也不明晰，这导致各个国家或地区对数字经济测度的需求不尽相同。因此，不同国家或地区的政府统计部门对何种行业被纳入数字经济测度框架内存在不同的考量，数字经济核算主体范围的差异也可能影响到最终测度结果与国际可比性。

### （二）数字经济测度的统计方法仍不成熟

当前，数字经济测度方法仍不成熟。相关测度方法仍处于不断探索的阶段，现有可行的方法包括生产法、支出法、增长核算法、计量经济学方法、指数编制法、数字经济卫星账户法等，但各个方法都存在一定的局限性。其中，生产法主要表现为对 ICT 产业增加值的加总，对数字经济生产边界的界定相对明晰，是当前国际上较为通用的方法，比如 BEA、加拿大统计局、中国信息通信研究院对"数字产业化"部分的测算等，但也存在部分数据需要估算的问题。支出法在使用时可能面临最终消费支出与资本形成总额指标测算边界不明确的问题，因此在实践中应用较少。增长核算方法和计量经济学方法主要测算的是数字经济与传统产业融合的部分，其中存在较多推算处理步骤，在当前数字经济测度方法尚不成熟的阶段是可行的做法。指数编制法通过建立综合评价体系，测算数字经济发展指数并对各地区数字经济水平进行评价，其结果仅具有时间和空间的可比性，但指数本身并无经济意义，无法反映数字经济发展的真实规模。建立数字经济卫星账户本意在于将数字经济核算纳入传统的国民经济核算体系中，但当前各国尝试建立的数字经济账户并不一致，在基本概念、中心框架、核心表式、数据清单等方面存在差异，并且建立数字经济卫星账户对基础数据的要求较高。

### （三）数字经济统计的基础数据薄弱

当前，数字经济测度数据基础较为薄弱。统计数据是数字经济测度的基础，已有研究主要参考各年度投入产出表、经济普查数据、统计年鉴数据等作为数据来源，对于部分指标如数字经济中间消耗占数字经济总产出比重等使用估算的方法，可能影响最终测度结果的准确性。当前，专门针对数字经济的统计核算与数据调查较少，原因在于数字经济测算的范围、统计方法尚无共识，相关的数据收集工作无法全面开展，进行专门的数据收集工作成本极大。此外，数字技术更新换代较快，基础数据的统计工作相对滞后，不能及时地反映数字经济发展状况，并且数字技术与传统产业的融合方式较为复杂，各行业数字化的方式也存在差异，行业内数字活动与非数字活动的边界不够明晰，均给数字经济调查和数据收集工作增加了困难。

# 第三节　数字经济测度方法与数据说明

## 一、数字经济测度方法

由以上分析可知，国民经济核算方法是测度数字经济发展规模较为科学、准确的方法，但当前使用核算法存在测度边界尚未统一、统计方法尚未成熟、基础数据较为薄弱的局限，部分数据需要通过统计推算获得，这大大降低了测算结果的准确性。鉴于以上难点，本部分替代性地使用编制指数法，对数字经济测度展开探索。事实上，在核算法测度数字经济尚未成熟的阶段，构建数字经济发展综合评价体系，测度数字经济发展水平指数，不失为一种较优的、替代性的数字经济测度手段。编制指数法的优势在于可以通过设置较为系统、全面的评价指标，将当前新一代、尚未有成熟统计实践的数字技术如工业互联网、人工智能、电子商务等纳入评价体系中，从而更真实、全面地反映当前数字经济发展水平及趋势，尽量减少统计核算的偏误，同时指数法测度的数字经济发展水平更具时间连续性、快捷性和空间可比性（ITU，2017）。

**（一）数字经济发展综合评价体系构建**

当前对数字经济测度的相关研究中，划分维度不尽相同，多数文献按照数字行业产出、数字产品业务分类、数字相关指标汇总等思路对数字经济进行划分并测度（许宪春和张美慧，2020；王军等，2021），其根源在于测度理念和标准不统一。2021 年 6 月国家统计局发布《数字经济及其核心产业统计分类（2021）》，对数字经济内涵、分类与测度范围进行统一，将数字经济产业划分为数字产品制造、数字产品服务、数字技术应用、数字要素驱动和数字化效率提升五大类，为科学开展数字经济测度奠定了基础。本部分综合数字经济发展的深刻内涵和时代特征，参照《数字经济及其核心产业统计分类（2021）》，构建数字经济五维综合评价体系，考察 2010 年至 2020 年中国 31 个省、自治区和直辖市数字经济发展的总体水平和地区差异。

具体来看，《数字经济及其核心产业统计分类（2021）》中给出的五大产业从"产品制造→销售→推广→渗透→融合"的发展视角，科学、系统、立体地刻画了数字经济的发展。本书参考该分类标准，从数字产品制造、数字产品服务、数字技术应用、数字要素驱动、数字化效率提升五大维度构建数字经济综合评价体系。同时，受数据可得性的限制，现有数据库中与数字技术相关的指标并不能完整还原《数字经济及其核心产业统计分类（2021）》中所有的小类指标。因此，本书参考以往文献，依据内涵准确性、数据可得性、时间连续性等原则，尝试按照"产品制造→销售→推广→渗透→融合"的思路选取相应的代表指标，构建中国数字经济发展综合评价体系，如表 2-2 所示。具体如下：（1）数字产品制造维度主要包括数字制造产业发展和数字制造能力，前者使用电子信息产业制造业总营业收入占比（占制造业企业总营业收入比重）和企业数占比（占制造业企业总数比重）表征，相应指标数值越大，表示地区数字制造产业发展规模越大；后者使用平均每家电子信息制造业企业的集成电路、微型计算机设备、移动手持通信机、程控交换机产量表征，相应指标刻画了地区数字制造企业的生产能力，所选指标是表征数字制造中间产品和最终产品的重要指标。（2）数字产品服务维度主要包括数字服务产业发展和数字服务能力，前者使用软件和信息技术服务业增加值占比（占服务业总增加值比重）、信息传输、软件和信息技术服务业就业人员数占比（占服务业总就业人数比重）和邮政业就业人员数占比（占服务业总就业人数比重）表征，相应指标数值越大，表示地区数字服务产业发展规模越大；后者使用人均软件产品、信息技术服务和嵌入式系统软件收入（各项总收入/信息传输、软件和信息技术服务业就业人员数）以及人均邮政营业网点数（邮政营业网点数/总人数）表征，对应指标分别刻画了地区数字技术与数字产品的服务能力，以及邮政业务对地区居民的普惠程度。（3）数字技术应用维度主要包括数字通信技术和数字平台搭建，前者使用人均电信业务总量（电信业务总量/总人数）和单位面积长途光缆线路长度表征，人均电信业务总量表示地区内居民对于数字通信技术的普及和使用，单位面积长途光缆线路长度表示地区内通信设施的发展水平，二者表示地区内部数字通信技术发展的基础建设、使用情况；后者使用移动电话普及率，每百人拥有网站数、拥有域名数和包含网民数表征，互联网是数字经济发展的重要基础以及主要平台，以上四个指标从互联网接入设备、搭建平台、居民使用等多维度刻画了数字平台搭建的全过程。（4）数字要素驱动维度主要包括数字驱动基础设施、传媒产业、企业信息化、批发零售、支付业务等多维度，其中数字驱动基础设施使用人均移动电话基站数（移动电话基站总数/总人数）和人均互联网宽带接入端口（互联网宽带接入端口总数/总人数）表征，表示地区数字基础设施的发展水平；数字驱动传媒产业使用人均电子出版物数量（电子出版物总量/总人数）表征，表示地区传媒产业数字化的发展水平；数字驱动企业信息化使用企业每百人拥有计算机数和每百家企业拥有网站数表征，通过拥有数字设备和建立数字化平台双维度表示地区企业信息化水平；数字驱动批发零售使用每家有电商业务企业的电子商务交易额数量（电子商务交易额总量/有电商业务的企业总数）和有电商活动的企业占比（有电商业务的企业总数/企业总数）表征，通过由互联网电子商务平台开展的商品批发和零售活动刻画了地区数字技术驱动批发零售的发展水平；数字驱动支付业务采用"北京大学数字普惠金融指数"中的"支付指数"来表征，该指数主要由支付宝 App 使用中的人均支付笔数、人均支付金额和高频度（年活跃 50 次及以上）活跃用户数占年活跃 1 次及以上用户数比重表示，支付手段由现金、信用卡等支付转为线上电子支付是数字技术驱动的重要表现形式，"支付指数"越大表示地区数字技术对支付手段转变的驱动效应越强。（5）数字化效率提升维度主要包括数字创新能力、智能制造、数字商贸、高速通信、数字金融、融合发展等，其中数字创新能力使用 R&D 经费占比（占 GDP 比重）表征，产业数字化的基础是数字科技的不断创新，使用 R&D 经费占比刻画地区科技创新投入与创新能力；智能制造使用工业互联网专利授权数占比（占专利授权总数比重）表征，智能制造是传统制造业与智能化、自动化技术相互融合发展的新业态，工业互联网是推进智能制造进程的重要技术手段，工业互联网专利授权数占比是表示地区智能制造发展、创新的重要指标；数字商贸使用电子商务专利授权数占专利授权总数的比重表征，数字商贸实现了数字技术与传统商贸活动的有机融合，其中的传统商贸活动包括商品批发零售、运输物流、住宿、餐饮、租赁、商务服务等，电子商务专利授权数占比是表示地区数字商贸发展、创新的重要指标；高速通信使用 5G 专利授权数占比（占专利授权总数比重）表征，5G 通信技术是最新一代宽带移动通信技术，5G 通信设施是实现人机物互联互通的基础设施，因此 5G 技术能够通过高速通信方式推动物联网、人工智能等新一代数字技术的发展，促进传统产业与数字经济的快速融合，5G 专利授权数占比反映了地区高速通信技术的发展水平；数字金融使用"北京大学数字普惠金融指数"中的"保险指数"表征，该指数主要由每万个支付宝用户中购买保险用户数、人均保险笔数、人均保险金额组成，数字金融刻画了数字技术与金融市场的有机融合，以及有效促进传统金融业务效率提升的程度；融合发展使用工业和信息化部《中国信息化与工业化融合发展水平评估》报告中的"信息化和工业化"（简称"两化"）融合指数表征，数字技术不断发展推动了信息化和工业化的不断融合，并且提升了工业生产、创新的效率，"两化"指数表示地区"信息化和工业化"融合发展程度。

表 2-2　　　　　　　　　　　数字经济发展综合评价指标体系

| 一级指标 | 二级指标 | 二级指标下属维度 | 三级指标 | 主要数据来源 |
|---|---|---|---|---|
| 数字经济总指数 | 数字产品制造 | 数字制造产业 | 电子信息产业制造业总营业收入占比 | 《中国信息产业年鉴》《中国电子信息产业统计年鉴》《中国信息年鉴》 |
| | | | 电子信息产业制造业企业数占比 | |
| | | 数字制造能力 | 平均每家电子信息制造业企业的集成电路产量 | |
| | | | 平均每家电子信息制造业企业的微型计算机设备产量 | |
| | | | 平均每家电子信息制造业企业的移动手持通信机产量 | |
| | | | 平均每家电子信息制造业企业的程控交换机产量 | |
| | 数字产品服务 | 数字服务产业 | 软件和信息技术服务业增加值占比 | 《中国信息产业年鉴》 |
| | | | 信息传输、软件和信息技术服务业就业人员数占比 | 《中国城市统计年鉴》 |
| | | | 邮政业就业人员数占比 | 《中国统计年鉴》 |
| | | 数字服务能力 | 人均软件产品收入 | |
| | | | 人均信息技术服务收入 | |
| | | | 人均嵌入式系统软件收入 | |
| | | | 人均邮政营业网点数 | |
| | 数字技术应用 | 数字通信技术 | 人均电信业务总量 | |
| | | | 单位面积长途光缆线路长度 | |
| | | 数字平台搭建 | 移动电话普及率 | 中国互联网络信息中心（CNNIC） |
| | | | 每百人拥有网站数 | |
| | | | 每百人拥有域名数 | |
| | | | 每百人中含网民数 | |

| 一级指标 | 二级指标 | 二级指标下属维度 | 三级指标 | 主要数据来源 |
|---|---|---|---|---|
| 数字经济总指数 | 数字要素驱动 | 数字驱动基础设施 | 人均移动电话基站数 | 《中国统计年鉴》 |
| | | | 人均互联网宽带接入端口 | |
| | | 数字驱动传媒产业 | 人均电子出版物数量 | |
| | | 数字驱动企业信息化 | 企业每百人拥有计算机数 | |
| | | | 每百家企业拥有网站数 | |
| | | 数字驱动批发零售 | 每家有电商业务企业的电子商务交易额数量 | |
| | | | 有电商活动的企业占比 | |
| | | 数字驱动支付业务 | 数字金融 - 支付指数 | 北京大学和蚂蚁金服公司合作发布"北京大学数字普惠金融指数" |
| | 数字化效率提升 | 数字创新能力 | R&D经费占比 | 《中国信息年鉴》 |
| | | 智能制造 | 工业互联网专利授权数占比 | "企研数据"公开的专题数据库 |
| | | 数字商贸 | 电子商务专利授权数占比 | |
| | | 高速通信 | 5G专利授权数占比 | |
| | | 数字金融 | 数字金融 - 保险指数 | 北京大学和蚂蚁金服公司合作发布"北京大学数字普惠金融指数" |
| | | 融合发展 | "信息化和工业化"融合指数 | 工业和信息化部《中国信息化与工业化融合发展水平评估》报告 |

### （二）综合评价体系赋权方法

测算地区数字经济发展指数不仅需要构建具体的指标，还要科学、准确地为各具体指标赋予相应的权重。实践中，赋权方法主要可以分为主观赋权法和客观赋权法（陈梦根和周元任，2021），其中主观赋权法主要包括德尔菲法等，其缺点是权重大小易受评价人主观因素影响，进而干扰测算出的数字经济总指数；客观赋权法主要包括信息熵权法、标准差法等，其特点在于依据数据自身波动特征为指标赋权。综合考虑，本书使用客观赋权法中的信息熵权法为指标赋权，以保证数字经济总指数测算结果的准确性、客观性，其机制在于通过测算指标熵值判断指标的离散程度，熵值越小，指标的离散程度越大，该指标在所属上级指标中所占权重越大。假定第 k 个地区的第 j 个三级指标为 $x_{kj}$，首先使用临界值法将指标去量纲化：

$$x'_{kj} = \frac{x_{kj} - \min(x_j)}{\max(x_j) - \min(x_j)} \text{ 或 } x'_{kj} = \frac{\max(x_j) - x_{kj}}{\max(x_j) - \min(x_j)} \tag{2.1}$$

由于在数字经济综合评价体系中均为正向指标，因此选择式（2.1）对指标进行无量纲化，其中，$\max(x_j)$ 和 $\min(x_j)$ 分别表示在样本区间内第 j 个三级指标的最大值和最小值。然后，可以计算出第 k 个地区第 j 个三级指标的比重：

$$y_{kj} = \frac{x'_{kj}}{\sum_{k=1}^{m} x'_{kj}} \tag{2.2}$$

其中，m 为省级地区个数，取值为 31，再计算第 j 个三级指标的信息熵 $e_j$：

$$e_j = -K \sum_{k=1}^{m} (y_{kj} \ln y_{kj}) \tag{2.3}$$

其中，$K = 1/\ln m$ 为常数，用 n 表示所有三级指标的个数，则第 j 个三级指标的信息熵权重 $\omega_j$ 可以表示为：

$$\omega_j = \frac{1 - e_j}{\sum_{j=1}^{n} (1 - e_j)} \tag{2.4}$$

因此，数字经济综合评价体系中的第 k 个地区第 i 个二级指标代表指数 $DE_{ki}$ 可表示为：

$$DE_{ki} = \sum_{j=1}^{n_i} (\omega_{ij} Z_{kij}) \tag{2.5}$$

其中，$\omega_{ij}$ 表示第 i 个二级指标中第 j 个三级指标的信息熵权重，$Z_{kij}$ 表示第 k 个地区去量纲化之后的各三级指标值，$n_i$ 表示第 i 个二级指标中包含三级指标的个数。重复上述步骤（式（2.1）到式（2.5）），可得第 k 个地区最终的数字经济发展指数 $DE_k$：

$$DE_k = \sum_{i=1}^{N} (W_i DE_{ki}) \tag{2.6}$$

其中，$W_i$ 表示一级指标下第 i 个二级指标的信息熵权重，N 为数字经济综合评价体系中二级指标的个数。$DE_k$ 的取值范围为 0～1，取值越大表示第 k 个地区数字经济发展水平越高。

## 二、相关数据说明

本部分的研究样本为全国 31 个省、自治区和直辖市，样本区间选取为 2010～2020 年。本部分所选样本区间起始时间为 2010 年的原因在于：一是数字经济的发展有赖于互联网络的速度提升以及智能设备的普及。根据工业和信息化部官网信息，2009 年 1 月 7 日工业和信息化部为中国移动通信集团、中国电信集团公司和中国联合网络通信有限公司发放 3 张第三代移动通信（3G）牌照，标志着我国正式进入 3G 时代，此外，2010 年之后我国以智能手机为代表的智能设备逐渐普及。在 2010 年之前，互联网速度较慢，智能设备尚未普及，数字技术并未与经济发展有机融合并渗透于社会生产中，并不符合当前定义的数字经济内涵。二是受原始数据库的限制，本书构建的数字经济综合评价体系中所选取的大部分指标在 2010 年前的数据缺失，并且部分数字经济发展维度在 2010 年后才出现。

此外，各指标均使用比例型数据，以避免受地区自身产业、人口等规模因素的影响，确保测算结果能科学、准确地表征不同地区的数字经济发展水平。数据主要取自历年《中国统计年鉴》、各省（自治区和直辖市）统计年鉴、《中国城市统计年鉴》、《中国信息产业年鉴》、《中国电子信息产业统计年鉴》、《中国信息年鉴》、中国互联网络信息中心（CNNIC）、北京大学和蚂蚁金服公司合作发布的"北京大学数字普惠金融指数"、"企研数据"平台公开的专题数据库、工业和信息化部发布的《中国信息化与工业化融合发展水平评估》报告等。

本书对原始数据做如下处理：一是在原始指标的基础上进行比重测算，将原始数据转换为比例型数据，如软件和信息技术服务业增加值占比、单位面积长途光缆线路长度、每百人拥有网站数等；二是对于中间缺失数据的指标，使用线性插值法进行插补。对于两端缺失数据的指标，使用前三年增长率或后三年增长率的均值替代最后一年的增长率或第一年的增长率进行补齐（王军等，2021）。以前三年增长率的均值为例，假定 A 地区 B 指标的取值分别为 $x_1$，$x_2$，…，$x_j$，…，$x_{11}$，其中 $x_j$ 表示第 j 年的指标。若 $x_{11}$ 为缺失值，则对 $x_{11}$ 的估算可以表示为：

$$x_{11} = \frac{x_{10}}{3}\left(\frac{x_{10}}{x_9} + \frac{x_9}{x_8} + \frac{x_8}{x_7}\right) \tag{2.7}$$

## 第四节　数字经济发展水平测度结果与分析

### 一、全国数字经济发展水平

根据构建的数字经济发展综合评价体系，使用信息熵权法为各级指标进行赋权，可得 2010~2020 年全国数字经济发展总指数和分维度数字经济发展指数，见图 2-1。

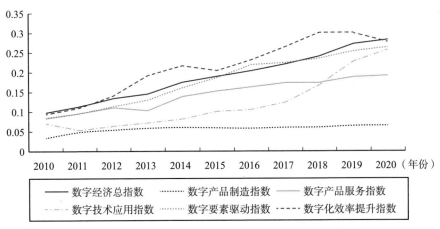

**图 2-1　2010~2020 年全国数字经济总指数及分维度指数变动情况**

首先，在全样本区间内，全国数字经济总指数从 0.0978 增至 0.2823，年均增长率达 18.87%，表明在 2010~2020 年，伴随着数字技术的不断发展，中国数字经济一直呈现蓬勃增长态势，年均增速较快。

其次，分维度来看，数字产品制造指数和数字产品服务指数考察期内分别从 0.0339 和 0.0831 增至 0.0647 和 0.1915，年均增长率分别为 9.09% 和 13.04%；数字技术应用指数、数字要素驱动指数和数字化效率提升指数分别从 0.0704、0.0851 和 0.0937 增至 0.2569、0.2636 和 0.2766，年均增长率高达 26.49%、20.98% 和 19.52%。相比之下，我国在数字技术应用指数、数字要素驱动指数和数字化效率提升指数三个维度上发展更快，年均增速更大。原因在于样本区间内的初始阶段，我国已经形成一定规模的数字基础设施，数字产品制造和服务产业已初具规模，因此前两个维度年均增长相对较小。但伴随着互联网技术的不断发展和通信设施的不断升级，接入并使用互联网成本不断降低，数字智能设备不断普及，数字技术应用呈飞速发展态势，其指数年均增速在五个维度中也排在首位。数字要素驱动指数和数字化效率提升指数主要表现为数字技术对经济社会发展的渗透与融合，在考察期内呈"从无到有""从稚嫩到壮大"的发展态势，其年均增速也相对较快。需要说明的是，数字产品制造指数绝对值相对较小，其原因在于，一方面我国数字制造产业分布具有地理集聚性，部分地区数字制造企业分布极少，伴随数字经济的不断发展，数字制造产业在空间维度上并未显著扩散，致使求均值后全国层面数字产品制造指数相对偏低；另一方面限于数据可得性，本书在数字制造能力维度上仅选取了集成电路、微型计算机设备等四个数据易得的数字产品制造指标，这使得该维度的测算结果可能有偏，其他地区若仅对以上四个指标外的产品生产能力强则无法在测算结果中体现出来，使得数字产品制造指数结果偏低。但总体上来看，全国数字产品制造指数在样本区间内均呈现显著增长态势。

从图 2-1 中还可以看出，2019 年至 2020 年的数字经济发展增速显著下降，如 2020 年全国数字经济总指数的增长率为 3.86%，明显小于 2019 年的 12.97%，甚至数字化效率提升指数出现负增长态势。可能原因一方面在于新冠肺炎疫情的影响，疫情暴发初期实施的各种防控措施限制了数字产品制造与服务，并阻断了人流、物流和部分信息流；另一方面在于我国当前数字基础设施已较为完善，数字经济逐渐由高速发展转为高质量发展阶段，推动数字经济发展的动力结构出现转换升级。

## 二、地区数字经济发展水平

本部分还测算了 2010~2020 年全国各省、自治区和直辖市的数字经济发展指数，测算结果见表 2-3。分地区来看，考察期内全国各地区数字经济指数呈稳定增长态势，显示各地区数字经济均快速发展。同时，我国数字经济发展表现出显著的空间异质性，总体上，数字经济发展水平排名为东部地区＞中部地区＞西部地区，而数字经济发展增速排名则恰好相反。其中，北京、上海、江苏、广东、福建等东部省份数字经济发展水平较高，但数字经济指数的年均增长率相对较低，多数省份增长率在 10% 左右。山西、江西、湖北、湖南等中部省份数字经济发展水平次之，但数字经济指数的年均增长率普遍比东部省份高，多数省份增长率在 10%~50%。西藏、甘肃、青海、宁夏等西部省份数字经济发展水平较低，但考察期内数字经济指数的年均增长率最高，多数省份增长率超过 50%，少数省份如贵州、云南的数字经济指数年均增长率也接近 40%。显然，不同地区数字经济均呈显著增长趋势，且中西部地区增长速度较快，与东部地区的差距逐渐缩小，全国数字经济发展的不均衡程度不断降低。但从数字经济发展指数的绝对值上看，西部地区省份和中部经济发展水平较低的省份与东部地区省份仍存在较大差距，地区数字经济发展不均衡可能进一步造成居民、企业等部门的数字不平等问题。

表 2-3　　　　2010~2020 年分地区数字经济指数变动情况

| 地区 | 2010 年 | 2020 年 | 年均增长（%） | 地区 | 2010 年 | 2020 年 | 年均增长（%） |
|---|---|---|---|---|---|---|---|
| 全国 | 0.0978 | 0.2823 | 18.87 | 吉林 | 0.0453 | 0.2006 | 34.28 |
| 北京 | 0.4135 | 0.8152 | 9.71 | 黑龙江 | 0.0481 | 0.1251 | 16.01 |
| 天津 | 0.1728 | 0.3746 | 11.68 | 上海 | 0.3441 | 0.5034 | 4.63 |
| 河北 | 0.0487 | 0.1441 | 19.59 | 江苏 | 0.3037 | 0.4566 | 5.03 |
| 山西 | 0.0613 | 0.1698 | 17.70 | 浙江 | 0.1340 | 0.4345 | 22.43 |
| 内蒙古 | 0.0206 | 0.1379 | 56.94 | 安徽 | 0.0387 | 0.2325 | 50.08 |
| 辽宁 | 0.1251 | 0.2376 | 8.99 | 福建 | 0.1260 | 0.3401 | 16.99 |

续表

| 地区 | 2010 年 | 2020 年 | 年均增长<br>（%） | 地区 | 2010 年 | 2020 年 | 年均增长<br>（%） |
|------|---------|---------|------------------|------|---------|---------|------------------|
| 江西 | 0.0399 | 0.1871 | 36.89 | 四川 | 0.0992 | 0.3487 | 25.15 |
| 山东 | 0.1268 | 0.3298 | 16.01 | 贵州 | 0.0406 | 0.1948 | 37.98 |
| 河南 | 0.0362 | 0.1859 | 41.35 | 云南 | 0.0329 | 0.1623 | 39.33 |
| 湖北 | 0.0601 | 0.2414 | 30.17 | 西藏 | 0.0234 | 0.1577 | 57.39 |
| 湖南 | 0.0556 | 0.2183 | 29.26 | 陕西 | 0.0667 | 0.2945 | 34.15 |
| 广东 | 0.2689 | 0.4555 | 6.94 | 甘肃 | 0.0543 | 0.4169 | 66.78 |
| 广西 | 0.0386 | 0.1854 | 38.03 | 青海 | 0.0179 | 0.1595 | 79.11 |
| 海南 | 0.0275 | 0.1832 | 56.62 | 宁夏 | 0.0199 | 0.1772 | 79.05 |
| 重庆 | 0.0770 | 0.4853 | 53.03 | 新疆 | 0.0645 | 0.1962 | 20.42 |

## 第五节　数字经济发展的空间特征：基于复杂网络分析

　　数字技术依赖于高速互联网，具有跨越传统地理空间的特性。伴随数字经济的蓬勃发展，地区间数字产业合作、数字产品贸易、数字要素流通等愈发频繁，数字经济发展最终形成全国范围内错综复杂的空间关联网络，正在重塑地区经济社会发展的空间格局（金春枝和李伦，2016；杨慧梅和江璐，2021）。然而，由于地区间数字经济发展特征的异质性，不同地区在空间网络中的影响力和作用均有差异，传统的空间计量模型无法准确揭示数字经济发展的空间效应。参考拓扑学中的复杂网络模型，本书构建中国数字经济发展空间关联网络，考察数字经济发展整体的空间特征，挖掘地区间数字经济发展的潜在联系，揭示不同地区在复杂空间网络中的地位和作用，探讨地区间数字经济发展的均衡性。

### 一、数字经济发展空间特征度量方法

　　首先，将带有权重的中国数字经济发展空间关联网络 DN 表示为：

$$DN = (V, \Phi, G) \tag{2.8}$$

其中，$V = \{v_1, v_2, \cdots, v_p\}$ 表示数字经济发展空间关联网络中的节点集合，$p$ 表示网络中节点个数，$v_i$ 代表第 $i$ 个地区（省、自治区和直辖市）的节点，且 $v_i \in V$，$i = 1, 2, \cdots, p$。$\Phi = \{\phi_1, \phi_2, \cdots, \phi_q\} \subseteq V \times V$ 表示数字经济发展空间关联网络中的边集合，$q$ 表示网络中的边个数，$(v_i, v_j) \in \Phi$ 表示地区 $i$ 和地区 $j$ 之间的数字经济发展存在的有向空间联系，若地区 $i$ 的数字资源或要素流向地区 $j$，则 $\Phi$ 中存在 $i \to j$ 的一条有向边。$g_{ij} = G(v_i, v_j)$ 表示有向边 $(v_i, v_j)$ 的权重，即地区 $i$ 和地区 $j$ 的数字经济发展的空间关联程度的大小。

参照朱迪西（Giudici）和斯佩尔特（Spelta）在 2016 年的研究，本书通过欧式距离指标来定义权重变量 $G(v_i, v_j)$。定义地区 $i$ 和地区 $j$ 之间关于数字经济空间关联的欧式距离为：

$$D_{ij} = \sqrt{2(1 - C_{ij})} = \sqrt{2\left(1 - \frac{|\overrightarrow{DE}(i)\overrightarrow{DE}(j)| - |\overrightarrow{DE}(i)||\overrightarrow{DE}(j)|}{(|\overrightarrow{DE}^2(i)| - |\overrightarrow{DE}(i)|^2)(|\overrightarrow{DE}^2(j)| - |\overrightarrow{DE}(j)|^2)}\right)}$$

(2.9)

其中，$D$ 为地区数字经济发展空间关联的欧式距离矩阵，$\overrightarrow{DE}(i)$ 和 $\overrightarrow{DE}(j)$ 分别为地区 $i$ 和地区 $j$ 数字经济发展指数的时间序列。$C_{ij} \in [-1, 1]$ 为 $\overrightarrow{DE}(i)$ 和 $\overrightarrow{DE}(j)$ 的 Pearson 相关系数，欧式距离 $D_{ij}$ 的取值范围为 $[0, 2]$，地区 $i$ 和地区 $j$ 之间的相关系数越大，表明两地数字经济发展变动越趋于一致，二者间欧式距离 $D_{ij}$ 越小，数字经济发展的空间关联程度越大，地区之间数字经济发展差距越小，有助于整体数字不平等程度的下降。因此，定义权重 $g_{ij}$ 为欧式距离的倒数：

$$g_{ij} = \frac{1}{D_{ij}}$$

(2.10)

其中，$g_{ij}$ 是地区 $i$ 和地区 $j$ 之间数字经济空间关联强度矩阵的元素，即 $G = (g_{ij})_{p \times p}$。为防止复杂网络中出现封闭子环，本书设定区域与其自身的数字经济发展空间关联强度为 0。为减少相对微弱的关联影响网络的整体分布，同时充分保留数字经济发展空间关联网络中较为显著的原始信息，并进一步考察空间关联网络中的拓扑特征，本书通过阈值法将空间关联网络转化为二值矩阵。具体的，采用数字经济发展空间关联网络矩阵中各行关联程度的均值作为阈值，并且有：

$$\tilde{g}_{ij} = \tilde{G}(v_i, v_j) = \begin{cases} 1, & G(v_i, v_j) \geqslant \sum_{j=1}^{p} G(v_i, v_j)/p \\ 0, & G(v_i, v_j) < \sum_{j=1}^{p} G(v_i, v_j)/p \end{cases} \qquad (2.11)$$

其中，$\tilde{G} = (\tilde{g}_{ij})_{p \times p}$表示数字经济发展空间关联网络的二值矩阵。$\tilde{G}(v_i, v_j) = 1$表示地区 i 和地区 j 数字经济发展存在显著的空间关联效应，即地区间数字资源或要素流动频繁，数字经济发展协同性较强；$\tilde{G}(v_i, v_j) = 0$表示地区 i 和地区 j 的数字经济发展空间关联效应不显著，即地区间数字资源或要素联系较少，数字经济发展独立性较强，而相互依赖性较弱。

进一步，由于中国数字经济发展特征具有空间异质性和时变性（韩兆安等，2021；王军等，2021），本部分还构建不同时段的地区数字经济发展空间关联网络，考察我国地区数字经济发展的结构特征，包括网络整体特征、个体特征、模块特征，以刻画数字经济发展关联网络的空间效应以及在不同时段的演进特性和地位变化。

**（一）整体特征**

空间关联网络的整体特征刻画了数字经济发展全局的空间效应，揭示中国31 个省、自治区和直辖市数字资源流动、数字要素流通、数字产业协同的集聚性和通达性。具体的，本书使用网络密度、网络集聚系数、网络等级度和网络效率刻画数字经济发展空间关联网络的集聚程度，使用网络关联度、平均路径长度刻画数字经济发展空间关联网络的通达程度。

1. 集聚程度。

（1）网络密度。网络密度是刻画空间关联网络中各地区数字经济发展联系疏密程度的指标。地区之间数字经济发展的关联数越多，整体数字经济发展空间关联网络密度越大，网络密度越大表明整体数字不平等程度越小。网络密度可表示为各地区之间的数字经济发展的关联数与整个空间网络中最大可能的关联数之比，因此网络密度 DENSITY 取值范围为 [0, 1]。网络密度的形式如下：

$$\text{DENSITY} = \frac{\sum_{i=1}^{p} \sum_{j=1}^{p} \tilde{G}(v_i, v_j)}{p(p-1)} \qquad (2.12)$$

（2）网络集聚系数。网络集聚系数是刻画空间关联网络中各地区数字经济发展集群化程度的指标。网络集聚系数越大，各地区间数字经济发展的相互连接程度和聚集程度越高，数字要素和资源的相互流动越密切，数字不平等程度越小。若使用 $NUM_i$ 表示与地区 i 实际存在数字经济发展空间关联的地区数量，则网络集聚系数 CLUSTER 可表示为：

$$CLUSTER = \frac{1}{p} \sum_{i=1}^{p} \frac{2NUM_i}{p(p-1)} \tag{2.13}$$

（3）网络等级度。网络等级度是刻画空间关联网络中各地区数字经济发展是否具有显著等级结构的指标，数值越大则数字经济发展空间关联网络中的等级程度越高，各地区数字经济发展的平等性越弱，数字不平等程度越大。网络等级度 HIERARCHY 主要通过复杂网络中不能对称可达的点对数[①]占比表示，具体来看：

$$HIERARCHY = 1 - \frac{\sum_{i=1}^{p} \sum_{j=1}^{p} \hat{N}(v_i, v_j)}{max(\sum_{i=1}^{p} \sum_{j=1}^{p} \hat{N}(v_i, v_j))} \tag{2.14}$$

其中，$\hat{N}(v_i, v_j) \in \{0, 1\}$ 表示地区 i 和地区 j 对称可达的二值变量，若两地区能够对称可达，则 $\hat{N}(v_i, v_j) = 1$；否则，$\hat{N}(v_i, v_j) = 0$。$max(\sum_{i=1}^{p} \sum_{j=1}^{p} \hat{N}(v_i, v_j))$ 表示地区 i 可达地区 j 或地区 j 可达地区 i 的点对数目，即最大可能对称可达的点对数。

（4）网络效率。网络效率是刻画空间关联网络中各地区数字经济发展联系渠道的多重叠加程度指标。网络效率越高，表明地区之间数字经济发展联系的冗余渠道越少，整个数字经济发展空间关联网络的传递效率越高，而侧面也说明该空间关联网络中发出联系和接收联系的绝对数量下降，各地区的紧密程度减弱，数字不平等程度扩大。网络效率 EFFICIENCY 可用复杂网络中多余关联数量计算求得，具体来看：

$$EFFICIENCY = 1 - \frac{\sum_{i=1}^{p} \sum_{j=1}^{p} \bar{N}(v_i, v_j)}{max(\sum_{i=1}^{p} \sum_{j=1}^{p} \bar{N}(v_i, v_j))} \tag{2.15}$$

---

① 对称可达的点对数是指，若节点 $v_i$ 可达 $v_j$，同时有节点 $v_j$ 可达 $v_i$，则（$v_i$, $v_j$）称为对称可达的点对数。若以上条件不满足，则称（$v_i$, $v_j$）为不能对称可达的点对数。

其中，$\bar{N}(v_i, v_j)$ 表示在能够保证地区 i 和地区 j 之间互相通达的前提下空间关联网络中多余的关系数，$\max(\sum\limits_{i=1}^{p}\sum\limits_{j=1}^{p}\bar{N}(v_i, v_j))$ 表示空间关联网络中最大可能多余的关系数。

2. 通达程度。

（1）网络关联度。网络关联度是刻画数字经济发展空间关联网络中各地区可达性的重要指标。网络关联度越高，表示在空间关联网络中可以互相通达的地区数量占比越高，空间网络中数字资源或要素可相互流动的范围也越大，数字不平等程度越小。网络关联度 RELATION 可以表示为：

$$RELATION = 1 - \frac{\sum\limits_{i=1}^{p}\sum\limits_{j=1}^{p}\tilde{N}(v_i, v_j)}{p(p-1)/2} \tag{2.16}$$

其中，$\tilde{N}(v_i, v_j) \in \{0, 1\}$ 表示地区 i 和地区 j 通达程度的二值变量，若地区 i 和地区 j 不可通达，则 $\tilde{N}(v_i, v_j) = 1$；否则，$\tilde{N}(v_i, v_j) = 0$。

（2）平均路径长度。平均路径长度是数字经济发展空间关联网络中任何两地区之间最短路径的平均长度，主要用来衡量空间关联网络中所有地区与其他地区之间实现数字经济联系通达所需的最短路径。该指标刻画了空间关联网络中数字资源的传递效率和地区间数字经济发展联系的通达程度。平均路径长度越小，表示各地区之间数字经济联系越容易通达，数字要素和资源的传递效率越高，不同地区之间数字经济往来更加便利，数字不平等程度越小。一般假定某空间关联网络具有相对较小的平均路径长度，同时具有相对较大的集聚系数，则称该空间关联网络具有"小世界"特征，即通过较短的路径即可实现整个复杂网络中各地区之间的紧密联系。若用 $l(v_i, v_j)$ 表示地区 i 和地区 j 之间的最短路径，则平均路径长度 APL 可表示为：

$$APL = \frac{1}{p(p-1)}\sum\limits_{i=1}^{p}\sum\limits_{j=1}^{p}l(v_i, v_j) \tag{2.17}$$

## （二）个体特征

空间关联网络中各节点的相关指标刻画了数字经济发展中地区的个体特征，可揭示中国 31 个省、自治区和直辖市在空间关联网络中的影响力和作用，有助于厘清数字经济发展空间效应中地区的异质性。本书使用度数中心度、接近中心度和中介中心度来刻画网络个体特征。

1. 度数中心度。

度数中心度是指在数字经济发展空间关联网络中与一个地区直接相连的其他地区的个数。若某地区拥有较高的度数中心度，表示该地区在空间关联网络中居于中心位置，其地位、影响力和所扮演角色在整个关联网络中较为关键，该地区在数字不平等中处于优势地位。度数中心度可以分为绝对度数中心度和相对度数中心度，其中，相对度数中心度即地区的绝对度数中心度与网络中地区的最大可能度数之比。本书使用相对度数中心度 DD 来刻画不同地区在数字经济发展空间关联网络中的地位：

$$DD_i = \frac{r_i}{2(p-1)} \qquad (2.18)$$

其中，$r_i$ 表示地区 i 与其他地区直接关联的关系数。$r_i$ 又可分为发出关系数和接收关系数，即地区 i 的点出度 $r_i^{out}$ 和点入度 $r_i^{in}$，分别表示数字经济发展的溢出效应和数字资源的吸纳效应。

2. 接近中心度。

接近中心度是针对地区数字经济发展不受其他地区"控制"程度的测度。假如某地区与空间关联网络中所有其他地区的"距离"都很短，则该地区的接近中心度较高，进一步表明该地区能够更加便利地与其他地区建立数字经济发展的关联关系，该地区在数字不平等中也处于优势地位。同式（2.17），若以 $l_{ij}$ 表示地区 i 到地区 j 的最短路径，则接近中心度 CD 可表示为：

$$CD_i = \frac{2(p-1)}{\sum\limits_{j=1}^{p} l_{ij} + \sum\limits_{j=1}^{p} l_{ji}} \qquad (2.19)$$

3. 中介中心度。

中介中心度是指某地区在数字经济发展空间关联网络中对数字资源的控制程度。假如某地区处于许多其他地区相互关联的最短路径上，则该地区拥有较高的中介中心度。中介中心度刻画了数字经济发展空间关联网络中地区充当"中介""桥梁"角色的程度，中介中心度越大，表明数字资源或要素在流动过程中经过该地区的概率越大，相应地区在数字不平等中处于优势地位。中介中心度 BD 可表示为：

$$BD_i = \frac{2\sum\limits_{j=1}^{p}\sum\limits_{k=1}^{p} b_{jk}(i)/b_{jk}}{p^2 - 3p + 2} \quad (j \neq k \neq i, \text{ 且 } j < k) \qquad (2.20)$$

其中，$b_{jk}$ 表示数字经济发展空间关联网络中地区 j 和地区 k 之间的关联路径数量，$b_{jk}(i)$ 表示 $b_{jk}$ 中经过地区 i 的路径数量。

### (三) 模块特征

空间关联网络的模块特征刻画了数字经济发展中地区的集群效应，可揭示中国 31 个省、自治区和直辖市在空间关联网络中的"社团"特性。依据结构特征对划分出的"社团"进行分类，并厘清不同"社团"在空间网络中扮演的角色，能够进一步考察数字经济发展的区域协调性和空间均衡性。一般的，块模型是把空间关联网络 DN 分成各个不同的位置 $B_1$、$B_2$、$\cdots$、$B_b$，其中 b 为模块数量，并存在一定的对应法则 $\xi$ 能够把各个地区划分到相应的位置，即若地区 i 位于位置 $B_k$ 中，有 $\xi(i) = B_k$，$k = 1, 2, \cdots, b$。矩阵 B 的各项被称为"模块"，根据各模块的不同属性，可分为"1 - 模块"和"0 - 模块"，具体来看：

$$B_k = \begin{cases} 1, & B_k \text{ 内部的网络密度} \geq \text{数字经济空间关联网络总体密度} \\ 0, & B_k \text{ 内部的网络密度} < \text{数字经济空间关联网络总体密度} \end{cases} \quad (2.21)$$

其中，$B_k = 1$ 表示整体网络中地区间数字经济发展相依关系向 $B_k$ 模块集中。依据模块矩阵 B 中各元素的取值情况可以得到像矩阵，从而判断各模块之间的互动关系。此外，根据矩阵 B 中各模块内部和各模块之间的关联情况，能够分析不同模块在空间关联网络中扮演的角色，模块间数字经济发展差距越大，整体数字不平等程度越大。参考沃瑟曼和浮士德（Faust）在 1994 年提出的块模型分析法，可将不同模块分为四种角色：（1）主受益（损）模块，该模块中的各地区的内部关联关系比例高，与其他模块的关联关系比例低，特别的，当一个模块与其他任意一个模块均没有联系时称该模块为孤立模块。（2）净溢出模块，该模块中各地区具有很少的内部关联关系，主要向其他模块发出关联，而极少接收到其他模块发出的关联关系。（3）经纪人模块，该模块主要接收其他模块的关联关系和向其他模块发出关联关系，其模块内部各地区间的关联关系比例较低。（4）双向溢出模块，该模块中各地区主要向模块内部及其他模块发出关联关系，而极少接收其他模块发向本模块的关联关系。可以看出在数字不平等中，经纪人模块和双向溢出模块多处于主动、优势地位，而主受益（损）模块和净溢出模块多处于被动、弱势地位。

## 二、数字经济发展的空间特征与地区差异分析

本书采用复杂网络分析方法，从整体、个体、模块三个特征考察在全样本区间内中国地区数字经济发展的空间效应。

### （一）整体特征

首先建立拓扑学中的复杂网络模型，基于地区数字经济发展指数，测算地区间数字经济发展空间关联矩阵，最终得到 2010～2020 年中国地区间数字经济发展空间关联的有向复杂网络。

如图 2-2 所示，从复杂网络的空间分布来看，我国数字经济发展空间关联网络具有显著的地理集聚性和空间通达性。这表现在东部、中部和部分西部经济发展水平较高省份主要集聚于空间关联网络图的左侧，中部、西部省份主要集聚于空间关联网络图的右侧，地区数字经济发展整体呈现"非均衡性"，但网络中不存在孤立省份。可见，我国地区间数字经济发展具有显著的集聚效应，以经济发展水平为参考形成不同的发展团体，但各省份之间数字经济发展联系紧密，数字资源和要素互通可达，全国数字经济发展呈现一定的整体性和协同性。但显著的地理集聚性和非均衡性也侧面反映出数字经济发展的地区差异。

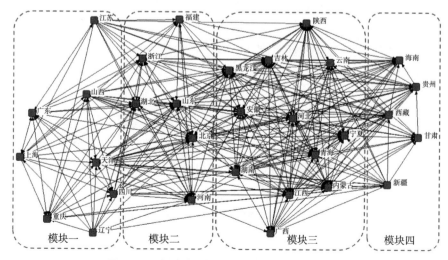

图 2-2　中国地区数字经济发展空间关联网络

进一步，从复杂网络模型中测算的具体指标来看，主要有以下发现：第一，2010~2020年中国地区数字经济发展空间关联网络的密度为0.439，即所有可能存在的地区数字经济发展关联关系中有43.9%的关系显著，表明地区数字经济发展之间联系较为紧密，彼此之间数字经济发展的溢出效应和数字资源的吸纳效应均较强，地区之间数字经济发展的差异在不断缩小。第二，网络关联度为1.00，表明关联网络中各省份数字经济发展都能够直接或间接通过某省份的连接而建立联系，进而实现数字资源的互动往来，有助于缩小数字经济发展差距。第三，网络等级度为0.1269，等级度较小表明建立的空间关联网络并不具有鲜明的等级结构，各省份在数字经济发展关联网络中地位相对平等，相互之间对称可达性较强，网络中不存在绝对的"数字经济溢出者"或"数字资源吸纳者"。第四，网络效率为0.3954，网络效率偏低表明各省份在数字经济发展的关联关系可能存在一定程度的多重叠加现象，冗余的关系数较多，这也进一步说明在全样本区间内中国各省份数字经济发展之间具有较多的关联，不仅包括两两省份之间的直接联系，还能通过充当"桥梁"作用的中介省份建立彼此之间的间接联系。第五，网络的集聚系数和平均路径长度分别为0.564和13.161，集聚系数较大表示中国地区间数字经济发展具有显著的集群效应，数字经济发展的集约化、规模化有助于数字技术的规模应用和数字创新，进而推动中国数字经济高质量发展。而平均路径长度较大表示当前中国地区间数字经济发展的"小世界"特征不显著，即从平均意义上讲，网络中直接关联关系占比较小，需要较长路径才能建立全局的关联网络，地区间建立数字经济发展联系的成本较大，数字要素和资源流动距离较长，这有可能是拉大全局数字不平等的重要因素。

## （二）个体特征

在数字经济发展空间关联网络整体特征分析的基础上，本书再利用复杂网络模型考察地区数字经济发展的个体特征，以揭示不同省份在数字经济发展和数字要素流动等方面的差异，结果见表2-4。

表 2-4　　　　　　　各地区在数字经济发展空间关联网络中的地位特征

| 地区 | 度数中心度 | 排名 | 中间中心度 | 排名 | 接近中心度 | 排名 | 发出关联数量（条） | 接收关联数量（条） | 地区类型 |
|---|---|---|---|---|---|---|---|---|---|
| 北京 | 86.667 | 3 | 22.754 | 11 | 88.235 | 3 | 15 | 20 | 吸纳导向 |
| 天津 | 76.667 | 5 | 85.569 | 2 | 81.081 | 5 | 18 | 9 | 辐射导向 |
| 河北 | 66.667 | 12 | 9.562 | 19 | 75.000 | 12 | 12 | 20 | 吸纳导向 |
| 山西 | 60.000 | 19 | 4.901 | 23 | 71.429 | 19 | 15 | 5 | 辐射导向 |
| 内蒙古 | 70.000 | 8 | 2.533 | 28 | 76.923 | 8 | 10 | 21 | 吸纳导向 |
| 辽宁 | 36.667 | 31 | 0.000 | 31 | 61.224 | 31 | 11 | 0 | 辐射导向 |
| 吉林 | 80.000 | 4 | 30.996 | 8 | 83.333 | 4 | 12 | 24 | 吸纳导向 |
| 黑龙江 | 76.667 | 6 | 35.930 | 6 | 81.081 | 6 | 15 | 21 | 吸纳导向 |
| 上海 | 43.333 | 28 | 34.077 | 7 | 63.830 | 28 | 12 | 3 | 辐射导向 |
| 江苏 | 50.000 | 24 | 2.006 | 29 | 66.667 | 24 | 15 | 1 | 辐射导向 |
| 浙江 | 63.333 | 15 | 48.733 | 4 | 73.171 | 15 | 12 | 16 | 吸纳导向 |
| 安徽 | 90.000 | 1 | 19.425 | 13 | 90.909 | 1 | 12 | 27 | 吸纳导向 |
| 福建 | 40.000 | 30 | 5.362 | 21 | 62.500 | 30 | 10 | 8 | 辐射导向 |
| 江西 | 73.333 | 7 | 10.665 | 18 | 78.947 | 7 | 11 | 22 | 吸纳导向 |
| 山东 | 90.000 | 2 | 40.612 | 5 | 90.909 | 2 | 17 | 21 | 吸纳导向 |
| 河南 | 56.667 | 20 | 23.579 | 9 | 69.767 | 20 | 10 | 15 | 吸纳导向 |
| 湖北 | 56.667 | 21 | 12.211 | 17 | 69.767 | 21 | 10 | 14 | 吸纳导向 |
| 湖南 | 63.333 | 16 | 3.964 | 26 | 73.171 | 16 | 10 | 19 | 吸纳导向 |
| 广东 | 43.333 | 29 | 88.992 | 1 | 63.830 | 29 | 10 | 10 | 辐射/吸纳 |
| 广西 | 50.000 | 25 | 5.253 | 22 | 66.667 | 25 | 12 | 14 | 吸纳导向 |
| 海南 | 66.667 | 13 | 23.273 | 10 | 75.000 | 13 | 17 | 12 | 辐射导向 |
| 重庆 | 50.000 | 26 | 16.742 | 15 | 66.667 | 26 | 11 | 9 | 辐射导向 |
| 四川 | 63.333 | 17 | 19.655 | 12 | 73.171 | 17 | 16 | 7 | 辐射导向 |
| 贵州 | 70.000 | 9 | 14.271 | 16 | 76.923 | 9 | 17 | 9 | 辐射导向 |
| 云南 | 53.333 | 23 | 6.451 | 20 | 68.182 | 23 | 14 | 9 | 辐射导向 |
| 西藏 | 63.333 | 18 | 1.750 | 30 | 73.171 | 18 | 18 | 2 | 辐射导向 |
| 陕西 | 70.000 | 10 | 16.931 | 14 | 76.923 | 10 | 13 | 21 | 吸纳导向 |
| 甘肃 | 50.000 | 27 | 3.542 | 27 | 66.667 | 27 | 13 | 8 | 辐射导向 |

续表

| 地区 | 度数中心度 | 排名 | 中间中心度 | 排名 | 接近中心度 | 排名 | 发出关联数量（条） | 接收关联数量（条） | 地区类型 |
|---|---|---|---|---|---|---|---|---|---|
| 青海 | 70.000 | 11 | 80.068 | 3 | 76.923 | 11 | 14 | 21 | 吸纳导向 |
| 宁夏 | 66.667 | 14 | 4.654 | 24 | 75.000 | 14 | 10 | 20 | 吸纳导向 |
| 新疆 | 56.667 | 22 | 4.537 | 25 | 69.767 | 22 | 16 | 1 | 辐射导向 |

首先，度数中心度反映了不同省份在空间关联网络全局中的地位和角色，度数中心度较高的省份处于数字不平等中的优势地位。安徽、山东、北京、吉林、天津排在前五位，其中北京、天津、山东均属于经济较为发达的东部地区，吉林属于东北地区的中心位置。安徽属于中部地区的中心位置，以上省份在中国数字经济发展空间关联网络中居于主导位置，其地位和影响力均大于其他省份，伴随数字技术的不断发展，可能拉大与其他省份间的数字经济差距。总体上，受经济发展水平和地缘因素的影响，西部地区在空间关联网络中的影响力整体弱于东、中部地区，在数字不平等中处于弱势地位，即中国数字经济发展的主要引擎为东、中部地区，西部地区数字经济的发展源于东、中部地区的辐射效应。

其次，中间中心度反映了不同省份在空间关联网络中充当"中介""桥梁"角色的程度，中间中心度较高的省份也处于数字不平等的优势地位。广东、天津、青海、浙江、山东排在前五位，除青海以外，其他省份均为东部沿海发达地区，数字经济发展水平较高，并且在各自所属位置扮演了串联数字经济发展、数字资源流动"中转站"的重要角色。例如，天津在京津冀地区、广东在华南地区、浙江和山东在华东地区均为其他省份在建立数字经济发展联系上的必经地区，青海则作为西部省份的代表，也在西部地区数字经济发展联系方面扮演了桥梁和枢纽的作用。同时，中介作用较强的省份主要通过向其他省份发出联系，并接收来自其他省份的联系，进而串联起整体数字经济的发展，构建全局的数字经济发展空间关联网络。

再次，接近中心度反映了某省份与其他建立联系省份之间的平均"距离"，接近中心度越大，省份间的平均"距离"越小，该省份越能便利、高效地与其他省份建立数字经济发展上的关联，接近中心度较高的省份同样处于数字不平等的优势地位。接近中心度的排名情况与度数中心度保持一致，这充分说明在数字经济发展空间关联网络中，处于网络中心位置和主导地位的省份能够更加便利、高效地与其他省份建立直接的联系，进而增强空间关联网络中的集群效应，形成不同的数字经济发展"社团"。其他处于空间关联网络中较为次要、边缘位置的省份可以通过与处于主导、中心位置的省份产生直接联系，或者通过处于"中介"位置的省份与处于主导、中心位置的省份产生间接关联，进而形成全局的数字经济空间关联网络，紧密地将数字不平等中处于优势和处于弱势地位的省份连接在一起。

最后，某省份的发出关系和接收关系分别表示该省份数字经济发展对其他省份的溢出效应或辐射效应，以及接收或吸纳来自其他省份的数字要素和资源，关系数量越高，表明数字要素的流动渠道越多，在数字不平等中越处于优势。各省份空间关联网络中发出关联的数量介于 10～18 条，省份之间差异并不大，可见中国各省份数字经济发展对其他省份都存在一定数量的溢出性影响，通过彼此之间的辐射效应进而逐步缩小数字不平等程度，促进全国数字经济的整体式、协同式发展。各省份空间关联网络中接收关联的数量差异较大，如安徽、吉林、江西、山东等省份接收关联数量较多，而辽宁、江苏、新疆、西藏等省份接收关联数量较少，可见除少数西部数字经济发展水平较高的省份如陕西、宁夏以及中介效应较强的省份如青海等之外，其余多数西部省份接收关联数量远少于东部、中部和东北地区省份。这表明数字要素和数字资源向数字基础设施较完善、经济发展水平较高的省份倾斜，而数字经济发展水平偏低的省份可能面临自身数字资源流失、外溢的潜在风险。值得关注的还有，度数中心度排名靠前的省份通常同时拥有较多的发出关联数量和接收关联数量，如北京、吉林、安徽、陕西、浙江等。也就是说，在空间关联网络中处于核心位置的省份与其他省份联系密切，既吸纳来自其他省份的数字资源，同时自身数字经济发展也不断向外辐射，产生溢出性影响。依据发出关联数和接收关联数的相对大小，可进一步将度数中心度较高、数字经济发展空间关联网络中影响力较强的省份划分为"辐射导向型"地区（发出关联数 > 接收关联数）和"吸纳导向型"地区（发出关联数 < 接收关联数），其中天津、海南、四川、贵州、西藏等属于"辐射导向型"地区，北京、吉林、安徽、陕西、浙江等属于"吸纳导向型"地区。显然，"辐射导向型"省份多属于中西部欠发达地区，主要向"吸纳导向型"的东中部发达地区输送数字

经济发展的资源与要素，在数字不平等中多处于弱势地位。

### (三) 模块特征

本书使用层次聚类法（即块模型中的对应法则 ξ 选择使用层次聚类法）将整体空间关联网络进行分割，以探究不同模块在空间网络中所发挥的作用以及模块之间的互动关系，并进一步考察不同模块的地位和模块间数字经济发展的差距。参照以往惯例（李敬等，2014；Sun et al.，2020），选择最大切割深度为 2，收敛标准为 0.2，将地区数字经济发展空间关联网络划分为四大模块。

首先，根据模块内部与模块间的关联关系来看，不同模块呈现不同的特征，在网络空间中扮演着不同的角色。如表 2 - 5 所示，模块一包括北京、湖北、福建、浙江、山东、河南，主要涵盖东部数字经济发展水平较高的省份以及中部数字经济发展较快的省份。模块一内部关系数为 29 条，期望内部关系占比和实际内部关系占比均较低，分别为 16.67% 和 39.19%，该模块外接收关系数和溢出关系数分别为 65 条和 45 条，相比之下远高于模块内部关系数。也就是说，在空间关联网络中，模块一内部数字经济发展之间的联系相对较小，主要对其他模块产生溢出性影响，并且吸纳来自其他模块的数字要素和资源，在全局关联网络中扮演"经纪人"的角色，在数字不平等中处于主动、优势地位，因此模块一为经纪人模块。模块二包括重庆、广东、江苏、天津、山西、四川、辽宁、上海，其中广东、江苏、天津、辽宁、上海均为东部地区数字经济发展水平较高、数字基础设施完善的省份，而山西、重庆、四川为中部和西部地区经济发展水平相对较高、数字经济发展较快的省份。模块二内部关系数为 33 条，期望内部关系占比和实际内部关系占比也相对较低，分别为 23.33% 和 30.56%，模块二外溢出关系数为 75 条，而模块外接收关系数仅为 10 条。这表明模块二主要向模块内部和其他模块产生溢出性影响，而较少接收到来自其他模块的辐射效应，在数字不平等中处于主动、优势地位，因此模块二为双向溢出模块。模块三包括江西、内蒙古、河北、湖南、安徽、广西、陕西、吉林、黑龙江、宁夏、云南、青海，既包括东部地区和东北地区经济发展水平相对较低的省份，如河北、吉林、黑龙江，还包括中西部地区大部分省份。模块三的社团成员数最多，模块内部关系达到 119 条，期望内部关系占比和实际内部关系占比均为各模块最高，分别为 36.67% 和 82.07%。同时，模块三模块外接收关系数较多，达到 120 条，而模块外溢出关系数很少，仅有26条，这说明该模块内部各省份之间的互动频繁，并且主要接收来自其他模块的溢出性影响，在数字不平等中处于被动、弱势地位，因此模块三为主受益（损）模块①。模块四包括海南、甘肃、西藏、贵州、新疆，主要由西部经济发展水平较低、数字基础设施较落后的省份组成。模块内部关系数极少，仅有6条，期望内部关系占比和实际内部关系占比均为各模块最低，分别为13.33%和7.41%。也就是说，模块四内部之间的互动频率极低，而模块外接收关系和溢出关系数较多，分别为26条和75条，并且溢出关系数远大于接收关系数，在数字不平等中处于被动、弱势地位，因此模块四为净溢出模块。

表2-5　　　　　中国数字经济发展空间关联模块的溢出效应分析

| 模块 | 模块矩阵 | | | | 模块成员数（个） | 模块内关系数（条） | 模块外接收关系数（条） | 模块外溢出关系数（条） | 期望内部关系占比（%） | 实际内部关系占比（%） | 模块角色 |
|------|------|------|------|------|------|------|------|------|------|------|------|
| | 模块一 | 模块二 | 模块三 | 模块四 | | | | | | | |
| 模块一 | 29 | 4 | 34 | 7 | 6 | 29 | 65 | 45 | 16.67 | 39.19 | 经纪人模块 |
| 模块二 | 40 | 33 | 29 | 6 | 8 | 33 | 10 | 75 | 23.33 | 30.56 | 双向溢出模块 |
| 模块三 | 12 | 1 | 119 | 13 | 12 | 119 | 120 | 26 | 36.67 | 82.07 | 主受益（损）模块 |
| 模块四 | 13 | 5 | 57 | 6 | 5 | 6 | 26 | 75 | 13.33 | 7.41 | 净溢出模块 |

对比来看，主受益（损）模块的成员数最多，占总体数量的38.71%。这表明在地区数字经济发展的空间特征上，多数省份处于弱势地位，被动接受来自其他省份的数字技术溢出或数字要素溢出，更多地享受数字经济发展带来的红利，对数字经济发展起"引擎"作用的省份相对较少。从地区划分来看，东部多数省份扮演数字经济发展"引擎"角色，在数字不平等中处于优势地位，主要通过数字技术的辐射效应影响中西部地区，对全国数字经济发展起到推动作用；中部多数省份扮演数字经济发展"受益"角色，在数字经济发展过程中处于弱势地位，但享受到较多红利；西部多数省份扮演数字经济发展"输出"角色，在数字经济发展过程中处于弱势地位，主要为东部、中部大部分省份的数字经济发展输出发

---

① 若其他模块对模块三的溢出性影响为正，则为主受益模块；反之，则为主受损模块。

展要素和资源，如数字人才、数字产品等。

其次，根据数字经济发展空间关联网络的密度矩阵推导出像矩阵，并以此考察空间关联网络中不同模块之间的互动，互动越频繁表明地区间数字经济发展越趋向于均衡性。总体上东部、东北、中部地区和多数西部地区省份在数字经济发展上互通往来，不同区域内部各省份间的空间联系也较为明显，而部分西部地区省份较为孤立，内部联系也较少。具体的，从图2-3和表2-6的结果来看，主要由东部、东北、中部地区省份和多数西部地区省份组成的模块一、模块二、模块三对应像矩阵中的对角元均为1，即模块一、模块二、模块三均具有自反性质，三个模块内部的关联关系密度显著大于整体网络密度，模块内部各省份之间的互动关系较为频繁、密集，数字经济的辐射效应显著，数字资源、要素的流通明显。

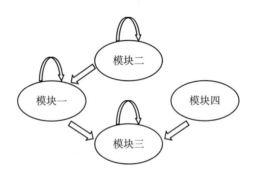

图2-3　中国数字经济发展空间关联网络中模块互动结构

表2-6　　　　　　中国数字经济发展空间关联网络的密度矩阵与像矩阵

| 指标 | 密度矩阵 | | | | 像矩阵 | | | |
|---|---|---|---|---|---|---|---|---|
| | 模块一 | 模块二 | 模块三 | 模块四 | 模块一 | 模块二 | 模块三 | 模块四 |
| 模块一 | 0.967 | 0.083 | 0.472 | 0.233 | 1 | 0 | 1 | 0 |
| 模块二 | 0.833 | 0.589 | 0.302 | 0.150 | 1 | 1 | 0 | 0 |
| 模块三 | 0.167 | 0.010 | 0.902 | 0.217 | 0 | 0 | 1 | 0 |
| 模块四 | 0.433 | 0.125 | 0.950 | 0.300 | 0 | 0 | 1 | 0 |

　　然而，由部分西部省份组成的模块四不具有自反性质，表明该模块内部各省份之间数字经济发展联系较弱，这不利于缩小西部省份与东部省份数字经济发展差距。另外，从非对角元的取值上看，模块二的数字经济发展对模块一产生显著的辐射效应，模块一在接收来自模块二的溢出性影响的同时，对模块三产生显著的辐射效应，同时模块四也向模块三产生一定的辐射效应。这表明东部、中部经济发展水平较高、数字基础设施较完善的省份对经济发展水平相对较低、数字基础设施不完善的中西部省份具有显著的正向影响。随着数字化的渗透和扩散，多数中西部等欠发达地区的数字基础设施逐渐完善，智能手机、笔记本电脑等数字产品数量逐渐增多、种类逐渐丰富，数字技术人才不断涌入或对口支援，使得这些地区的数字经济发展水平快速提升。此外，数字技术如大数据、人工智能、云计算等具有低门槛、普惠的特征，并且在数字基础设施完善后，代表新一代生产要素的数据也以信息流的形式逐渐覆盖大部分中西部欠发达地区，进一步助推了这些地区的数字经济发展。但值得注意的是，模块四自身内部数字经济发展关系数少，仅对模块三产生一定的辐射效应。原因主要在于，组成模块四的省份数字经济发展水平很低、数字基础设施相对较差，导致其内部互动弱，并且数字要素如数字资本和创新型人才显著流向模块三，这可能进一步限制其自身的数字经济发展。总的来看，数字经济发展空间关联网络中数字要素与资源有向前三个模块集中的趋势，模块三主要接收了其他模块传递的数字资源及要素，模块一和模块二分别起到经纪人作用和双向溢出作用，而模块四主要向其他模块传递自身的数字要素。

### （四）稳健性检验

　　在构建复杂网络模型时，本书采用线性 Pearson 系数刻画各省份数字经济指数序列的相关关系，在一定程度上可以反映地区间数字经济发展间的相依程度大小，但可能忽略相关序列之间存在的非线性关系。而且，通过两省份之间 Pearson 系数对相关关系的刻画，还可能忽略协变量（即其他省份的数字经济发展）对所考察的两省份数字经济发展间相关关系的影响。因此，下面引入 R 藤 Copula 函数重新构建地区数字经济发展的空间关联网络，以验证结果的稳健性。R 藤 Copula 函数的优势在于：（1）Copula 函数能够较准确刻画变量之间的非线性相依关系；（2）R 藤 Copula 函数是通过一系列二元 pair Copula 函数构建的多元分布模型，能够科学、立体地刻画中国数字经济发展的全局网络，在考察两地区数字经济发展相依关系时可以考虑协变量的影响。

根据迪斯曼（Dißmann）等在 2013 年文献中的定义，n 个地区数字经济发展的联合分布密度函数 $h(x_1, \cdots, x_n)$ 将有 $\dfrac{n!}{2}$ 种描述相依结构的构造方法，展开来看一个 n 维的 R 藤 Copula 结构可用 n − 1 层级的树结构表示，分解为 $n(n-1)/2$ 条边，其中第 j 层级的树 $T_j$ 有 n − j + 1 个节点和 n − j 条边，每条边代表一个 pair Copula 函数，而每个 pair Copula 函数中自变量为两个节点各自的边缘分布函数。R 藤 Copula 密度函数的形式可表示为：

$$h(x_1, \cdots, x_n) = \prod_{i=1}^{n} h_i(x_i) \times \prod_{t=1}^{n-1} \prod_{e \in E_t} c_{j(e),k(e) \mid D(e)} (F(x_{j(e)} \mid x_{D(e)}), F(x_{k(e)} \mid x_{D(e)}))$$

(2.22)

式（2.22）可描述为对 n 个地区数字经济发展的联合密度函数的 n − 1 层树结构分解，形成一个 R 藤相依结构，记节点集合为 $\Psi = \{\Psi_1, \Psi_2, \cdots, \Psi_{n-1}\}$，边集合为 $E = \{E_1, E_2, \cdots, E_{n-1}\}$，$e = j(e), k(e) \mid D(e)$ 是 E 集合中的一条边。j(e) 和 k(e) 是与边 e 相连的两个节点，D(e) 是除 j(e) 和 k(e) 以外的其他所有节点，其中 j(e) 和 k(e) 为被调节集，D(e) 为调节集。而 $c_{j(e),k(e) \mid D(e)}$ 表示与边 e 相对应的条件二元 pair Copula 函数，$x_{D(e)} = \{x_i \mid i \in D(e)\}$，表示 D(e) 节点集中的随机变量。因此，两个节点 j(e) 和 k(e) 所表示的随机变量 $x_j$ 和 $x_k$ 联合分布函数为 $F(x_j, x_k) = c(F_j(x_j), F_k(x_k))$，联合密度函数为 $f(x_j, x_k) = c(F_j(x_j), F_k(x_k)) f_j(x_j) f_k(x_k)$。相应的，每条边 e（每个 pair Copula 函数）都对应着一个经验 Kendall's $\tau$ 系数来表示节点 j(e) 和 k(e) 之间相依程度的大小，可通过求解以下最优化问题来确定 R 藤 Copula 函数所有的边，并最终确定 R 藤的结构[①]：

$$\max_{e} \sum_{e = \{j,k\}} |\tau_{jk}|$$

(2.23)

其中，$\tau_{jk}$ 表示节点 j 和 k 之间的经验 Kendall's $\tau$ 相依系数的值，能够刻画不同地区间数字经济发展的非线性相依关系。在确立地区间数字经济发展的 R 藤树

---

① 在实际测算过程中，使用最大生成树 MST 算法使经验 Kendall's $\tau$ 相依系数的绝对值之和最大构建每一层树结构。

结构之后，本书使用 Kendall's τ 相依系数替换 Pearson 相关系数，重复如上步骤，对中国地区间数字经济发展空间关联网络进行重新构建。

由表 2-7 和图 2-4 可见，基于 R 藤 Copula 函数的中国数字经济发展空间关联网络中同样包括四个角色的模块，各模块成员数与基于 Pearson 系数的空间关联网络基本保持一致，并且同样是主受益（损）模块的成员数最多。从各模块在空间关联网络中的分布来看，基于 R 藤 Copula 函数的空间关联网络与基于 Pearson 系数的空间关联网络略有差异，主要表现在主受益（损）模块居于空间关联网络的最左侧位置，而净溢出模块从边缘位置向中间位置靠近。从各模块所包含的成员及成员的地域结构来看，主受益（损）模块中包括吉林、广西、辽宁、湖南、安徽、河北、江西、陕西、贵州、内蒙古、青海，主要由中西部省份构成；双向溢出模块中包括重庆、北京、河南、广东、四川、海南、浙江、山东，经纪人模块中包括福建、湖北、江苏、山西、天津、黑龙江、上海，这两个模块成员主要由东部省份和中西部经济较发达省份组成；净溢出模块中包括新疆、云南、甘肃、宁夏、西藏，主要由西部省份组成，这与基于 Pearson 系数的空间关联网络基本保持一致。

表 2-7　　基于 R 藤 Copula 函数的中国数字经济发展空间关联模块的溢出效应分析

| 模块 | 模块矩阵 | | | | 模块成员数 | 模块内关系数 | 模块外接收关系数 | 模块外溢出关系数 | 期望内部关系占比（%） | 实际内部关系占比（%） | 板块角色 |
|---|---|---|---|---|---|---|---|---|---|---|---|
| | 模块一 | 模块二 | 模块三 | 模块四 | | | | | | | |
| 模块一 | 29 | 10 | 10 | 15 | 8 | 29 | 27 | 35 | 45.31 | 23.33 | 双向溢出模块 |
| 模块二 | 11 | 4 | 17 | 12 | 5 | 4 | 26 | 40 | 9.09 | 13.33 | 净溢出模块 |
| 模块三 | 6 | 8 | 20 | 28 | 7 | 20 | 59 | 42 | 32.26 | 20.00 | 经纪人模块 |
| 模块四 | 10 | 8 | 32 | 51 | 11 | 51 | 55 | 50 | 50.50 | 33.33 | 主受益（损）模块 |

注：模块一包括重庆、北京、河南、广东、四川、海南、浙江、山东；模块二包括新疆、云南、甘肃、宁夏、西藏；模块三包括福建、湖北、江苏、山西、天津、黑龙江、上海；模块四包括吉林、广西、辽宁、湖南、安徽、河北、江西、陕西、贵州、内蒙古、青海。

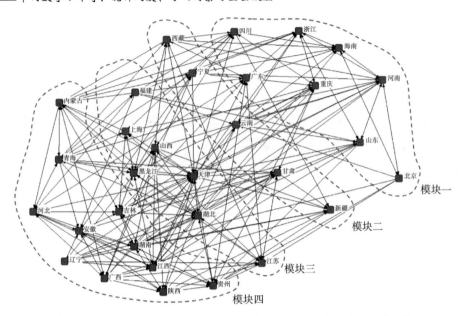

图 2 - 4　基于 R 藤 Copula 函数的中国地区数字经济发展空间关联网络

## 三、数字经济发展空间特征的动态演进分析

互联网是数字经济发展的技术平台与现实基础，下面根据中国互联网发展现状和发展特征，将全样本区间划分为三个子区间：2010～2012年、2013～2015年、2016～2020年，分别考察不同时段下中国数字经济发展的空间演进特征。

时段划分理由如下：首先，2013年8月，国务院发布了《"宽带中国"战略及实施方案》，部署未来8年宽带发展目标及路径，"宽带战略"上升至国家战略高度，"宽带中国"战略对互联网基础设施和互联网覆盖率提出的阶段性发展目标是，到2015年，基本实现城市光纤到楼入户、农村宽带进乡入村，固定宽带家庭普及率达到50%，第三代移动通信及其长期演进技术（3G/LTE）用户普及率达到32.5%，行政村通宽带比例达到95%，学校、图书馆、医院等公益机构基本实现宽带接入。这标志着自2013年后我国数字基础设施建设力度出现一个明显的跃升。此外，根据工信部官网，2013年末，工信部正式向中国移动、中国电信和中国联通三大运营商发布4G牌照，宣告我国通信行业正式进入4G时代，移动通信速度的提升也为数字经济的快速发展打下了基础。因此，本书将

2013 年作为第一个时间划分节点。

其次,2016 年是我国"十三五"规划的开端之年,2016 年 3 月《中华人民共和国国民经济和社会发展第十三个五年规划纲要》发布,正式提出实施"网络强国战略",其中在《纲要》第六篇"拓展网络经济空间"中特别指出:"牢牢把握信息技术变革趋势,实施网络强国战略,加快建设数字中国,推动信息技术与经济社会发展深度融合,加快推动信息经济发展壮大"。这表明"十三五"期间在新发展理念指导下,我国不断推进数字产业化和产业数字化,促进互联网经济各类商业模式创新、健康发展。此外,2016 年包括人工智能、虚拟现实、云计算等数字技术掀起一波发展浪潮,共享单车、网约车、民宿等新一代共享经济也逐渐走入并影响社会公众生活。因此,本书将 2016 年作为第二个时间节点。

不同时段下中国数字经济发展空间关联网络的结构特征如表 2 - 8 所示。第一,从整体特征变动来看,三个时段下各地区数字经济的关联性上升,空间网络的复杂度提高,多极化趋势日益明显。具体来看:(1)三个时段的网络密度不断增加,表明我国地区间数字经济发展之间的联系不断增多,数字要素和数字资源的流动程度也不断加强。(2)三个时段的网络关联度均为 1,表明在不同时间阶段各地区数字经济关联网络都互通可达,不存在孤立节点。(3)网络等级度的变动为先减后增,原因在于实施"宽带中国"等一系列数字经济发展战略后,各地区尤其是农村、西部、山区等欠发达地区的数字基础设施明显改善,全国数字要素流动加快,数字技术的渗透性和普惠性使得各地区数字资源都能够对等的流动,进而使得网络整体的等级度下降。但在 2016 年后一系列新型的数字技术如人工智能、云计算、工业互联网、区块链等开始普及,使得经济发展水平较高、数字技术创新能力强的东部沿海地区在新一轮数字技术变革中具有更强的"先发优势",进而拉大与中西部地区间的差距,因此在第三个时段全国数字经济发展空间关联网络等级度呈上升态势。(4)三个时段的网络效率呈下降态势,这与网络密度的变动趋势相反,进一步印证了空间关联网络中地区间数字经济发展的联系数量逐渐增加,"冗余联系"的占比也在上升。(5)网络集聚系数不断下降,平均路径长度不断上升,表明我国数字经济发展空间关联网络中集群化程度在减弱,小世界程度也在减弱,即数字经济发展市场在不断扩大,多极化趋势增强,难以通过路径较短、数量较少的发展联系串联起整个中国数字经济市场,地区间数字要素和数字资源传输的复杂度提升。

表 2-8　　　　　　　不同时段下数字经济发展空间关联网络的结构特征

| 变量 | 2010～2012 年 | 2013～2015 年 | 2016～2020 年 |
|---|---|---|---|
| **Panel A：整体特征** | | | |
| 网络密度 | 0.281 | 0.323 | 0.382 |
| 网络关联度 | 1.0000 | 1.0000 | 1.0000 |
| 网络等级度 | 0.2796 | 0.0645 | 0.2387 |
| 网络效率 | 0.7356 | 0.6529 | 0.4966 |
| 网络集聚系数 | 0.737 | 0.666 | 0.538 |
| 平均路径长度 | 8.419 | 9.677 | 11.452 |
| **Panel B：个体特征** | | | |
| 度数中心度 | 福建、安徽、河南、黑龙江、山西 | 云南、山西、湖南、广西、海南 | 河北、安徽、陕西、北京、内蒙古 |
| 中间中心度 | 上海、黑龙江、山西、新疆、湖北 | 江苏、安徽、浙江、重庆、黑龙江 | 陕西、青海、山东、甘肃、四川 |
| 接近中心度 | 山西、河北、陕西、辽宁、福建 | 江苏、河北、安徽、陕西、北京 | 河北、安徽、陕西、北京、内蒙古 |
| 发出关联数 | 黑龙江、山西、福建、河北、河南 | 新疆、江苏、湖南、海南、云南 | 山西、天津、湖北、辽宁、陕西 |
| 接收关联数 | 安徽、福建、河南、广东、四川 | 云南、湖南、广西、河北、陕西 | 河北、安徽、北京、内蒙古、陕西 |

**Panel C：模块特征**

| 模块一 | 角色 | 双向溢出模块 | 主受益（损）模块 | 主受益（损）模块 |
|---|---|---|---|---|
| | 地区 | 北京、广西、西藏、黑龙江、青海 | 北京、湖北、河北、山西、广西、海南、青海、宁夏、安徽、云南、湖南、陕西 | 北京、内蒙古、河北、湖南、四川、甘肃、吉林、江西、安徽、广西、陕西、宁夏 |

| 模块二 | 角色 | 主受益（损）模块 | 净溢出模块 | 经纪人模块 |
|---|---|---|---|---|
| | 地区 | 湖南、辽宁、河南、安徽、福建、吉林、宁夏、浙江、内蒙古、海南 | 贵州、甘肃、江西、河南、内蒙古 | 新疆、天津、贵州、重庆、山西、辽宁、黑龙江、青海 |

| 变量 | | 2010～2012 年 | 2013～2015 年 | 2016～2020 年 |
|---|---|---|---|---|
| **Panel C：模块特征** | | | | |
| 模块三 | 角色 | 双向溢出模块 | 双向溢出模块 | 净溢出模块 |
| | 地区 | 云南、新疆、天津、贵州、重庆、甘肃 | 辽宁、四川、天津、西藏、新疆、上海 | 江苏、广东、上海 |
| 模块四 | 角色 | 经纪人模块 | 经纪人模块 | 双向溢出模块 |
| | 地区 | 山西、河北、四川、湖北、广东、陕西、江苏、江西、山东、上海 | 黑龙江、广东、浙江、吉林、江苏、重庆、山东、福建 | 浙江、海南、云南、湖北、福建、西藏、山东、河南 |
| 网络像矩阵 | | $\begin{bmatrix} 1 & 0 & 0 & 0 \\ 0 & 1 & 0 & 0 \\ 0 & 0 & 1 & 0 \\ 0 & 0 & 0 & 1 \end{bmatrix}$ | $\begin{bmatrix} 1 & 0 & 0 & 0 \\ 1 & 1 & 0 & 0 \\ 0 & 0 & 1 & 1 \\ 0 & 0 & 0 & 1 \end{bmatrix}$ | $\begin{bmatrix} 1 & 0 & 0 & 0 \\ 1 & 1 & 0 & 0 \\ 0 & 0 & 1 & 0 \\ 1 & 0 & 0 & 1 \end{bmatrix}$ |
| **Panel D：动态特征** | | | | |
| 0－0 型 | 数量 | — | 454 | 394 |
| | 占比 | — | 48.82% | 42.37% |
| 0－1 型 | 数量 | — | 215 | 236 |
| | 占比 | — | 23.12% | 25.38% |
| 1－0 型 | 数量 | — | 176 | 181 |
| | 占比 | — | 18.92% | 19.46% |
| 1－1 型 | 数量 | — | 85 | 119 |
| | 占比 | — | 9.14% | 12.80% |
| "0－1 型"和"1－0 型"变动总数占比 | | — | 42.04% | 44.84% |

第二，从个体特征变动来看，各省份不同中心度的排名变动情况均有异同，接近中心度的排名和度数中心度具有较强的一致性，在数字经济发展空间网络中多处于被动、弱势地位的中西部省份在网络中重要性上升，不同地区的地位逐渐趋于平等。具体来看：（1）度数中心度排名靠前的省份在三个时段内不断变化，西部省份在空间网络中的地位逐渐凸显，比如在第一时段内度数中心度排名靠前的主要为东部、中部和东北地区省份，而第二时段和第三时段分别加入了云南、

广西和陕西、内蒙古等西部省份。这表明伴随数字经济的不断发展，数字基础设施的不断完善，中西部地区在数字经济发展空间关联网络中的地位不断提升、影响力不断增强。但从角色分配来看，数字经济发展空间关联网络中地位较高的西部省份接收关联数均较大，这些地区大量吸收来自东中部数字经济较为发达省份的数字技术和数字产品，进而提升自身数字经济发展水平，增强与其他省份数字经济发展的联系，属于"吸纳导向型"省份。（2）中间中心度排名靠前的省份也不断变化，并且每一时段中排名靠前的省份都横跨多个地区，如第一时段在空间关联网络中起中介传导作用的包括东部地区的上海、东北地区的黑龙江、中部地区的山西和湖北、西部地区的新疆，第二时段在空间关联网络中起中介传导作用的包括东部地区的江苏和浙江、东北地区的黑龙江、中部地区的安徽与西部地区的重庆，第三时段在空间关联网络中起中介传导作用的包括东部地区的山东、西部地区的陕西、青海、甘肃和四川。（3）接近中心度排名靠前的省份同样不断变化，第一、第三时段主要由网络中占主导地位的省份构成，第二时段则主要由在网络中起中介作用的省份构成，与度数中心度排名显示出较强的一致性。（4）对于发出关联数和接收关联数，第一和第二时段内在数字经济发展空间关联网络中起主导作用、影响力较大的省份通常发出关联数和接收关联数排名也较高。第三时段内在数字经济发展空间关联网络中起主导作用、影响力较大的省份仅具有较大的接收关联数，而发出关联数排名较低，表明第三时段网络中的主导省份更偏向于吸收来自其他省份的数字资源和要素。

　　第三，从模块特征变动来看，各模块内成员结构和模块间互动关系的动态变动存在异质性。具体来看：（1）对于主受益（损）模块，其成员一直是各模块中数量最多的，三个时段内其成员数分别为10、12和12，各占总体的32.26%、38.71%和38.71%。该模块成员横跨东部、东北、中部和西部地区，且西部省份占比在逐渐增加，第一时段西部省份仅有宁夏、内蒙古，第二时段上升至5个，包括广西、青海、宁夏、云南和陕西，第三时段上升至6个，包括内蒙古、四川、甘肃、广西、陕西和宁夏。这充分表明处于弱势地位的西部地区越来越多地在数字化变革中受益，数字技术和数字资源也逐渐向西部倾斜，其数字经济发展水平不断提升，发展速度也不断加快。（2）对于净溢出模块和双向溢出模块，第一时段没有明显的净溢出模块，而存在两个双向溢出模块，即这两个模块既向模块内部各成员之间溢出关联关系，也向模块外部成员溢出关联关系。第二时段和第三时段的净溢出模块组成有所区别，前者以中西部省份为主，而后者以东部发达省份为主。这表明第二时段空间关联网络中，中西部省份承担了向其他省份输出数字资源的角色，由于数字经济发展水平不高，其内部数字发展要素的溢出可能制约自身的数字经济发展。在第三时段的空间关联网络中，东部发达省份承担了向其他省份输出数字资源的角色，可见进入新发展阶段后，我国经济发展水平较高、数字创新能力较强的东部省份开始更多地承担数字技术溢出、数字经济发展新引擎的角色，并且从主受益（损）模块来看，西部欠发达地区省份所受的溢出性影响也较大。（3）对于经纪人模块，三个时段各有一个经纪人模块，内部成员横跨东部、东北、中部和西部地区，表明不同地区均有相应省份在空间关联网络中发挥中介和传导作用，即地区内部均有处于主动、优势地位的省份。（4）对于空间关联网络中的像矩阵，可以明显看出在第一时段各模块具有非常显著的自反性质，模块与模块之间的互动联系较少。而第二、第三时段模块之间的互动增加，如第二时段中模块一和模块二、模块三和模块四之间存在显著联系，第三时段中模块一和模块二、模块一和模块四之间存在显著联系。这表明总体上我国地区数字经济发展的互动联系不断增加，数字技术和数字要素的流动愈发频繁，数字不平等程度在逐渐减小。

　　第四，参考李敬和刘洋（2022）的研究，根据数字经济发展空间关联矩阵，构造从第一时段到第二时段、第二时段到第三时段的动态变动指标，以进一步考察数字经济发展的空间演进特征。若第一时段 A 地区与 B 地区有非显著的空间关联（即第一时段空间关联矩阵元素 $G_{AB}^{t=1}=0$），在第二时段 A 地区与 B 地区有显著的空间关联（即第二时段空间关联矩阵元素 $G_{AB}^{t=2}=1$），则称该变动为"0-1型"变动。以此类推，还可以得到空间关联网络的"0-0型"、"1-1型"和"1-0"型变动。在全国数字经济发展空间关联网络中，"0-1型"变动表示地区间数字经济发展联系的建立，"1-0型"变动表示地区间数字经济发展联系的断开，显然，"0-1型"变动和"1-0型"变动均刻画了数字经济空间关联网络的重构特征，而"0-0型"变动和"1-1型"变动分别表示数字经济发展非显著关联和显著关联的维持特征。分析结果见表 2-8 的 Panel D，从第一时段到第二时段的变动中，"0-0型"变动总量占比为 48.82%，"1-1型"变动总量占比为 9.14%，"0-1型"和"1-0型"的变动总数占比 42.04%。从第二时段到第三时段的变动中，"0-0型"变动总量占比下降至 42.37%，"1-1型"变动总量占比上升至12.80%，"0－1型"和"1－0型"的变动总数占比上升至44.84%，且"0－1型"变动占比增幅更大。可见，伴随着数字技术的不断发展，各地区数字经济发展的显著关联建立呈现上升态势，空间关联网络虽出现结构性变动，但主要偏向于空间关联关系的建立，在不同时段均具有显著空间联系的地区数量持续增加，在不断重构的进程中我国地区数字经济发展空间关联网络的稳定性和复杂度不断提升。

# 第六节　本章小结

　　数字技术的发展使人类社会生产和生活出现了重大变革，大力发展数字经济是实现经济高质量发展、不断壮大新质生产力的必经之路。随着时代发展和技术进步，数字经济的内涵不断演化，在数字化时代中已不再局限于ICT产业的发展，还包括通过ICT促进全社会经济结构调整、生产效率提升和传统产业融合创新的所有经济活动。数字经济的快速发展对现行的国民经济核算体系产生了巨大的冲击，现有的统计框架已无法满足数字经济测度的需求。理论上说，数字经济测度的内容重点涉及数字经济发展水平（总量与态势）的测度、数字经济要素的测度、新经济形式与传统产业数字化的测度等，在测度方法上主要包括生产法、支出法、增长核算法、计量经济学方法、编制指数法、建立数字经济卫星账户法等。实践上，有关国际组织，各国统计部门、研究机构和学者对数字经济测度开展了一系列实践探索，取得了显著的进展，但数字经济测度尚存在诸多理论难题，如数字经济测度边界不统一、测度方法不成熟、测度基础数据缺失等。数字经济测度的理论与方法框架尚未建立，有关数字经济统计范围、测度方法、国际比较、数据收集等诸多议题仍待进一步研究。把握数字经济测度的发展方向，需要进一步明确数字经济测度的范围与边界、不断更新完善数字经济测度的统计方法，以及加强关于数字经济统计的基础数据收集。

　　对比不同数字经济测度方法，本章参照国家统计局发布的《数字经济及其核心产业统计分类（2021）》的标准，使用编制指数法测算全国及地区数字经济发展水平，结果发现伴随着数字技术的不断发展，中国数字经济一直呈现蓬勃增长态势，年均增速较快。相比之下，我国在数字技术应用、数字要素驱动和数字化效率提升三个维度上发展更快，年均增速更大。各地区数字经济均呈现快速发展态势，但我国数字经济发展表现出显著的空间异质性。总体上看，数字经济发展水平排名为东部地区＞中部地区＞西部地区，而数字经济发展增速排名则恰好相反，中西部地区增长速度较快，与东部地区的差距逐渐缩小，全国数字经济发展的不均衡程度不断降低。但从数字经济发展指数的绝对水平来看，中西部省份与东部省份仍存在较大差距，数字经济发展不均衡是造成数字不平等现象的主要原因。

本章还借鉴拓扑学中的复杂网络分析方法，从整体、个体、模块三个视角考察了地区间数字经济发展的空间特征以及数字要素和资源的流动。结果发现，数字经济发展空间关联网络具有显著的地理集聚性、空间通达性和非均衡性，地区间数字经济发展差异显著存在。东部多数省份扮演数字经济发展的"引擎"角色，在数字不平等中处于主动、优势地位；中部多数省份扮演数字经济发展"受益"角色，在数字经济发展过程中处于弱势地位，但享受到较多由东部地区溢出的数字红利；西部多数省份扮演数字经济发展中的数字要素"输出"角色，在数字不平等中处于弱势地位，主要为东中部多数省份输出数字经济发展要素和资源。数字经济发展的空间动态演进分析结果表明，数字经济发展空间关联网络复杂度不断提升，伴随着数字技术的不断发展，各地区数字经济发展的显著关联建立呈现上升态势，空间关联网络虽出现结构性变动，但主要偏向于空间关联关系的建立，在不同时段均具有显著空间联系的地区数量持续增加，在不断重构的进程中我国地区数字经济发展空间关联网络的稳定性和复杂度不断提升。

# 第三章

# 数字不平等的总体测度与分析

由第二章结论可知，当前全国数字经济发展的不均衡程度虽有所下降，但地区间数字经济发展的绝对差异仍然较大。从数字经济发展的绝对水平上看，中西部省份与东部省份仍存在较大差距；从数字经济发展的空间特征上看，地区间发展具有显著的地理集聚性、空间通达性和非均衡性，东、中、西部省份在数字经济发展空间网络中所处地位不同，西部多数省份在网络中处于弱势地位。然而现有文献极少有对这种数字经济发展差异或非均衡性的统计测度。以上论述均表明测度全国及地区间数字不平等程度的重要性和必要性。

本章试图对全国及地区数字不平等程度进行系统测度，并进行结果分析与地区比较。此外本章还将数字不平等进行地区分解，考察不同地区对于整体数字不平等程度的贡献率。

## 第一节　数字不平等的测度思路

数字不平等程度的测度实质上是对数字经济资源分布差异的一种表征，当地区数字经济资源分布较为均衡时，数字不平等程度较小；当地区数字经济资源分布较为失衡时，数字不平等程度较大。但数字不平等的测度可能受到所研究问题的影响，广义上来看，数字不平等不仅包括各级数字鸿沟，还包括由于数字鸿沟引致的机会不平等和结果不平等；狭义上来看，数字不平等主要指数字经济发展或数字技能掌握差异。本部分主要从宏观地区层面，测算全国层面的数字不平等程度，探讨地区间数字经济发展差异。

由于数字经济发展时间尚短，对数字不平等测度的相关研究极少（陈梦根和周元任，2022），现有研究主要使用较为便捷、直观的方法进行测算，如时间差距法、基尼指数法等，测算出的结果能够直观反映所考察地区的数字经济发展水平（较早时期的研究专注于互联网发展水平）与参照地区的数字经济发展水平的差异，这能够从一定层面上反映数字不平等程度。已有研究使用过的具体可借鉴的方法包括如下几点。

（1）基尼系数法。若用 $X_i$ 表示第 i 个地区数字经济发展占全国总量的份额（按 $X_i$ 的值由小到大排列），n 表示考察地区的数量。则用基尼系数法计算的地区数字不平等指数 $Digital\_inequality_t$ 表示如下：

$$Digital\_inequality_t = \frac{2}{n} \sum_{i=1}^{n} iX_{it} - \frac{n+1}{n}, \quad (i = 1, 2, 3, \cdots, n) \quad (3.1)$$

（2）相对比率法。若用 $Region_{it}$ 表示第 i 个地区在第 t 年关于数字经济发展指标的每百人的拥有量，$Total_t$ 表示第 t 年关于数字经济发展指标的每百人的拥有量，n 表示考察地区的数量。则用相对比率法计算的地区数字不平等指数 $Digital\_inequality_t$ 表示如下：

$$Digital\_inequality_t = \frac{1}{n} \sum_{i=1}^{n} \frac{Region_{it}}{Total_t}, \quad (i = 1, 2, 3, \cdots, n) \quad (3.2)$$

（3）反相对比率法。若用 $Region_{it}$ 表示第 i 个地区在第 t 年关于数字经济发展指标的每百人的拥有量，$Total_t$ 表示第 t 年关于数字经济发展指标的每百人的拥有量，n 表示考察地区的数量。则用反相对比率法计算的地区数字不平等指数 $Digital\_inequality_t$ 表示如下：

$$Digital\_inequality_t = \frac{1}{n} \sum_{i=1}^{n} \frac{100 - Region_{it}}{100 - Total_t}, \quad (i = 1, 2, 3, \cdots, n) \quad (3.3)$$

（4）绝对差距法。若用 $Region_{it}$ 表示第 i 个地区在第 t 年关于数字经济发展指标的每百人的拥有量，$Total_t$ 表示第 t 年关于数字经济发展指标的每百人的拥有量，n 表示考察地区的数量。则用绝对差距法计算的地区数字不平等指数 $Digital\_inequality_t$ 表示如下：

$$Digital\_inequality_t = \frac{1}{n} \sum_{i=1}^{n} \left| Region_{it} - Total_t \right|, \quad (i = 1, 2, 3, \cdots, n)$$

$$(3.4)$$

（5）差额比率法。若用 $Region_{it}$ 表示第 i 个地区在第 t 年关于数字经济发展指标的每百人的拥有量，$Total_t$ 表示第 t 年关于数字经济发展指标的每百人的拥有量，n 表示考察地区的数量。则用差额比率法计算的地区数字不平等指数 Digital_inequality$_t$ 表示如下：

$$Digital\_inequality_t = \frac{1}{n} \sum_{i=1}^{n} \left( \frac{Region_{it}(100 - Region_{it-1})}{Region_{it-1}(100 - Region_{it})} \bigg/ \frac{Total_t(100 - Total_{t-1})}{Total_{t-1}(100 - Total_t)} \right),$$
$$(i = 1, 2, 3, \cdots, n) \tag{3.5}$$

（6）相对差距综合指数法。该方法是国家信息中心信息化研究部自 2007 年开始使用的一种新的数字鸿沟指数的测算方法，其表达如下：

$$Digital\_inequality_t = \sum_{i=1}^{n} A_i P_i \tag{3.6}$$

其中，Digital_inequality$_t$ 表示一国或地区的数字不平等总指数，不平等指数介于 0 ~ 1，指数越大，表明数字不平等程度越大。根据国家信息中心的《中国数字鸿沟报告》的测算结果，不平等指数小于 0.3，表示数字鸿沟不明显，不平等指数介于 0.3 ~ 0.5，表示存在明显的数字鸿沟，不平等指数介于 0.5 ~ 0.7，表示存在显著的数字鸿沟，不平等指数在 0.7 以上，表示存在巨大的数字鸿沟。$P_i$ 表示考察的数字鸿沟种类及其指数，每个 $P_i$ 使用相对差距法进行测算，一般可以考察城乡数字鸿沟、地区数字鸿沟、性别数字鸿沟等，$A_i$ 表示权重。

以上方法对数字不平等的测度相对简单，仅能从全国层面得到数字不平等程度，而不能够得到地区层面的更具体的信息。为此，本部分首先试图借鉴已有方法，如常用的基尼指数法对数字不平等程度进行测算。其次使用收入分配领域中刻画收入不平等程度的广义熵指数方法对数字不平等再次进行刻画。广义熵指数包括泰尔 T 指数和泰尔 L 指数，其优点在于不仅能够刻画全局层面的数字不平等程度，还能够将数字不平等进行分解，分别考察数字经济发展差异中组内和组间的贡献率，进而能够探究数字不平等形成背后的驱动因素。此外，广义熵指数法的测算结果也可以对基尼指数法的测算结果进行稳健性检验。

# 第二节 数字不平等测度方法与数据说明

## 一、数字不平等测度方法

根据以上理论分析，本部分首先使用基尼指数法对全国及分地区数字不平等程度进行测算，其次使用广义熵指数法（包括泰尔 T 指数和泰尔 L 指数）对结果进行重新测算。一方面检验测算结果的稳健性；另一方面为后续数字不平等在地区维度上的分解提供数据支撑。本部分使用的方法具体如下：

### （一）基尼指数

基尼指数属于最为常用的测度不平衡程度的方法。基尼指数取值为 0 到 1 之间，基尼指数取值越小表明不平衡程度越小，通常情况下，基尼指数小于 0.2 被认为是过于平均，在 0.2 到 0.3 之间被认为是较为平均，在 0.3 到 0.4 之间被认为是比较合理，在 0.4 到 0.5 之间被认为是差距过大，大于 0.5 被认为是差距悬殊。若使用 N 表示地区数量，$DE_i$ 表示第 i 个地区的数字经济发展综合水平，则基于基尼指数法测算的数字不平等程度可以表示为：

$$DEI\_GINI = \frac{\sum\limits_{i=1}^{N} \sum\limits_{j=1}^{N} |DE_i - DE_j|}{2N \sum\limits_{i=1}^{N} DE_i} \tag{3.7}$$

### （二）广义熵指数

广义熵指数最初在信息理论领域被广泛使用，而后被引入经济学领域，同样可以测度不均衡程度。广义熵指数的优势在于一方面能够考虑样本的分布形式；另一方面还能够对不均衡程度进行地区分解，考虑地区贡献率的异质性。若使用 N 表示地区数量，$DE_i$ 表示第 i 个地区的数字经济发展综合水平，$\overline{DE}$ 表示数字经济发展综合水平的总体均值，α 表示模型参数，则基于广义熵指数法测算的数字不平等程度可以表示为：

$$DEI\_GE = \frac{1}{N\alpha(\alpha - 1)} \sum_{i=1}^{N} \left[ \left( \frac{DE_i}{\overline{DE}} \right)^{\alpha} - 1 \right] \tag{3.8}$$

此外，模型中的 α 参数的大小决定着广义熵指数对总体分布的不同敏感特性，α 参数取值越大，广义熵指数对分布的上尾部分更为敏感；α 参数取值越小，广义熵指数对分布的下尾部分更为敏感。通常情况下，α 的取值为 0 或 1，α 的不同取值也进一步决定了广义熵指数的具体类型。当 α 取值为 1 时，广义熵指数可被称为泰尔 T 指数，具体形式如下：

$$DEI\_THEIL\_T = \frac{1}{N} \sum_{i=1}^{N} \frac{DE_i}{\overline{DE}} \ln\left( \frac{DE_i}{\overline{DE}} \right) \tag{3.9}$$

当 α 取值为 0 时，广义熵指数可被称为泰尔 L 指数，具体形式如下：

$$DEI\_THEIL\_L = \frac{1}{N} \sum_{i=1}^{N} \ln\left( \frac{\overline{DE}}{DE_i} \right) \tag{3.10}$$

相比于其他刻画不均衡程度的指标，泰尔指数的优势在于可分解性。本部分试图将测算出的泰尔指数在地区层面进行分解，并进一步考察地区内和地区间不平衡程度对总体不平衡程度的贡献率。泰尔 T 指数和泰尔 L 指数的分解公式如下：

$$DEI\_THEIL\_T = DEI\_THEIL\_T\_W + DEI\_THEIL\_T\_B$$

$$= \sum_j \left( \frac{DE_j}{DE} \right) T_j + \sum_j \frac{DE_j}{DE} \ln\left( \frac{DE_j/DE}{N_j/N} \right) \tag{3.11}$$

$$DEI\_THEIL\_L = DEI\_THEIL\_L\_W + DEI\_THEIL\_L\_B$$

$$= \sum_j \left( \frac{N_j}{N} \right) L_j + \sum_j \frac{N_j}{N} \ln\left( \frac{N_j/N}{DE_j/DE} \right) \tag{3.12}$$

其中，总体泰尔 T 指数和泰尔 L 指数均可以分解为两项，即地区内不平等程度 DEI_THEIL_W 和地区间不平等程度 DEI_THEIL_B。此外，地区 DE 表示所有地区数字经济发展水平指数加总，$DE_j$ 表示第 j 个地区的数字经济发展水平指数，N 表示所有研究个体的数量，$N_j$ 表示第 j 个地区包含的研究个体数量，$T_j$ 和 $L_j$ 分别表示第 j 个地区的泰尔 T 指数和泰尔 L 指数。

## 二、相关数据说明

本部分以第二章测算出的各省份数字经济发展水平指数为基础数据，使用基尼指数法、广义熵指数法等方法进一步测算全国及地区层面的数字不平等指数，以考察我国地区间数字经济发展水平的差异。然而值得注意的是，若以省份为基本研究单位测算数字不平衡程度，则可能产生一定的偏误，原因在于部分地区包含的省份数量较少，如中部地区（6个）、东北地区（3个），其测算出的不平衡程度可能不具有准确性和代表性，因此本部分试图进一步从地级市层面考察全国及不同地区的数字不平等程度。

由于地级市层面缺乏对应表2-2的数字经济统计的相关指标，本部分试图以测算出的省级数字经济发展水平指数为基础，通过某种准则推算出某地级市在对应省份内数字经济发展所占份额，再将两组数据相乘做交互，最终推算出该地级市的数字经济发展水平指数。参照已有研究，当前对地市层面数字经济发展水平的考察主要包括如下几类：一是中国信息通信研究院云计算与大数据研究所和新华三集团数字经济研究院联合发布的《中国城市数字经济指数蓝皮书》公布的分年度地市层面的数字经济发展指数；二是腾讯研究院从地市层面测算的数字经济发展水平指数；三是赵涛等（2020）基于《中国城市统计年鉴》，利用现有可用指标，构建数字经济发展综合评价体系[1]，测算地市层面的数字经济发展指数。从可行性上看，前两类数据包括的时间范围较窄，分别为2017~2021年、2016~2019年，与本书研究的时间范围（2010~2020年）重叠年份较少，并且前两类数据中均为非平衡面板数据，各地区数据缺失值较多，不适用于不平衡程度的测算。第三类数据中虽包含的指标较少，并不能覆盖数字经济发展的所有维度，但能在一定程度上反映各地级市数字经济发展的总体趋势和相对大小，并且时间范围与本书研究的时间范围基本重叠。

因此，本书参考赵涛等（2020）的测算方式，首先测度不同地级市的数字经济发展程度，然后在对应省份内计算每一年中各地级市数字经济发展所占份额，再与对应省份数字经济发展指数做交互，最终得到表2-2的综合评价体系下，各地级市的数字经济发展指数。具体的推算形式如下：

---

① 赵涛等（2020）构建的数字经济发展综合评价体系中主要包括五个指标，分别为数字普惠金融指数，每百人国际互联网用户数，信息传输、计算机服务和软件业从业人员占比，人均电信业务总量，每百人移动电话用户数。数据来源于《中国城市统计年鉴》《北京大学数字金融研究中心》等。体系中的赋权方法包括信息熵权法和主成分分析法。

$$DEI\_CITY_{ij} = DEI_i \times \frac{DEI_{ij}}{\sum\limits_{j=1}^{N_i} DEI_{ij}} \times N_i \qquad (3.13)$$

式（3.13）中，$DEI\_CITY_{ij}$ 表示在表 2-2 的框架下测算出的第 $i$ 个省份中第 $j$ 个地级市的数字经济发展指数，$DEI_i$ 表示在表 2-2 的框架下测算出第 $i$ 个省份数字经济发展指数，$DEI_{ij}$ 表示在赵涛等（2020）的框架下测算出的第 $i$ 个省份中第 $j$ 个地级市的数字经济发展指数，$N_i$ 表示第 $i$ 个省份中包含的地级市数量，$DEI_{ij}\Big/\sum\limits_{j=1}^{N_i} DEI_{ij}$ 表示第 $i$ 个省份中第 $j$ 个地级市数字经济发展所占份额，该指标取值越大，表明相应地级市的数字经济发展水平在对应省份内相对更高，或者说对应省份数字经济发展进程中，相应省份所扮演的角色更为重要，占有的数字资源更多。此外，为避免量纲的影响，减小各省份中地级市数量差异引起测算结果的偏误，在式（3.13）中同时还加入了省份中包括地级市数量的变量 $N_i$。

# 第三节　数字不平等测度结果与分解

## 一、数字不平等测度结果与地区比较

### （一）全国数字不平等的测度结果

首先，本部分使用基尼指数法对各年份全国数字不平等程度进行了测算，见图 3-1。从图中结果可以看出，全国数字不平等程度总体呈现波动下降趋势，从 2010 年的 0.498 下降至 2020 年的 0.393，总体下降比率为 21.08%，这表明数字技术具有跨越空间限制、低门槛、普惠等特征。伴随我国互联网基础设施的不断完善，居民整体数字技能的不断增强，全国数字经济发展不平等程度在逐渐下降，地区间数字经济发展水平逐渐趋于均衡。再从基尼指数取值范围对应的不平等程度分类来看，全国数字不平等程度由差距过大区间逐渐向比较合理区间过渡。

还值得关注的是，在全样本区间内，部分时段中数字不平等程度存在上行的趋势。第一个时段为 2013 年至 2014 年，数字不平等程度增加的原因可能是 2013 年起我国开始实施"宽带中国"战略，这是提升我国数字基础设施、大力发展数字经济的一项重量级国家战略，战略实施过程中选取了部分城市作为试点先行，在战略实行早期可能在一定程度上拉大试点城市和非试点城市之间数字基础设施建设水平，进而小幅增加整体的数字不平等程度。但在后期伴随各种数字经济发展战略的铺开，再借助数字经济发展水平较高地区的数字技术溢出效应，全国数字不平等程度重回下行区间。第二个时段为 2018 年至 2020 年，数字不平等程度增加可能的原因主要有两点：一方面是新型数字技术，如人工智能、大数据、云计算、电子商务、互联网金融等不断出现与普及，首先惠及了东、中、西部地区数字经济较为发达的城市，而原本数字经济发展水平较低的城市在新型数字技术领域发展较慢，这可能拉大了地区间数字经济的发展差距；另一方面是 2019 年底新冠肺炎疫情的影响，阻断了人流、物流和部分信息流，虽然助推了部分线上行业的发展，但数字经济覆盖维度较广，不仅包括线上业务，还包括线下数字产品制造、数字产业服务等，因此在总体上不利于数字经济的发展，以及数字经济发展水平较高地区向发展水平较低地区的空间溢出效应，从而在一定程度上增加了全国数字不平等的程度。

其次，本部分使用泰尔 T 指数和泰尔 L 指数进一步测算了全国数字不平等程度，广义熵指数能够考虑样本的分布情况，因此进一步的测算结果能够检验结果的稳健性。从图 3 – 1 的测算结果来看，两种指数对应的数字不平等程度与基尼指数均保持一致，即总体上呈现下行态势，在 2012 年至 2013 年区间下降速度最快，但部分时段出现短暂上升的趋势，如 2013 年至 2014 年、2018 年至 2020 年，这与数字技术的发展趋势和国家实施的数字经济发展战略的进程紧密相联。还可以看出，泰尔 L 指数的数值大于泰尔 T 指数，其原因在于泰尔 T 指数对上尾部样本变动更为敏感，泰尔 L 指数对下尾部样本变动更为敏感，以总体均值为基准，总体上我国数字经济发展水平较高的城市较少，发展水平偏低的城市相对更多，样本分布呈现右偏特征，即下尾部样本数量更多，因此泰尔 L 指数的数值相对更大。

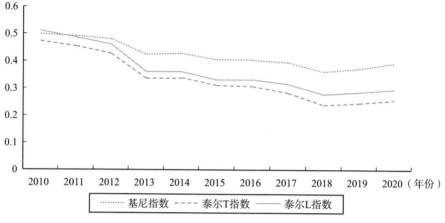

图 3-1　全国层面数字不平等指数的动态变动

**（二）地区数字不平等的测度结果**

本部分使用基尼指数分别测算了东部、中部、西部和东北地区的数字不平等程度，如图 3-2 所示。从数字不平等程度的绝对水平来看，东部地区和西部地区的数字不平等程度更高，中部地区的数字不平等程度较低。其原因在于数字经济发展水平排名靠前的城市基本属于东部地区，这拉大了数字经济发展较强和发展较一般城市间的差距，数字经济发展水平排名靠后的城市多属于西部地区，这拉大了数字经济发展较差与发展较好城市间的差距，中部地区中各城市数字经济发展水平较为接近，总体差异较小。

从数字不平等程度的变动趋势来看，东部、西部和东北地区整体的数字不平等程度均呈现显著的下行趋势，中部地区的数字不平等程度呈现先下降后上升的波动态势。其原因可能在于数字技术的普惠特征和地区内部数字基础设施的完善使得城市间数字经济发展差距不断缩小，中部地区部分城市受东部地区数字经济发展水平较高城市的溢出效应影响较大，并且自身政府部门也出台一系列助推数字经济快速发展的相关政策，相应中部城市的数字经济发展速度很快，如武汉市、长沙市等。而其他城市由于部分技术原因或地理原因限制，受东部地区城市发展的溢出效应影响较小，因此在研究区间后半段中部地区的数字不平等程度有所增加。

同样的，本部分还使用泰尔 T 指数和泰尔 L 指数重新进行测算，测度结果与基尼指数基本保持一致，这也检验了测算结果的稳健性。从图3-2中可以看出，东部地区的泰尔T指数大于泰尔L指数，中西部地区的泰尔L指数大于泰尔T指数，这也与泰尔指数的性质相关。东部地区数字经济发展水平高的样本较多，则对上尾部样本变动更为敏感的泰尔T指数更大，中西部地区数字经济发展水平较低的样本较多，则对下尾部样本变动更为敏感的泰尔L指数更大。

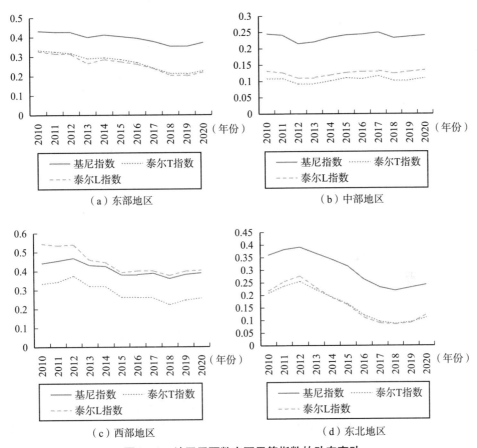

图3-2 地区层面数字不平等指数的动态变动

## 二、数字不平等的四大地区分解

本部分使用泰尔T指数将全国数字不平等程度在地区维度上进行分解，来考察各地区数字不平等的贡献率，结果见图3-3。首先，从地区内和地区间来看，地区内贡献率显著大于地区间贡献率，并且二者差距有扩大的态势。其原因可能在于，虽然从总体水平来看，东部地区的数字经济发展水平显著高于中部、西部和东北地区，但由于各地区内均有数字经济发展水平较高和偏低的城市，在取均值后各地区间数字经济发展水平差异并非很大，因此地区间贡献率相对较小。再从地区内部来看，各地区内部数字经济发展水平高和发展水平低的城市差距较大，比如东部地区的北京市和河北省邢台市、中部地区的湖北省武汉市和安徽省阜阳市、西部地区的四川省成都市和青海省海东市、东北地区的辽宁省大连市和黑龙江省绥化市等，这可能导致不同地区内部各城市之间数字经济发展差异很大，数字不平等指数较高，地区内部的不平等贡献率相对更大。

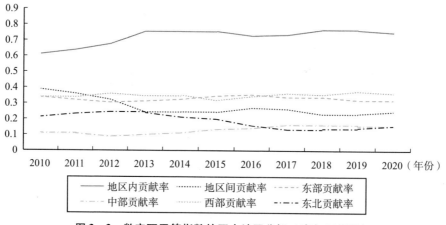

图 3 - 3　数字不平等指数的四大地区分解（泰尔 T 指数）

　　其次，从四大地区的不平等程度贡献率来看，东部地区和西部地区贡献率相对更高，其变动也处于波动态势，这主要与两地区内部各城市之间数字经济发展差距较大有关，两地区的数字不平等程度对总体的贡献率更大。中部地区的贡献率呈现上升态势，而东北地区的贡献率呈现下降态势，其原因可能在于中部地区多受东部地区数字技术溢出效应的影响，部分城市数字经济发展较快，数字不平等程度总体呈现上升态势，中部地区数字不平等对总体的贡献率也在增加，而东北地区受自身产业结构、人力资本等因素的限制，数字经济发展速度相对较慢，城市之间数字经济发展差距不大，东北地区内部数字不平等对总体的贡献率也处于下降趋势。类似的，本部分还使用泰尔 L 指数进行稳健性检验，测算结果见附

图1。同样受泰尔指数自身性质的影响,泰尔L指数的测算结果中,西部地区数字不平等的贡献率最高,最终测算结果(包括相对大小与变动趋势)与泰尔T指数基本保持一致,这进一步说明了本部分测度结果具有一定的稳健性。

# 第四节 本章小结

本章从宏观地区层面,重点考察数字不平等的测度以及数字不平等的空间特征。参照已有研究,本章使用基尼指数法、广义熵指数法中的泰尔T指数和泰尔L指数对全国数字不平等程度进行测算,并从四大地区视角对数字不平等进行分解。结果发现,伴随我国互联网基础设施的不断完善、居民整体数字技能的不断增强,全国数字经济发展的不平等程度逐渐下降,地区数字经济发展水平逐渐趋于均衡,总体不均衡程度由差距过大逐渐向比较合理的区间过渡。

分地区来看,东部地区和西部地区的数字不平等程度更高,中部地区的数字不平等程度较低,各地区内部数字不平等程度总体均呈现下降趋势。从四大地区视角对数字不平等的分解结果表明,地区内贡献率显著大于地区间贡献率,各地区内部城市之间的数字经济发展水平差距较大,东部地区和西部地区贡献率相对更高,中部地区的贡献率呈现上升态势,而东北地区的贡献率呈现下降态势。

# 第四章

# 地区视角的数字不平等：数字经济
# 发展不均衡

地区间数字经济发展不均衡是宏观层面形成数字不平等的主要原因。从数字不平等的测度结果来看，地区间和地区内数字不平等的贡献率不同，不同地区内部数字不平等程度的变动趋势也不尽相同，深入探讨宏观地区的数字不平等问题，深挖数字不平等背后的影响因素，考察数字不平等对地区经济发展的影响，具有十分重要的理论与现实意义。因此，本章结合第二、第三章对数字经济发展水平与数字不平等程度的测算结果，使用计量经济模型，考察地区层面数字不平等的影响因素，以及数字不平等对地区经济发展不均衡的影响及作用机制。

## 第一节　理论分析与研究思路

### 一、地区数字不平等形成机制与影响效应

由于经济发展禀赋的差异，各地区数字基础设施建设和居民数字素养均存在显著差异，这就导致了地区间数字经济发展存在不均衡性（陈梦根和周元任，2022）。总体上，经济发展水平越高的地区，其对应的数字经济发展水平越高，该地区在数字不平等中占据优势地位，这就是由于"经济鸿沟"引致的地区层面的数字不平等。由经济发展因素导致的数字经济发展差异是较为明显的，相关研究也较多，例如迪马吉奥（2004）指出形成数字不平等的主要因素为经济鸿沟，

不同地区之间的经济发展差异制约了 ICT 技术的发展，从而直接导致了"一级数字鸿沟"。赫尔斯珀（2010）、莫斯伯格（Mossberger）等在 2003 年的研究也同样指出，社会经济地位的不同会导致互联网接入和使用的不均衡。但事实上，地区间经济发展差异不仅由"经济鸿沟"导致，还与地区内部的教育因素、社会因素、人口结构因素等存在明显的相关性。相关研究都证实了这一点，比如潘迪（Pandey）等在 2003 年指出高教育和高收入人群更有可能接入互联网服务；同时，霍夫曼（Hoffman）等在 1999 年的研究和斯特罗弗（Strover）在 2001 年的研究均发现，更年轻、受过大学教育、更富有的白人使用互联网的概率更高，因此能够更好地享受和利用互联网所带来的好处。

社会中的数字不平等形成后，又可能反过来作用于经济发展不均衡，数字经济发展水平较高的地区可能通过互联网经济的规模性、创新性等优势，进一步拉大与数字经济发展水平靠后的地区的距离（van Dijk，2017），即使数字技术具有显著的普惠性，但数字技能差距也可能使得地区经济增长出现显著的异质性，这并不利于我国全体人民共同富裕总体目标的实现。从机制上看，数字不平等可能通过多种途径影响经济增长，比如数字资本差异、数字人才差异、创新能力差异等，但最终反映为地区生产率的差异。虽然在早期经济学家索洛提出了著名的"索洛悖论"，否定了信息技术对经济增长的促进作用，但随着互联网技术的覆盖率和渗透程度的不断提升，"索洛悖论"受到越来越多的学者质疑。例如众多研究表明，电信基础设施投资、互联网宽带投资、互联网覆盖率等指标的增加能够显著地促进经济增长，增加居民财富（Koutroumpis，2009；Czernich et al.，2011；Erumban and Das，2016）。也就是说，数字技术的发展对生产效率的促进作用越来越明显，进而影响到地区经济增长的速率。进一步看，地区间数字经济发展差距最终可能由于生产率差距，进而拉大地区经济增长的差距（刘艳霞，2022）。由于数字技术对社会生产、居民生活的渗透作用不断增强，数字化、智能化的趋势愈加明显，与数字技术相结合、实现数字化转型是传统产业转型升级、提高生产效率的重要途径，因此生产率差距可能是数字不平等影响经济增长的重要机制。

再具体来看，数字技术影响生产效率的作用途径主要体现在如下两个方面：一是技术进步。众多研究表明，数字技术主要以生产效率提升的技术进步形式促进经济增长。例如，格雷茨（Graetz）和迈克尔斯（Michaels）在 2018 年采用不同国家或地区跨行业工业机器人的使用数据，证实工业机器人投入提高了生产率和工资性收入；科拉多（Corrado）等在 2017 年发现，ICT 和 R&D 资本对全要素生产率都有正向影响，并且彼此之间存在互补性；何小钢等（2019）指出，ICT 能够和高技能、长期雇佣员工形成互补效应，进而提升 ICT 的生产率效应；阿西莫格鲁（Acemoglu）和雷斯特雷波（Restrepo）在 2020 年也发现，工业机器人使用的增加对年度劳动生产率增长贡献了大约 0.36 个百分点。此外，数字技术还能以资本深化的技术进步形式促进经济增长。例如，斯蒂罗（Stiroh）在 2002 年的研究基于新古典增长理论，认为 ICT 资本的产品经质量调整后价格的快速下降会导致对其他投入要素的替代，从而导致 ICT 资本深化；周彦均（Yen – Chun Chou）等在 2014 年的研究同样指出，信息通信技术会通过要素替代导致资本深化，进一步推动生产力的提高。

二是融合赋能。数字经济对经济发展具有显著的正外部性，数字技术作为一种工具和平台，通过溢出效应、协同效应和场景效应赋能企业创新、居民创业，并与传统产业深度融合，共同促进经济增长与居民增收。一方面，数字技术具有共享、普惠、便利、低成本和低门槛的特征，能够实现用户画像精准化、风险定价精细化、业务流程集约化（Demertzis et al.，2018），并且通过海量数据挖掘、人工智能、云计算、区块链、工业互联网等技术，降低"政府—企业—居民"的信息不对称程度，规避市场中逆向选择和道德风险问题，从而降低企业生产经营成本，为企业创新、居民创业赋能。埃德奎斯特（Edquist）和亨雷克森（Henrekson）在 2017 年的研究发现，ICT 增加了创新的效率，降低了创新成本，与 R&D 资本互补，共同作用于全要素生产率；赵涛等（2020）发现数字经济通过增强城市内部居民的创业活跃度，进而推动经济高质量发展。另一方面，数字技术与传统产业相融合，具有降低成本、优化管理、促进创新、提升效率等多方面优势，促使传统产业快速转型升级，形成"数字化驱动"的新型产业模式。其中，产业融合的代表主要有数字金融（张勋等，2019）、智能制造（Acemoglu and Restrepo，2020；王永钦和董雯，2020）、智慧农业（阮俊虎等，2020）、电子商务（Brynjolfsson et al.，2019）等。

## 二、主要研究思路

本章总体上从宏观地区出发，使用省级面板数据，考察地区层面的数字不平等问题。主要包括地区层面数字不平等的影响因素分析，以及地区层面数字不平等的影响研究及作用机制。具体研究思路如下：

一是考察地区层面数字不平等的影响因素。根据前文的理论分析，"经济鸿沟"是形成数字不平等的重要因素，除此以外，教育因素、社会因素、人口结构因素等也可能影响到数字不平等的形成。综合来看，本章从物质资本、人力资本、社会资本三方面出发，使用面板多元回归模型，对地区数字不平等影响因素进行分析。本章实证分析中的被解释变量即为第三章测算得到的省际层面的数字不平等程度。

二是探讨地区层面数字不平等对经济增长的影响。根据理论分析，地区数字不平等会影响数字资源的分布，进而会影响经济增长的不均衡。通常情况下，数字资源禀赋越好的地区经济发展水平越高，数字经济发展差异可能会进一步拉大经济发展差距。本章首先以数字不平等程度为主要考察变量，以经济增长不均衡程度为被解释变量，使用双向固定效应面板模型，考察数字不平等对经济增长的影响。其次，借鉴已有研究，测算地区层面的生产率差距作为中介变量，考察数字不平等是否能够通过生产率差异作用于经济增长不均衡。

## 第二节　模型设定与数据说明

### 一、模型设定

首先，本部分考察宏观地区层面数字不平等的影响因素，将影响因素分为物质资本、人力资本、社会资本三方面，并建立面板多元回归模型。模型的具体形式如下：

$$DEI_{i,t} = \alpha + \beta PHY\_CAP_{i,t} + \gamma LAB\_CAP_{i,t} + \psi SOC\_CAP_{i,t} + \mu_i + \lambda_t + \varepsilon_{i,t} \quad (4.1)$$

式（4.1）中，$DEI_{i,t}$表示测算出的地区数字不平等程度，主要包括基尼指数 $DEI\_GINI_{i,t}$ 和广义熵指数中的泰尔 T 指数 $DEI\_THEILT_{i,t}$ 和泰尔 L 指数 $DEI\_THEILL_{i,t}$。$PHY\_CAP_{i,t}$ 表示物质资本影响因素，具体包括经济增长水平、基础设施、产业结构、对外贸易、财政收入等。$LAB\_CAP_{i,t}$ 表示人力资本影响因素，具体包括教育水平、老龄化程度、创新能力水平等。$SOC\_CAP_{i,t}$表示社会资本影响因素，具体包括社会连结程度等。$\mu_i$和$\lambda_t$分别表示省份固定效应和年份固定效应。$\varepsilon_{i,t}$表示误差项。

其次，本部分试图探讨数字不平等对经济增长不均衡的影响，同样使用双向固定效应面板模型考察数字不平等程度对经济增长不均衡程度的因果关系。与以上模型有所不同的是，此处重点关注主要解释变量，即数字不平等对被解释变量，即经济增长不均衡的影响，并控制了其他可能影响经济增长不均衡的相关变量。本部分构建的双向固定效应面板模型的具体形式如下：

$$ECOI_{i,t} = \alpha_0 + \alpha_1 DEI_{i,t} + \beta X_{i,t} + \phi_i + \omega_t + e_{i,t} \qquad (4.2)$$

其中，$ECOI_{i,t}$表示地区经济增长的不均衡程度，$DEI_{i,t}$表示数字不平等程度，$X_{i,t}$表示模型中控制的可能会影响到被解释变量的相关变量，主要包括产业结构、基础设施、对外贸易、财政收入、教育水平、创新能力等，$\phi_i$和$\omega_t$分别表示省份固定效应和年份固定效应，$e_{i,t}$表示误差项。

值得关注的是，在机制检验部分主要参照江艇（2022）推荐的检验方法进行中介检验。检验步骤为：第一步使用中介变量 M 对解释变量 X 进行回归；第二步使用被解释变量 Y 对中介变量 M 进行回归；第三步若系数 $\beta_1$ 和 $\mu_1$ 均显著，则表示变量 M 是 X 影响 Y 的中介机制，具体表达如下：

$$M = \beta_0 + \beta_1 FDDI + \beta_2 X + \lambda_t + \tau_i + \varepsilon \qquad (4.3)$$

$$Y = \mu_0 + \mu_1 MED + \mu_2 X + \lambda_t + \tau_i + \varepsilon \qquad (4.4)$$

## 二、数据说明

在考察宏观地区层面的数字不平等问题时，主要使用的是 2010 年至 2020 年省级层面的宏观数据。需要说明的是，限于数据可得性，缺少直辖市内部各区县的数字经济相关指标，难以测度直辖市内部的数字不平等程度，因此在本部分的实证分析中将直辖市样本进行剔除处理。表 4-1 展示了本部分实证分析中主要变量的描述性统计结果。

本部分的主要考察变量包括：（1）数字不平等。主要使用第四章的测算结果，从省级层面测算各地级市的数字经济发展差距，包括基尼指数法、泰尔 T 指数法、泰尔 L 指数法测算出的数字不平等程度。（2）经济增长不均衡。主要使用地区人均 GDP 作为基准变量，通过使用基尼指数法、泰尔 T 指数法、泰尔 L 指数法测算地区经济增长不均衡的程度。（3）经济增长。主要使用地区人均 GDP 作为代理变量，在实证分析中取对数处理。（4）产业结构。主要使用地区第三产业增加值占 GDP 比重来表征。（5）基础设施。主要使用地区单位面积公路里程数来表征。（6）对外贸易。主要使用按境内目的地和货源地划分的商品进出口总额来表征，在实证分析中取对数处理。（7）财政收入。主要使用地区一般预算收入占 GDP 比重来表征。（8）老龄化程度。主要使用地区内部 65 岁以上老年人口占比来表征。（9）教育水平。主要使用地区大专及以上学历（包括大专、本科、研究生等高等教育学历）毕业生人数占地区就业总人数比重表征。（10）创新能力。主要使用地区专利申请数来表征，对应计量单位为万件。（11）社会连结。限于数据可得性，宏观数据中极少有能够表征地区社会资本，反映地区社会连结程度的相关变量。本部分选取地区电信业务收入（取对数）表征地区内社会连结程度，电信收入越高，表明地区内部群体与其他人（包括亲戚、朋友、同事或陌生人）沟通、交流越频繁，对应地区内部的社会连结程度越高。

表 4-1　　宏观地区数字不平等分析中主要变量的描述性统计结果

| 变量 | 均值 | 标准差 | 最小值 | 最大值 | 样本数 |
|---|---|---|---|---|---|
| 数字不平等（基尼指数测算） | 0.2584 | 0.1135 | 0.0655 | 0.6136 | 297 |
| 数字不平等（泰尔 T 指数测算） | 0.1530 | 0.1471 | 0.0075 | 0.8162 | 297 |
| 数字不平等（泰尔 L 指数测算） | 0.2280 | 0.3160 | 0.0077 | 1.8014 | 297 |
| 经济增长不均衡（基尼指数测算） | 0.2355 | 0.0753 | 0.0903 | 0.8481 | 297 |
| 经济增长不均衡（泰尔 T 指数测算） | 0.1072 | 0.1357 | 0.0139 | 2.1801 | 297 |
| 经济增长不均衡（泰尔 L 指数测算） | 0.1044 | 0.1186 | 0.0141 | 1.8570 | 297 |
| 经济增长 | 10.6893 | 0.4004 | 9.4818 | 11.7249 | 297 |
| 产业结构 | 0.4453 | 0.0679 | 0.2862 | 0.6039 | 297 |
| 基础设施 | 0.8118 | 0.4651 | 0.0495 | 1.8649 | 297 |
| 对外贸易 | 14.9897 | 1.7539 | 10.2400 | 18.6685 | 297 |
| 财政收入 | 0.1026 | 0.0211 | 0.0578 | 0.1695 | 297 |
| 老龄化程度 | 9.9705 | 2.4609 | 4.8244 | 17.4154 | 297 |
| 教育水平 | 1.6422 | 0.5681 | 0.5102 | 3.3499 | 297 |

续表

| 变量 | 均值 | 标准差 | 最小值 | 最大值 | 样本数 |
|------|------|--------|--------|--------|--------|
| 创新能力 | 9.1268 | 14.6085 | 0.0162 | 96.7204 | 297 |
| 社会连结 | 7.5945 | 0.8701 | 6.3223 | 9.5446 | 297 |

还需要说明的是，本部分所使用数据的主要来源包括第三章省级层面数字不平等的测算结果、各年《中国统计年鉴》、《中国城市统计年鉴》、各省份统计年鉴、中经数据库等。收集到的数据中存在极少数的缺失值统一使用线性插补法进行填充。

## 第三节 地区数字不平等的影响因素分析

### 一、基准回归结果

本部分主要使用双向固定面板数据模型，考察地区层面数字不平等的影响因素。实证结果见表4-2，其中列（1）至列（3）分别为单独加入物质资本因素、人力资本因素、社会资本因素的回归结果。需要说明的是，通常情况下经济发展水平对收入分配的变量并非呈现线性影响，比如巴里奥斯（Barrios）和施特罗布尔（Strobl）在2009年从经济学理论视角构建倒"U"型曲线模型，并使用半参数估计技术对该模型进行检验；陈梦根和张帅（2020）证实地区经济增长与经济发展不平衡间存在倒"U"型的库兹尼茨曲线关系。因此，为避免遗漏经济增长与数字不平等之间潜在的非线性关系，本部分还将经济增长的平方变量（人均GDP对数值的平方项）加入回归模型中。

从表4-2列（1）结果中可以看出，在单独考虑物质资本影响因素条件下，经济增长对数字不平等的影响为正，经济增长平方项对数字不平等的影响为负，虽然二者的影响系数并不显著，但可以看出经济增长对数字不平等的影响倾向于呈现为库兹尼茨曲线的倒"U"型变动趋势。基础设施对数字不平等的影响显著为负，对外贸易对数字不平等的影响显著为正，产业结构和财政收入对数字不平等的影响并不显著。从列（2）结果中可以看出，在单独考虑人力资本影响因素条件下，教育水平对数字不平等的影响显著为负，老龄化程度和创新能力对数字不平等的影响不显著。从列（3）结果可以看出，在单独考虑社会资本影响因素条件下，社会连结程度对数字不平等的影响并不显著。

从表4-2列（4）结果中可以看出，在综合考虑物质资本、人力资本和社会资本影响因素条件下，主要有如下结论：（1）经济增长对数字不平等的影响显著为正，经济增长平方项对数字不平等的影响显著为负。这印证了前文的推断，即经济发展水平对数字不平等的影响呈现库兹尼茨曲线的倒"U"型趋势。在数字经济发展初期，经济发展水平越高可能越增加数字经济发展差距，但伴随着数字技术低门槛、普惠性的特征逐渐显现，数字技术的渗透性会提升弱势地区数字经济的发展速度，并逐步弥合不同地区之间数字经济的发展鸿沟，因此在数字经济发展中后期，经济发展水平提升可能会缩小数字经济发展差距。（2）基础设施对数字不平等的影响显著为负。表明伴随基础设施水平的提高，数字经济发展落后地区的数字技术可得性不断增加，地区间的数字经济发展差距也会逐步缩小。（3）对外贸易水平的增加正向影响数字不平等程度。可能的原因在于对外贸易发展具有显著的异质性。东部沿海地区在外贸方面发展较快，发展水平较高，并且伴随数字技术的发展还衍生出许多新型外贸形式，比如数字产品贸易、数字服务贸易等，而中西部内陆地区在对外贸易层面不具有显著优势。因此对外贸易水平的提升主要是东部沿海地区拉动，并且推动了东部地区数字经济相关贸易的发展，中西部内陆地区的数字贸易增长并不明显，因此数字不平等程度进一步增加。（4）老龄化程度对数字不平等影响并不显著的原因在于，地区内部数字经济发展水平的高低主要与对应地区的数字经济产业发展相关，与地区内部人口结构关联性不大。在微观层面，老年人的数字素养通常较低，极易处于数字不平等的弱势一端；但在宏观层面，老年人占比较高并不能说明该地区内数字经济发展水平较低。教育水平对数字不平等的影响显著为负，表明总体教育水平越高，居民数字素养或数字技能差距越小，弱势地区群体越能够利用数字技术进行创收增益，地区间数字经济发展差距也越小。（5）创新能力对数字不平等的影响显著为负，表明总体创新能力越强，数字技术更新换代、不断升级的速度越快，数字技术对经济发展的促进作用越能够下沉、深入，弱势地区享受数字经济发展红利的数量和种类也越多。（6）社会连结程度对数字不平等的影响显著为正，表明通信技术的发展多限于本地区内部，推动了本地区的数字经济增长，数字要素在地区间流动的占比较少，数字不平等优势端的地区内部社会连结程度不断增加，通信技术发展迅速，数字不平等弱势端的地区内部社会连结程度可能并未显著提升，因此两者间数字经济发展差距不断增大。

表4-2　　　　　　地区层面数字不平等的影响因素分析结果

| 变量 | (1) 数字不平等 | (2) 数字不平等 | (3) 数字不平等 | (4) 数字不平等 |
|---|---|---|---|---|
| 经济增长 | 0.2350 (0.1521) | | | 0.5331*** (0.1959) |
| 经济增长平方 | -0.0431 (0.0290) | | | -0.1037*** (0.0378) |
| 产业结构 | -0.0461 (0.1266) | | | -0.1007 (0.1247) |
| 基础设施 | -0.1143** (0.0523) | | | -0.1423*** (0.0533) |
| 对外贸易 | 0.0284** (0.0121) | | | 0.0247** (0.0122) |
| 财政收入 | 0.1838 (0.3198) | | | 0.1032 (0.3444) |
| 老龄化程度 | | 0.0004 (0.0039) | | -0.0011 (0.0044) |
| 教育水平 | | -0.0314** (0.0131) | | -0.0376** (0.0146) |
| 创新能力 | | -0.0046 (0.0046) | | -0.0093* (0.0056) |
| 社会连结 | | | 0.0321 (0.0221) | 0.0590** (0.0269) |
| 省份固定效应 | 是 | 是 | 是 | 是 |
| 年份固定效应 | 是 | 是 | 是 | 是 |
| 样本量 | 297 | 297 | 297 | 297 |
| $R^2$ | 0.2620 | 0.2497 | 0.2358 | 0.3073 |

注：*、**、***分别表示在10%、5%、1%的水平下显著；括号内为稳健性标准误。

## 二、影响因素的动态变动分析

本部分试图分割样本，考察不同群体下，数字不平等的影响因素分析结果。通常情况下，分样本回归包括分地区和分时段两个维度的考察，但在本研究问题的分地区维度中，可能存在部分地区样本过少的情形，如东北地区仅包括三个省份，回归样本少可能导致统计偏误，因此本部分仅从分时段层面，考察数字不平等影响因素的动态变动。

本部分将全样本区间划分为两个时段：2010 年至 2015 年、2016 年至 2020年，划分的原因在于，一方面，2015 年 10 月习近平总书记在党的十八届五中全会上提出创新、协调、绿色、开放、共享的新发展理念，这是关系到我国发展全局的一场深刻变革，也预示了我国经济发展从以更高增速为目标逐步转为以更高质量为目标，我国经济发展的动力结构开始向更高层级转换。另一方面，2016年是我国"十三五"规划的开端之年，2016 年 3 月《中华人民共和国国民经济和社会发展第十三个五年规划纲要》发布，正式提出实施"网络强国战略"，我国数字基础设施进一步完善。此外，2016 年包括人工智能、虚拟现实、云计算等数字技术掀起一波发展浪潮，共享单车、网约车、民宿等新一代共享经济也逐渐走入并影响社会公众生活。

表 4-3 展示了地区层面数字不平等分时段的影响因素分析结果。从表中结果可以看出，两个时段内经济增长对数字不平等的影响均为正，经济增长平方项对数字不平等的影响均为负，并且在后一时段经济增长平方项对数字不平等的影响作用显著为负，表明经济增长影响数字不平等的倒"U"型趋势主要体现在后一时段。其原因在于后一时段数字经济发展水平更高，数字技术对实体经济的渗透作用更强，数字基础设施建设更加完善，经济发展水平进一步提升能够逐渐弥合地区之间的数字不平等。产业结构对数字不平等的负向影响主要体现在后一时段，其原因主要在于在后一时段，伴随新型数字技术的出现与普及，数字技术对第三产业的融合程度逐渐加深，随之衍生出的新型商业模式覆盖范围也不断扩张，数字不平等中弱势地区受益程度逐渐增大，数字不平等程度逐渐下降。基础设施对数字不平等的负向影响主要体现在前一时段，可能的原因在于前一时段内数字基础设施尚未完善，基础设施建设负向影响数字不平等的边际效应较强，后

一时段内伴随数字基础设施逐渐完善，基础设施对数字不平等的影响减弱。对外贸易对数字不平等的正向影响主要体现在前一时段，可能的原因在于后一时段伴随数字技术渗透作用的逐渐增强，中西部地区数字外贸比重也逐渐提升，外贸对数字不平等的正向影响变得不再显著。教育水平对数字不平等的负向影响主要体现在后一时段，可能的原因在于前一时段数字技术使用与技能水平相关性较小，低技能居民同样能够接触并掌握数字技能，但伴随新一代数字技术，如人工智能、大数据、云计算等出现与普及，数字技术使用对高技能的依赖性逐渐增强，即高技能居民能够更好地享受数字技术带来的信息红利。创新能力对数字不平等的负向影响主要体现在前一时段，可能的原因在于我国创新水平逐渐提升，技术扩散效应降低了地区间的创新差距，这种弥合效应也逐步传导至数字经济发展层面。社会连结程度对数字不平等的影响在两个时段内均显著为正，这表明一直以来地区内部社会连结程度较高，信息流跨区域扩散的程度较小，这并不利于地区间数字经济的协同发展。

表 4 - 3　　　　　　　地区层面数字不平等分时段的影响因素分析结果

| 变量 | 数字不平等 | |
|---|---|---|
| | （1） | （2） |
| | 2010 ~ 2015 年 | 2016 ~ 2020 年 |
| 经济增长 | 0.4159<br>（0.6505） | 0.4938<br>（0.3503） |
| 经济增长平方 | − 0.0760<br>（0.1281） | − 0.1212 *<br>（0.0623） |
| 产业结构 | − 0.1142<br>（0.2084） | − 0.5638 **<br>（0.2636） |
| 基础设施 | − 0.2350 **<br>（0.0933） | − 0.0916<br>（0.1247） |
| 对外贸易 | 0.0751 ***<br>（0.0286） | 0.0062<br>（0.0195） |
| 财政收入 | 1.1599<br>（0.7544） | − 0.5473<br>（0.5069） |

续表

| 变量 | 数字不平等 | |
|---|---|---|
| | (1) | (2) |
| | 2010~2015 年 | 2016~2020 年 |
| 老龄化程度 | −0.0070<br>(0.0071) | 0.0082<br>(0.0079) |
| 教育水平 | −0.0129<br>(0.0207) | −0.0624 **<br>(0.0267) |
| 创新能力 | −0.0199 *<br>(0.0112) | 0.0141<br>(0.0158) |
| 社会连结 | 0.1105 ***<br>(0.0414) | 0.2534 ***<br>(0.0861) |
| 省份固定效应 | 是 | 是 |
| 年份固定效应 | 是 | 是 |
| 样本量 | 162 | 135 |
| $R^2$ | 0.2441 | 0.5661 |

注：＊、＊＊、＊＊＊分别表示在10%、5%、1%的水平下显著；括号内为稳健性标准误。

## 三、稳健性检验

### （一）替换测度方法

为检验结果的稳健性，本部分使用广义熵指数中的泰尔 T 指数对数字不平等程度重新进行测算，并重新考察了地区层面数字不平等的影响因素分析结果，结果见表4-4。从列（1）回归结果中可以看出，仅考虑物质资本层面的影响因素，经济增长对数字不平等的影响为正，经济增长平方对数字不平等的影响为负，但二者均不显著。基础设施水平对数字不平等的影响显著为负。其他宏观物质资本因素对数字不平等的影响不显著。从列（2）回归结果可以看出，仅考虑人力资本层面的影响因素，创新能力对数字不平等的影响显著为负，教育水平和老龄化程度对数字不平等的影响为负但并不显著。从列（3）回归结果可以看出，仅考虑社会资本层面的影响因素，社会连结程度对数字不平等的影响显著为正。

从列（4）回归结果可以看出，综合考虑物质资本、人力资本、社会资本的影响因素，经济增长和经济增长平方项对数字不平等的影响分别显著为正和显著为负，表明经济增长对数字不平等的影响呈现库兹尼茨倒"U"型曲线，进一步印证了前文的结论。基础设施、教育水平和创新能力对数字不平等的影响显著为负，社会连结对数字不平等的影响显著为正，这均与表4-2中的回归结果一致，进一步验证了本部分实证结论的稳健性。

表4-4　　　地区层面数字不平等影响因素分析的稳健性检验结果（泰尔 T 指数）

| 变量 | (1) 数字不平等 | (2) 数字不平等 | (3) 数字不平等 | (4) 数字不平等 |
|---|---|---|---|---|
| 经济增长 | 0.1127<br>(0.1742) | | | 0.6511 ***<br>(0.2226) |
| 经济增长平方 | -0.0144<br>(0.0333) | | | -0.1220 ***<br>(0.0429) |
| 产业结构 | 0.0984<br>(0.1450) | | | 0.0315<br>(0.1417) |
| 基础设施 | -0.1499 **<br>(0.0600) | | | -0.1606 ***<br>(0.0606) |
| 对外贸易 | -0.0008<br>(0.0139) | | | -0.0019<br>(0.0139) |
| 财政收入 | 0.2420<br>(0.3664) | | | 0.3399<br>(0.3912) |
| 老龄化程度 | | -0.0055<br>(0.0044) | | -0.0043<br>(0.0050) |
| 教育水平 | | -0.0235<br>(0.0148) | | -0.0292 *<br>(0.0166) |
| 创新能力 | | -0.0123 **<br>(0.0052) | | -0.0171 ***<br>(0.0063) |

续表

| 变量 | (1) | (2) | (3) | (4) |
|---|---|---|---|---|
| | 数字不平等 | 数字不平等 | 数字不平等 | 数字不平等 |
| 社会连结 | | | 0.0592 ** (0.0250) | 0.0817 *** (0.0306) |
| 省份固定效应 | 是 | 是 | 是 | 是 |
| 年份固定效应 | 是 | 是 | 是 | 是 |
| 样本量 | 297 | 297 | 297 | 297 |
| $R^2$ | 0.2563 | 0.2583 | 0.2484 | 0.3137 |

注：*、**、*** 分别表示在 10%、5%、1% 的水平下显著；括号内为稳健性标准误。

### （二）使用复杂网络分析中 QAP 分析方法的再检验

本部分主要使用矩阵相关和矩阵回归的方法，从空间特征视角，考察数字不平等潜在的影响因素，地区间数字经济发展空间关联越弱，表明对应地区数字经济发展越具有孤立特性，这不利于地区间数字要素和资源的流动，反而会进一步增加整体的数字不平等程度。已有研究表明，物质资本和人力资本差异是影响数字经济发展的重要因素（DiMaggio et al.，2004；Nishijima et al.，2017；陈梦根和周元任，2022）。数字技术虽具有跨地域、不受空间限制的特性，但数字产业、数字基础设施等与地区经济发展水平具有一定的正相关关系（Scheerder et al.，2017），经济增长的空间效应与地理邻接呈现正相关关系，因此，数字经济发展差异与地理邻接也可能呈现正相关关系。此外，从前文构建的数字经济发展空间关联网络结构中可见，地区数字经济发展呈现"东中部—中西部—西部"的空间特征，不同地区的省份在空间网络中扮演不同角色，影响作用不同。因此，地理距离也可能是影响数字经济发展差距的重要因素。本部分使用二次指派程序（Quadratic Assignment Procedure，QAP）分析法，从地理距离、物质资本、人力资本等方面进一步考察影响数字不平等空间特征的影响因素。

具体的，QAP 是以矩阵数据的置换检验为基础，通过对方阵各个元素进行比较，给出矩阵之间的相关系数，并对系数进行非参数检验的方法。本部分使用的方法包括 QAP 相关分析和 QAP 回归分析，前者考察矩阵之间是否存在显著的相关关系，后者进一步研究一个矩阵与多个矩阵之间的回归关系，并考察判定系数 $R^2$ 的显著性。QAP 分析模型的优势在于能够避免由于各观测值之间不相互独立而导致关系数据矩阵之间可能存在的"多重共线性"（李敬等，2014），具体形式如下：

$$\tilde{G} = f(\text{DIS, ECO, IND, INF, EDU, INN}) \qquad (4.5)$$

其中，因变量 $\tilde{G}$ 是表示地区数字经济发展空间关联网络的二值矩阵，其矩阵形式主要参考第二章相关内容构建。其中取值为 1 的元素表明对应两地区间具有较为密切的数字要素流动，对应地区在数字经济发展全局网络中处于优势地位，取值为 0 的元素表明对应两地区间的数字要素流动较为稀疏，对应地区在数字经济发展全局网络中处于弱势地位。因变量对应的数字经济发展二值矩阵刻画了地区间数字经济发展的差异，取值为 1 的元素占比高表明数字经济发展空间关联性较高，数字要素或资源流动更为密切，整体数字不平等程度较低。可能影响数字经济发展空间关联特征的因素包括三类：地理因素、物质资本因素和人力资本因素。参照李敬等（2014）、姚星等（2019）、韩先锋等（2019）的研究，地理因素使用地理距离矩阵 DIS 表示，其中元素 $\text{DIS}_{ij}$ 为地区 i 和地区 j 省会城市的球面距离，通过谷歌地图经手动测算得到。物质资本因素包括经济增长、产业结构、基础设施，经济增长矩阵 ECO 中元素 $\text{ECO}_{ij}$ 为地区 i 和地区 j 的人均 GDP 在样本区间中平均值的绝对差异；产业结构矩阵 IND 中元素 $\text{IND}_{ij}$ 为地区 i 和地区 j 的第三产业增加值占 GDP 比重在样本区间中平均值的绝对差异；基础设施矩阵 INF 中元素 $\text{INF}_{ij}$ 为地区 i 和地区 j 的单位面积公路里程数在样本区间中平均值的绝对差异。人力资本因素包括教育水平和创新能力，教育水平矩阵 EDU 中元素 $\text{EDU}_{ij}$ 为地区 i 和地区 j 的 6 岁以上人口加权平均受教育年限在样本区间中平均值的绝对差异，其中 6 岁以上人口加权平均受教育年限 =（小学教育人口数 ×6 + 初中教育人口数 ×9 + 高中教育人口数 ×12 + 大专及以上教育人口数 ×16）/地区 6 岁以上人口数；创新能力矩阵 INN 的元素 $\text{INN}_{ij}$ 为地区 i 和地区 j 的人均专利申请数在样本区间中平均值的绝对差异。以上数据来源于《中国统计年鉴》、《中国人口和就业统计年鉴》和国家统计局官网。

首先，本部分使用 QAP 方法对数字经济发展空间关联矩阵与其影响因素的差异矩阵进行相关分析，考察在全样本区间和子样本区间各影响因素与地区数字经济发展差异的相关关系。通过矩阵随机置换 2000 次，得到表 4 - 5 中的结果，证实在全样本区间内地理距离、经济增长、基础设施、教育水平、创新能力与数

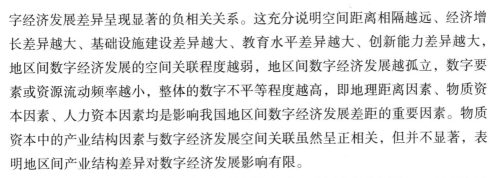

字经济发展差异呈现显著的负相关关系。这充分说明空间距离相隔越远、经济增长差异越大、基础设施建设差异越大、教育水平差异越大、创新能力差异越大，地区间数字经济发展的空间关联程度越弱，地区间数字经济发展越孤立，数字要素或资源流动频率越小，整体的数字不平等程度越高，即地理距离因素、物质资本因素、人力资本因素均是影响我国地区间数字经济发展差距的重要因素。物质资本中的产业结构因素与数字经济发展空间关联虽然呈正相关，但并不显著，表明地区间产业结构差异对数字经济发展影响有限。

本部分参考第三章中对样本区间的划分方式，重新进行实证检验，以考察影响因素的动态变动，主要有以下发现：（1）三个时段内地理距离与数字经济发展空间关联一直呈现显著负相关关系，表明虽然数字技术具有不受传统地理距离约束的特性，但数字经济发展不仅依赖于摆脱传统空间限制的数字软件，还需要智能设备等数字硬件以及数字人才的支撑。因此在任何一个时段内，地区间空间距离相隔较远，还是能较大程度上限制两地区数字经济发展互通，影响数字技术的辐射效应和数字要素的相互流动。（2）三个时段内经济增长与数字经济发展空间关联一直呈现负相关关系，但在第一时段这种负相关关系并不显著，表明地区间"经济鸿沟"对数字经济发展的抑制性影响主要体现在第二、第三时段。（3）三个时段内产业结构与数字经济发展空间关联均呈不显著的负相关关系，和全样本区间相同，产业结构差异在各个时段对地区数字经济发展关联性的影响有限。（4）在第一时段内，基础设施与数字经济发展空间关联呈现显著负相关关系，在第二时段内这种负相关关系不再显著，甚至在第三时段内两者的相关关系减弱为0，这可能与我国实施的一系列加强数字基础设施建设的战略有关，如"宽带中国"战略、"网络强国"战略等。增加互联网覆盖率、铺设高速光纤、提高数字通信设备普及率等一系列措施有助于弥合由于互联网设备接入差异引致的"一级数字鸿沟"（陈梦根和周元任，2022），增强不同地区间数字经济发展的空间联系。（5）三个时段内教育水平与数字经济发展空间关联均呈现负相关关系，且这种负相关关系在前两个时段较为显著，表明居民受教育水平差距也一直是限制数字经济发展空间联系的重要因素。受教育水平差距越小的地区间越容易建立数字经济发展的空间关联，促进数字技术溢出和数字要素流动，降低整体的数字不平等程度。（6）三个时段内创新能力与数字经济发展空间关联均呈现负相关关系，并且这种负相关关系在后两个时段较为显著，表明地区创新能力差距同样一直是影响数字经济发展空间联系的重要因素。随着我国数字经济的不断发展，越来越多的新型数字技术如人工智能、云计算、物联网、区块链等不断涌现，数字经济发展对科技创新的依赖程度不断增加，因此创新能力与数字经济发展空间关联的相关系数（绝对值）和显著性水平也在不断提升。

表 4 - 5　中国数字经济发展空间关联矩阵与其影响因素的 QAP 相关分析结果

| 变量 | 数字经济发展空间关联矩阵 | | | |
|---|---|---|---|---|
| | 2010 ~ 2020 年 | 2010 ~ 2012 年 | 2013 ~ 2015 年 | 2016 ~ 2020 年 |
| 地理距离矩阵 | - 0.133 *** | - 0.063 * | - 0.058 * | - 0.105 ** |
| 经济增长矩阵 | - 0.165 *** | - 0.010 | - 0.185 *** | - 0.171 *** |
| 产业结构矩阵 | 0.036 | - 0.015 | - 0.023 | - 0.031 |
| 基础设施矩阵 | - 0.088 * | - 0.093 ** | - 0.036 | 0.000 |
| 教育水平矩阵 | - 0.110 ** | - 0.067 * | - 0.088 ** | - 0.067 |
| 创新能力矩阵 | - 0.172 *** | - 0.026 | - 0.112 ** | - 0.181 *** |

注：*、**、*** 分别表示在 10%、5%、1% 的水平下显著。

其次，本部分使用 QAP 方法对数字经济发展空间关联矩阵与其影响因素的差异矩阵进行多元回归分析，以进一步考察在全样本区间和子样本区间内，每个影响因素与地区数字经济发展的因果关系。通过矩阵随机置换 2000 次，得到表 4 - 6 中的结果，显示在全样本区间内，地理距离、经济增长、教育水平、创新能力对数字经济发展空间关联具有显著负向影响，基础设施对被解释变量的影响为负但并不显著，产业结构对被解释变量呈显著正向影响。综合表 4 - 5 和表 4 - 6 的结果可见，创新能力对数字发展空间关联的影响系数（绝对值）均最大，原因在于数字经济发展的引擎和源动力是科技创新，科技创新水平差距小，数字技术才有溢出的平台与基础，数字要素跨地域流动的成本也会变低。除产业结构和基础设施因素与相关性分析结果略有不同外，其余均与表 4 - 5 结果保持一致，这也侧面证明了本部分使用 QAP 方法对数字经济发展差距影响因素分析的稳健性。

针对子样本区间，表 4 - 6 中三个时段内地理距离对数字经济发展空间关联的影响始终为负，在前两个时段这种负向影响并不显著，原因在于这两个时段内地理距离对数字经济发展空间关联的负向影响相对较弱，其显著性被其他因素的负向影响所吸收，如第一时段内的基础设施和教育水平、第二时段的经济增长。经济增长对数字经济发展空间关联的负向影响主要体现在第二时段，基础设施对数字经济发展空间关联的负向影响主要体现在第一时段，产业结构对数字经济发展空间关联的影响在三个时段内均不显著，这与表4-5中相关性分析结果一致。三个时段内教育水平对数字经济发展空间关联的影响均为负，但在第二时段这种负向影响不显著，由于该时段内经济增长与教育水平的影响作用具有较强一致性，其显著性可能被经济增长对数字经济发展空间关联的负向影响所吸收。三个时段内创新能力对数字经济发展空间关联的影响均不显著，表明分时段来看创新能力并非对数字经济发展空间关联影响最显著的因素。

表4-6　　　中国数字经济发展空间关联矩阵与其影响因素的 QAP 回归分析结果

| 变量 | 数字经济发展空间关联矩阵 | | | |
| --- | --- | --- | --- | --- |
| | 2010～2020 年 | 2010～2012 年 | 2013～2015 年 | 2016～2020 年 |
| 地理距离矩阵 | -0.351* | -0.192 | -0.105 | -0.360* |
| 经济增长矩阵 | -0.325* | 0.092 | -0.719*** | -0.404* |
| 产业结构矩阵 | 0.481** | -0.019 | 0.053 | 0.133 |
| 基础设施矩阵 | -0.176 | -0.383** | -0.015 | 0.188 |
| 教育水平矩阵 | -0.340* | -0.276* | -0.246 | -0.551** |
| 创新能力矩阵 | -0.590** | 0.035 | -0.131 | -0.125 |
| 截距 | 0.274 | -0.624 | -0.278 | -0.073 |

注：*、**、*** 分别表示在 10%、5%、1% 的水平下显著。

综上所述，本部分使用复杂网络分析中 QAP 矩阵相关和矩阵回归的分析方法，对地区间数字经济发展差异或数字不平等的影响因素进行了重新检验。检验结果表明，地区间经济增长、产业结构、基础设施、教育水平、创新能力差距越大，对应地区间数字经济发展的空间关联性越弱，发展越孤立，数字要素或资源流动越不顺畅，整体数字不平等程度越大。进一步说明，以上因素均为地区间数字不平等的影响因素，并且分时段的实证检验表明，在不同阶段，各个影响因素对数字不平等的作用大小不尽相同，这与前文基准回归结果基本保持一致，进一步验证了本部分实证结论的稳健性。

# 第四节 数字不平等与地区经济增长不均衡

## 一、数字不平等对地区经济增长不均衡的影响

本部分重点考察数字不平等对经济增长不均衡的影响。通过理论分析可知，通常情况下，数字经济发展水平较低的地区其经济发展水平也通常较低，即数字不平等可能会进一步放大经济增长不均衡程度。因此，本部分同样使用 2010 年至 2020 年的省级面板数据，探讨数字不平等与经济增长不均衡的因果关系。

表 4 - 7 展示了数字不平等对经济增长不均衡的影响结果，列（1）至列（3）分别为不加入控制变量的实证结果、仅加入物质资本控制变量的实证结果、同时加入物质资本和人力资本控制变量的实证结果。从结果中可以看出，数字不平等对经济增长不均衡程度的影响显著为正，这进一步验证了本部分理论分析的结论，即数字不平等能够放大经济增长不均衡的程度。其内在机制在于数字经济发展水平较低的地区，数字产业发展滞后，居民数字素养相对较低，数字技术对经济增长的拉动作用不强，但数字经济发展水平较高的地区则相反，快速发展的数字技术能够通过降低成本、促进创新、提升效率等方式推动经济增长，因此两类地区经济发展水平差距显著增加。从控制变量的显著性可以看出，经济增长水平对经济增长不均衡程度的影响显著为负，即经济发展水平越高，经济增长的不均衡程度越低，地区间协同发展趋势越明显。基础设施对经济增长不均衡的影响显著为负，即完善经济发展水平落后地区的基础设施能够有效推动其经济发展，缩小与经济发展水平较高地区的差距。教育水平对经济增长不均衡的影响显著为负，可能的原因在于地区教育资源分布不均衡，伴随我国政府部门加大对弱势地区教育资源的财政、人力等投入，地区间的教育鸿沟逐渐减小，外加上教育水平较高地区对教育水平较低地区的对口帮扶，地区之间的人力资本差距在不断缩小，这可能会进一步缩小地区间经济发展水平的差距。

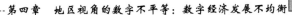
表4-7　　　　　　　数字不平等对经济增长不均衡影响的实证结果

| 变量 | （1）经济增长不均衡 | （2）经济增长不均衡 | （3）经济增长不均衡 |
|---|---|---|---|
| 数字不平等 | 0.0296 **<br>(0.0138) | 0.0149 *<br>(0.0074) | 0.0182 **<br>(0.0080) |
| 经济增长 | | -0.0225 **<br>(0.0095) | -0.0098 *<br>(0.0052) |
| 产业结构 | | 0.1639<br>(0.1366) | 0.1776<br>(0.1364) |
| 基础设施 | | -0.0455 *<br>(0.0270) | -0.0132 **<br>(0.0062) |
| 对外贸易 | | 0.0067<br>(0.0132) | 0.0087<br>(0.0133) |
| 财政收入 | | -0.0233<br>(0.3427) | 0.2072<br>(0.3627) |
| 教育水平 | | | -0.0304 *<br>(0.0158) |
| 创新能力 | | | -0.0007<br>(0.0050) |
| 省份固定效应 | 是 | 是 | 是 |
| 年份固定效应 | 是 | 是 | 是 |
| 样本量 | 297 | 297 | 297 |
| $R^2$ | 0.2124 | 0.2272 | 0.2384 |

注：*、**、***分别表示在10%、5%、1%的水平下显著；括号内为稳健性标准误。

## 二、数字不平等影响经济增长不均衡的动态变动

本部分试图将全样本进行分割，以考察不同样本中的异质性结果。同上文，本部分使用的面板数据为省级面板数据，若按地区划分进行分割可能出现样本数量过少的问题。因此，本部分同样以时间为划分标准，将全样本划分为两个时间段：2010年至2015年、2016年至2020年，以考察数字不平等对经济增长不均衡的动态影响，结果见表4-8。

从表4-8中结果可以看出，在不同时段内，数字不平等对经济增长不均衡均呈现显著的正向影响，这表明数字技术发展差距一直是拉大经济增长不均衡的潜在影响因素。除此以外，还可以看出后一时段内数字不平等对经济增长不均衡的正向影响大于前一时段，可能的原因在于在前一时段中数字技术发展尚未完善，对实体经济的渗透作用还不强，地区经济增长对数字经济发展的依赖作用还较小，数字不平等扩大经济增长不均衡的作用机制较弱；后一时段中，随着人工智能、大数据、云计算、区块链等新型数字技术的兴起，经济增长对数字经济发展的依赖作用不断增强。根据中国信通院2022年发布的《数字经济发展白皮书》中的数据，2021年我国数字经济总规模占GDP的总量已达到39.8%，因此在后一时段地区间数字技术的差距能够在更大程度上拉大经济增长的不均衡程度。从控制变量的系数结果可以看出，经济增长和基础设施在不同时段对经济增长不均衡的影响均显著为负，教育水平在前一时段对经济增长不均衡的影响为负但不显著，在后一时段对经济增长不均衡的影响显著为负，控制变量的回归结果与基准回归结果基本保持一致，这也进一步验证了本部分基准结果具有一定的稳健性。

表4-8　　数字不平等对经济增长不均衡影响的分时段实证结果

| 变量 | 经济增长不均衡 | |
| --- | --- | --- |
| | （1） | （2） |
| | 2010~2015年 | 2016~2020年 |
| 数字不平等 | 0.0263**<br>（0.0127） | 0.0531**<br>（0.0260） |
| 经济增长 | -0.0873*<br>（0.0476） | -0.0550*<br>（0.0272） |
| 产业结构 | -0.1762<br>（0.1674） | 0.1993<br>（0.3400） |
| 基础设施 | -0.0517***<br>（0.0018） | -0.0278*<br>（0.0156） |
| 对外贸易 | 0.0171**<br>（0.0080） | 0.0391<br>（0.0469） |
| 财政收入 | -0.0076<br>（0.3022） | 0.0756<br>（1.2339） |

| 变量 | 经济增长不均衡 | |
| --- | --- | --- |
| | (1) | (2) |
| | 2010~2015 年 | 2016~2020 年 |
| 教育水平 | −0.0019<br>(0.0165) | −0.0484 *<br>(0.0246) |
| 创新能力 | 0.0131<br>(0.0093) | 0.0143<br>(0.0175) |
| 省份固定效应 | 是 | 是 |
| 年份固定效应 | 是 | 是 |
| 样本量 | 162 | 135 |
| $R^2$ | 0.4747 | 0.1458 |

注：* 、** 、*** 分别表示在10%、5%、1%的水平下显著；括号内为稳健性标准误。

## 三、稳健性检验

### (一) 替换测算方法的稳健性检验

在基准回归结果中，主要使用了基尼指数法测算了数字不平等程度和经济增长不均衡程度，在实证检验中可能会存在测量误差问题，因此本部分再次使用广义熵指数中的泰尔 T 指数法，对数字不平等程度和经济增长不均衡程度重新进行测度，并对模型重新进行回归检验，检验结果见表4–9。

表4–9 中的列（1）至列（3）也是不加入控制变量，仅加入物质资本相关控制变量，加入物质资本、人力资本相关控制变量后的回归结果。从结果中可以看出，数字不平等对经济增长不均衡程度的影响始终显著为正，这表明基准回归结果具有一定的稳健性，数字不平等程度的增加能够扩大地区间经济发展水平的差距。除此以外，经济增长、基础设施和教育水平变量对经济增长不均衡的影响显著为负，这表明经济增长水平提升、基础设施不断完善、教育水平不断提高均能够在一定程度上降低经济发展的不均衡性，促进区域间协调发展，这与基准回归结果也基本保持一致，进一步验证了基准回归结果的稳健性。

表4-9　　　　数字不平等影响经济增长不均衡的稳健性检验结果（泰尔 T 指数）

| 变量 | （1） | （2） | （3） |
|---|---|---|---|
|  | 经济增长不均衡 | 经济增长不均衡 | 经济增长不均衡 |
| 数字不平等 | 0.0219**<br>（0.0098） | 0.0113**<br>（0.0049） | 0.0601*<br>（0.0397） |
| 经济增长 |  | 0.0603<br>（0.1064） | -0.0950**<br>（0.0372） |
| 产业结构 |  | 0.4846<br>（0.3654） | 0.5236<br>（0.3637） |
| 基础设施 |  | -0.0770**<br>（0.0038） | -0.0192*<br>（0.0100） |
| 对外贸易 |  | 0.0132<br>（0.0350） | 0.0207<br>（0.0351） |
| 财政收入 |  | -0.0844<br>（0.9168） | 0.5916<br>（0.9670） |
| 教育水平 |  |  | -0.0935**<br>（0.0417） |
| 创新能力 |  |  | 0.0031<br>（0.0134） |
| 省份固定效应 | 是 | 是 | 是 |
| 年份固定效应 | 是 | 是 | 是 |
| 样本量 | 297 | 297 | 297 |
| $R^2$ | 0.0560 | 0.0650 | 0.0836 |

注：*、**、***分别表示在10%、5%、1%的水平下显著；括号内为稳健性标准误。

## （二）替换实证模型的稳健性检验

从变量的属性可以看出，数字不平等能够影响地区经济发展不均衡程度，反之地区经济发展差距也会作用于数字不平等程度，进而导致反向因果关系。为避免潜在的内生性问题，本部分试图采用动态面板系统 GMM 模型进行替代性估计。事实上，常见的 GMM 模型主要分为差分 GMM 模型和系统 GMM 模型，相比差分 GMM 模型，系统 GMM 模型能够利用更多信息，有效缓解弱工具变量和有限样本偏误等问题（陈梦根和周元任，2021），表 4 – 10 即为使用动态面板系统 GMM 模型考察数字不平等影响经济增长不均衡的实证检验结果。为保证结果的稳健性，本部分分别使用基尼指数、泰尔 T 指数、泰尔 L 指数测算数字不平等程度和经济增长不均衡程度，分别对应表 4 – 10 中列（1）至列（3）的回归结果。

Arellano – Bond 序列相关性检验的 AR（1）对应的 p 值均小于 0.1，而 AR（2）对应的 p 值则均大于 0.1，这表明扰动项存在一阶自相关，但并不存在二阶或更高阶的序列自相关。此外，Sargan 检验显示模型选取的工具变量是有效的。综上所述，本部分使用的系统 GMM 模型的估计结果具有有效性。从估计结果来看，各列回归结果中，因变量滞后一期项对应的系数显著为正，这表明地区间经济增长不均衡程度的变动具有一定的持续性。数字不平等对经济增长不均衡的影响均显著为正，这与基准回归结果保持一致，表明地区间数字经济发展差距的扩大会进一步增加地区间经济增长的不均衡性，这并不利于全国地区间的均衡发展，实现全体人民共同富裕。从控制变量系数来看，经济增长、基础设施、教育水平对经济增长不均衡的影响系数也均为负，这也侧面验证了本部分基准回归结果具有一定的稳健性。

表 4 – 10　　数字不平等影响经济增长不均衡的稳健性检验结果（动态面板 GMM）

| 变量 | 经济增长不均衡 | | |
| --- | --- | --- | --- |
| | （1） | （2） | （3） |
| | 基尼指数 | 泰尔 T 指数 | 泰尔 L 指数 |
| 滞后一期因变量 | 0.3164 *** (0.0186) | 0.0235 *** (0.0074) | 0.0383 *** (0.0089) |
| 数字不平等 | 0.2665 ** (0.1187) | 0.3664 * (0.1861) | 0.1310 ** (0.0612) |
| 经济增长 | − 0.1195 (0.3884) | − 0.2421 * (0.1171) | − 0.2515 (0.2826) |
| 产业结构 | 0.9619 (1.3526) | − 0.7753 (2.1326) | − 2.2591 (4.4591) |
| 基础设施 | − 0.5328 *** (0.1439) | − 0.6545 * (0.3873) | − 0.7428 * (0.4271) |

续表

| 变量 | 经济增长不均衡 | | |
|---|---|---|---|
| | （1） | （2） | （3） |
| | 基尼指数 | 泰尔 T 指数 | 泰尔 L 指数 |
| 对外贸易 | -0.1130*<br>(0.0661) | -0.1143<br>(0.1684) | -0.1210<br>(0.3337) |
| 财政收入 | 2.1728<br>(2.2110) | 3.0071<br>(4.3140) | 11.1144<br>(17.8684) |
| 教育水平 | -0.0219<br>(0.1707) | -0.1710<br>(0.2339) | -0.0227<br>(0.1516) |
| 创新能力 | 0.0161<br>(0.0346) | 0.0139<br>(0.0179) | 0.0293<br>(0.0478) |
| AR（1） | 0.083 | 0.045 | 0.034 |
| AR（2） | 0.565 | 0.818 | 0.922 |
| Sargan 检验 | 0.145 | 0.477 | 0.295 |
| 样本量 | 270 | 270 | 270 |

注：AR（1）、AR（2）、Sargan 检验均显示其对应的 p 值；*、**、*** 分别表示在10%、5%、1% 的水平下显著；括号内数据为稳健性标准误。

## 四、机制分析：生产率差距

本部分主要考察数字不平等对经济增长不均衡的作用机制，利用省级面板数据进行实证检验。根据理论分析，数字不平等能够通过多种途径作用于经济增长不均衡，比如数字资本差异、数字人才差异、创新能力差异，但各途径最终均反映为地区间生产效率的差异。也就是说，数字经济发展水平较高的地区能够利用新型数字技术降低成本、促进创新，提高自身生产效率，在经济增长中占据更多优势，而数字经济发展水平较差地区则相反。因此本部分主要通过检验数字不平等是否能够通过扩大地区间的生产率差距，进而拉大地区间经济发展水平的差距。

具体的，地区生产率差异变量主要通过测算省份内部各地级市生产率的不均衡程度得到，也同样使用基尼指数法、泰尔 T 指数法、泰尔 L 指数法三种方法进行测算。本部分实证检验的机制变量主要使用的是通过基尼指数法测算的生产率差距，以及通过其他两种方法测算的生产率差距变量作为稳健性检验，检验结果与基尼指数法测算的结果基本保持一致。此外，借鉴已有研究（柯善咨和赵曜，2014；胡彬等，2022），地级市生产率测算的步骤如下：

$$TFP\_CITY_{i,t} = \ln\left(\frac{Y_{i,t}}{L_{i,t}}\right) - \varphi\ln\left(\frac{K_{i,t}}{L_{i,t}}\right) \tag{4.6}$$

式（4.6）中，$Y_{i,t}/L_{i,t}$表示人均产出水平，$K_{i,t}/L_{i,t}$表示人均资本存量，$\varphi$表示资本贡献度，其取值一般为1/3（胡彬等，2022）。值得注意的是，地级市资本存量并未有公开发表的数据，因此本部分使用基准年内各地级市内限额以上工业企业流动资产和固定资产估计本地级市内限额以上工业资本存量，再利用限额以上工业增加值占对应地级市GDP的比重进一步估计得到地级市的资本存量，后续各年的资本存量根据全市实际投资总额，使用永续盘存法进行测算，其中的年折旧率设定为5%（柯善咨和赵曜，2014）。此外，本部分还使用对应省份的人均GDP指数和固定资产价格指数将人均产出水平和人均资本存量变量进行平减处理，以避免价格变动引起的统计偏误。

表4-11展示了机制检验结果，从列（1）结果中可以发现，数字不平等对生产率差异的影响显著为正，这表明地区间数字经济发展差距的增加能够扩大地区间的生产率差距，数字经济发展水平较高的地区能够利用数字技术优势提升自身生产效率，拉大与其他数字经济发展水平较低地区的经济发展差距。控制变量中，经济增长水平增加可能会扩大地区间生产率差异，对外贸易水平增加可能会缩小地区间生产率差异，创新能力提升对降低地区间生产率差异的影响作用最为显著，可能的原因在于受技术扩散、产业融合等影响，创新能力较强地区能够拉动弱势地区的创新发展，进而促进弱势地区生产效率的提升。再从列（2）回归结果中看出，地区间生产率差距的增加能够显著增加经济发展的不均衡性，高生产率地区的经济发展水平通常显著高于低生产率地区，生产率差异的扩大不利于促进地区间经济发展的协同性和均衡性。综合两列回归结果可以看出，数字不平等能够通过扩大地区间生产率差异，进而正向促进地区间经济增长的不均衡性。因此缩小地区间数字经济发展差距，不断提升弱势地区的数字基础设施建设，提高弱势地区数字经济产业发展，增强弱势地区居民的数字素养，是当前实现区域间协同发展、缩小地区间发展差距、推动实现全体人民共同富裕的关键。

表4-11　　　　　　数字不平等影响经济增长不均衡的内在机制检验

| 变量 | （1）生产率差异 | （2）经济增长不均衡 |
|---|---|---|
| 数字不平等 | 0.0575 **<br>(0.0270) | |
| 生产率差异 | | 0.0189 **<br>(0.0080) |
| 经济增长 | 0.0682 **<br>(0.0319) | -0.0086<br>(0.0608) |
| 产业结构 | 0.1495<br>(0.0889) | 0.1834<br>(0.2111) |
| 基础设施 | -0.0146<br>(0.0416) | -0.0210 *<br>(0.0115) |
| 对外贸易 | -0.0287 **<br>(0.0121) | 0.0087<br>(0.0130) |
| 财政收入 | 0.2182<br>(0.1914) | 0.1947<br>(0.3770) |
| 教育水平 | -0.0126<br>(0.0084) | 0.0288<br>(0.0302) |
| 创新能力 | -0.0071 ***<br>(0.0019) | -0.0049 *<br>(0.0027) |
| 省份固定效应 | 是 | 是 |
| 年份固定效应 | 是 | 是 |
| 样本量 | 297 | 297 |
| $R^2$ | 0.3975 | 0.2390 |

注：*、**、***分别表示在10%、5%、1%的水平下显著；括号内为稳健性标准误。

# 第五节　本章小结

本部分主要使用2010年至2020年省级面板数据，考察了宏观地区层面的数字不平等问题，主要包括地区层面数字不平等的影响因素，以及数字不平等对地区经济增长不均衡程度的影响，主要结论如下。

首先，从宏观地区数字不平等的影响因素来看，经济发展水平对数字不平等的影响呈现库兹涅茨曲线的倒"U"型趋势，在数字经济发展初期，经济发展水平越高数字经济发展差距可能越大，但伴随着数字技术低门槛、普惠性的特征逐渐显现，数字技术的渗透性会提升弱势地区数字经济的发展速度，并逐步弥合不同地区之间数字经济的发展鸿沟。基础设施对数字不平等的影响显著为负，表明伴随基础设施水平的提高，数字经济发展落后地区的数字技术可得性不断增加，地区间的数字经济发展差距也会逐步缩小。创新水平对数字不平等的影响显著为负，表明总体创新水平越高，数字技术更新换代、不断升级的速度越快，数字技术对经济发展的促进作用越能够下沉、深入。社会连结程度对数字不平等的影响显著为正，表明通信技术的发展多限于本地区内部，推动了本地区的数字经济增长，数字要素在地区间流动的占比较少，数字不平等优势端的地区内部社会连结程度不断增加，通信技术发展迅速，与弱势地区拉开差距。此外，在不同时段，数字不平等的关键影响因素也存在差异，比如基础设施对数字不平等的负向影响主要体现在前一时段，可能的原因在于前一时段内数字基础设施尚未完善，基础设施建设负向影响数字不平等的边际效应较强，后一时段内伴随数字基础设施逐渐完善，基础设施对数字不平等的影响减弱。

其次，从数字不平等对地区经济增长不均衡程度的影响来看，数字不平等对经济增长不均衡程度的影响显著为正，数字不平等能够放大经济增长不均衡的程度。数字经济发展水平较低的地区，数字产业发展滞后，居民数字素养相对较低，数字技术对经济增长的拉动作用不强，但数字经济发展水平较高的地区则相反，快速发展的数字技术能够通过降低成本、促进创新、提升效率等方式推动经济增长，因此两类地区经济发展水平差距显著增加。在不同时段，数字不平等对经济增长不均衡的影响也存在差异，数字不平等对经济增长不均衡的负向影响逐渐加深，这与人工智能、大数据、云计算、区块链等新型数字技术的兴起，以及经济增长对数字经济发展的依赖作用不断增强紧密相关。数字不平等能够通过扩大地区间生产率差异，进而正向促进地区间经济增长的不均衡性，因此缩小地区间数字经济发展差距，不断提升弱势地区的数字基础设施建设，提高弱势地区数字经济产业发展，增强弱势地区居民的数字素养，是当前实现区域间协同发展、缩小地区间发展差距、推动实现全体人民共同富裕的关键。

# 第五章

# 居民部门视角的数字不平等：数字技能差距

伴随数字经济的快速发展，居民部门中数字素养呈现显著的分化趋势，数字技能较高的居民能够利用数字技术创造收入、增加效用，而数字技能较低的居民则不能充分享受到同等的数字红利，这种数字不平等现象可能会进一步增加社会不平等程度，比如收入不平等、消费不平等。当前相关研究多集中于数字经济对经济社会发展的影响，对数字技能使用差异的影响研究极少。因此，本章结合第一章对数字不平等内涵的澄清，以及第三章对数字不平等的测度方法，通过使用家庭追踪调查数据（CFPS），从家庭层面考察数字不平等的影响因素，以及探讨数字不平等对居民家庭收入、支出、主观福利的影响及作用机制。

## 第一节　理论分析与研究思路

### 一、居民数字不平等的表现及影响

居民部门中数字素养或数字技能的差异是数字不平等的基础表现形式，由数字素养或数字技能差异引致的机会不平等和结果不平等是数字不平等的延伸表现形式（陈梦根和周元任，2022）。居民数字素养或数字技能的差异主要可分为ICT 接入差异、ICT 使用差异和 ICT 获益差异，并分别对应一级数字鸿沟、二级数字鸿沟和三级数字鸿沟。从数字鸿沟的影响程度大小来看，伴随我国数字化转型进程的不断加快，ICT 基础设施的不断完善，居民部门中 ICT 接入差异显著缩小，而 ICT 技能和使用回报的二级、三级数字鸿沟影响不断扩大（许竹青等，2013），但根据中国互联网络信息中心（CNNIC）第 54 次《中国互联网络发展状况统计报告》中的数据，截至 2024 年 6 月，我国网民规模为近 11 亿人，互联网普及率达 78%，侧面反映出我国仍有 22% 的居民处于一级数字鸿沟的弱势端，这表明在考察我国数字不平等问题时，对居民层面 ICT 接入、使用和获益的差异均应重点关注。

首先，从数字不平等测度来看，由于居民层面的微观调查数据对数字技术使用等维度关注较少，问题设置也同样较少，现有微观数据库较难实现对数字不平等的系统测度。部分研究依据样本分布，综合现有微观数据库中可用的与数字技术相关的指标，构建家庭层面不平等指标（尹志超等，2021），可看作对居民 ICT 接入和使用差异程度的测度，即对一级、二级数字鸿沟的测度。还有部分研究通过分位数回归等计量经济模型的方法（马述忠等，2022），实证检验了不同数字技能水平的群体间收入、消费等经济指标的差距，广义上属于对数字鸿沟引致的结果不平等的考察。然而现有研究未能在统一的数字不平等框架中，给出数字不平等的测算思路与实践路径，这是本章重点研究内容之一。

其次，从数字不平等的影响因素来看，经济因素（DiMaggio et al.，2004）、教育因素（Nishijima et al.，2017）、年龄因素（Scheerder et al.，2017）、社会因素（Agarwal et al.，2009）等均可能是数字不平等形成的驱动因素，收入水平低、受教育程度低、年龄较大、社会资本较少的群体的数字技能水平通常也较低，更容易成为数字不平等中的弱势群体。但现有研究通常仅围绕某一种或两种因素对数字不平等的形成机制进行探讨，而事实上，数字技能的差异的形成因素应是综合、多样的，不同驱动因素之间可能也会相互影响。此外，数字不平等的影响因素可能是动态变动的，在不同时段，不同影响因素的作用程度均不同，这也是当前研究鲜有涉及的领域。

最后，从数字不平等对经济社会的影响来看，当前多数研究关注数字经济发展水平或发展规模对居民生活水平的影响（Forman et al.，2012；Liang and Guo，2015；赵涛等，2020），但鲜有文献关注居民数字素养或数字技能差异的测度及其影响（陈梦根和周元任，2022）。事实上，数字技术促进包容性增长、推动全体人民共同富裕的内在机制在于其分享性、普惠性，数字技能差异可能严重影响数字技术的普惠作用，甚至造成数字技术影响的"马太效应"（王修华和赵亚雄，2020）。

在作用机制层面，数字技能差异是居民层面数字不平等的基础，机会不平等则是数字技能差异传导至结果不平等的作用机制：数字技能差异中占优的一方能够获得更多的与数字技术相关的使用机会或参与机制，进而创造更多的收益；而数字技能差异中劣势的一方则可能被数字化社会排斥，不能享受到同等程度的福利。数字技能差异引致的机会不平等主要包括就业机会（赵涛等，2020）、投资机会（Robinson et al.，2015）、教育机会（Martinez，2020）、生活参与机会（Zheng and Walsham，2021；Frydman et al.，2022）等，引致的结果不平等主要包括收入层面不平等（Forman et al.，2012）、财富层面不平等（周天芸和陈铭翔，2021）、福利层面的不平等（Graham and Nikolova，2013）等。

此外，不同维度对应的作用机制有所差异。第一，对于收入性质指标，数字技能较高的家庭使用互联网等数字技术减少信息不对称性、搭建更广泛的社会网络、增加网络信贷渠道，能够更便利、低成本地实现就业、创业行为的增加，提高居民对数字化社会的参与程度，进而提高家庭收入。数字技能较高的家庭还能通过数字技术增加金融服务的可获得性，更好地参与资本市场，实现自身财富增值，提高家庭收入。因此数字不平等影响收入的机制可分为劳动参与和财富创造。第二，对于支出性质指标，数字技能较高的家庭能够充分利用数字技术带来的支付便利性，降低商品购买成本，增加消费支出，同时，相应家庭还能够充分参与电子商务活动，利用线上购物方式，降低商品物流成本，增加消费支出，因此数字不平等影响消费的机制可分为支付便利和物流便利。第三，对于福利性质指标，数字技能较高的家庭能够利用智能手机等设备，通过互联网增加与其他成员的联系，降低彼此间的交流成本，拓展社会网络空间，增强居民的主观幸福感。同时数字技能较高的群体实现保障性就业的机会更大，相对而言，保障性就业更加能够提升居民的幸福感与满意度。因此，数字不平等影响幸福感的机制可分为社会网络和工作保障。

## 二、主要研究思路

本章总体上从居民部门视角出发，使用北京大学中国社会科学调查中心

（ISSS）公布的中国家庭追踪调查（CFPS）数据，考察家庭层面的数字不平等问题，主要包括家庭层面数字不平等的测算、数字不平等驱动因素的考察、数字不平等的影响及其内在机制的探讨等。此外，根据第一章对数字不平等的内涵澄清，数字不平等主要包括代表居民数字素养或技能差异的一级、二级、三级数字鸿沟，以及数字鸿沟引致的机会不平等和结果不平等，由于数据可得性限制，本章将数字不平等的范围缩小，主要使用一级、二级、三级数字鸿沟来表征。研究思路具体如下。

## （一）数字技能水平与数字不平等测度

首先，根据第一章中对一级、二级、三级数字鸿沟的界定，将 CFPS 微观数据库中与数字技术相关的指标按照 ICT 接入、ICT 使用、ICT 获益进行分类，使用指数编制法构造家庭层面的数字技能综合评价体系，测算出家庭不同层级的数字技能水平。其中的赋权方法使用科学、客观的信息熵权法。其次，使用不平等指标法测算居民总体数字技能的不平等程度，可选用的不平等指标包括基尼系数、广义熵指数（泰尔 L 指数、泰尔 T 指数）、阿特金森指数、90% ~ 10% 分位数差距指标等。

## （二）数字不平等的影响因素分析

首先，借鉴健康不平等领域中的再中心化影响函数法（Recentered Influence-Function，RIF），依据样本分布将不平等指标分解到家庭层面。其次，使用 RIF – I – OLS 回归模型从物质资本、人力资本、社会资本三个方面探讨数字不平等的驱动因素，其中物质资本主要使用家庭收入表征，人力资本主要使用教育、年龄、性别等因素表征，社会资本主要使用家庭人情礼支出表征。通过考察不同驱动因素在不同时段下的系数大小及其显著性，来探讨影响数字不平等的相关因素及其动态变化。

## （三）数字不平等的影响研究

首先，将可能受到数字技能差异的生活水平指标分为三类：收入、支出、幸福感。其中收入表示居民生活物质水平，支出表示居民生活客观效用，幸福感表示居民生活主观福利。其次，依据样本分布构造家庭层面的三级数字技能差异指数，使用双向固定效应模型考察数字技能差异对居民收入、支出与幸福感的影响。最后，机会不平等是数字技能差异引致结果不平等的内在机制，依据数字技术的发展特性和影响渠道，将数字技能差异影响收入的内在机制分为劳动参与、财富创造两类，将数字技能差异影响支出的内在机制分为支付便利、物流便利两类，将数字技能差异影响幸福感的内在机制分为社会网络、工作保障两类，再使用中介机制模型对不同影响机制进行实证检验。

# 第二节　研究方法与数据说明

## 一、相对差距法与再中心化影响函数模型

本部分从家庭数字技能水平与数字不平等、数字不平等的驱动因素分析、数字不平等的影响研究及机制分析三个方面对研究方法进行概述。

### （一）家庭数字技能水平与数字不平等的测度

根据第一章对数字不平等内涵的完善与澄清，居民家庭面临的一级、二级、三级数字鸿沟主要对应 ICT 接入、ICT 使用和 ICT 获益，因此本部分对应微观调查数据库，汇总与 ICT 相关的调查指标，并按照接入、使用、获益三个维度进行分类，构建家庭数字技能综合评价指标体系，再使用客观赋权法中的信息熵权法将不同指标加总成反映家庭数字技能综合水平的总指数。需要说明的是，当前指数编制法中的赋权方法主要可以分为主观赋权法和客观赋权法（陈梦根和周元任，2021）。其中，主观赋权法主要包括德尔菲法等，其缺点在于权重大小容易受到评价人主观因素影响，进而干扰测算出的家庭数字技能总指数；客观赋权法主要包括信息熵权法、标准差法等，其特点在于依据数据自身波动特征为不同指标进行赋权。综合考虑，本部分最终选择使用客观赋权法中的信息熵权法，以保证家庭数字技能总指数测算结果的准确性与客观性。信息熵权法的机制在于通过测算指标熵值判断指标的离散程度，其中熵值越小，指标的离散程度越大，对应指标在上级指标中所占权重越大。本部分使用的信息熵权法的基本步骤如下。

设定综合评价指标体系中的一级指标为家庭数字技能水平，二级指标为家庭 ICT 接入水平、家庭 ICT 使用水平、家庭 ICT 获益水平，三级指标为各二级指标下对应相关的具体指标。假定总体中第 k 个家庭的第 j 个三级指标为 $x_{kj}$，首先，使用临界值法将指标去量纲化：

$$x'_{kj} = \frac{x_{kj} - \min(x_j)}{\max(x_j) - \min(x_j)} \text{ 或 } x'_{kj} = \frac{\max(x_j) - x_{kj}}{\max(x_j) - \min(x_j)} \tag{5.1}$$

由于在家庭数字技能综合评价体系中均为正向指标，因此选择式（5.1）对指标进行无量纲化。其中，$\max(x_j)$ 和 $\min(x_j)$ 分别表示第 j 个三级指标的最大值和最小值。其次，可以计算出第 k 个家庭第 j 个三级指标的比重：

$$y_{kj} = \frac{x'_{kj}}{\sum_{k=1}^{m} x'_{kj}} \tag{5.2}$$

其中，m 为家庭总数量，再计算第 j 个三级指标的信息熵 $e_j$：

$$e_j = -K \sum_{k=1}^{m} (y_{kj} \ln y_{kj}) \tag{5.3}$$

其中，$K = 1/\ln m$ 为常数，用 n 表示所有三级指标的个数，则第 j 个三级指标的信息熵权重 $\omega_j$ 可以表示为：

$$\omega_j = \frac{1 - e_j}{\sum_{j=1}^{n} (1 - e_j)} \tag{5.4}$$

因此，家庭数字技能综合评价体系中的第 i 个二级指标 $ICT_{ki}$ 可以表示为：

$$ICT_{ki} = \sum_{j=1}^{n_i} (\omega_{ij} Z_{kij}) \tag{5.5}$$

其中，$\omega_{ij}$ 表示第 i 个二级指标中第 j 个三级指标的信息熵权重，$Z_{kij}$ 表示第 k 个家庭去量纲化之后的各三级指标值，$n_i$ 表示第 i 个二级指标中包含三级指标的个数。重复上述步骤（式（5.1）到式（5.5）），可得最终的家庭数字技能水平指数 $FDEI_k$：

$$FDEI_k = \sum_{i=1}^{N} (W_i ICT_{ki}) \tag{5.6}$$

其中，$W_i$ 表示一级指标下第 i 个二级指标的信息熵权重，N 为家庭数字技能综合评价体系中二级指标的个数。$FDEI_k$ 的取值范围为 0～1，取值越大，表示第 k 个家庭数字技能水平越高。

在测算出家庭数字技能水平指数的基础之上，本部分进一步依据数字技能指数的分布测算不同家庭数字技能水平在总体中所处的相对位置，来刻画不同级别的数字鸿沟程度。本部分参考尹志超等（2021）的研究，使用相对差距法刻画不同级别数字鸿沟的程度，其中相对差距法中的参考数值为样本最大值。具体的计算方法如下：

$$FDDI_k = \frac{\max(FDEI_k) - FDEI_k}{\max(FDEI_k) - \min(FDEI_k)} \tag{5.7}$$

其中，$FDDI_k$ 表示第 k 个家庭面临的数字鸿沟程度，数值越大表示家庭数字鸿沟程度越大，$FDEI_k$ 为第 k 个家庭数字技能水平指数。相应的，若将 $FDEI_k$ 替换为 $ICT_k^h (h = 1, 2, 3)$，则可测度出下属三级数字鸿沟程度 $FDDI_k^h (h = 1, 2, 3)$，分别表示家庭 ICT 接入、使用、获益面临的数字鸿沟程度。

### （二）数字不平等的驱动因素分析

借助于收入分配领域的相关概念，测度不平等（或不均等）程度的指标通常有基尼指数、广义熵指数、阿特金森指数等，这些收入分配指标是在一定区域内测度资源分配不均衡的程度，然而本部分研究的家庭本身就是测度的最小单位，这可能使得传统不平等的测度方法并不适用于家庭层面的数字不平等的测算。此外，潜在的对数字不平等的影响因素均为家庭层面统计指标，若建立实证模型检验家庭层面影响因素对地区层面数字不平等的显著性，则可能出现较大的统计偏误。因此，本部分试图参考健康经济学中对健康不平等的分解方法，即 RIF – I – OLS 分解方法（王洪亮和朱星姝，2018；Avila，2020），将总体层面（地区层面）的数字不平等指数分解到个体层面（家庭层面），再使用多元线性回归模型探讨影响数字不平等变动的相关因素。

不平等指标，如基尼系数、泰尔指数、阿特金森指数等的取值依赖于样本分布，某一样本的指标变动则通过影响样本分布，进而改变不平等指标的数值。根据阿维拉（Avila）在 2020 年的研究，再中心化影响函数（RIF）可以用来衡量某一处微小变化对统计量的影响，相当于某一个体的微小变动对总体不平等指标的贡献。因此，可以根据 RIF 的特性将总体不平等指标分解到微观个体层面上。具体来看，RIF 是在 IF 的基础之上，再加上原始的统计量构成，IF 的定义如下：

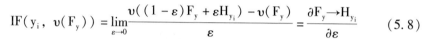

$$IF(y_i, \upsilon(F_y)) = \lim_{\varepsilon \to 0} \frac{\upsilon((1-\varepsilon)F_y + \varepsilon H_{y_i}) - \upsilon(F_y)}{\varepsilon} = \frac{\partial F_y \to H_{y_i}}{\partial \varepsilon} \qquad (5.8)$$

其中，$F_y$ 表示 y 的原始分布，$H_{y_i}$ 表示 $y_i$ 处取值的某个分布，$\upsilon(F_y)$ 为统计量，即相应的不平等指标。则根据定义，RIF 可表示为：

$$RIF(y_i, \upsilon(F_y)) = IF(y_i, \upsilon(F_y)) + \upsilon(F_y) \qquad (5.9)$$

从式（5.9）可以看出，RIF 的决定因素为原始分布 $F_y$、变化位置 $y_i$ 和选取的统计量 $\upsilon$，在 $F_y$ 和 $\upsilon$ 给定后，RIF 可以表示为 y 的函数。RIF 还具有一个非常重要的性质，具体表示如下：

$$E(RIF(y_i, \upsilon(F_y))) = \upsilon(F_y) \qquad (5.10)$$

式（5.10）表明，RIF 的无条件期望即为对应的统计量，这为后续将 RIF 看作被解释变量进行影响因素分析奠定了理论基础。根据以上性质，本书将 RIF 看作因变量，进行多元 OLS，具体模型如下：

$$RIF(y_i, \upsilon(F_y)) = X'\beta + \varepsilon_i, \ E(\varepsilon_i) = 0 \qquad (5.11)$$

式（5.11）若左右同取无条件期望，则可得到：

$$\upsilon(F_y) = E(RIF(y_i, \upsilon(F_y))) = E(X'\beta) + E(\varepsilon_i) = \overline{X}'\beta \qquad (5.12)$$

此时，$\beta_j$ 表示若控制其他条件不变，总体中 $X_j$ 的均值变动一个单位时，y 对应的不平等指标 $\upsilon$ 将变动 $\beta_j$ 个单位。在实证检验中，$\upsilon(F_y)$ 对应数字不平等程度大小，其计算方式可以为分位数差距、基尼指数、广义熵指数、阿特金森指数等形式，j 的取值为 1，2，3，…，N，N 表示可能影响数字不平等程度的潜在因素的个数。通过 RIF – I – OLS 回归结果中系数取值和显著性的判定，进而考察家庭层面数字不平等潜在的影响因素。

还需要特别说明的是，在考察不同时间下数字不平等的影响因素时，需将样本整合成为平衡面板数据，其原因在于仅保留样本自身变化对分布的影响，而剔除外加样本、删失样本对分布的潜在影响。增减样本也可能改变数字不平等程度的大小，但这只能归因于自身样本量变动的影响，并非其他驱动因素变化对数字不平等程度的影响，因此不在本部分考察的范畴之内。

### （三）数字不平等的影响研究及机制分析

本部分重点考察家庭数字技能差异可能产生的影响以及影响的作用机制。具体来看，数字不平等可能从客观层面和主观层面两个方面影响居民生活水平。客观层面主要通过收入和消费体现，收入表示居民物质生活水平，支出表示居民的客观效用水平，数字技术虽然具有分享普惠等特征，但处于数字不平等劣势端的居民不能较好地利用数字技术进行创收增益，导致其收入和支出水平可能相对较低，难以从数字化社会中获得相应红利。主观层面主要通过幸福感或满意度来体现，主要表征居民的主观福利程度，同样，处于数字不平等劣势端的居民不能较好地融入数字化社会，数字技能的限制可能会影响到个人幸福感的获得。

从机制上看，总体上，家庭数字技能的差异通过数字机会不平等，最终导致了结果不平等，其中的数字机会不平等主要是指家庭数字技能差异引致的参与机会不平等、使用机会不平等等。具体的，数字不平等影响收入的机制为劳动参与和财富创造，影响支出的机制为支付便利和物流便利，影响幸福感的机制为社会网络和工作保障。

因此，本部分试图使用双向固定效应模型实证检验数字不平等对居民收入、支出、幸福感的影响及其内在机制，建立的基准模型形式如下：

$$Y_{i,t} = \alpha_0 + \alpha_1 FDDI_{i,t} + \alpha_2 X_{ijt}^H + \alpha_3 X_{ijt}^R + \rho_t + \varphi_i + \varepsilon_{it} \tag{5.13}$$

其中，$Y_{i,t}$ 表示第 t 年第 i 个家庭的被解释变量取值，被解释变量包括家庭收入 $Income_{i,t}$、家庭支出 $Expend_{i,t}$ 和家庭幸福感 $Happiness_{i,t}$。$FDDI_{i,t}$ 表示家庭数字不平等指标，使用前文测算的家庭数字鸿沟程度表征，若家庭 i 在第 t 年的数字技能总体水平越低，则家庭面临的数字不平等程度 $FDDI_{i,t}$ 越大，$\alpha_1$ 则表示家庭数字鸿沟 $FDDI_{i,t}$ 对被解释变量 $Y_{i,t}$ 的影响程度。由于家庭数字技能存在不同的层级，还可以使用 $FDDI_{i,t}^h$（h = 1，2，3）替代 $FDDI_{i,t}$ 分别表示家庭一级、二级、三级数字鸿沟程度。$X_{ijt}^H$ 和 $X_{ijt}^R$ 分别表示家庭层面和地区层面的控制变量，$\rho_t$ 和 $\varphi_i$ 分别表示时间固定效应和个体固定效应。

对于中介机制检验部分，本部分参照江艇（2022）推荐的检验方法进行中介检验，检验步骤为：第一步，使用中介变量 M 对解释变量 X 进行回归；第二步，使用被解释变量 Y 对中介变量 M 进行回归；第三步，若系数 $\beta_1$ 和 $\mu_1$ 均显著，则表示变量 M 是 X 影响 Y 的中介机制，具体表达如下：

$$M = \beta_0 + \beta_1 FDDI + \beta_2 X + \lambda_t + \tau_i + \varepsilon \tag{5.14}$$

$$Y = \mu_0 + \mu_1 MED + \mu_2 X + \lambda_t + \tau_i + \varepsilon \tag{5.15}$$

## 二、相关数据说明

### （一）数据来源

在考察家庭层面的数字不平等问题时，主要使用的是北京大学中国社会科学调查中心（ISSS）的中国家庭追踪调查数据（CFPS）。CFPS 数据库的优势在于：（1）与居民数字技能相关的调查指标设置较为完善，能够较为清晰地划分居民数字技能掌握的层级，如数字技术接入、数字技术使用、通过使用数字技术获益等。（2）调查数据量较大、调查范围较广、设置指标较为完善。CFPS 中的调查问题涉及中国居民的经济和非经济福利，比如经济活动、教育获得、家庭关系、家庭动态、身心健康、人口迁移等，充分反映中国社会、经济、教育、健康和人口的变迁。截至 2024 年 9 月，CFPS 共公布了 6 轮调查数据，从基线调查来看，2010 年 CFPS 调查覆盖全国 25 个省（区、市），最终完成 14960 户家庭、42590位个人的访问，样本具有较强代表性。（3）CFPS 为追踪调查数据，追踪效果较好，便于构建家庭面板数据。由于数字不平等问题的研究主要依赖于样本分布，而构建面板数据能够排除样本增加或样本丢失对于总体样本分布的影响，将样本分布变动范围缩小至仅考虑成功追踪样本自身数据的变动，尽可能地降低统计偏误。需要说明的是，CFPS 第二轮调查（2012 年）未包含 ICT 相关问题，因此这次调查数据不在本书考察范围内。CFPS 互联网相关问题汇总见表 5-1。

**表 5-1 家庭追踪调查数据（CFPS）互联网相关问题汇总**

| 类别 | CFPS2010 | CFPS2014 | CFPS2016 | CFPS2018 | CFPS2020 |
|------|----------|----------|----------|----------|----------|
| 互联网接入相关 | 您是否使用或使用过手机 | 是否使用手机 | 是否使用手机 | 是否使用手机 | — |
| | 您是否上网 | 是否上网 | 是否移动上网；是否电脑上网 | 是否移动上网；是否电脑上网 | 是否移动上网；是否电脑上网 |
| | 您是否发过电子邮件 | 是否收发电子邮件 | 是否收发电子邮件 | 是否收发电子邮件 | — |
| | — | — | — | — | 是否玩网络游戏；是否网上购物；是否看短视频；是否网络学习；是否使用微信 |

续表

| 类别 | CFPS2010 | CFPS2014 | CFPS2016 | CFPS2018 | CFPS2020 |
|---|---|---|---|---|---|
| 互联网使用相关 | 非假期，您使用手机上网的频率 | 使用互联网社交/娱乐的频率 | 使用互联网社交/娱乐的频率 | 使用互联网社交/娱乐的频率 | 是否每天玩网络游戏；是否每天看短视频；朋友圈分享频率 |
| | 非假期，您是否使用手机以下各项功能 | 每月手机费（元）；每月公付手机费（元） | 每月手机费（元）；每月公付手机费（元） | 每月手机费（元）；每月公付手机费（元） | — |
| | 工作日/休息日：使用互联网娱乐 | 网上购物花费 | 网上购物花费 | 网上购物花费 | 是否每天网上购物 |
| | 您是否有QQ/MSN；QQ/MSN上一共有多少好友；非假期，平均每周登录QQ/MSN几次 | — | — | — | — |
| | 非假期时，您平均每周登录几次邮箱 | 每周登邮箱几天（天） | 每周登邮箱几天（天） | 每周登邮箱几天（天） | — |
| | 最近非假期的一个月内，您平均每天上网的时间约为（小时） | 业余上网时间（小时） | 业余上网时间（小时） | 业余上网时间（小时） | 移动设备上网时长/电脑上网时长 |
| | 请选出您访问过的网站类型；您访问相应网站的频率 | — | — | — | — |
| | 您是否在以下网站注册；您了解信息的主要渠道 | — | — | — | — |
| | 使用互联网络的目的：娱乐/学习/工作/社交/和网友说心里话/寻求网友的情感支持/寻求网友的专业帮助/解闷 | — | — | — | — |

续表

| 类别 | CFPS2010 | CFPS2014 | CFPS2016 | CFPS2018 | CFPS2020 |
|---|---|---|---|---|---|
| 互联网收益相关 | — | 使用互联网学习/工作/商业活动的频率 | 使用互联网学习/工作/商业活动的频率 | 使用互联网学习/工作/商业活动的频率 | 是否每天网络学习 |
| 其他相关问题 | 您主要在哪里上网 | 主要在哪里上网 | — | — | — |
| | 自从上网后，您看电视的时间 | 上网时学习/工作/社交/娱乐/商务活动的重要程度 | 上网时学习/工作/社交/娱乐/商务活动的重要程度 | 上网时学习/工作/社交/娱乐/商务活动的重要程度 | 网络对工作/休闲娱乐/家人和朋友保持联系/学习/日常生活重要性 |
| | 在网上时，您与陌生人聊天吗 | 与陌生人是否聊天；与网友电话联系；与网友见面；与网友成为现实朋友 | 与陌生人是否聊天；与网友电话联系；与网友见面；与网友成为现实朋友 | 与陌生人是否聊天；与网友电话联系；与网友见面；与网友成为现实朋友 | |
| | 适合您的情况：在网上认识新朋友后，会通过手机进一步联系/和网友见面/和网友成为现实中的好朋友 | 电视/互联网/报纸、期刊/广播/手机短信/他人转告作为信息渠道的重要程度 | 电视/互联网/报纸、期刊/广播/手机短信/他人转告作为信息渠道的重要程度 | 电视/互联网/报纸、期刊/广播/手机短信/他人转告作为信息渠道的重要程度 | 电视/互联网/报纸、期刊/广播/手机短信/他人转告作为信息渠道的重要程度 |

注：表中问题来源于 CFPS2010 至 CFPS2020 微观调查问卷中的成人作答部分。

  CFPS 第一轮调查数据（2010 年）中对于 ICT 相关的问题设置与后续几次调查中的 ICT 相关问题设置相似度较低，比如对于 QQ 软件的使用问题、访问网站的类型及频率问题、使用互联网络的目的问题仅在第一轮调查中出现，而构建综合评价指标体系需要各年份调查问卷中设置的 ICT 相关问题基本保持一致，以减少统计上的偏误。此外，CFPS 第五轮调查数据（2020 年）在 ICT 相关问题上进行了更新，ICT 相关指标部分发生变动，与第三轮（2014 年）、第四轮（2016 年）、第五轮（2018 年）中的 ICT 指标不能较好保持一致。因此，在实证检验中未纳入 CF-PS 第一轮和第六轮调查数据。由于 CFPS 2014 年、2016 年、2018 年的数据在 ICT 相关问题的设置上保持了较好的延续性，成功追踪样本数量也较多，并且时间跨度与我国数字经济快速发展的年份也较为吻合，因此本部分主要使用 CFPS 2014 年、2016 年、2018 年的数据对相关问题进行实证检验。

此处还需要特别说明的是，本部分实证检验中使用的是平衡面板数据，在数据处理中进行了如下操作：（1）剔除 ICT 相关问题均未回答的样本，以降低由此带来的整体数字鸿沟过大的情形①；（2）剔除了未成功追踪 3 年的样本，排除了增加样本、删失样本对样本分布的影响，将家庭数字鸿沟变量的变动限制在仅由自身数字技能变动所导致②。在做完相关处理后最终得到 25926 个家庭样本，每年成功追踪到 8642 个家庭样本。

此外，本书在宏观城市层面指标的数据来源为《中国统计年鉴》、《中国城市统计年鉴》、北京大学数字金融研究中心与蚂蚁金服合作发布的"数字普惠金融指数"、谷歌地图等。

### （二）变量说明

1. 被解释变量。

本部分的被解释变量包括三类：收入类型变量、支出类型变量、主观幸福感类型变量。

（1）收入类型变量。本部分选取家庭全部纯收入作为最主要的收入类型变量，并且为了排除不同年份价格变动的影响，选取的家庭全部纯收入与 2010 年保持可比，下同。此外，为了考察不同收入类型的异质性，本部分还选取了家庭最主要的四种类型收入：家庭工资性收入、经营性收入、财产性收入、转移性收入。本部分对家庭全部纯收入以及各种类型收入均做对数处理。

（2）支出类型变量。本部分选取家庭总支出作为最主要的支出类型变量。除此之外，本部分还将家庭总支出分为家庭总消费支出和家庭总非消费支出。其中，家庭总消费支出包括家庭设备及日用品支出、衣着鞋帽支出、文教娱乐支出、食品支出、居住支出、医疗保健支出、交通通信支出等；家庭总非消费支出

---

① 由于本书对家庭数字鸿沟计算方法的限制，若家庭 ICT 相关问题均未作答，而并无其他相关问题能够插补对应指标的取值，导致该家庭所面临的数字鸿沟程度为最大值 1，这可能会导致测算出的整体家庭数字鸿沟均值偏大。

② 本书主要依据样本分布来计算家庭数字鸿沟的程度，并希望数字鸿沟变动仅由家庭自身数字技能变动导致。此时计算出的某家庭的数字鸿沟程度可以看作该家庭数字技能在样本整体中的相对排名，若研究样本为非平衡面板，样本增加和样本丢失均可能影响样本分布的相关统计量，最终导致实证结果出现偏误。

包括家庭转移性支出、福利性支出、房贷支出等。本部分对家庭总支出以及各种类型支出均做对数处理。

(3) 主观幸福感类型变量。本部分选取个人幸福感作为最主要的主观幸福感类型变量。事实上,幸福感指标仅存在于个人问卷而非家庭问卷中,因此本部分通过加总个人幸福感取值再取平均的做法,得到每个家庭的幸福感指标。根据不同的生活情景,本部分还将主观幸福感分为工作满意度和生活满意度。

2. 核心解释变量。

本部分的核心解释变量为家庭面临的数字鸿沟程度,以此表示家庭数字不平等程度,其测算方法为:首先,构建家庭数字技能水平综合评价体系,见表5-2。主要包括三个维度:ICT 接入、ICT 使用和 ICT 获益,其中的相关指标均来源于CFPS 调查问卷中。其次,使用信息熵权法加权方法测度家庭数字技能水平总指数、家庭数字接入指数、家庭数字使用指数和家庭数字获益指数。最后,使用相对差距法测算家庭面临的数字鸿沟程度,包括家庭数字鸿沟总指数、一级数字鸿沟指数、二级数字鸿沟指数、三级数字鸿沟指数。

表5-2 家庭数字技能水平综合评价体系

| 家庭数字技能水平<br>(家庭数字鸿沟) | ICT 接入<br>(一级数字鸿沟) | 是否使用手机 |
| | | 是否上网(移动上网、电脑上网) |
| | | 是否收发过电子邮件 |
| | ICT 使用<br>(二级数字鸿沟) | 业余上网时间(小时/周) |
| | | 每周登邮箱几天(天/周) |
| | | 每月手机费(对数) |
| | | 互联网对你了解信息的重要性 |
| | | 手机短信对你了解信息的重要性 |
| | | 使用互联网社交的频率 |
| | | 使用互联网时社交的重要程度 |
| | | 使用互联网娱乐的频率 |
| | | 使用互联网时娱乐的重要程度 |
| | ICT 受益<br>(三级数字鸿沟) | 使用互联网学习的频率 |
| | | 使用互联网时学习的重要程度 |
| | | 使用互联网工作的频率 |
| | | 使用互联网时工作的重要程度 |
| | | 使用互联网时商业活动的频率 |
| | | 使用互联网时商业活动的重要程度 |

3. 其他控制变量。

本部分的基准控制变量包括家庭层面的控制变量和地区层面的控制变量。

（1）家庭层面的控制变量。主要包括户主性别（男＝1）、户主年龄平方（为控制尺度，将户主年龄平方值/100）、户主受教育水平（使用户主最高学历对应的受教育年限表征，即文盲＝0，小学＝6，初中＝9，高中＝12，大专＝15，大学本科＝16，硕士＝19，博士＝22）、户主婚姻（结婚＝1）、户主健康水平（自评健康程度）、户主政治面貌（党员＝1）、家庭规模（家庭总人口数）、家庭老人抚养比（家庭中60岁以上成员数占比）、家庭少儿抚养比（家庭中16岁以下成员数占比）。

（2）地区层面的控制变量。主要包括所在地级市的经济指标和教育指标，经济指标使用人均GDP来表征（取对数），教育指标使用普通高等学校在校学生数所占比重表征。

还需要说明的是，除以上基准控制变量外，为消除遗漏变量可能导致的内生性影响，还增加了部分控制变量，具体为在考察数字不平等对支出的影响时，还将家庭总收入对数值加入控制变量；在考察数字不平等对主观福利的影响时，还将家庭总收入、户主自评社会地位、户主宗教信仰（有宗教信仰＝1）加入控制变量。

## 三、主要变量的描述性统计

本部分将2014年、2016年、2018年的各类主要变量的描述性统计结果列于表5-3中，将分类型收入、支出、主观福利变量的描述性统计结果列于本书附录附表1中。从中可以看出，从2014年至2018年，家庭总收入呈现持续上升趋势，家庭总支出和幸福感呈现波动上行态势，表明我国居民物质生活水平和精神生活水平均在不断提高。对于家庭面临的数字鸿沟程度，数字鸿沟总指数呈现不断下降态势，表明居民家庭数字技能水平不断提升，居民间数字技能差异不断减小。

再从一级、二级、三级数字鸿沟分指数取值来看，有三级数字鸿沟＞二级数字鸿沟＞一级数字鸿沟，这表明数字技能的层级与居民对应数字技能差异程度成正比。在互联网基础设施覆盖不断完善的背景下，居民间互联网设备的接入差异已经较小，而对于利用互联网进行学习、工作、商业活动的这种高阶数字技能，不同居民间掌握程度的差异则较大。这在一定程度上表明了在继续加大数字基础设施建设、提高数字技术覆盖率的前提下，应注重高阶数字技能的培训，进一步挖掘数字技术提升居民物质水平和精神水平的潜力，增强数字技术的创收增益效应。但与此同时，可以明显看出，一级、二级、三级数字鸿沟的变动呈现缩小的态势，比如各数字鸿沟指数分别从 2014 年的 0.8001、0.8604 和 0.9012 减小至 2018 年的 0.7597、0.7634 和 0.8163。这充分表明随着数字经济的不断发展，数字技术的分享普惠效应不断显现，居民间不同层级的数字技能差异在不断缩小。

表5−3　　　居民部门数字不平等分析中主要变量的描述性统计结果

| 变量 | 2014 年 | | | 2016 年 | | | 2018 年 | | |
|---|---|---|---|---|---|---|---|---|---|
| | 均值 | 标准差 | 样本量 | 均值 | 标准差 | 样本量 | 均值 | 标准差 | 样本量 |
| 家庭总收入 | 9.6413 | 2.5577 | 8642 | 9.9734 | 2.1025 | 8642 | 10.3032 | 1.8877 | 8642 |
| 家庭总支出 | 10.4913 | 0.9490 | 8642 | 10.7190 | 0.9327 | 8642 | 10.6937 | 1.0557 | 8642 |
| 家庭幸福感 | 6.6884 | 2.2436 | 8642 | 6.1208 | 1.6370 | 8642 | 6.8487 | 2.0962 | 8642 |
| 数字鸿沟总指数 | 0.8611 | 0.1749 | 8642 | 0.8116 | 0.1925 | 8642 | 0.7855 | 0.1931 | 8642 |
| 一级数字鸿沟 | 0.8001 | 0.2299 | 8642 | 0.7636 | 0.2331 | 8642 | 0.7597 | 0.2211 | 8642 |
| 二级数字鸿沟 | 0.8604 | 0.1643 | 8642 | 0.8072 | 0.1788 | 8642 | 0.7634 | 0.1835 | 8642 |
| 三级数字鸿沟 | 0.9012 | 0.1598 | 8642 | 0.8556 | 0.1830 | 8642 | 0.8163 | 0.2038 | 8642 |
| 户主性别 | 0.5245 | 0.4994 | 8642 | 0.5170 | 0.4997 | 8642 | 0.5241 | 0.4994 | 8642 |
| 户主年龄平方 | 27.4111 | 13.3054 | 8642 | 28.1002 | 14.2980 | 8642 | 30.1562 | 14.6376 | 8642 |
| 户主受教育水平 | 6.4793 | 4.7465 | 8642 | 6.6864 | 4.8177 | 8642 | 7.0331 | 4.7660 | 8642 |
| 户主婚姻 | 0.8853 | 0.3186 | 8642 | 0.8610 | 0.3459 | 8642 | 0.8504 | 0.3567 | 8642 |
| 户主健康水平 | 2.8609 | 1.2341 | 8642 | 2.8010 | 1.2218 | 8642 | 2.7870 | 1.2286 | 8642 |
| 户主政治面貌 | 0.0927 | 0.2900 | 8642 | 0.0988 | 0.2984 | 8642 | 0.0045 | 0.0670 | 8642 |
| 家庭规模 | 2.9441 | 1.2684 | 8642 | 2.8434 | 1.2850 | 8642 | 2.9365 | 1.3691 | 8642 |
| 老人抚养比 | 0.0105 | 0.0544 | 8642 | 0.0100 | 0.0537 | 8642 | 0.0643 | 0.1331 | 8642 |
| 少儿抚养比 | 0.2685 | 0.3578 | 8642 | 0.2897 | 0.3686 | 8642 | 0.3245 | 0.3844 | 8642 |
| 户主宗教信仰 | 0.2815 | 0.4498 | 8642 | 0.1437 | 0.3508 | 8642 | 0.7578 | 0.4284 | 8642 |
| 户主社会地位 | 2.9695 | 1.0269 | 8642 | 2.8261 | 1.0941 | 8642 | 3.1468 | 1.1056 | 8642 |
| 地区经济水平 | 10.5703 | 0.6069 | 8642 | 10.6542 | 0.6082 | 8642 | 10.7744 | 0.6224 | 8642 |
| 地区教育水平 | 1.9109 | 2.5431 | 8642 | 2.0139 | 2.7440 | 8642 | 1.9869 | 2.5364 | 8642 |

　　此处还需要说明的是，由于相对差距法中选用的参考数值为样本最大值，即家庭数字鸿沟程度等于第 k 个家庭的数字技能水平与样本中最高数字技能水平的相对差值。而从本部分测算出的家庭数字技能水平的核密度函数图中可以看出（见图 5－1），样本呈现显著的右偏分布，即数字技能水平偏低的家庭较多，而数字技能水平较高的家庭较少，这也就导致了本部分使用相对差距法测度的数字鸿沟程度结果的数值可能偏高，但这并不影响不同家庭、不同时间维度上数字鸿沟程度的比较。

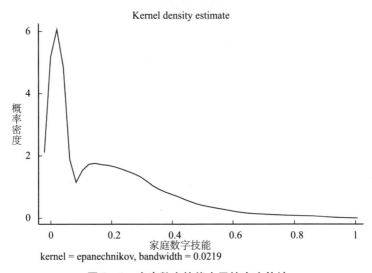

图 5－1　家庭数字技能水平核密度估计

## 第三节　居民部门数字不平等的影响因素分析

　　本部分重点考察影响家庭数字不平等的驱动因素，重点关注物质资本层面、人力资本层面、社会资本层面和地理因素层面。限于数据可得性，本部分选取潜在的影响因素包括：家庭收入、性别、年龄、受教育程度、健康水平、婚姻、政治面貌、家庭规模、家庭礼金支出、城乡差异、地区差异等。

### 一、基准回归结果

　　表 5－4 展示了基于 RIF－I－OLS 分解的家庭数字不平等影响因素分析的基

准结果，在基准回归中主要使用的是基尼指数分解的方法，并控制了村庄固定效应和年份固定效应。还需要说明的是，不同于因果识别的变量处理方法，在影响因素回归模型中，对于连续型变量，本部分未做进一步处理，仅对家庭收入和家庭礼金支出取对数。对于非连续型变量，本部分进一步做分组处理，并将其中一类组别作为对照组，比如在性别因素中，将男性作为对照组；在受教育水平因素中，将文盲作为对照组；在健康水平因素中，将不健康作为对照组；在婚姻因素中，将未婚作为对照组；在政治面貌因素中，将非党员作为对照组；在城乡差异因素中，将城市作为对照组；在地区差异因素中，将东部地区作为对照组。从结果中可以看出以下几点。

表 5 - 4　基于 RIF - I - OLS 分解的家庭数字不平等影响因素分析结果（GINI 指数分解）

| 变量 | (1) | (2) | (3) | (4) |
|---|---|---|---|---|
| | 数字不平等 | 数字接入不平等 | 数字使用不平等 | 数字获益不平等 |
| 家庭收入 | - 0. 0068 *** <br> (0. 0008) | - 0. 0054 *** <br> (0. 0007) | - 0. 0072 *** <br> (0. 0008) | - 0. 0085 *** <br> (0. 0009) |
| 女性 | - 0. 0185 *** <br> (0. 0036) | - 0. 0140 *** <br> (0. 0032) | - 0. 0155 *** <br> (0. 0034) | - 0. 0194 *** <br> (0. 0040) |
| 年龄 | 0. 0057 *** <br> (0. 0002) | 0. 0046 *** <br> (0. 0001) | 0. 0059 *** <br> (0. 0001) | 0. 0064 *** <br> (0. 0002) |
| 小学 | - 0. 0342 *** <br> (0. 0047) | - 0. 0336 *** <br> (0. 0041) | - 0. 0331 *** <br> (0. 0046) | - 0. 0230 *** <br> (0. 0053) |
| 初中 | - 0. 0795 *** <br> (0. 0049) | - 0. 0685 *** <br> (0. 0043) | - 0. 0698 *** <br> (0. 0047) | - 0. 0747 *** <br> (0. 0056) |
| 高中及以上 | - 0. 0727 *** <br> (0. 0061) | - 0. 0417 *** <br> (0. 0055) | - 0. 0785 *** <br> (0. 0057) | - 0. 1092 *** <br> (0. 0070) |
| 非常健康 | - 0. 0164 *** <br> (0. 0061) | - 0. 0133 ** <br> (0. 0055) | - 0. 0168 *** <br> (0. 0059) | - 0. 0163 ** <br> (0. 0071) |
| 很健康 | - 0. 0101 * <br> (0. 0057) | - 0. 0065 <br> (0. 0051) | - 0. 0103 * <br> (0. 0055) | - 0. 0125 * <br> (0. 0066) |
| 比较健康 | - 0. 0141 *** <br> (0. 0046) | - 0. 0097 ** <br> (0. 0041) | - 0. 0163 *** <br> (0. 0044) | - 0. 0148 *** <br> (0. 0052) |

续表

| 变量 | (1) | (2) | (3) | (4) |
|---|---|---|---|---|
| | 数字不平等 | 数字接入不平等 | 数字使用不平等 | 数字获益不平等 |
| 一般健康 | −0.0116 ** <br> (0.0053) | −0.0163 *** <br> (0.0047) | −0.0103 ** <br> (0.0051) | −0.0038 <br> (0.0060) |
| 已婚 | −0.0091 <br> (0.0090) | −0.0136 <br> (0.0085) | −0.0142 * <br> (0.0085) | −0.0029 <br> (0.0099) |
| 离异 | −0.0346 ** <br> (0.0143) | −0.0243 * <br> (0.0138) | −0.0333 *** <br> (0.0129) | −0.0229 <br> (0.0157) |
| 丧偶 | −0.0824 *** <br> (0.0109) | −0.0627 *** <br> (0.0102) | −0.0815 *** <br> (0.0104) | −0.0906 *** <br> (0.0121) |
| 党员 | −0.0085 <br> (0.0070) | 0.0039 <br> (0.0068) | −0.0138 ** <br> (0.0066) | −0.0268 *** <br> (0.0078) |
| 家庭规模 | −0.0682 *** <br> (0.0014) | −0.0554 *** <br> (0.0013) | −0.0690 *** <br> (0.0014) | −0.0758 *** <br> (0.0016) |
| 家庭礼金支出 | −0.0064 *** <br> (0.0006) | −0.0053 *** <br> (0.0006) | −0.0065 *** <br> (0.0006) | −0.0068 *** <br> (0.0007) |
| 农村地区 | 0.0081 <br> (0.0064) | 0.0015 <br> (0.0059) | 0.0042 <br> (0.0060) | 0.0190 *** <br> (0.0073) |
| 中部地区 | −0.0253 <br> (0.0329) | −0.0548 * <br> (0.0303) | 0.0002 <br> (0.0292) | −0.0439 <br> (0.0376) |
| 西部地区 | 0.0829 * <br> (0.0498) | 0.0476 <br> (0.0464) | 0.0817 * <br> (0.0436) | 0.0797 <br> (0.0524) |
| 东北地区 | −0.0599 <br> (0.0518) | −0.0729 <br> (0.0459) | 0.0374 <br> (0.0470) | −0.0534 <br> (0.0583) |
| 常数项 | 0.6299 *** <br> (0.0280) | 0.6153 *** <br> (0.0259) | 0.5702 *** <br> (0.0254) | 0.7403 *** <br> (0.0310) |
| 村庄固定效应 | 是 | 是 | 是 | 是 |
| 年份固定效应 | 是 | 是 | 是 | 是 |
| 样本量 | 25926 | 25926 | 25926 | 25926 |
| $R^2$ | 0.3433 | 0.2968 | 0.3710 | 0.3493 |

注：*、**、*** 分别表示在 10%、5%、1% 的水平下显著；括号内为稳健性标准误。

首先，在物质资本方面。家庭收入的提升能够显著降低收入较低和收入较高两类人群的数字技能差异，可能的原因是收入对于数字技能变动的影响存在边际效用递减效应，对于低收入群体，收入对其数字技能水平提升的促进作用更加显著，因此两类群体的数字技能差距在不断缩小。其中，对于不同层级的数字技能，收入因素对各类数字技能差异的负向作用也不同，总体上看数字技能的层级越高，收入增加对相应数字技能差异的负向效应越大。可能的原因是伴随我国数字基础设施的不断完善，数字智能设备的逐渐普及，居民部门内部的一级数字鸿沟在逐渐弥合，收入增加对层级较低的数字技能差异的负向作用程度相对较小，而数字技能使用，以及利用数字技能获益的高阶数字技能差异变动则对收入变动更为敏感。

其次，在人力资本方面。（1）女性群体中的数字技能使用差异则相对较小。可能的原因在于，家庭中的男性更倾向于从事任务类型工作，而女性的工作地点和工作时间则更为灵活，即女性更倾向于使用数字化技能增加就业机会或增添就业选择，如开网店、从事网络主播等，因此在女性群体中的数字技能差异则相对较小，并且对于更高层级数字技能，女性群体中对应的数字技能差异更小。（2）年龄差距越大，群体间数字技能使用的差异也越大。这表明年龄越大越容易处于数字鸿沟中较为弱势的一端，这可能与老年人受教育整体水平偏低、对新事物接受速度较慢、接受意愿不强、接受能力较弱等原因相关，并且对于更高层级数字技能，老年人在其中所处的弱势地位更明显。（3）受教育程度与数字技能差异呈现明显的线性负相关关系，并且受教育水平越高，其负相关程度越大。这表明掌握知识、接受教育能够缩小群体内部的数字技能差异，受教育水平越高，群体内部数字技能差异的程度越小，并且教育因素对高层级的数字技能差异的负向效应更显著，这种影响尤其体现在受教育水平较高的群体中（高中及以上）。（4）健康水平与数字技能差异呈现明显的线性负相关关系，即健康群体中，居民的数字技能差异更小。这表明在不健康群体中，居民更倾向于花费时间和物质成本在提升自身健康水平上，而健康群体中，居民学习数字技能的成本更小，因此其群体内部的数字技能差异也更小。此外，健康因素对数字技能差异的影响与对应数字技能的层级相关性较小。

再次，在社会资本方面。（1）婚姻因素与数字技能差异呈现的线性负相关关系多集于离异和丧偶群体中，即离异和丧偶群体中数字技能使用差异较小，而已婚群体中不同个体间数字技能使用差距并不显著。可能的原因在于离异和丧偶群体更倾向于使用智能设备拓展交友范围，扩大社交网络，因此群体内部间的数字技能差异更小。此外，离异和丧偶群体中的数字接入和数字使用差异相对于数字获益差异更小，这进一步印证了相应群体主要利用数字智能设备，使用相对简单的数字技术，如网上聊天等拓展社会网络，而较少运用到更高层级的数字技术。（2）不同规模家庭间的数字技能使用差异在显著缩小，可能的原因是不同规模的家庭中掌握数字技能的成员通过家庭纽带关系带动其他成员数字技能的提高，又由于数字技术具有分享普惠等特征，掌握数字技能的成本较小，门槛较低，因此群体间的数字技能差异也逐渐减小。（3）家庭礼金支出表征家庭外社会关系的连结程度，家庭礼金支出越多，对应家庭的社会关系网络越复杂。从结果中可以看出，家庭社会网络越复杂，群体间的数字技能差异越小，这表明居民通过与其他成员的连结能够沟通交流，相互学习，缩小彼此之间的数字技能差距。

最后，在地理因素方面。（1）农村地区内部居民间数字技能差异较大，但并不显著，尤其体现在数字技术的接入和使用两个维度上，这表明伴随我国"宽带中国"等战略的实施，农村地区数字基础设施也在不断完善，相应成员在数字技术覆盖、数字智能设备使用等方面差异并不显著。但对于数字获益维度，农村地区内部相应数字技能差异显著，这表明对于较为高阶的数字技能，如利用互联网工作、学习、创业等增加自身效用，在农村地区不同群体间差异更加显著。（2）西部地区内部数字技能差异较大，尤其体现在数字技术使用维度上，这表明在西部地区数字基础设施趋于完善，基本跨越一级数字鸿沟，但对于数字技术使用相关的技能差异仍较大；中部地区总体上内部数字技能差异较小，尤其体现在数字技术接入维度上，这也归因于互联网覆盖率的不断提升与相应基础设施的日趋完善。

## 二、影响因素的分样本回归结果

为了考察数字不平等影响因素的动态变动，本部分对每一年的数据分别进行实证检验，考察维度包括数字不平等总指标的影响因素变动以及数字接入、使用、获益不平等指标的影响因素变动。

首先，数字不平等总指标的影响因素变动结果见表 5 – 5。从结果中可以看出：（1）家庭收入增加对数字技能差异的弥合效应在不断增强。可能的原因在于伴随数字技术的不断发展，尤其是人工智能、电子商务、物联网、大数据等新型数字技术的出现与普及，数字产品的使用成本和数字化社会的参与成本在不断下降，而这种使用成本与收入对居民数字技能差异的弥合程度成反比。（2）女性群体内部数字技能差异程度与男性群体内部数字技能差异程度的差值在不断缩小，即女性群体内部数字技能差异的缩小程度下降。可能的原因在于：一方面，我国女性社会地位在不断提升，更多女性劳动力参与任务型工作，女性劳动保障相关法律在不断完善；另一方面，我国部分男性劳动力也进入灵活就业群体中，尤其是进入与互联网相关的灵活就业群体中，比如网约车司机、快递员、外卖员、网络主播等。（3）年龄因素与居民内部数字技能差异程度的正向关系在不断扩大。可能的原因是老年人原本处于数字鸿沟的弱势端，在更多新型数字技术出现后，由于缺乏基础的数字技能，老年人与年轻人间的数字技能差距可能会进一步拉大。（4）教育因素与居民内部数字技能差异程度的负向关系在增加。这表明受教育程度的提升对数字技能差异的弥合程度在扩大，在新型数字技术出现后，受教育水平高更有利于对应数字技能的获得，进而缩小相应的数字技能差距。（5）健康因素对居民内部数字技能差异的负向关系主要体现在 2014 年和 2016 年。可能的原因是数字技术快速发展与升级使得健康程度一般或较差的人也能够便捷参与数字化社会，比如使用网络医疗进行在线问诊等，这使得健康程度一般或较差的群体内部数字技能差异也在不断缩小，并吸收了健康群体中的部分显著性。（6）离异和丧偶群体中数字技能差异不断缩小，这可能与对应群体不断拓展交友范围、扩大社会网络相关。同样不同规模家庭的数字技能差距也在缩小，这也与家庭成员之间相互学习和信息交流、分享有关。（7）家庭礼金支出与数字技能差距负相关，并且负相关程度不断增加，这表明家庭与社会的连结程度越大，信息分享和技能学习的频率越高，面对新型数字技术的不断出现，居民对相应数字技术的需求度在不断增加，比如网络购物、快递外卖等，增进与社会中其他成员的信息交流能够更大程度上缩小群体内部数字技能的差距。（8）分年份来看，城乡因素和地区因素对数字技能差异的影响并不显著，可能的原因是这种显著性多归因于时间维度的变化上。但是从结果中可以看出，对于相对弱势的地区而言，比如农村地区、西部地区等，其各年份对应的系数依然为正，这表明这些地区内部居民间数字技能差异依然较大。

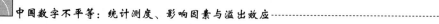

表 5 – 5 　　　基于 RIF – I – OLS 分解的分时段回归结果（数字不平等总指标）

| 变量 | 数字不平等 | | |
| --- | --- | --- | --- |
| | （1） | （2） | （3） |
| | 2014 年 | 2016 年 | 2018 年 |
| 家庭收入 | - 0.0029 ** (0.0011) | - 0.0084 *** (0.0016) | - 0.0145 *** (0.0018) |
| 女性 | - 0.0265 *** (0.0059) | - 0.0131 ** (0.0065) | - 0.0120 * (0.0063) |
| 年龄 | 0.0041 *** (0.0003) | 0.0069 *** (0.0003) | 0.0063 *** (0.0003) |
| 小学 | - 0.0310 *** (0.0071) | - 0.0331 *** (0.0084) | - 0.0347 *** (0.0087) |
| 初中 | - 0.0751 *** (0.0077) | - 0.0841 *** (0.0088) | - 0.0794 *** (0.0090) |
| 高中及以上 | - 0.0639 *** (0.0099) | - 0.0663 *** (0.0109) | - 0.0729 *** (0.0107) |
| 非常健康 | - 0.0049 (0.0102) | - 0.0372 *** (0.0115) | - 0.0096 (0.0107) |
| 很健康 | - 0.0015 (0.0089) | - 0.0278 *** (0.0107) | - 0.0114 (0.0111) |
| 比较健康 | - 0.0106 (0.0074) | - 0.0186 ** (0.0086) | - 0.0129 (0.0081) |
| 一般健康 | - 0.0171 ** (0.0087) | - 0.0143 (0.0094) | - 0.0098 (0.0100) |
| 已婚 | 0.0029 (0.0154) | 0.0002 (0.0160) | - 0.0320 ** (0.0159) |
| 离异 | - 0.0490 ** (0.0249) | - 0.0133 (0.0250) | - 0.0515 ** (0.0241) |
| 丧偶 | - 0.0721 *** (0.0182) | - 0.0901 *** (0.0196) | - 0.0984 *** (0.0190) |
| 党员 | - 0.0206 ** (0.0100) | 0.0151 (0.0108) | 0.0771 (0.0505) |

续表

| 变量 | 数字不平等 | | |
|---|---|---|---|
| | （1） | （2） | （3） |
| | 2014 年 | 2016 年 | 2018 年 |
| 家庭规模 | − 0.0757 ***<br>（0.0024） | − 0.0732 ***<br>（0.0026） | − 0.0585 ***<br>（0.0024） |
| 家庭礼金支出 | − 0.0036 ***<br>（0.0010） | − 0.0065 ***<br>（0.0013） | − 0.0080 ***<br>（0.0012） |
| 农村地区 | 0.0085<br>（0.0115） | 0.0145<br>（0.0116） | 0.0064<br>（0.0108） |
| 中部地区 | 0.0006<br>（0.0565） | − 0.0390<br>（0.0598） | − 0.0431<br>（0.0553） |
| 西部地区 | 0.1226<br>（0.0968） | 0.0840<br>（0.0865） | 0.0506<br>（0.0859） |
| 东北地区 | 0.0071<br>（0.0899） | − 0.1260<br>（0.0927） | − 0.0938<br>（0.0767） |
| 常数项 | 0.7053 ***<br>（0.0501） | 0.5900 ***<br>（0.0501） | 0.6353 ***<br>（0.0497） |
| 村庄固定效应 | 是 | 是 | 是 |
| 样本量 | 8338 | 8338 | 8338 |
| $R^2$ | 0.3300 | 0.3527 | 0.3535 |

注：*、**、*** 分别表示在 10%、5%、1% 的水平下显著；括号内为稳健性标准误。

其次，数字接入、使用、获益不平等指标的影响因素变动见本书附录附表2至附表4。从结果中可以看出：（1）收入因素方面，家庭收入的增加能够显著缩小不同类型的数字不平等。从系数变动上可以看出，随着年份的增加，收入增加对各种数字不平等的弥合效应不断增强，这与数字技术覆盖率不断升高，居民对数字技术的可及性不断增加，数字产品的价格与成本不断下降相关。此外，横向对比来看，在不同年份，家庭收入增加对数字获益不平等的弥合程度更大，这与基准回归（全样本回归）结果保持一致，可能的原因是由于数字获益不平等对应的数字技能等级最高，初始条件下居民的高级数字技能鸿沟更大，大于数字技术接入沟和使用沟，根据边际效用递减原理，收入增加对获益沟的弥合效应更大。（2）性别因素方面，女性群体中的数字使用和获益差距在每一年份都较小，而其数字接入差距仅在前两年较小，而在最后一年不显著，表明性别因素对数字接入不平等的影响在减弱，可能的原因在于男性部分群体也在逐渐接触互联网，但其提升的数字技能相对低端，因此男性群体中数字接入差距和女性群体中数字接入差距之间的差异逐渐变得不显著。（3）年龄因素方面，对于每一年份，年龄差距越大均会增加各种类型的数字不平等程度，即老年人在数字技术接入、使用、获益等各个维度均处于弱势地位，从横向对比的系数上看，老年人在数字技术获益等更高层级的数字技术使用方面更加处于弱势地位。（4）教育因素方面，对于每一年份，教育水平增加均会缩小群体内部的数字技能差距，但对不同类型数字不平等弥合程度的大小却体现出异质性，比如受教育程度为初中的群体中对数字接入不平等的弥合作用更大，而受教育程度为高中及以上的群体中对数字使用、获益不平等的弥合作用更大，这可能也与数字技能的层级有关，即数字技术接入对居民受教育水平要求并不高，而数字技术使用和数字技术获益则对居民受教育水平要求较高。（5）健康因素方面，分年份来看，除 2016 年健康群体在数字接入和数字使用上差距较小外，其他年份中健康群体在不同类型的数字不平等中并未表现出较大差异，尤其体现在最后一年，这可以看出总体上健康因素对收入不平等的影响越来越小，可能的原因是数字技术快速发展与升级使得越来越多健康程度较差的人对数字技术的可及性越来越高。（6）婚姻因素方面，各年份中离异和丧偶群体中各种类型数字不平等的差异更小，并且更多体现在丧偶群体中，这与基准回归也基本保持一致，表明交友范围的增加和社会关系的增强对数字不平等一直存在显著的弥合效应。（7）家庭规模方面，各年份中家庭规模增加对各种类型数字不平等也存在显著的弥合效应，与基准回归保持一致，表明家庭内部的交流与信息分享有助于数字技能差距的缩小。（8）家庭礼金支出方面，各年份中家庭礼金支出数量越高，各种类型数字不平等程度越小，并且随着年份增加，家庭与外界的连结程度越高，社会网络密度越大，对数字不平等的弥合效应越强。从系数大小上看，这种弥合效应更多体现在数字技术获益不平等维度上，可能的原因在于数字技术的快速发展，尤其是新型数字技术的出现与普及更加紧密地将社会中各成员相连，获取、使用并利用数字技术获益的成本进一步降低，社会资本较高的家庭越来越容易获取并学习数字技能，并进一步缩小群体内数字技能的差异。（9）城乡差异和地区差异方面，对于数字技术接入和使用不平等，各年份农村地区内部群体间的对应数字技能差异不明显，可能的原因在于农村地区的数字基础设施在不断完善，农村居民对数字产品的可及性和使用频率均在不断提高，农村与城市内部数字技能使用差距的差异不再显著。而对于数字技术获益不平等，农村地区内部的数字技能差异较大，可能的原因在于对较高层级的数字技能，农村地区内部不同居民间的掌握程度差异较大。此外，不同类型的数字技能差距在不同地区内部差异不再显著，这也可能与数字基础设施不断完善、数字产品不断普及、数字技术的可及性和覆盖率不断提高有关。

## 三、稳健性检验

本部分试图从两个维度对结果进行检验，进一步验证影响因素分析结果的稳健性。

### （一）替换分解指标的方法

基准回归主要对基尼指数进行分解，但作为样本统计量的一种，不平等指标构造方法可能会影响到估计结果，为此本部分使用泰尔 L 指数、泰尔 T 指数、阿特金森指数、90～10 分位数差距值分别对基尼指数进行替代，重新进行 RIF－I－OLS 回归，结果见表 5－6。结果发现，除地理因素中的部分结果外，其余绝大部分实证结果与基准回归保持一致，主要结论为：家庭收入的提升能够缩小不同收入水平群体间数字技能差距；女性群体中数字技能差异更小；老年人更容易处于数字鸿沟中的弱势端；受教育水平的提升能够缩小数字技能差距；健康水平的提升能够缩小数字技能差距；离异和丧偶群体中数字技能差异更小；不同规模的家庭间数字技能差距在缩小；社会网络密度越大，群体间数字技能差距越小。

表 5－6　基于 RIF－I－OLS 分解的家庭数字不平等影响因素分析结果（其他指数分解）

| 变量 | 数字不平等 | | | |
|---|---|---|---|---|
| | （1） | （2） | （3） | （4） |
| | 泰尔 L 指数 | 泰尔 T 指数 | 阿特金森指数 | 90～10 分位数差距值 |
| 家庭收入 | － 0. 0166 *** <br>（0. 0022） | － 0. 0135 *** <br>（0. 0016） | － 0. 0075 *** <br>（0. 0010） | － 2. 0804 *** <br>（0. 3406） |

续表

| 变量 | 数字不平等 | | | |
|---|---|---|---|---|
| | (1) | (2) | (3) | (4) |
| | 泰尔 L 指数 | 泰尔 T 指数 | 阿特金森指数 | 90～10 分位数差距值 |
| 女性 | -0.0302 *** (0.0093) | -0.0352 *** (0.0069) | -0.0136 *** (0.0042) | -3.6631 *** (1.4132) |
| 年龄 | 0.0153 *** (0.0004) | 0.0116 *** (0.0003) | 0.0069 *** (0.0002) | 1.5762 *** (0.0670) |
| 小学 | -0.1231 *** (0.0131) | -0.0676 *** (0.0091) | -0.0554 *** (0.0059) | -16.9982 *** (2.2111) |
| 初中 | -0.2037 *** (0.0131) | -0.1543 *** (0.0095) | -0.0916 *** (0.0059) | -22.2233 *** (2.1222) |
| 高中及以上 | -0.1137 *** (0.0157) | -0.1430 *** (0.0117) | -0.0511 *** (0.0071) | -8.5495 *** (2.4123) |
| 非常健康 | -0.0343 ** (0.0162) | -0.0310 *** (0.0119) | -0.0154 ** (0.0073) | -3.5656 (2.5432) |
| 很健康 | -0.0146 (0.0155) | -0.0193 * (0.0111) | -0.0066 (0.0070) | 0.7642 (2.5148) |
| 比较健康 | -0.0255 ** (0.0127) | -0.0277 *** (0.0089) | -0.0115 ** (0.0057) | -0.3251 (2.0842) |
| 一般健康 | -0.0438 *** (0.0145) | -0.0230 ** (0.0102) | -0.0197 *** (0.0065) | -6.3861 *** (2.3572) |
| 已婚 | -0.0928 *** (0.0245) | -0.0243 (0.0175) | -0.0418 *** (0.0110) | -8.8838 ** (3.5290) |
| 离异 | -0.1651 *** (0.0362) | -0.0748 *** (0.0275) | -0.0743 *** (0.0163) | -27.3303 *** (5.2115) |
| 丧偶 | -0.1984 *** (0.0315) | -0.1657 *** (0.0212) | -0.0893 *** (0.0142) | -37.1298 *** (4.7229) |
| 党员 | -0.0057 (0.0183) | -0.0175 (0.0136) | -0.0026 (0.0082) | 4.2888 (3.0118) |

续表

| 变量 | 数字不平等 | | | |
| --- | --- | --- | --- | --- |
| | (1) | (2) | (3) | (4) |
| | 泰尔 L 指数 | 泰尔 T 指数 | 阿特金森指数 | 90~10 分位数差距值 |
| 家庭规模 | -0.1747 *** <br> (0.0037) | -0.1363 *** <br> (0.0027) | -0.0786 *** <br> (0.0016) | -10.0285 *** <br> (0.5223) |
| 家庭礼金支出 | -0.0207 *** <br> (0.0019) | -0.0131 *** <br> (0.0012) | -0.0093 *** <br> (0.0008) | -2.5426 *** <br> (0.3051) |
| 农村地区 | -0.0029 <br> (0.0166) | 0.0146 <br> (0.0123) | -0.0013 <br> (0.0075) | 0.4572 <br> (2.5213) |
| 中部地区 | -0.0257 <br> (0.0766) | -0.0482 <br> (0.0629) | -0.0115 <br> (0.0345) | 4.2520 <br> (9.6102) |
| 西部地区 | 0.1346 <br> (0.1246) | 0.1602 <br> (0.0977) | 0.0606 <br> (0.0561) | -17.7235 <br> (12.3481) |
| 东北地区 | 0.0059 <br> (0.1412) | -0.0892 <br> (0.0985) | 0.0026 <br> (0.0635) | -6.9910 <br> (17.1116) |
| 常数项 | 1.0408 *** <br> (0.0714) | 0.6757 *** <br> (0.0540) | 0.6590 *** <br> (0.0321) | 51.3511 *** <br> (9.1555) |
| 村庄固定效应 | 是 | 是 | 是 | 是 |
| 年份固定效应 | 是 | 是 | 是 | 是 |
| 样本量 | 25913 | 25913 | 25913 | 25926 |
| $R^2$ | 0.3176 | 0.3554 | 0.3176 | 0.1567 |

注：*、**、*** 分别表示在 10%、5%、1% 的水平下显著；括号内为稳健性标准误。

### （二）替换分解方式的方法

该检验方法也可以看成替换被解释变量的方法。本部分使用用相对差距法测算的数字鸿沟指数作为数字不平等指标的替代，进一步对实证结果进行检验。从理论上看，数字鸿沟指数通过使用相对差距法依据样本分布测算得到，数字鸿沟指数越大，则家庭越偏向于数字不平等的弱势端，因此与 RIF 分解得到的不平等指标建立一一对应关系，相应的，一级、二级、三级数字鸿沟指数分别对应数字接入、使用、获益的不平等程度。除性别因素和地区因素外，基于相对差距法的家庭数字不平等影响因素分析的绝大部分结果与基准结果保持一致，结果见表5-7。主要结论为：家庭收入提升能够缩小不同收入水平群体间的数字技能差异；老年人更偏向于落入数字鸿沟的弱势端；受教育水平提升能够缩小群体间的数字技能差距；健康水平提升能够缩小群体间数字技能差距；离异和丧偶群体中数字技能差距更小；党员群体中的数字技能差距更小；不同规模家庭的数字技能差异在不断缩小；社会连结程度增加能够显著缩小群体间的数字技能差异；农村地区内部数字技能差异程度较大。

表5-7　　　　基于相对差距法的家庭数字不平等影响因素分析结果

| 变量 | (1) | (2) | (3) | (4) |
|---|---|---|---|---|
| | 数字鸿沟总指数 | 一级数字鸿沟指数 | 二级数字鸿沟指数 | 三级数字鸿沟指数 |
| 家庭收入 | -0.0059 *** <br> (0.0005) | -0.0065 *** <br> (0.0006) | -0.0056 *** <br> (0.0004) | -0.0054 *** <br> (0.0005) |
| 女性 | -0.0032 <br> (0.0021) | -0.0059 ** <br> (0.0026) | -0.0047 ** <br> (0.0020) | -0.0006 <br> (0.0021) |
| 年龄 | 0.0042 *** <br> (0.0001) | 0.0047 *** <br> (0.0001) | 0.0044 *** <br> (0.0001) | 0.0037 *** <br> (0.0001) |
| 小学 | -0.0021 <br> (0.0023) | -0.0048 * <br> (0.0028) | -0.0086 *** <br> (0.0023) | 0.0032 <br> (0.0022) |
| 初中 | -0.0259 *** <br> (0.0025) | -0.0319 *** <br> (0.0032) | -0.0332 *** <br> (0.0025) | -0.0174 *** <br> (0.0026) |
| 高中及以上 | -0.0997 *** <br> (0.0035) | -0.1188 *** <br> (0.0045) | -0.0800 *** <br> (0.0033) | -0.0958 *** <br> (0.0036) |
| 非常健康 | -0.0036 <br> (0.0033) | -0.0004 <br> (0.0041) | -0.0042 <br> (0.0033) | -0.0049 <br> (0.0034) |
| 很健康 | -0.0040 <br> (0.0031) | -0.0020 <br> (0.0039) | -0.0054 * <br> (0.0030) | -0.0043 <br> (0.0031) |
| 比较健康 | -0.0088 *** <br> (0.0025) | -0.0095 *** <br> (0.0031) | -0.0086 *** <br> (0.0024) | -0.0081 *** <br> (0.0025) |
| 一般健康 | 0.0040 <br> (0.0028) | 0.0062 * <br> (0.0035) | 0.0024 <br> (0.0027) | 0.0034 <br> (0.0028) |

续表

| 变量 | （1） | （2） | （3） | （4） |
|---|---|---|---|---|
| | 数字鸿沟总指数 | 一级数字鸿沟指数 | 二级数字鸿沟指数 | 三级数字鸿沟指数 |
| 已婚 | -0.0100 * (0.0055) | -0.0054 (0.0068) | -0.0132 ** (0.0053) | -0.0112 * (0.0058) |
| 离异 | -0.0343 *** (0.0092) | -0.0309 *** (0.0118) | -0.0382 *** (0.0088) | -0.0340 *** (0.0097) |
| 丧偶 | -0.0565 *** (0.0065) | -0.0613 *** (0.0081) | -0.0633 *** (0.0063) | -0.0481 *** (0.0067) |
| 党员 | -0.0196 *** (0.0042) | -0.0243 *** (0.0055) | -0.0099 *** (0.0038) | -0.0214 *** (0.0042) |
| 家庭规模 | -0.0160 *** (0.0008) | -0.0183 *** (0.0010) | -0.0171 *** (0.0008) | -0.0135 *** (0.0008) |
| 家庭礼金支出 | -0.0041 *** (0.0003) | -0.0051 *** (0.0004) | -0.0039 *** (0.0003) | -0.0036 *** (0.0003) |
| 农村地区 | 0.0167 *** (0.0040) | 0.0219 *** (0.0051) | 0.0161 *** (0.0037) | 0.0135 *** (0.0041) |
| 中部地区 | 0.0018 (0.0224) | 0.0463 * (0.0274) | 0.0014 (0.0197) | -0.0262 (0.0237) |
| 西部地区 | 0.0391 (0.0332) | 0.0900 ** (0.0377) | 0.0448 (0.0283) | 0.0028 (0.0359) |
| 东北地区 | 0.0416 (0.0274) | 0.0904 *** (0.0348) | 0.0187 (0.0297) | 0.0226 (0.0318) |
| 常数项 | 0.7620 *** (0.0195) | 0.6598 *** (0.0244) | 0.7655 *** (0.0172) | 0.8300 *** (0.0201) |
| 村庄固定效应 | 是 | 是 | 是 | 是 |
| 年份固定效应 | 是 | 是 | 是 | 是 |
| 样本量 | 25926 | 25926 | 25926 | 25926 |
| $R^2$ | 0.4810 | 0.4373 | 0.4698 | 0.4411 |

注：*、**、***分别表示在10%、5%、1%的水平下显著；括号内为稳健性标准误。

# 第四节  数字不平等、社会参与和居民收入

## 一、数字不平等对居民收入的影响

表 5 - 8 中展示了数字不平等对家庭收入的影响结果，其中列（1）至列（4）分别为将数字不平等总指数、数字接入不平等指数、数字使用不平等指数、数字获益不平等指数作为核心解释变量的回归结果。首先，数字不平等总指数对家庭收入的影响显著为负，数字不平等总指数增加 1 个单位，家庭收入对数值下降 0.9249 个单位，这表明居民数字技能越处于劣势地位，其家庭收入水平越低。此外，不同类型数字不平等对家庭收入的影响均显著为负，这表明在不同层级的数字技能中处于劣势地位均会显著降低对应家庭的收入水平，并且数字使用和获益不平等对家庭收入的负向影响显著大于数字接入不平等，可能的原因在于：一是伴随数字技术的不断发展，数字基础设施的不断完善，居民间一级数字鸿沟已经变得较小，不再是限制居民家庭收入的主要因素；二是新型数字技术的不断出现和普及，越高阶的数字技能越能够拓展收入渠道，增加收入来源，提升收入水平，缺乏高阶数字技能可能对居民收入水平提升的限制更大。

表 5 - 8                      数字不平等对家庭收入的基准回归结果

| 变量 | 家庭收入 | | | |
|---|---|---|---|---|
| | （1） | （2） | （3） | （4） |
| 数字不平等 | - 0.9249 *** <br>（0.1605） | | | |
| 数字接入不平等 | | - 0.4883 *** <br>（0.1267） | | |
| 数字使用不平等 | | | - 0.8714 *** <br>（0.1722） | |

续表

| 变量 | 家庭收入 | | | |
|---|---|---|---|---|
| | （1） | （2） | （3） | （4） |
| 数字获益不平等 | | | | − 0. 8504 ***<br>（0. 1319） |
| 户主性别 | 0. 1322 ***<br>（0. 0407） | 0. 1349 ***<br>（0. 0408） | 0. 1337 ***<br>（0. 0406） | 0. 1318 ***<br>（0. 0407） |
| 户主年龄平方 | 0. 0030<br>（0. 0024） | 0. 0024<br>（0. 0024） | 0. 0029<br>（0. 0025） | 0. 0027<br>（0. 0024） |
| 户主受教育水平 | 0. 0115 *<br>（0. 0069） | 0. 0117 *<br>（0. 0069） | 0. 0116 *<br>（0. 0069） | 0. 0116 *<br>（0. 0068） |
| 户主婚姻 | 0. 0709<br>（0. 0681） | 0. 0684<br>（0. 0683） | 0. 0707<br>（0. 0685） | 0. 0639<br>（0. 0680） |
| 户主健康水平 | − 0. 0008<br>（0. 0150） | 0. 0001<br>（0. 0150） | − 0. 0013<br>（0. 0149） | − 0. 0006<br>（0. 0150） |
| 户主政治面貌 | 0. 0496<br>（0. 0590） | 0. 0462<br>（0. 0590） | 0. 0550<br>（0. 0589） | 0. 0483<br>（0. 0593） |
| 家庭规模 | 0. 2836 ***<br>（0. 0222） | 0. 2869 ***<br>（0. 0223） | 0. 2833 ***<br>（0. 0221） | 0. 2855 ***<br>（0. 0223） |
| 家庭老人抚养比 | − 0. 7192 ***<br>（0. 1668） | − 0. 7181 ***<br>（0. 1678） | − 0. 7467 ***<br>（0. 1681） | − 0. 7109 ***<br>（0. 1667） |
| 家庭少儿抚养比 | − 0. 1071<br>（0. 0985） | − 0. 1343<br>（0. 0983） | − 0. 1110<br>（0. 0972） | − 0. 1131<br>（0. 0990） |
| 地区经济水平 | 0. 5334 **<br>（0. 2262） | 0. 5360 **<br>（0. 2254） | 0. 5440 **<br>（0. 2233） | 0. 5292 **<br>（0. 2271） |
| 地区教育水平 | 0. 0363<br>（0. 0492） | 0. 0391<br>（0. 0497） | 0. 0348<br>（0. 0491） | 0. 0368<br>（0. 0489） |
| 家庭固定效应 | 是 | 是 | 是 | 是 |
| 年份固定效应 | 是 | 是 | 是 | 是 |
| 样本量 | 25926 | 25926 | 25926 | 25926 |
| $R^2$ | 0. 0542 | 0. 0529 | 0. 0541 | 0. 0542 |

注：*、**、*** 分别表示在 10%、5%、1% 的水平下显著；括号内为稳健性标准误。

其次，不同类型数字不平等指数对收入影响的控制变量结果与数字不平等总指数基本保持一致。从控制变量的结果来看：（1）相对于户主为女性，户主为男性的家庭收入相对更高，这可能与男性从事工作类型以及男性的社会地位相关。（2）户主受教育水平越高的家庭收入相对更高，可能的原因在于受教育水平与工作技能呈正相关关系，工作技能越高则工资水平越高，并且受教育水平高的群体可能也拥有更高的创业经营能力和更多的收入渠道。（3）规模越大的家庭其收入水平相对更高，可能的原因是规模越大的家庭劳动力数量越多，对应的收入水平更高。（4）家庭中老人和少儿抚养比越高，对应家庭收入水平越低，并且家庭老人抚养比增加显著降低了家庭收入水平，可能的原因是相应比例越高降低了家庭中的劳动力占比，增加了家庭抚养老人和少儿的总成本，因此对应家庭总的收入水平降低。（5）地区经济发展水平越高，家庭收入水平越高，这表明所处宏观环境的经济形势越好，个体微观家庭的收入水平也越高。

## 二、分时段与分收入类型的回归结果

### （一）分年度回归结果

为检验不同年份中，数字不平等对家庭收入影响的动态变化，本部分逐年将数字不平等指数对家庭收入进行回归，结果见表5-9。从结果中可以明显看出，数字不平等对家庭收入的负向影响逐年增大，可能的原因在于数字化进程不断加快，数字技术对居民生活的渗透作用也逐渐增强，居民工作形式与增收渠道和数字技术的关联越来越大，在数字化程度不断增加的社会中，若处于数字鸿沟的劣势端，则更难以增加自身的家庭收入，进而拉大与数字技能相对较高家庭的收入差距，增加整体收入不平等的程度。

除此以外，本部分还逐年考察了不同类型收入不平等指数对家庭收入的影响结果，结果见本书附录附表5至附表7。从结果中可以看出，三种不同类型的数字不平等对家庭收入的负向影响均逐年增大，这表明随着数字化社会的逐渐形成，居民对数字技术和智能社会的依赖程度也增加，居民所掌握不同层级的数字技能越高，则对家庭收入的促进作用越强；反之，居民所掌握不同层级的数字技能在整体中越处于劣势，则对家庭收入的负向影响越显著。从结果中还可以明显看出，在不同年份中，数字使用不平等和数字获益不平等对家庭收入的负向影响大于数字接入不平等，这与基准回归结果保持一致，其可能的原因在于一级数字鸿沟不断弥合，并且越高阶的数字技能越能够显著增加家庭收入，而这种对收入的促进作用在是否能够接触到数字技术或数字设备的这种低阶数字技能中体现得并不明显。

表 5-9 数字不平等对家庭收入的分年度回归结果

| 变量 | 家庭收入 | | |
|---|---|---|---|
| | （1） | （2） | （3） |
| | 2014 年 | 2016 年 | 2018 年 |
| 数字不平等 | -0.8112***<br>（0.2339） | -1.0833***<br>（0.1925） | -1.3648***<br>（0.1690） |
| 户主性别 | -0.0046<br>（0.0622） | -0.0388<br>（0.0492） | -0.0156<br>（0.0451） |
| 户主年龄平方 | 0.0156***<br>（0.0035） | 0.0064**<br>（0.0025） | 0.0049**<br>（0.0021） |
| 户主受教育水平 | 0.0293***<br>（0.0086） | 0.0350***<br>（0.0058） | 0.0361***<br>（0.0057） |
| 户主婚姻 | 0.2689***<br>（0.1008） | 0.2244***<br>（0.0698） | 0.2949***<br>（0.0570） |
| 户主健康水平 | 0.0368<br>（0.0259） | 0.0087<br>（0.0184） | 0.0466**<br>（0.0178） |
| 户主政治面貌 | 0.2705***<br>（0.0845） | 0.3095***<br>（0.0768） | -0.1270<br>（0.3790） |
| 家庭规模 | 0.3169***<br>（0.0294） | 0.3329***<br>（0.0211） | 0.2916***<br>（0.0172） |
| 家庭老人抚养比 | -1.9269***<br>（0.5205） | -1.0945***<br>（0.3926） | -1.0525***<br>（0.1730） |
| 家庭少儿抚养比 | -0.5375***<br>（0.1283） | -0.1401<br>（0.0972） | -0.2336***<br>（0.0777） |
| 地区经济水平 | 0.6251<br>（0.4676） | 0.9591***<br>（0.3501） | 0.7003***<br>（0.2505） |

续表

| 变量 | 家庭收入 | | |
|---|---|---|---|
| | (1) | (2) | (3) |
| | 2014 年 | 2016 年 | 2018 年 |
| 地区教育水平 | 0.1967 ***<br>(0.0605) | 0.0296<br>(0.0468) | 0.0201<br>(0.0364) |
| 村庄固定效应 | 是 | 是 | 是 |
| 样本量 | 8642 | 8642 | 8642 |
| $R^2$ | 0.2494 | 0.2841 | 0.3134 |

注：* 、** 、*** 分别表示在 10%、5%、1% 的水平下显著；括号内为稳健性标准误。

## （二）分收入类型回归结果

本部分还将家庭总收入划分为工资性收入、经营性收入、财产性收入和转移性收入四种类型，分别考察数字不平等对不同类型家庭收入的影响结果。从表 5 - 10 中可以看出，数字不平等指数的增加显著降低了家庭工资性收入和财产性收入，并且数字不平等对家庭工资性收入的负向影响显著大于财产性收入，可能的原因在于：（1）数字技能较强的居民更加能够减少信息不对称，增加自身的就业机会，进而提高家庭工资性收入，并且数字技术具有显著的技能偏向性（陈梦根和周元任，2021），高数字技能员工的工资水平可能更高，也会提高家庭工资性收入。（2）数字技能较强的居民能够更好地参与资本市场，利用信息优势进行资本投资，提高资本收益率，进而增加自身的财产性收入，数字技能较差的居民则不能享受此类信息红利。（3）工资性收入在家庭收入中所占比重较大，并且数字不平等能够从就业机会和就业质量两个方面更充分地影响家庭工资性收入，还可以看出，工资性收入在数字不平等影响家庭总收入中发挥着主渠道作用。

从表 5 - 10 中还可以看出，数字不平等对转移性收入和经营性收入的影响虽然为负但并不显著。对于前者，家庭转移性收入与政府政策性转移支付和居民家庭间的收入转移相关性较高，智能设备的应用可能有利于提高收入转移效率，但从结果上看，数字技术对转移性收入的影响并不显著。对于后者，根据理论分析，数字技能较高的居民可能利用信息优势，降低信息不对称，放松自身的信贷融资约束，促进相应的创业行为，增加家庭经营性收入，增大与数字技能较低居民经营性收入的差距，但数字不平等总指数对经营性收入的负向作用并不显著。可能的原因在于数字不平等总指数表征的是居民综合数字技能的差距，其中既包括利用数字技术进行工作、学习、商务活动的高阶数字技能，还包括接入数字设备或使用数字设备进行聊天、娱乐等较为低阶的数字技能，可以明显看出高阶数字技能有利于促进创业，而低阶数字技能则对创业行为的促进作用并不明显。因此，本部分使用不同类型的数字不平等对经营性收入进行重新回归，结果发现低阶数字技能差异，即数字接入和使用不平等对经营性收入的影响不显著（出于篇幅考虑，结果放于本书附录附表8中），高阶数字技能差异，即数字获益不平等对经营性收入的影响显著为负（见表5-10中列（5）回归结果），这也证实了前文的猜想。

表5-10　　　　　　　　数字不平等对不同类型家庭收入的影响结果

| 变量 | 家庭收入 | | | | |
|---|---|---|---|---|---|
| | （1） | （2） | （3） | （4） | （5） |
| | 工资性收入 | 经营性收入 | 财产性收入 | 转移性收入 | 经营性收入 |
| 数字不平等 | -2.0320*** (0.2845) | -0.0927 (0.2612) | -0.3623* (0.2102) | -0.0698 (0.2364) | |
| 数字获益不平等 | | | | | -0.5313** (0.2430) |
| 户主性别 | 0.0143 (0.0764) | 0.4571*** (0.0730) | 0.0195 (0.0572) | 0.1501*** (0.0569) | 0.4541*** (0.0731) |
| 户主年龄平方 | -0.0120*** (0.0043) | 0.0025 (0.0042) | 0.0018 (0.0030) | 0.0303*** (0.0043) | 0.0030 (0.0042) |
| 户主受教育水平 | 0.0231** (0.0100) | 0.0021 (0.0133) | 0.0097 (0.0080) | -0.0029 (0.0102) | 0.0018 (0.0133) |
| 户主婚姻 | -0.0867 (0.1187) | 0.3800*** (0.1330) | -0.1384 (0.0836) | 0.4345*** (0.1180) | 0.3831*** (0.1326) |
| 户主健康水平 | 0.0120 (0.0294) | 0.0188 (0.0287) | -0.0429*** (0.0158) | -0.0390* (0.0229) | 0.0182 (0.0287) |
| 户主政治面貌 | -0.4418*** (0.1082) | -0.0299 (0.1314) | -0.0467 (0.0923) | 0.0299 (0.0973) | -0.0291 (0.1314) |

续表

| 变量 | 家庭收入 | | | | |
| --- | --- | --- | --- | --- | --- |
| | （1） | （2） | （3） | （4） | （5） |
| | 工资性收入 | 经营性收入 | 财产性收入 | 转移性收入 | 经营性收入 |
| 家庭规模 | 0.6616 *** <br> （0.0391） | 0.3041 *** <br> （0.0402） | 0.0772 *** <br> （0.0244） | 0.4230 *** <br> （0.0357） | 0.3009 *** <br> （0.0402） |
| 家庭老人抚养比 | − 1.9684 *** <br> （0.3326） | − 0.9930 *** <br> （0.3091） | − 0.2283 <br> （0.2121） | − 1.3182 *** <br> （0.2607） | − 0.9851 *** <br> （0.3086） |
| 家庭少儿抚养比 | − 2.2371 *** <br> （0.1856） | 0.2290 <br> （0.1646） | 0.1585 <br> （0.0961） | 2.2001 *** <br> （0.1544） | 0.2560 <br> （0.1641） |
| 地区经济水平 | 0.0732 <br> （0.2401） | 1.0360 * <br> （0.5765） | 0.0197 <br> （0.1963） | − 0.4553 <br> （0.3057） | 1.0301 * <br> （0.5787） |
| 地区教育水平 | 0.0036 <br> （0.0727） | − 0.1528 ** <br> （0.0650） | − 0.0414 <br> （0.0661） | − 0.1077 * <br> （0.0649） | − 0.1545 ** <br> （0.0649） |
| 家庭固定效应 | 是 | 是 | 是 | 是 | 是 |
| 年份固定效应 | 是 | 是 | 是 | 是 | 是 |
| 样本量 | 25926 | 25926 | 25926 | 25926 | 25926 |
| $R^2$ | 0.0673 | 0.0261 | 0.0078 | 0.0548 | 0.0264 |

注：*、**、***分别表示在10%、5%、1%的水平下显著；括号内为稳健性标准误。

还值得关注的是，在样本数据中，从事企业经营和资本投资的居民数量较少，导致经营性收入和财产性收入存在较多0值。为保证结果的稳健性，本部分还进一步使用Tobit模型对结果进行稳健性检验，分别使用Tobit模型考察了数字不平等对财产性收入的影响，以及数字获益不平等对经营性收入的影响，回归模型中控制了村庄固定效应和年份固定效应，结果见本书附录附表8。从附表8中可以看出回归结果与表5-10结果基本保持一致，这证明了分不同类型收入回归结果的稳健性。

## 三、稳健性检验

本部分试图从两个维度对结果进行检验，以进一步验证回归结果的稳健性。

### （一）工具变量回归

基准回归结果中可能产生一定程度的内生性问题，其原因可能包括：一是反向因果问题。家庭收入水平越高，家庭中各成员接触并使用数字智能设备的概率越大，提升相关数字技能的倾向也越大，这可能导致基准模型中的估计结果存在偏误。二是测量误差问题。本部分基于调查问卷中关于ICT的问题构建数字技能综合评价体系，其对居民数字素养的反映可能并不全面，可能存在一定程度上的测量误差，导致数字不平等指数与其他影响家庭收入的不可观测因素产生相关性，进而导致估计结果出现偏误。基于稳健性的考虑，本部分进一步采用工具变量法来解决内生性问题。

以往常用的工具变量主要有两种类型：历史份额×时间序列型、地理指标×时间序列型，其中历史份额×时间序列型工具变量主要为历史年份与解释变量相关的变量和经济变量的时间序列的交互项（黄群慧等，2019；赵涛等，2020）；地理指标×时间序列型工具变量主要为空间距离、地理起伏度等地理指标与经济变量的时间序列的交互项（Nunn and Qian，2014）。本部分同时使用两种类型工具变量对基准回归结果进行检验，分别为1984年人均邮局拥有量与地区家庭数字技能指数均值的交互项、家庭所在地区到省会的球面距离与地区家庭数字不平等指数均值的交互项。显然，在数字经济兴起、高速互联网发展、智能手机出现之前，邮递业务为主要的通信方式之一，邮局分布与后续数字基础设施的建设密切相关，并为互联网接入和数字经济的发展提供了先决条件，满足相关性要求，并且1984年人均邮局拥有量对2014~2018年居民家庭收入水平难以产生直接的影响，满足外生性要求。同时，一般省会城市数字经济发展水平相对较高，所在地区距离省会城市距离越近，则对应地区居民数字技能综合水平越高，反之则越低，满足相关性要求，并且所在地区距省会距离的地理指标并不会对2014~2018年居民家庭收入水平产生直接影响，满足外生性要求。

表5-11中列（1）、列（2）和列（3）、列（4）分别为工具变量Ⅰ和工具变量Ⅱ的第一、第二阶段回归结果。从第一阶段回归结果中可以看出，选取的工具变量与原解释变量具有较强的相关性；从第二阶段回归结果可以看出，在缓解内生性问题后，数字不平等对家庭收入的影响依然显著为负，群体中数字技能水平较低的家庭其收入水平也较低，这与基准回归结果保持一致。此外，对于Ⅳ可识别检验，Kleibergen - Paap rk LM统计量的p值均小于1%，拒绝"工具变量识别不足"的原假设；对于弱工具变量检验，第一阶段F统计量均大于10，且Cragg - Donald Wald F统计量均大于Stock - Yogo弱识别检验10%水平上的临界

值。以上均表明所使用的工具变量是有效的。

表 5-11 数字不平等影响收入的工具变量检验结果

| 变量 | (1) | (2) | (3) | (4) |
|---|---|---|---|---|
| | 数字不平等 | 家庭总收入 | 数字不平等 | 家庭总收入 |
| 数字不平等指数 | | -5.1425***<br>(1.9060) | | -4.3240*<br>(2.4620) |
| 工具变量 I<br>（1984 年人均邮局×<br>地区数字技能） | -0.6971***<br>(0.1205) | | | |
| 工具变量 II<br>（距省会球面距离×<br>地区数字不平等） | | | 0.0013***<br>(0.0003) | |
| IV 可识别检验 | | 29.655<br><0.000> | | 26.295<br><0.000> |
| 弱 IV 检验 I | | 287.353<br>[16.38] | | 124.682<br>[16.38] |
| 弱 IV 检验 II | | 33.457 | | 18.273 |
| 样本数 | 25926 | 25926 | 25926 | 25926 |
| $R^2$ | 0.1662 | 0.0019 | 0.1584 | 0.0203 |

注：①表中使用 Kleibergen - Paap rk LM 统计量进行可识别检验，< > 中为检验统计量的 p 值；②弱 IV 检验 I 中使用的是 Cragg - Donald Wald F 统计量，[ ] 中为 Stock - Yogo 弱识别检验容忍 10% 扭曲下对应的临界值；③弱 IV 检验 II 中使用的是第一阶段 F 统计量；④列（1）、列（2）和列（3）、列（4）分别为工具变量 I 和工具变量 II 的第一阶段、第二阶段回归结果，均为聚类到城市层面的稳健性标准误，其中 *、** 、*** 分别表示在 10% 、5% 、1% 的水平下显著。

## （二）替换变量检验

本部分使用信息熵权法测算家庭数字技能指数，其中每个子指标均依据信息熵大小进行赋权。然而值得关注的是，构建的数字技能综合评价体系中的子指标可能存在属性重合或部分子指标重要性偏小的情形，这使得使用信息熵权法测算出的家庭数字技能指数并不能准确反映更为重要的指标，部分信息可能被掩盖。为此，本部分试图使用因子分析法重新构造家庭数字技能指数，并重新进行回归。因子分析法的优势在于能够从研究指标相关矩阵内部的依赖关系出发，将一些信息重叠、具有错综复杂关系的变量归结为少数几个不相关的综合因子，这能够突出家庭数字技能指数中包含的重点信息。

表 5-12 中展示了基于因子分析法的数字不平等对家庭收入的影响结果。从结果中可以看出替换解释变量后，数字不平等对家庭总收入的影响依旧显著为负，这表明家庭数字技能水平低导致其收入水平同样较低，数字技能差异使得低数字技能群体在收入层面同样处于弱势地位。此外，分收入类型来看，数字不平等程度能够显著降低工资性收入和财产性收入，数字不平等程度对经营性收入和转移性收入的影响为负，但并不显著。以上结果均与基准回归结果保持一致，这进一步验证了基准回归结果的稳健性。

表 5-12    数字不平等对家庭收入的影响结果（基于因子分析法）

| 变量 | 家庭收入 | | | | |
|---|---|---|---|---|---|
| | （1） | （2） | （3） | （4） | （5） |
| | 家庭总收入 | 工资性收入 | 经营性收入 | 财产性收入 | 转移性收入 |
| 数字不平等 | -0.9911*** (0.1674) | -2.1569*** (0.3123) | -0.2547 (0.2872) | -0.3918** (0.1973) | -0.2202 (0.2150) |
| 户主性别 | 0.1330*** (0.0405) | 0.0160 (0.0764) | 0.4565*** (0.0730) | 0.0197 (0.0573) | 0.1495*** (0.0568) |
| 户主年龄平方 | 0.0032 (0.0024) | -0.0114*** (0.0044) | 0.0027 (0.0042) | 0.0019 (0.0030) | 0.0305*** (0.0043) |
| 户主受教育水平 | 0.0114* (0.0068) | 0.0229** (0.0100) | 0.0020 (0.0133) | 0.0097 (0.0080) | -0.0030 (0.0102) |
| 户主婚姻 | 0.0696 (0.0683) | -0.0898 (0.1183) | 0.3819*** (0.1328) | -0.1389* (0.0837) | 0.4364*** (0.1180) |
| 户主健康水平 | -0.0013 (0.0150) | 0.0110 (0.0294) | 0.0184 (0.0287) | -0.0431*** (0.0159) | -0.0393* (0.0230) |
| 户主政治面貌 | 0.0514 (0.0590) | -0.4378*** (0.1080) | -0.0290 (0.1313) | -0.0459 (0.0924) | 0.0308 (0.0972) |
| 家庭规模 | 0.2826*** (0.0221) | 0.6597*** (0.0389) | 0.3025*** (0.0401) | 0.0768*** (0.0245) | 0.4215*** (0.0357) |

续表

| 变量 | 家庭收入 | | | | |
|---|---|---|---|---|---|
| | （1） | （2） | （3） | （4） | （5） |
| | 家庭总收入 | 工资性收入 | 经营性收入 | 财产性收入 | 转移性收入 |
| 家庭老人抚养比 | - 0.7293 *** <br> （0.1664） | - 1.9904 *** <br> （0.3348） | - 0.9947 *** <br> （0.3084） | - 0.2323 <br> （0.2115） | - 1.3197 *** <br> （0.2602） |
| 家庭少儿抚养比 | - 0.0924 <br> （0.0970） | - 2.2065 *** <br> （0.1868） | 0.2419 <br> （0.1656） | 0.1645 * <br> （0.0965） | 2.2120 *** <br> （0.1533） |
| 地区经济水平 | 0.5398 ** <br> （0.2240） | 0.0871 <br> （0.2361） | 1.0366 * <br> （0.5761） | 0.0222 <br> （0.1957） | - 0.4548 <br> （0.3053） |
| 地区教育水平 | 0.0337 <br> （0.0489） | - 0.0019 <br> （0.0725） | - 0.1540 ** <br> （0.0647） | - 0.0424 <br> （0.0661） | - 0.1088 * <br> （0.0648） |
| 家庭固定效应 | 是 | 是 | 是 | 是 | 是 |
| 年份固定效应 | 是 | 是 | 是 | 是 | 是 |
| 样本量 | 25926 | 25926 | 25926 | 25926 | 25926 |
| $R^2$ | 0.0547 | 0.0679 | 0.0262 | 0.0078 | 0.0549 |

注：* 、** 、*** 分别表示在10% 、5% 、1% 的水平下显著；括号内为稳健性标准误。

## 四、不同群体内的影响差异分析

本部分试图从以下五个方面对基准结果进行异质性分析，以考察在不同样本中数字不平等对家庭收入的影响差异。主要包括：不同家庭财富、不同受教育水平、不同年龄、分城乡类型以及不同地区。

### （一）分不同家庭财富

由于"经济鸿沟"是"数字鸿沟"形成的主要影响因素（Van Deursen and Van Dijk，2014），家庭财富禀赋可能会影响数字技能差异对收入水平的作用。本部分将全样本按财产总量将家庭分为三类：低等财富家庭（1/3 分位数以下）、中等财富家庭（1/3 分位数至 2/3 分位数）、高等财富家庭（2/3 分位数以上），分类考察数字不平等对家庭收入的影响。结果如表 5 - 13 所示，数字不平等程度对各类财富禀赋家庭收入的影响均显著为负，这充分表明在不同财富水平家庭中，数字技能差异均会限制收入水平增加，数字技能较弱的家庭在数字技术方面不具有显著优势，不能利用数字技术扩大自身的增收渠道，如创业、投资、理财等，进而拉大与数字技能较强家庭的收入水平。

表 5 – 13　　　　　　数字不平等对不同财富禀赋家庭收入的影响

| 变量 | 家庭收入 | | |
|---|---|---|---|
| | （1） | （2） | （3） |
| | 低等财富 | 中等财富 | 高等财富 |
| 数字不平等 | – 1.1670 *** (0.3203) | – 0.6650 * (0.3442) | – 0.5972 ** (0.2303) |
| 户主性别 | 0.1988 * (0.1012) | 0.0729 (0.0774) | 0.0722 (0.0728) |
| 户主年龄平方 | – 0.0031 (0.0049) | 0.0086 ** (0.0041) | 0.0041 (0.0047) |
| 户主受教育水平 | – 0.0009 (0.0130) | 0.0134 (0.0135) | 0.0068 (0.0149) |
| 户主婚姻 | 0.3368 ** (0.1501) | 0.0936 (0.1162) | – 0.1440 (0.1299) |
| 户主健康水平 | – 0.0184 (0.0292) | – 0.0329 (0.0276) | 0.0124 (0.0300) |
| 户主政治面貌 | 0.1255 (0.1324) | – 0.2084 (0.1287) | 0.1195 * (0.0667) |
| 家庭规模 | 0.2282 *** (0.0434) | 0.2743 *** (0.0333) | 0.2700 *** (0.0419) |
| 家庭老人抚养比 | – 0.8672 ** (0.3877) | – 0.6677 * (0.3440) | – 0.4639 (0.3317) |
| 家庭少儿抚养比 | – 0.4487 *** (0.1679) | – 0.1448 (0.1900) | 0.1658 (0.2006) |
| 地区经济水平 | 0.6880 ** (0.2860) | 0.3384 (0.3026) | – 0.3180 (0.5100) |

续表

| 变量 | 家庭收入 | | |
| --- | --- | --- | --- |
| | （1） | （2） | （3） |
| | 低等财富 | 中等财富 | 高等财富 |
| 地区教育水平 | −0.0646<br>(0.0526) | 0.1407<br>(0.0887) | 0.0079<br>(0.0502) |
| 家庭固定效应 | 是 | 是 | 是 |
| 时间固定效应 | 是 | 是 | 是 |
| 样本量 | 8649 | 8635 | 8642 |
| $R^2$ | 0.0407 | 0.0524 | 0.0629 |

注：*、**、***分别表示在10%、5%、1%的水平下显著；括号内为稳健性标准误。

从不同财富水平家庭之间结果的对比来看，数字不平等对低等财富家庭收入的负向影响更大，对中等财富家庭收入的负向影响次之，对高等财富家庭收入的负向影响最小。可能的原因在于，财富水平越低的家庭对使用数字技术进行创收增益的依赖程度更大，比如在低等财富群体中，工资水平往往较低，增收渠道较为单一，数字技术的使用可以显著增加数字技能较强群体的就业、创业、投资等行为，如成为网约车司机、快递外卖员、网络主播、网店经营者或使用互联网金融进行创业借贷、投资理财等，进而显著拓宽增收渠道，提高家庭收入水平。相比较来看，财富水平较高家庭其自身工资水平较高或收入渠道广泛，对使用数字技术进行创收增益的倾向较弱，因此数字技能差异对财富水平较高家庭的收入影响相对较小。

## （二）分不同受教育水平

受教育水平差异也是"数字鸿沟"形成的影响因素之一。本部分将全样本按照户主受教育水平差异将家庭分为两类：高中学历以下家庭和高中学历及以上家庭，分类考察数字不平等对家庭收入的影响。结果如表5－14所示，数字不平等程度对不同受教育水平家庭收入的影响均显著为负，这也验证了数字技能较弱的家庭难以使用数字技术进行创收增益，拓宽收入渠道，进而拉大与数字技能较强家庭的收入差距。

　　从不同受教育水平家庭结果的对比来看，数字不平等对高中学历以下家庭收入的负向影响更大，可能的原因在于数字技术自身具有显著的普惠性、低门槛性等特征，受教育水平较低家庭对使用数字技术增加收入渠道的依赖程度更大，受教育水平较高家庭可能自身工资水平较高、增收渠道广泛，因此对使用数字技术增加自身收入的依赖程度相对较小。但还值得关注的是，受教育水平较高家庭中，数字技能高则从事高技能类型工作的概率更大，而高技能类型工作的收入相对更高，因此在受教育水平较高群体内部，数字技能差异也能够显著限制收入增加，数字技能较弱群体的收入水平显著低于数字技能较强群体的收入水平。基于稳健性的考虑，本部分还使用分位数划分的方式，将全样本划分为受教育水平在中位数以下的家庭和受教育水平在中位数以上的家庭，其结果与表5-14中结果基本保持一致。

表 5 - 14　　　　　数字不平等对不同受教育水平家庭收入的影响

| 变量 | 家庭收入 | |
| --- | --- | --- |
| | (1) | (2) |
| | 高中学历以下 | 高中学历及以上 |
| 数字不平等 | -1.1003 *** <br> (0.2079) | -0.5905 ** <br> (0.2639) |
| 户主性别 | 0.1667 *** <br> (0.0505) | 0.0536 <br> (0.1273) |
| 户主年龄平方 | 0.0039 <br> (0.0030) | 0.0017 <br> (0.0072) |
| 户主受教育水平 | -0.0100 <br> (0.0092) | 0.0862 *** <br> (0.0328) |
| 户主婚姻 | 0.1368 * <br> (0.0788) | 0.1455 <br> (0.1887) |
| 户主健康水平 | -0.0044 <br> (0.0161) | 0.0026 <br> (0.0398) |
| 户主政治面貌 | 0.0410 <br> (0.0816) | 0.0245 <br> (0.0941) |

续表

| 变量 | 家庭收入 | |
|------|----------|----------|
| | (1) | (2) |
| | 高中学历以下 | 高中学历及以上 |
| 家庭规模 | 0.2964 *** <br> (0.0242) | 0.2517 *** <br> (0.0446) |
| 家庭老人抚养比 | − 0.7836 *** <br> (0.2044) | − 0.1780 <br> (0.3562) |
| 家庭少儿抚养比 | − 0.1217 <br> (0.1150) | − 0.0602 <br> (0.1656) |
| 地区经济水平 | 0.6064 ** <br> (0.2523) | 0.2678 <br> (0.3372) |
| 地区教育水平 | 0.0322 <br> (0.0615) | − 0.0647 ** <br> (0.0315) |
| 家庭固定效应 | 是 | 是 |
| 时间固定效应 | 是 | 是 |
| 样本量 | 20560 | 5366 |
| $R^2$ | 0.0519 | 0.0715 |

注：＊、＊＊、＊＊＊分别表示在10%、5%、1%的水平下显著；括号内为稳健性标准误。

## （三）分不同年龄

年龄因素也是"数字鸿沟"形成的主要因素之一，通常情况下，老年人更容易处于数字鸿沟中弱势的一端。本部分将全样本按照户主年龄差异将家庭划分为较年轻家庭（年龄在1/3中位数以下）、较年长家庭（年龄在1/3中位数至2/3中位数）、年长家庭（年龄在2/3中位数以上），分类考察数字不平等对家庭收入的影响。结果如表5–15所示，数字不平等程度对不同年龄层次家庭的收入影响均显著为负，这表明对于不同年龄层次的家庭中，数字技能较弱家庭的收入水平均显著低于数字技能较强家庭的收入水平。

从不同年龄层次家庭结果的对比来看，数字不平等对较年轻家庭收入的负向影响最大，对较年长家庭收入的负向影响次之，对年长家庭收入的负向影响最小。可能的原因在于：一是家庭总收入中占绝大部分比重的收入类型为工资性收入，年长家庭中多数成员退休并退出劳动力市场，因此数字技能差异对其收入变动影响相对较小。二是年长家庭中数字技能水平相对较低，对数字技能的使用相对较少，其收入来源与数字技能强弱相关性较小，数字技能较强的群体对使用数字技术创收增益的倾向较弱；而较年轻家庭的收入来源与数字技能相关性较强，年轻群体中数字技能较强的家庭可能倾向于使用数字技术进行灵活就业、创业、投资、理财等，或依靠自身数字技能增大高技能类型工作的受雇概率，这会拉大与年轻群体中数字技能较弱家庭的收入差距。基于稳健性的考虑，本部分还以家庭中成员的平均年龄为基准，将全样本划分为三类：较年轻家庭（平均年龄在1/3中位数以下）、较年长家庭（平均年龄在1/3中位数至2/3中位数）、年长家庭（平均年龄在2/3中位数以上），回归结果与表5－15中结果基本保持一致。

表5－15　　　　　　　　数字不平等对不同年龄区间家庭收入的影响

| 变量 | 家庭收入 | | |
|---|---|---|---|
| | （1） | （2） | （3） |
| | 较年轻 | 较年长 | 年长 |
| 数字不平等 | －1.0035 *** (0.2799) | －0.7637 *** (0.2628) | －0.6910 *** (0.2518) |
| 户主性别 | 0.1567 * (0.0940) | 0.1859 ** (0.0813) | 0.2282 ** (0.0979) |
| 户主年龄平方 | －0.0104 (0.0133) | －0.0448 * (0.0253) | －0.0039 (0.0093) |
| 户主受教育水平 | 0.0263 * (0.0139) | －0.0209 (0.0178) | －0.0173 (0.0156) |
| 户主婚姻 | 0.2204 (0.1621) | －0.0179 (0.2574) | 0.2147 (0.1312) |
| 户主健康水平 | －0.0057 (0.0329) | －0.0045 (0.0368) | －0.0098 (0.0291) |

| 变量 | 家庭收入 | | |
| --- | --- | --- | --- |
| | (1) | (2) | (3) |
| | 较年轻 | 较年长 | 年长 |
| 户主政治面貌 | -0.0460<br>(0.1196) | -0.0496<br>(0.1313) | 0.0134<br>(0.0700) |
| 家庭规模 | 0.2116 ***<br>(0.0509) | 0.2791 ***<br>(0.0349) | 0.3244 ***<br>(0.0427) |
| 家庭老人抚养比 | -0.6741 **<br>(0.2730) | -0.4579<br>(0.4786) | -0.7719 **<br>(0.3725) |
| 家庭少儿抚养比 | 0.3320<br>(0.3538) | -0.1685<br>(0.2958) | 0.0265<br>(0.1684) |
| 地区经济水平 | 0.4857 *<br>(0.2719) | 0.6605 *<br>(0.3420) | 0.4920 *<br>(0.2938) |
| 地区教育水平 | 0.0369<br>(0.0829) | -0.0201<br>(0.0575) | 0.1623 *<br>(0.0884) |
| 家庭固定效应 | 是 | 是 | 是 |
| 时间固定效应 | 是 | 是 | 是 |
| 样本量 | 9201 | 8245 | 8480 |
| $R^2$ | 0.0549 | 0.0460 | 0.0536 |

注：*、**、*** 分别表示在 10%、5%、1% 的水平下显著；括号内为稳健性标准误。

### (四) 分城乡类型

城乡二元结构是形成"数字鸿沟"的重要因素，农村地区数字基础设施相对较差，农村群体在数字鸿沟中可能相对处于弱势地位。本部分将全样本按户主户口差异将家庭划分为农村家庭和城市家庭，分类考察数字不平等对家庭收入的影响。表5-16 中结果显示，数字不平等程度对城乡家庭收入的影响均显著为负，这表明在城乡二元结构背景下，无论身处农村或城市，数字技能差异均是限制家庭收入水平的重要因素。

表 5-16　　　　　　　　　数字不平等对分城乡家庭收入的影响

| 变量 | 家庭收入 | |
|---|---|---|
| | (1) | (2) |
| | 农村 | 城市 |
| 数字不平等 | -0.9979 *** | -0.7281 *** |
| | (0.2101) | (0.1833) |
| 户主性别 | 0.1626 *** | 0.0434 |
| | (0.0542) | (0.0805) |
| 户主年龄平方 | 0.0040 | -0.0027 |
| | (0.0029) | (0.0037) |
| 户主受教育水平 | 0.0071 | 0.0159 |
| | (0.0086) | (0.0136) |
| 户主婚姻 | 0.1040 | -0.0523 |
| | (0.0861) | (0.0763) |
| 户主健康水平 | -0.0028 | 0.0091 |
| | (0.0183) | (0.0255) |
| 户主政治面貌 | 0.0682 | 0.0486 |
| | (0.0909) | (0.0544) |
| 家庭规模 | 0.2994 *** | 0.2554 *** |
| | (0.0281) | (0.0297) |
| 家庭老人抚养比 | -0.9066 *** | -0.3151 |
| | (0.2135) | (0.2626) |
| 家庭少儿抚养比 | -0.2504 ** | 0.2752 * |
| | (0.1242) | (0.1460) |
| 地区经济水平 | 0.7698 *** | -0.1287 |
| | (0.2853) | (0.1866) |
| 地区教育水平 | 0.0822 | -0.0288 |
| | (0.0669) | (0.0516) |
| 家庭固定效应 | 是 | 是 |
| 时间固定效应 | 是 | 是 |
| 样本量 | 18765 | 7161 |
| $R^2$ | 0.0532 | 0.0785 |

注：*、**、*** 分别表示在 10%、5%、1% 的水平下显著；括号内为稳健性标准误。

从城乡家庭结果对比来看，数字不平等对农村地区家庭收入的负向影响略高于城市家庭。可能的原因在于农村地区收入水平相对较低，收入来源也较为单一，伴随农村数字基础设施的不断完善，农村地区内部数字技能较高家庭可利用数字技术进行创业，或进行灵活就业，进而显著拉大与数字技能较低家庭的收入差距。相对来看，城市地区收入水平相对较高，工作岗位也较多，数字技能较低家庭的就业机会和收入来源相对优于农村地区，因此城市地区内部数字技能较高家庭与数字技能较低家庭的收入差距低于农村地区，即数字不平等对城市地区家庭收入的负向影响小于其对农村地区家庭收入的负向影响。

### （五）分不同地区

地区差异也是影响"数字鸿沟"形成的重要因素，一方面，数字基础设施建设水平和经济发展水平差异可能造成数字不平等；另一方面，由于数字技术对行业的影响集中于制造业、服务业等，产业结构差异也会影响到数字不平等。本部分将全样本按家庭所在地区差异将家庭分为东部地区家庭、中部地区家庭、西部地区家庭和东北地区家庭。[①] 表 5 – 17 中结果显示，数字不平等程度对不同地区家庭收入的影响均显著为负。

表 5 – 17　　　　　　　　数字不平等对不同地区家庭收入的影响

| 变量 | 家庭收入 | | | |
|---|---|---|---|---|
| | （1） | （2） | （3） | （4） |
| | 东部地区 | 中部地区 | 西部地区 | 东北地区 |
| 数字不平等 | - 0.9174 *** (0.2757) | - 0.7249 ** (0.2971) | - 1.1163 *** (0.2703) | - 0.8471 (0.4977) |
| 户主性别 | 0.1804 *** (0.0589) | 0.0789 (0.0834) | 0.0966 (0.0819) | 0.1794 * (0.1025) |

---

① 其中东部地区主要包括北京市、天津市、河北省、上海市、江苏省、浙江省、福建省、山东省、广东省；中部地区主要包括山西省、安徽省、江西省、河南省、湖北省、湖南省；西部地区主要包括广西壮族自治区、重庆市、四川省、贵州省、云南省、陕西省、甘肃省；东北地区主要包括辽宁省、吉林省、黑龙江省，下同。

续表

| 变量 | 家庭收入 | | | |
|---|---|---|---|---|
| | （1） | （2） | （3） | （4） |
| | 东部地区 | 中部地区 | 西部地区 | 东北地区 |
| 户主年龄平方 | 0.0002 (0.0048) | 0.0036 (0.0041) | 0.0083 * (0.0047) | -0.0071 (0.0062) |
| 户主受教育水平 | -0.0016 (0.0148) | 0.0150 (0.0117) | 0.0260 *** (0.0089) | 0.0010 (0.0256) |
| 户主婚姻 | -0.0152 (0.1260) | 0.0584 (0.1206) | 0.1438 (0.1335) | 0.0413 (0.1469) |
| 户主健康水平 | 0.0021 (0.0326) | -0.0045 (0.0296) | 0.0041 (0.0245) | 0.0002 (0.0351) |
| 户主政治面貌 | 0.0535 (0.0995) | 0.0728 (0.1016) | 0.0883 (0.1275) | -0.0846 (0.1450) |
| 家庭规模 | 0.2881 *** (0.0381) | 0.2981 *** (0.0311) | 0.2698 *** (0.0458) | 0.2852 *** (0.0649) |
| 家庭老人抚养比 | -0.5536 (0.3621) | -0.6960 ** (0.3166) | -1.1220 *** (0.2340) | -0.0903 (0.5393) |
| 家庭少儿抚养比 | 0.1797 (0.1696) | -0.1314 (0.2010) | -0.3768 * (0.2018) | -0.1902 (0.1939) |
| 地区经济水平 | 0.4769 (0.4107) | -0.1065 (0.4165) | 0.2373 (0.3776) | 0.5739 (0.4275) |
| 地区教育水平 | 0.1086 (0.0860) | 0.1155 (0.0721) | -0.0124 (0.0576) | -0.2357 (0.2313) |
| 家庭固定效应 | 是 | 是 | 是 | 是 |
| 时间固定效应 | 是 | 是 | 是 | 是 |
| 样本量 | 7986 | 6465 | 7371 | 4104 |
| $R^2$ | 0.0594 | 0.0667 | 0.0571 | 0.0334 |

注：* 、** 、*** 分别表示在10% 、5% 、1% 的水平下显著；括号内为稳健性标准误。

从不同地区家庭结果对比来看，数字不平等对西部地区家庭收入的负向影响程度最大，对东部地区家庭收入的负向影响程度次之，对东北地区家庭收入的影响为负，但不显著。可能的原因在于：一是西部地区经济发展水平相对较低，数字基础设施相对不完善，居民收入总体水平本身较低，数字技能平均水平也较低，其内部数字技能较高的群体能够通过利用数字技术创收增益，显著提升自身收入水平，进而拉大与数字技能相对较低群体的收入差距。二是东部地区数字基础设施最为完善，数字技术渗透效应较强，居民数字技能水平总体较高，东部地区内部数字技能较差的居民则较难融入数字化社会，可能受到数字排斥，落入数字鸿沟的劣势端，比如较难参与需要一定数字技能的工作，进而拉大与数字技能强群体的收入差距。三是东北地区产业结构可能偏向于重工业，而数字技术主要促进制造业、服务业的创新行为，降低成本并提高生产或经营效率，并且东北地区数字经济发展水平也相对较低，因此对于东北地区内部数字技能较高群体，数字技术的创收增益效应有限，东北地区内部数字技能较高群体收入水平可能也高于数字技能较低群体收入水平，但这种收入水平差异可能并不显著。

## 五、机制分析：劳动参与和财富创造

本部分重点考察数字不平等是否能够限制居民对劳动力市场和资本市场的参与，进而降低居民部门的家庭收入水平。

### （一）劳动参与效应

本部分考察数字不平等是否能够通过限制居民对数字化社会中劳动力市场的参与，进而降低居民的家庭收入。事实上，收入层面的劳动参与机制主要体现在对劳动力市场参与方面，居民对劳动力市场的参与效应主要可以分为就业和创业两个维度。

首先，数字技术能够增加居民信息获取渠道，减少信息不对称性，降低劳动力供给方和需求方之间的连接成本，能够促进参与劳动力市场，也就是说数字技能较强的居民能够利用自身的信息优势，以更小成本实现就业，增加工资性收入。此外，需要较高技能的工作类型通常需要一定的数字技能，并且工资水平较高，这也在一定程度上排斥数字技能较低群体。因此，总的来看，数字技能较低群体在劳动力市场参与机会方面处于弱势地位，数字不平等可能通过减少劳动力市场参与，进而降低家庭收入。进一步，由于就业行为主要对应工资性收入类型，因此，在实证检验时被解释变量选取的是工资性收入。

表5-18中展示了劳动参与效应中就业行为的机制检验结果。从列（1）回

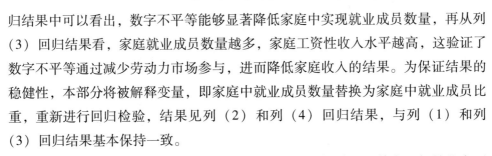

归结果中可以看出，数字不平等能够显著降低家庭中实现就业成员数量，再从列
（3）回归结果看，家庭就业成员数量越多，家庭工资性收入水平越高，这验证了
数字不平等通过减少劳动力市场参与，进而降低家庭收入的结果。为保证结果的
稳健性，本部分将被解释变量，即家庭中就业成员数量替换为家庭中就业成员比
重，重新进行回归检验，结果见列（2）和列（4）回归结果，与列（1）和列
（3）回归结果基本保持一致。

进一步，本部分将就业类型分为正规就业和非正规就业，其中正规就业主要
指签订劳动保障合同的就业，非正规就业主要指未签订劳动保障合同的就业。根
据表5-18列（5）和列（6）回归结果可以看出，数字不平等通过减少正规型
就业，进而降低工资性收入，根据列（7）回归结果可以看出，数字不平等对非
正规就业的影响为正，但不显著。可能的原因在于：一方面，数字技术不断进
步，劳动力市场信息公开化、透明化、网络化，劳动力市场制度正规化趋势明
显，劳动力市场总体不断完善，正规型就业岗位不断增加；另一方面，数字技术
降低了劳动供需双方的信息不对称，减少了道德风险，数字技能较高群体利用自
身信息优势更倾向于寻求具有劳动保障合同的工作，而数字技能较差群体则不具
备此方面的优势，可能被动选择非正规类型的就业。总的来看，数字经济的不断
发展，居民数字素养的不断提升，能够促进劳动力市场质量不断提升，劳动者权
益不断得到保障。

其次，创业也是劳动力市场参与的重要类型。数字技能较优群体能够通过互
联网借贷、数字金融等方式增加自身融资渠道、缓解融资约束，同时，还能够利
用自身信息优势降低创业成本、增大创业成功概率，而数字技能较差群体则不具备
此类优势，因此数字不平等可能通过减少创业行为，降低居民家庭收入。具体的，
创业行为的减少主要降低居民的经营性收入。然而，创业群体在居民总体中所占比
重较小，因此在前文分样本回归中，数字不平等对经营性收入的影响虽为负，但不
显著。但从分样本回归结果中看出，数字获益不平等对经营性收入的负向作用显
著，这表明创业行为可能需要的数字技能层级较高，因此机制检验中使用数字获益
不平等对创业行为进行回归，并检验创业对经营性收入的影响。表5-19中列举了
劳动参与效应中创业行为的机制检验结果，从两列回归结果中可以看出，数字获
益不平等显著减少了创业行为，并进一步减少了家庭的经营性收入，这验证了数
字不平等影响家庭收入中创业行为机制。

表5-18　劳动参与效应中就业行为的机制检验结果

| 变量 | (1) 就业总量 | (2) 就业比重 | (3) 工资收入 | (4) 工资收入 | (5) 正规就业 | (6) 工资收入 | (7) 非正规就业 | (8) 工资收入 |
|---|---|---|---|---|---|---|---|---|
| 数字不平等 | -0.5736 *** (0.0638) | -0.1964 *** (0.0256) | | | -0.6233 *** (0.0392) | | 0.0497 (0.0596) | |
| 就业总量 | | | 0.2375 *** (0.0650) | | | | | |
| 就业比重 | | | | 1.0105 *** (0.1859) | | | | |
| 正规就业 | | | | | | 0.8296 *** (0.0524) | | |
| 非正规就业 | | | | | | | | -0.1446 (0.1457) |
| 户主性别 | 0.0470 *** (0.0145) | 0.0256 *** (0.0054) | 0.0137 (0.0752) | -0.0014 (0.0752) | -0.0049 (0.0103) | 0.0267 (0.0759) | 0.0518 *** (0.0162) | 0.0290 (0.0751) |
| 户主年龄平方 | 0.0032 *** (0.0009) | 0.0003 (0.0003) | -0.0153 *** (0.0042) | -0.0147 *** (0.0041) | -0.0008 (0.0006) | -0.0133 *** (0.0041) | 0.0040 *** (0.0009) | -0.0145 *** (0.0043) |
| 户主受教育水平 | 0.0002 (0.0024) | -0.0005 (0.0008) | 0.0242 ** (0.0101) | 0.0248 ** (0.0101) | 0.0003 (0.0017) | 0.0237 ** (0.0098) | -0.0001 (0.0027) | 0.0241 ** (0.0100) |
| 户主婚姻 | 0.0539 ** (0.0258) | 0.0232 ** (0.0095) | -0.1289 (0.1193) | -0.1386 (0.1190) | 0.0104 (0.0162) | -0.1189 (0.1178) | 0.0434 * (0.0261) | -0.1130 (0.1194) |

续表

| 变量 | (1)<br>就业总量 | (2)<br>就业比重 | (3)<br>工资收入 | (4)<br>工资收入 | (5)<br>正规就业 | (6)<br>工资收入 | (7)<br>非正规就业 | (8)<br>工资收入 |
|---|---|---|---|---|---|---|---|---|
| 户主健康水平 | 0.0175***<br>(0.0061) | 0.0049**<br>(0.0019) | 0.0105<br>(0.0291) | 0.0095<br>(0.0291) | 0.0035<br>(0.0036) | 0.0112<br>(0.0289) | 0.0140**<br>(0.0061) | 0.0154<br>(0.0292) |
| 户主政治面貌 | 0.0105<br>(0.0261) | 0.0165*<br>(0.0092) | -0.4504***<br>(0.1067) | -0.4644***<br>(0.1064) | 0.0264<br>(0.0169) | -0.4686***<br>(0.1082) | -0.0159<br>(0.0266) | -0.4476***<br>(0.1082) |
| 家庭规模 | 0.5027***<br>(0.0135) | -0.0476***<br>(0.0033) | 0.5593***<br>(0.0565) | 0.7262***<br>(0.0391) | 0.0884***<br>(0.0096) | 0.6019***<br>(0.0414) | 0.4143***<br>(0.0152) | 0.6742***<br>(0.0398) |
| 家庭老人抚养比 | -1.5770***<br>(0.0684) | -0.5266***<br>(0.0194) | -1.6043***<br>(0.3580) | -1.4463***<br>(0.3507) | -0.3571***<br>(0.0446) | -1.6805***<br>(0.3334) | -1.2199***<br>(0.0726) | -2.0397***<br>(0.3390) |
| 家庭少儿抚养比 | -0.2927***<br>(0.0403) | -0.1682***<br>(0.0168) | -2.2878***<br>(0.1842) | -2.1834***<br>(0.1856) | -0.1932***<br>(0.0340) | -2.1729***<br>(0.1832) | -0.0995***<br>(0.0337) | -2.3746***<br>(0.1837) |
| 地区经济水平 | -0.0211<br>(0.0609) | 0.0127<br>(0.0222) | 0.0908<br>(0.2401) | 0.0725<br>(0.2398) | 0.0067<br>(0.0417) | 0.0777<br>(0.2350) | -0.0278<br>(0.0600) | 0.0854<br>(0.2418) |
| 地区教育水平 | 0.0132<br>(0.0151) | 0.0095*<br>(0.0053) | 0.0082<br>(0.0729) | 0.0015<br>(0.0725) | 0.0240***<br>(0.0088) | -0.0101<br>(0.0714) | -0.0108<br>(0.0136) | 0.0110<br>(0.0732) |
| 家庭固定效应 | 是 | 是 | 是 | 是 | 是 | 是 | 是 | 是 |
| 年份固定效应 | 是 | 是 | 是 | 是 | 是 | 是 | 是 | 是 |
| 样本量 | 25926 | 25926 | 25926 | 25926 | 25926 | 25926 | 25926 | 25926 |
| $R^2$ | 0.3209 | 0.0973 | 0.0655 | 0.0684 | 0.0704 | 0.0739 | 0.2186 | 0.0636 |

注：*、**、***分别表示在10%、5%、1%的水平下显著；括号内为稳健性标准误。

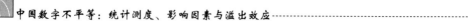
表 5-19                     劳动参与效应中创业行为的机制检验结果

| 变量 | （1）是否创业 | （2）经营性收入 |
|---|---|---|
| 数字获益不平等 | -0.5258 *** (0.1028) | |
| 是否创业 | | 0.3770 *** (0.1164) |
| 户主性别 | 0.0114 (0.0372) | 0.0370 (0.0712) |
| 户主年龄平方 | -0.0110 *** (0.0019) | -0.0007 (0.0035) |
| 户主受教育水平 | 0.0051 (0.0047) | 0.0093 (0.0122) |
| 户主婚姻 | 0.0052 (0.0567) | -0.0417 (0.1112) |
| 户主健康水平 | 0.0056 (0.0154) | -0.0452 ** (0.0206) |
| 户主政治面貌 | -0.1819 ** (0.0908) | 0.0585 (0.1053) |
| 家庭规模 | 0.0758 *** (0.0139) | 0.0863 *** (0.0293) |
| 家庭老人抚养比 | -0.3623 ** (0.1822) | -0.2722 (0.2441) |
| 家庭少儿抚养比 | -0.0427 (0.0744) | 0.0886 (0.1442) |
| 地区经济水平 | -0.4474 (0.4060) | -0.0694 (0.2515) |
| 地区教育水平 | -0.0485 (0.0588) | -0.0057 (0.0542) |
| 家庭固定效应 | 否 | 是 |
| 区县固定效应 | 是 | 否 |
| 年份固定效应 | 是 | 是 |
| 样本量 | 16867 | 17284 |
| Pseudo $R^2$/$R^2$ | 0.0699 | 0.0068 |

注：*、**、***分别表示在10%、5%、1%的水平下显著；括号内为稳健性标准误。

### （二）财富创造效应

本部分主要考察数字不平等是否能够通过限制居民对资本市场的参与，减少投资行为，进而降低居民收入。数字技术促使资本市场下沉，增加居民接触并参与资本市场的概率，比如数字普惠金融的推广。数字技能较优的居民能够利用自身数字优势，减少信息不对称性，增加对资本市场的参与，促进投资行为；而数字技能较差的居民则不能享受信息技术带来的资本红利，不能较好地利用数字技术实现资本升值。

本部分将家庭资产投资分为非金融资产和金融资产投资①。表 5 - 20 中列示了财富创造效应的机制检验结果，从列（1）和列（2）结果可以看出，数字不平等能够减少非金融资产和金融资产的投资行为，并且从系数大小的对比来看，数字不平等对金融资产投资的限制更大，可能的原因是金融资产投资与数字技术发展的相关性更大。由于资本投资对应的主要是财产性收入的变动，因此在列（3）和列（4）结果选取财产性收入作为被解释变量进行回归，从结果中可以看出，无论是非金融资产还是金融资产投资，都能显著增加对应家庭的财产性收入。以上结果均表明，数字不平等能够通过限制数字技术的财富创造效应，减少居民投资行为，进而降低家庭的财产性收入。

表 5 - 20　　　　　　　　　　财富创造效应的机制检验结果

| 变量 | (1) | (2) | (3) | (4) |
| --- | --- | --- | --- | --- |
| | 非金融资产 | 金融资产 | 财产性收入 | 财产性收入 |
| 数字不平等 | - 0. 5005 ***<br>(0. 0644) | - 1. 5944 ***<br>(0. 0963) | | |
| 非金融资产 | | | 6. 1820 ***<br>(0. 2576) | |
| 金融资产 | | | | 0. 3853 ***<br>(0. 0973) |

---

①　其中，非金融资产包括房屋、土地等，主要针对资本租赁市场；金融资产主要包括股票、基金、债券等。

续表

| 变量 | (1) | (2) | (3) | (4) |
|---|---|---|---|---|
| | 非金融资产 | 金融资产 | 财产性收入 | 财产性收入 |
| 户主性别 | - 0.0380 *<br>(0.0206) | 0.0670 **<br>(0.0319) | - 0.0170<br>(0.0366) | 0.0191<br>(0.0581) |
| 户主年龄平方 | 0.0030 ***<br>(0.0010) | - 0.0012<br>(0.0016) | 0.0070 ***<br>(0.0019) | 0.0016<br>(0.0030) |
| 户主受教育水平 | 0.0026<br>(0.0026) | 0.0061<br>(0.0050) | 0.0814 ***<br>(0.0053) | 0.0092<br>(0.0081) |
| 户主婚姻 | - 0.1223 ***<br>(0.0294) | 0.0313<br>(0.0564) | 0.2022 ***<br>(0.0560) | - 0.1453 *<br>(0.0840) |
| 户主健康水平 | - 0.0171 **<br>(0.0084) | - 0.0183<br>(0.0116) | - 0.0047<br>(0.0168) | - 0.0416 ***<br>(0.0158) |
| 户主政治面貌 | 0.0374<br>(0.0412) | - 0.0308<br>(0.0433) | 0.2242 ***<br>(0.0578) | - 0.0506<br>(0.0920) |
| 家庭规模 | 0.0305 ***<br>(0.0083) | 0.0372 ***<br>(0.0111) | - 0.0241<br>(0.0162) | 0.0800 ***<br>(0.0244) |
| 家庭老人抚养比 | - 0.1401<br>(0.1150) | 0.0439<br>(0.1082) | 0.3411<br>(0.2117) | - 0.2343<br>(0.2130) |
| 家庭少儿抚养比 | 0.1727 ***<br>(0.0378) | 0.0659<br>(0.0631) | 0.1537 **<br>(0.0703) | 0.1345<br>(0.0936) |
| 地区经济水平 | 0.0354<br>(0.1162) | - 0.0070<br>(0.0844) | 0.0047<br>(0.2348) | 0.0164<br>(0.1966) |
| 地区教育水平 | 0.0019<br>(0.0311) | - 0.0183<br>(0.0238) | 0.0047<br>(0.0446) | - 0.0418<br>(0.0662) |
| 家庭固定效应 | 否 | 否 | 是 | 是 |
| 区县固定效应 | 是 | 是 | 否 | 否 |
| 年份固定效应 | 是 | 是 | 是 | 是 |
| 样本量 | 25923 | 19441 | 25926 | 25926 |
| Pseudo $R^2$/$R^2$ | 0.0750 | 0.3414 | 0.6845 | 0.0082 |

注：* 、** 、*** 分别表示在10% 、5% 、1% 的水平下显著；括号内为稳健性标准误。

# 第五节 数字不平等、网络支付与居民支出

## 一、数字不平等对居民支出的影响

表 5-21 中展示了数字不平等对家庭支出的基准回归结果。从结果中可以看出，数字不平等程度对家庭支出的影响显著为负，数字不平等程度增加 1 个单位，家庭支出水平下降 0.4438 个单位，这说明数字技能弱会限制家庭的支出水平，而数字技能强的家庭可能通过利用数字技术降低消费成本、增加支出渠道、缓解融资约束等方法增加支出水平，进而拉大与数字技能较弱家庭的支出水平。还需要说明的是，家庭收入水平会显著影响家庭支出水平，为了缓解遗漏变量的影响，本部分在基准回归中同时控制了家庭的收入水平，从结果中看，家庭收入对支出水平的影响均显著为正。

表 5-21　　　　　　　数字不平等对家庭支出的基准回归结果

| 变量 | 家庭支出 | | | |
|---|---|---|---|---|
| | （1） | （2） | （3） | （4） |
| 数字不平等 | - 0.4438 *** <br> （0.0499） | | | |
| 数字接入不平等 | | - 0.2736 *** <br> （0.0392） | | |
| 数字使用不平等 | | | - 0.4008 *** <br> （0.0511） | |
| 数字获益不平等 | | | | - 0.3788 *** <br> （0.0454） |
| 户主性别 | 0.0477 *** <br> （0.0128） | 0.0487 *** <br> （0.0127） | 0.0485 *** <br> （0.0128） | 0.0477 *** <br> （0.0129） |

续表

| 变量 | 家庭支出 | | | |
|------|------|------|------|------|
| | (1) | (2) | (3) | (4) |
| 户主年龄平方 | -0.0114 *** | -0.0116 *** | -0.0114 *** | -0.0115 *** |
| | (0.0011) | (0.0011) | (0.0011) | (0.0011) |
| 户主受教育水平 | 0.0065 *** | 0.0066 *** | 0.0066 *** | 0.0066 *** |
| | (0.0024) | (0.0024) | (0.0024) | (0.0024) |
| 户主婚姻 | 0.1656 *** | 0.1653 *** | 0.1652 *** | 0.1619 *** |
| | (0.0311) | (0.0311) | (0.0311) | (0.0310) |
| 户主健康水平 | -0.0153 ** | -0.0149 ** | -0.0155 ** | -0.0152 ** |
| | (0.0060) | (0.0060) | (0.0060) | (0.0060) |
| 户主政治面貌 | 0.0116 | 0.0099 | 0.0140 | 0.0109 |
| | (0.0242) | (0.0243) | (0.0239) | (0.0242) |
| 家庭规模 | 0.0654 *** | 0.0664 *** | 0.0654 *** | 0.0665 *** |
| | (0.0063) | (0.0063) | (0.0064) | (0.0064) |
| 家庭老人抚养比 | -0.0735 | -0.0721 | -0.0862 | -0.0699 |
| | (0.0627) | (0.0628) | (0.0629) | (0.0632) |
| 家庭少儿抚养比 | -0.1418 *** | -0.1522 *** | -0.1447 *** | -0.1464 *** |
| | (0.0362) | (0.0365) | (0.0362) | (0.0361) |
| 家庭收入 | 0.0283 *** | 0.0288 *** | 0.0284 *** | 0.0284 *** |
| | (0.0036) | (0.0036) | (0.0036) | (0.0037) |
| 地区经济水平 | 0.1283 ** | 0.1290 ** | 0.1333 ** | 0.1266 ** |
| | (0.0602) | (0.0604) | (0.0606) | (0.0602) |
| 地区教育水平 | 0.0075 | 0.0087 | 0.0069 | 0.0078 |
| | (0.0154) | (0.0153) | (0.0154) | (0.0155) |
| 家庭固定效应 | 是 | 是 | 是 | 是 |
| 年份固定效应 | 是 | 是 | 是 | 是 |
| 样本量 | 25926 | 25926 | 25926 | 25926 |
| $R^2$ | 0.0749 | 0.0735 | 0.0743 | 0.0742 |

注：* 、** 、*** 分别表示在10%、5%、1%的水平下显著；括号内为稳健性标准误。

从分类型的数字不平等来看，数字接入、使用、获益不平等程度对家庭支出水平的影响均显著为负，这表明对于不同层级的数字技能，掌握程度较好的家庭都能提升自身支出水平，相反，掌握程度较差的家庭则可能被拉开差距。从系数大小的对比来看，数字使用不平等对家庭支出的负向作用最大，数字接入不平等对家庭支出的负向作用最小，可能的原因是影响家庭支出的数字技能多为中阶数字技能，比如智能手机的使用、网络支付的使用、网上购物行为等，与互联网是否接入等低阶数字技能以及利用互联网进行学习、商业活动等高阶数字技能的相关性相对较小。

## 二、分时段与分支出类型的回归结果

### （一）分年度回归结果

为考察数字不平等对家庭支出水平的动态影响，本部分分年度进行了回归检验，结果见表 5 - 22。表中结果显示，在不同年份，数字不平等对家庭支出水平的影响均显著为负，这说明在数字经济发展的不同阶段，数字技能差异均是限制家庭支出水平的主要因素。从系数大小的变动来看，数字不平等对家庭支出的负向影响显著增加，可能的原因在于伴随数字技术的不断发展，居民消费方式与数字技术的相关性逐渐增加，数字技术对居民支出手段的渗透作用也不断增强，因此随着时间的推移，居民的支出水平越来越容易受到数字技能差异的限制，数字技能较优的家庭在降低支出成本、提高支出水平等方面具有显著优势。

表 5 - 22　　　　　　　数字不平等对家庭支出的分年度回归结果

| 变量 | 家庭支出 | | |
|---|---|---|---|
| | (1) | (2) | (3) |
| | 2014 年 | 2016 年 | 2018 年 |
| 数字不平等 | - 0.8344 ***<br>(0.0765) | - 0.8640 ***<br>(0.0694) | - 0.9035 ***<br>(0.0772) |
| 户主性别 | - 0.0242<br>(0.0220) | - 0.0193<br>(0.0192) | 0.0013<br>(0.0223) |

续表

| 变量 | 家庭支出 | | |
|---|---|---|---|
| | （1） | （2） | （3） |
| | 2014 年 | 2016 年 | 2018 年 |
| 户主年龄平方 | − 0.0092 *** <br> （0.0014） | − 0.0088 *** <br> （0.0013） | − 0.0112 *** <br> （0.0015） |
| 户主受教育水平 | 0.0159 *** <br> （0.0026） | 0.0170 *** <br> （0.0027） | 0.0229 *** <br> （0.0028） |
| 户主婚姻 | 0.3026 *** <br> （0.0313） | 0.2808 *** <br> （0.0305） | 0.3545 *** <br> （0.0386） |
| 户主健康水平 | 0.0208 ** <br> （0.0083） | − 0.0089 <br> （0.0079） | − 0.0078 <br> （0.0094） |
| 户主政治面貌 | 0.1727 *** <br> （0.0269） | 0.1449 *** <br> （0.0281） | − 0.0224 <br> （0.1414） |
| 家庭规模 | 0.1352 *** <br> （0.0097） | 0.1133 *** <br> （0.0088） | 0.1015 *** <br> （0.0080） |
| 家庭老人抚养比 | − 0.0805 <br> （0.1867） | − 0.2478 * <br> （0.1442） | 0.0300 <br> （0.0752） |
| 家庭少儿抚养比 | − 0.1234 *** <br> （0.0391） | − 0.1377 *** <br> （0.0396） | − 0.0520 <br> （0.0501） |
| 家庭收入 | 0.0293 *** <br> （0.0049） | 0.0400 *** <br> （0.0065） | 0.0652 *** <br> （0.0090） |
| 地区经济水平 | 0.4624 ** <br> （0.1906） | 0.5621 *** <br> （0.1310） | 0.4108 ** <br> （0.1582） |
| 地区教育水平 | 0.0180 <br> （0.0299） | − 0.0235 <br> （0.0250） | 0.0019 <br> （0.0294） |
| 村庄固定效应 | 是 | 是 | 是 |
| 样本量 | 8642 | 8642 | 8642 |
| $R^2$ | 0.4255 | 0.4502 | 0.4249 |

注：*、**、*** 分别表示在10%、5%、1%的水平下显著；括号内为稳健性标准误。

本部分同样考察了不同数字不平等类型对家庭支出的影响结果，分别见附表9至附表11。从结果可以看出，数字接入不平等和数字使用不平等对家庭支出水平的负向影响均逐渐变大，这与表5-22中结果一致。此外，数字使用不平等对家庭支出的负向影响显著大于数字接入不平等，这与基准回归保持一致。但值得关注的是，从居民中高阶数字技能差异来看，数字获益不平等对家庭支出的负向影响逐渐减小，这与前两种类型数字不平等的影响变动不同，可能的原因在于由于高阶数字技能与居民支出的相关性相对较小，伴随数字技术逐渐普惠化，高阶数字技能较差的群体利用数字技术促进消费、提高支出水平的能力逐渐提升，高阶数字技能较好群体和高阶数字技能较差群体的支出水平逐渐缩小，因此数字获益不平等影响家庭支出水平的负向作用也在不断减弱。

## （二）分支出类型回归结果

由于数字技术对不同类型支出的渗透效用存在差异，本部分将家庭总支出进一步分为消费型支出和非消费型支出，并考察数字不平等对不同类型家庭支出的影响。

首先，本部分考察数字不平等对不同类型家庭消费型支出的影响。为进一步细化回归结果，检验影响的异质性，还将消费型支出分为七大类，分别为家庭设备及日用品支出、衣帽支出、文娱支出、食品支出、居住支出、医疗支出、交通支出。从表5-23的结果中可以看出，数字不平等对消费支出的影响显著为负，这说明数字技能较优的群体能够利用自身技术优势提高消费水平，增加消费渠道，拉大与数字技能较差群体消费水平的差距。对于不同类型消费型支出的回归结果，数字不平等对各类消费型支出的影响作用均显著为负，并且从系数大小来看，数字不平等对日用品支出的负向影响最大，对文娱支出、交通支出、医疗支出的负向影响较大，可能的原因是随着数字支付、网上购物等数字技术逐渐成熟，消费场景也在不断转变升级，家庭日用品购买方式逐渐由线下转为线上，数字技能较优群体能够利用消费成本更小、商品种类更齐全的优势，增加自身日用品消费水平。此外，随着大数据、人工智能等新一代数字技术的出现，数字媒体、短视频平台、智能交通、网约车、远程医疗、线上问诊等新型商品或服务形式不断涌现，也能够提升数字技能较强群体的消费水平，而数字技能较差群体则难以享受同等红利。

表5-23 数字不平等对不同类型家庭消费型支出的影响结果

| 变量 | (1) 消费支出 | (2) 日用品支出 | (3) 衣帽支出 | (4) 文娱支出 | (5) 食品支出 | (6) 居住支出 | (7) 医疗支出 | (8) 交通支出 |
|---|---|---|---|---|---|---|---|---|
| 数字不平等 | -0.6101*** (0.2148) | -1.1443*** (0.1456) | -0.5184*** (0.1220) | -0.9461*** (0.2320) | -0.3878*** (0.0937) | -0.4050*** (0.1234) | -0.7261*** (0.2047) | -0.8815*** (0.1045) |
| 户主性别 | 0.1258** (0.0537) | 0.0132 (0.0395) | -0.0279 (0.0388) | -0.0050 (0.0571) | 0.0856*** (0.0279) | 0.0254 (0.0332) | 0.0436 (0.0560) | 0.1682*** (0.0320) |
| 户主年龄平方 | -0.0267*** (0.0034) | -0.0254*** (0.0022) | -0.0285*** (0.0026) | -0.0423*** (0.0043) | -0.0140*** (0.0020) | -0.0074*** (0.0023) | -0.0020 (0.0036) | -0.0286*** (0.0027) |
| 户主受教育水平 | 0.0060 (0.0089) | 0.0136** (0.0058) | 0.0205*** (0.0063) | 0.0430*** (0.0106) | 0.0162*** (0.0048) | 0.0089 (0.0060) | 0.0152* (0.0088) | 0.0103* (0.0053) |
| 户主婚姻 | 0.4274*** (0.0774) | 0.2432*** (0.0660) | 0.0607 (0.0671) | 0.1297 (0.1204) | 0.2359*** (0.0493) | 0.3437*** (0.0581) | 0.5292*** (0.0946) | 0.2882*** (0.0504) |
| 户主健康水平 | -0.0015 (0.0186) | -0.0336** (0.0136) | 0.0199 (0.0133) | -0.0407* (0.0236) | 0.0120 (0.0084) | -0.0051 (0.0122) | -0.2162*** (0.0211) | 0.0164 (0.0113) |
| 户主政治面貌 | 0.0865 (0.0926) | 0.2841*** (0.0807) | -0.0340 (0.0530) | 0.1795* (0.1021) | 0.0430 (0.0374) | 0.0601 (0.0511) | -0.1208 (0.0846) | 0.0140 (0.0460) |
| 家庭规模 | 0.0868*** (0.0257) | 0.0744*** (0.0185) | 0.1229*** (0.0191) | 0.2228*** (0.0270) | 0.0593*** (0.0145) | 0.0605*** (0.0174) | 0.1139*** (0.0221) | 0.0889*** (0.0150) |
| 家庭老人抚养比 | 0.0699 (0.2090) | -0.1445 (0.1476) | -0.4067*** (0.1336) | 0.1723 (0.2049) | -0.1267 (0.1266) | -0.1145 (0.1378) | -0.3382 (0.2231) | -0.0378 (0.1074) |

续表

| 变量 | (1) 消费支出 | (2) 日用品支出 | (3) 衣帽支出 | (4) 文娱支出 | (5) 食品支出 | (6) 居住支出 | (7) 医疗支出 | (8) 交通支出 |
|---|---|---|---|---|---|---|---|---|
| 家庭少儿抚养比 | 0.2012** (0.0970) | -0.2061*** (0.0755) | -0.1897** (0.0848) | -0.4797*** (0.1461) | -0.1202** (0.0592) | -0.0198 (0.0680) | 0.4048*** (0.1063) | -0.1896*** (0.0598) |
| 家庭收入 | 0.0944*** (0.0164) | 0.0589*** (0.0088) | 0.0700*** (0.0091) | 0.0613*** (0.0115) | 0.0490*** (0.0077) | 0.0328*** (0.0091) | 0.0615*** (0.0123) | 0.0359*** (0.0057) |
| 地区经济水平 | 0.1201 (0.2268) | 0.0536 (0.1295) | 0.1359 (0.1873) | 0.1150 (0.2253) | 0.1963** (0.0849) | 0.0667 (0.1308) | 0.1363 (0.1853) | 0.1088 (0.1067) |
| 地区教育水平 | 0.0459 (0.0679) | -0.0157 (0.0423) | -0.0212 (0.0293) | -0.0353 (0.0474) | 0.0437* (0.0259) | 0.0342 (0.0316) | -0.0166 (0.0496) | 0.0548* (0.0295) |
| 家庭固定效应 | 是 | 是 | 是 | 是 | 是 | 是 | 是 | 是 |
| 年份固定效应 | 是 | 是 | 是 | 是 | 是 | 是 | 是 | 是 |
| 样本量 | 25926 | 25926 | 25926 | 25926 | 25926 | 25926 | 25926 | 25926 |
| $R^2$ | 0.0580 | 0.0342 | 0.0340 | 0.0378 | 0.0391 | 0.0175 | 0.0205 | 0.0494 |

注：*、**、***分别表示在10%、5%、1%的水平下显著；括号内为稳健性标准误。

其次，本部分考察数字不平等对不同类型家庭非消费型支出的影响。同样的，将非消费型支出分为转移性支出、福利性支出和房贷支出。从表5－24中结果来看，数字不平等对非消费型支出的影响同样显著为负，这表明数字技术不仅通过促进消费增加了居民效用，还可能通过互联网服务等多种方式促进居民的非消费型支出。从分类型非消费型支出的回归结果来看，数字不平等对福利性支出的负向影响最大，对房贷支出的影响为负但并不显著。可能的原因在于数字技能较优的群体能够通过互联网平台增加自身福利保障支出，如线上购买各种类型保险等，而房贷支出与数字技术的相关性较小，数字技能较差群体也能够通过线下现金、汇款、转账等形式进行房贷支出。

表5－24　　　　　　数字不平等对不同类型家庭非消费型支出的影响结果

| 变量 | (1) | (2) | (3) | (4) |
|---|---|---|---|---|
| | 非消费支出 | 转移支出 | 福利支出 | 房贷支出 |
| 数字不平等 | -0.8858 ***<br>(0.1742) | -0.8091 ***<br>(0.1724) | -1.7543 ***<br>(0.2239) | -0.1293<br>(0.1841) |
| 户主性别 | 0.0645<br>(0.0487) | 0.0776<br>(0.0531) | 0.1884 ***<br>(0.0665) | 0.0112<br>(0.0444) |
| 户主年龄平方 | -0.0210 ***<br>(0.0034) | -0.0186 ***<br>(0.0035) | -0.0336 ***<br>(0.0043) | -0.0064 ***<br>(0.0024) |
| 户主受教育水平 | 0.0197 **<br>(0.0097) | 0.0112<br>(0.0096) | 0.0286 ***<br>(0.0103) | 0.0153 *<br>(0.0081) |
| 户主婚姻 | 0.2615 **<br>(0.1097) | 0.2294 **<br>(0.1100) | 0.4876 ***<br>(0.1010) | 0.1740 **<br>(0.0773) |
| 户主健康水平 | -0.0815 ***<br>(0.0201) | -0.0820 ***<br>(0.0231) | -0.0418 **<br>(0.0189) | -0.0069<br>(0.0143) |
| 户主政治面貌 | 0.0105<br>(0.0712) | 0.0789<br>(0.0799) | 0.1226<br>(0.1235) | -0.2728 ***<br>(0.0894) |
| 家庭规模 | 0.0729 ***<br>(0.0251) | 0.0617 **<br>(0.0259) | 0.0864 ***<br>(0.0271) | 0.0191<br>(0.0195) |

续表

| 变量 | （1）非消费支出 | （2）转移支出 | （3）福利支出 | （4）房贷支出 |
|---|---|---|---|---|
| 家庭老人抚养比 | 0.4063 ** (0.1966) | 0.3109 (0.2177) | 0.0985 (0.2449) | 0.1346 (0.2173) |
| 家庭少儿抚养比 | − 0.4437 *** (0.1243) | − 0.3419 *** (0.1273) | − 0.4300 *** (0.1526) | − 0.3352 *** (0.0912) |
| 家庭收入 | 0.0910 *** (0.0120) | 0.0925 *** (0.0133) | 0.0465 *** (0.0161) | 0.0329 *** (0.0073) |
| 地区经济水平 | 0.4289 * (0.2444) | 0.4467 (0.2718) | 0.3720 * (0.2194) | − 0.0072 (0.1857) |
| 地区教育水平 | − 0.0632 (0.0427) | − 0.0510 (0.0451) | − 0.0543 (0.0558) | − 0.0164 (0.0549) |
| 家庭固定效应 | 是 | 是 | 是 | 是 |
| 年份固定效应 | 是 | 是 | 是 | 是 |
| 样本量 | 25926 | 25926 | 25926 | 25926 |
| $R^2$ | 0.0453 | 0.0427 | 0.0414 | 0.0523 |

注：*、**、***分别表示在10%、5%、1%的水平下显著；括号内为稳健性标准误。

## 三、稳健性检验

### （一）工具变量回归

数字技能能够影响家庭支出水平，家庭也能够通过购买数字智能设备、参加数字技术培训等方式提高自身的数字技能，因此可能存在反向因果的偏误，并产生内生性的影响。为缓解潜在内生性的影响，本部分使用工具变量回归进行稳健性检验。同样的，本部分选取两类工具变量，分别为1984年人均邮局拥有量与地区数字技能的交互项和家庭所在地区距离省会的球面距离与地区数字不平等的交互项，重新进行回归。

表 5 – 25 中列（1）、列（2）和列（3）、列（4）分别为工具变量 I 和工具变量 II 的第一、第二阶段回归结果。从第一阶段回归结果中可以看出，选取的工具变量与原解释变量具有较强的相关性；从第二阶段回归结果可以看出，在缓解内生性问题后，数字不平等对家庭支出的影响依然显著为负，居民中数字技能较低群体的支出水平也较低，这与基准回归结果保持一致。此外，对于 IV 可识别检验，Kleibergen – Paap rk LM 统计量的 p 值均小于 1%，拒绝"工具变量识别不足"的原假设；对于弱工具变量检验，第一阶段 F 统计量均大于 10，且 Cragg – Donald Wald F 统计量均大于 Stock – Yogo 弱识别检验 10% 水平上的临界值。以上均表明所使用的工具变量是有效的。

表 5 – 25　　　　　　　　　数字不平等影响支出的工具变量检验结果

| 变量 | （1） | （2） | （3） | （4） |
|---|---|---|---|---|
| | 数字不平等 | 家庭总支出 | 数字不平等 | 家庭总支出 |
| 数字不平等指数 | | – 0.3879 *** (0.0926) | | – 1.5813 ** (0.6231) |
| 工具变量 I （1984 年人均邮局 × 地区数字技能） | – 0.6877 *** (0.1215) | | | |
| 工具变量 II （距省会球面距离 × 地区数字不平等） | | | 0.0013 *** (0.0003) | |
| IV 可识别检验 | | 30.214 < 0.0000 > | | 26.059 < 0.0000 > |
| 弱 IV 检验 I | | 279.923 [16.38] | | 121.957 [16.38] |
| 弱 IV 检验 II | | 32.033 | | 17.972 |
| 样本数 | 25926 | 25926 | 25926 | 25926 |
| R² | 0.1681 | 0.0748 | 0.1605 | 0.0485 |

注：①表中使用 Kleibergen – Paap rk LM 统计量进行可识别检验， < > 中为检验统计量的 p 值；②弱 IV 检验 I 中使用的是 Cragg – Donald Wald F 统计量，[ ] 中为 Stock – Yogo 弱识别检验容忍 10% 扭曲下对应的临界值；③弱 IV 检验 II 中使用的是第一阶段 F 统计量；④列（1）、列（2）和列（3）、列（4）分别为工具变量 I 和工具变量 II 的第一阶段、第二阶段回归结果，均为聚类到城市层面的稳健性标准误，其中 * 、 ** 、 *** 分别表示在 10% 、5% 、1% 的水平下显著。

## （二）替换变量检验

本部分使用的数字不平等指数是基于信息熵值法测算的，信息熵值法利用了数字技能评价体系中全部子指标，可能会掩盖重要变量的信息，因此本部分使用因子分析法对数字不平等指数进行重新测算，并带入回归模型重新进行检验。从表 5 - 26 中可以看出，在替换关键变量之后，数字不平等对家庭支出水平的影响依旧显著为负，这与基准回归结果保持一致。同样的，本部分还重新考察了数字不平等对消费型支出和非消费型支出的影响，回归结果同样显著为负，这与分样本回归结果保持一致。以上结果均表明本部分的检验结果具有较好的稳健性。

表 5 - 26　　数字不平等对家庭支出的影响结果（基于因子分析法）

| 变量 | （1） | （2） | （3） |
| --- | --- | --- | --- |
| | 家庭总支出 | 家庭消费型支出 | 家庭非消费型支出 |
| 数字不平等 | - 0. 4603 ***<br>（0. 0528） | - 0. 5832 ***<br>（0. 2040） | - 0. 9370 ***<br>（0. 1749） |
| 户主性别 | 0. 0482 ***<br>（0. 0129） | 0. 1266 **<br>（0. 0536） | 0. 0653<br>（0. 0486） |
| 户主年龄平方 | - 0. 0113 ***<br>（0. 0011） | - 0. 0266 ***<br>（0. 0034） | - 0. 0208 ***<br>（0. 0034） |
| 户主受教育水平 | 0. 0065 ***<br>（0. 0024） | 0. 0060<br>（0. 0089） | 0. 0196 **<br>（0. 0097） |
| 户主婚姻 | 0. 1648 ***<br>（0. 0310） | 0. 4256 ***<br>（0. 0770） | 0. 2602 **<br>（0. 1096） |
| 户主健康水平 | - 0. 0155 **<br>（0. 0060） | - 0. 0017<br>（0. 0185） | - 0. 0820 ***<br>（0. 0201） |
| 户主政治面貌 | 0. 0124<br>（0. 0240） | 0. 0874<br>（0. 0926） | 0. 0122<br>（0. 0714） |
| 家庭规模 | 0. 0651 ***<br>（0. 0063） | 0. 0868 ***<br>（0. 0256） | 0. 0723 ***<br>（0. 0251） |

续表

| 变量 | (1) | (2) | (3) |
| --- | --- | --- | --- |
| | 家庭总支出 | 家庭消费型支出 | 家庭非消费型支出 |
| 家庭老人抚养比 | -0.0784<br>(0.0627) | 0.0635<br>(0.2093) | 0.3964 **<br>(0.1964) |
| 家庭少儿抚养比 | -0.1359 ***<br>(0.0363) | 0.2056 **<br>(0.0971) | -0.4307 ***<br>(0.1240) |
| 家庭收入 | 0.0281 ***<br>(0.0036) | 0.0943 ***<br>(0.0165) | 0.0906 ***<br>(0.0120) |
| 地区经济水平 | 0.1315 **<br>(0.0601) | 0.1243<br>(0.2267) | 0.4352 *<br>(0.2429) |
| 地区教育水平 | 0.0063<br>(0.0156) | 0.0446<br>(0.0680) | -0.0656<br>(0.0426) |
| 家庭固定效应 | 是 | 是 | 是 |
| 年份固定效应 | 是 | 是 | 是 |
| 样本量 | 25926 | 25926 | 25926 |
| $R^2$ | 0.0753 | 0.0580 | 0.0455 |

注：*、**、*** 分别表示在10%、5%、1%的水平下显著；括号内为稳健性标准误。

## 四、不同群体内的影响差异分析

### （一）分不同家庭财富

居民间财富差异可能会影响数字不平等对支出水平的作用，因此本部分将全样本划分为三类：低等财富家庭（家庭财产总量在1/3分位数以下）、中等财富家庭（家庭财产总量在1/3分位数至2/3分位数之间）、高等财富家庭（家庭财产总量在2/3分位数以上），在不同财富群体内部检验数字不平等对家庭支出水平的影响。表5-27中展示了分家庭财富禀赋的异质性分析结果，可以看出数字不平等对支出水平的影响均显著为负，这表明在不同财富禀赋家庭中，数字技能较优家庭支出水平均与数字技能较差家庭支出水平拉开显著差距。再横向对比来看，低等财富家庭中数字不平等对支出水平的负向影响更大，中等财富家庭次之，高等财富家庭最小。可能的原因在于高等财富群体的支出方式和手段受数字技术的影响相对较小，而低等财富群体则相对较大，这使得高等财富群体中数字技能较优和较差群体的支出水平差距小于低等财富群体。

表 5 – 27　　　　　　　　　数字不平等对不同财富禀赋家庭支出的影响

| 变量 | 家庭支出 | | |
|---|---|---|---|
| | (1) | (2) | (3) |
| | 低等财富 | 中等财富 | 高等财富 |
| 数字不平等 | − 0.5086 *** (0.1555) | − 0.3486 *** (0.0996) | − 0.3385 *** (0.0699) |
| 户主性别 | 0.0991 *** (0.0347) | 0.0230 (0.0259) | 0.0320 (0.0228) |
| 户主年龄平方 | − 0.0169 *** (0.0031) | − 0.0071 *** (0.0024) | − 0.0094 *** (0.0018) |
| 户主受教育水平 | − 0.0033 (0.0064) | 0.0058 (0.0056) | − 0.0002 (0.0056) |
| 户主婚姻 | 0.1577 ** (0.0747) | 0.1077 (0.0660) | 0.0928 (0.0746) |
| 户主健康水平 | − 0.0136 (0.0126) | − 0.0256 ** (0.0108) | − 0.0272 ** (0.0107) |
| 户主政治面貌 | − 0.0450 (0.0604) | 0.0350 (0.0527) | 0.0623 * (0.0344) |
| 家庭规模 | 0.0689 *** (0.0185) | 0.0301 ** (0.0136) | 0.0631 *** (0.0141) |
| 家庭老人抚养比 | − 0.0629 (0.1825) | 0.0389 (0.1160) | − 0.0091 (0.1174) |
| 家庭少儿抚养比 | − 0.1289 (0.0874) | − 0.0166 (0.0628) | − 0.1157 ** (0.0528) |

续表

| 变量 | 家庭支出 | | |
|------|------|------|------|
| | (1) | (2) | (3) |
| | 低等财富 | 中等财富 | 高等财富 |
| 家庭收入 | 0.0254*** (0.0079) | 0.0260*** (0.0071) | 0.0137** (0.0066) |
| 地区经济水平 | 0.0345 (0.1096) | 0.0350 (0.0870) | −0.0959 (0.1543) |
| 地区教育水平 | 0.0346 (0.0264) | 0.0094 (0.0361) | 0.0289 (0.0327) |
| 家庭固定效应 | 是 | 是 | 是 |
| 时间固定效应 | 是 | 是 | 是 |
| 样本量 | 8649 | 8635 | 8642 |
| $R^2$ | 0.0649 | 0.0499 | 0.0836 |

注：*、**、***分别表示在10%、5%、1%的水平下显著；括号内为稳健性标准误。

## (二) 分不同受教育水平

教育因素也可能影响数字不平等对支出水平的作用，因此本部分按照户主受教育水平将全样本分为高中学历以下家庭和高中学历及以上家庭，在不同受教育水平群体内部检验数字不平等对支出水平的影响。从表5-28中结果可以看出，不同受教育水平群体中，数字不平等对支出水平的影响均显著为负。从系数的对比来看，低受教育水平群体中，数字技能差异对支出水平的影响更大，而高受教育水平群体中数字技能差异对支出水平的影响相对较小。可能的原因是，高受教育水平群体中通常数字技能水平也较高，该群体中数字技能相对较低的居民也能够享受到数字技术带来的支出便利，而低受教育水平群体中数字技能较差的居民则容易被数字化社会所排斥，数字技能较好的居民才能享受到数字技术提供的支出便利。基于稳健性的考虑，本部分还以中位数为基准，将全样本分为高受教育水平家庭和低受教育水平家庭，对结果重新进行回归，其结果与表5-28中结果基本保持一致。

表 5-28　　　　　　数字不平等对不同受教育水平家庭支出的影响

| 变量 | 家庭支出 | |
|---|---|---|
| | （1） | （2） |
| | 高中学历以下 | 高中学历及以上 |
| 数字不平等 | −0.4142*** | −0.2623*** |
| | (0.0688) | (0.0866) |
| 户主性别 | 0.0536*** | 0.0462 |
| | (0.0157) | (0.0448) |
| 户主年龄平方 | −0.0132*** | −0.0098*** |
| | (0.0013) | (0.0036) |
| 户主受教育水平 | 0.0066* | −0.0276 |
| | (0.0035) | (0.0171) |
| 户主婚姻 | 0.1463*** | 0.1892** |
| | (0.0383) | (0.0823) |
| 户主健康水平 | −0.0155** | −0.0153 |
| | (0.0067) | (0.0133) |
| 户主政治面貌 | 0.0017 | 0.0059 |
| | (0.0339) | (0.0407) |
| 家庭规模 | 0.0676*** | 0.0644*** |
| | (0.0077) | (0.0149) |
| 家庭老人抚养比 | −0.0875 | −0.1042 |
| | (0.0721) | (0.1211) |
| 家庭少儿抚养比 | −0.1467*** | −0.0197 |
| | (0.0428) | (0.0642) |
| 家庭收入 | 0.0279*** | 0.0333*** |
| | (0.0040) | (0.0087) |
| 地区经济水平 | 0.1053 | 0.1395 |
| | (0.0716) | (0.1103) |
| 地区教育水平 | 0.0146 | −0.0408 |
| | (0.0179) | (0.0332) |
| 家庭固定效应 | 是 | 是 |
| 时间固定效应 | 是 | 是 |
| 样本量 | 20560 | 5366 |
| $R^2$ | 0.0717 | 0.0715 |

注：*、**、***分别表示在10%、5%、1%的水平下显著；括号内为稳健性标准误。

### （三）分不同年龄

年龄因素也是影响数字不平等对支出水平作用的重要因素。通常情况下，老年人更容易处于数字鸿沟的弱势端，进而难以同等享受到数字技术带来支出便利，因此本部分将全样本按照户主年龄大小分为三组：较年轻家庭（年龄在 1/3 分位数以下）、较年长家庭（年龄在 1/3 分位数至 2/3 分位数之间）和年长家庭（年龄在 2/3 分位数以上），在不同年龄群体内部检验数字不平等对支出水平的影响。从表 5 - 29 中可以看出，各年龄段群体中，数字不平等对家庭支出水平的影响均显著为负，这表明对于不同年龄层次家庭，数字技能较差均会限制家庭的支出水平。从系数的对比来看，伴随年龄的增加，数字不平等对支出水平的负向影响逐渐增大，可能的原因是年龄越大越容易处于数字鸿沟的弱势一端，其数字技能水平也相对较低。在老年群体中，能够使用手机支付、进行网上购物的居民通常具有更大的消费倾向，购买社会保险的渠道更加多元，对应的支出水平更高，显著高于数字技能较差、不能够使用智能设备的老年群体。而对于较年轻群体，其总体数字技能水平较高，是否能够利用数字技术促进消费并非数字技能较优和较差居民之间的门槛，因此该群体内部数字不平等对支出水平的负向影响小于老年群体。

表 5 - 29　　　　　　数字不平等对不同年龄区间家庭支出的影响

| 变量 | 家庭支出 | | |
|---|---|---|---|
| | （1） | （2） | （3） |
| | 较年轻 | 较年长 | 年长 |
| 数字不平等 | - 0. 3197 *** <br> (0. 0731) | - 0. 4289 *** <br> (0. 1028) | - 0. 5147 *** <br> (0. 1479) |
| 户主性别 | 0. 0685 *** <br> (0. 0219) | 0. 0142 <br> (0. 0290) | 0. 0944 ** <br> (0. 0379) |
| 户主年龄平方 | - 0. 0059 <br> (0. 0048) | 0. 0135 <br> (0. 0169) | - 0. 0118 ** <br> (0. 0058) |
| 户主受教育水平 | 0. 0019 <br> (0. 0044) | 0. 0088 <br> (0. 0064) | 0. 0143 ** <br> (0. 0061) |

续表

| 变量 | 家庭支出 | | |
|---|---|---|---|
| | (1) | (2) | (3) |
| | 较年轻 | 较年长 | 年长 |
| 户主婚姻 | 0.2524 ***<br>(0.0623) | 0.1008<br>(0.1181) | 0.0831<br>(0.0758) |
| 户主健康水平 | −0.0119<br>(0.0078) | −0.0086<br>(0.0134) | −0.0390 ***<br>(0.0104) |
| 户主政治面貌 | 0.0016<br>(0.0425) | 0.0213<br>(0.0531) | −0.0474<br>(0.0400) |
| 家庭规模 | 0.0537 ***<br>(0.0145) | 0.0625 ***<br>(0.0158) | 0.0823 ***<br>(0.0178) |
| 家庭老人抚养比 | −0.0367<br>(0.0838) | −0.1979<br>(0.1565) | −0.3330<br>(0.2547) |
| 家庭少儿抚养比 | −0.0777<br>(0.0846) | −0.0749<br>(0.1495) | −0.0055<br>(0.0551) |
| 家庭收入 | 0.0166 ***<br>(0.0047) | 0.0364 ***<br>(0.0065) | 0.0392 ***<br>(0.0090) |
| 地区经济水平 | −0.0424<br>(0.0801) | 0.2262 **<br>(0.1017) | 0.1759 *<br>(0.0903) |
| 地区教育水平 | 0.0037<br>(0.0280) | 0.0277<br>(0.0595) | 0.0182<br>(0.0266) |
| 家庭固定效应 | 是 | 是 | 是 |
| 时间固定效应 | 是 | 是 | 是 |
| 样本量 | 9201 | 8245 | 8480 |
| $R^2$ | 0.0792 | 0.0435 | 0.0543 |

注：* 、** 、*** 分别表示在 10% 、5% 、1% 的水平下显著；括号内为稳健性标准误。

## （四）分城乡类型

城乡二元结构会影响数字不平等对家庭支出水平的作用，因此本部分将全样本按照户主户口类型分为农村家庭和城市家庭，并考察了城乡回归结果的异质性。从表5–30中可以看出，数字不平等对农村和城市家庭支出水平的影响均显著为负，这表明在考虑到城乡二元结构后，群体内部数字技能较优群体的支出水平均显著高于数字技能较差群体。从系数的对比中可以看出，在城乡群体内部，数字不平等对家庭支出的负向影响基本相同，这表明随着农村数字基础设施的不断完善，数字技术对支出的便利性也逐渐普及到农村地区。与城市地区相同，数字技能较高的群体能够利用数字技术的便利性，比如网络支付、线上购物等，增加自身消费倾向，提高支出水平，而城乡内部数字技能较弱群体则可能不能享受到同等便利，其支出水平也会被拉开差距。

表5–30　　　　　　　　数字不平等对分城乡家庭支出的影响

| 变量 | 家庭支出 | |
|---|---|---|
| | （1） | （2） |
| | 农村 | 城市 |
| 数字不平等 | -0.4448 *** (0.0669) | -0.4429 *** (0.0688) |
| 户主性别 | 0.0586 *** (0.0149) | 0.0211 (0.0254) |
| 户主年龄平方 | -0.0131 *** (0.0014) | -0.0069 *** (0.0024) |
| 户主受教育水平 | 0.0048 * (0.0029) | 0.0026 (0.0063) |
| 户主婚姻 | 0.1563 *** (0.0394) | 0.1886 *** (0.0512) |
| 户主健康水平 | -0.0164 ** (0.0067) | -0.0205 (0.0130) |
| 户主政治面貌 | 0.0280 (0.0381) | -0.0000 (0.0316) |
| 家庭规模 | 0.0634 *** (0.0077) | 0.0607 *** (0.0144) |
| 家庭老人抚养比 | -0.0591 (0.0812) | 0.0854 (0.0949) |

续表

| 变量 | 家庭支出 | |
|---|---|---|
| | (1) | (2) |
| | 农村 | 城市 |
| 家庭少儿抚养比 | −0.1662*** <br> (0.0496) | −0.0361 <br> (0.0514) |
| 家庭收入 | 0.0278*** <br> (0.0040) | 0.0291*** <br> (0.0069) |
| 地区经济水平 | 0.1832** <br> (0.0851) | −0.0079 <br> (0.0979) |
| 地区教育水平 | 0.0106 <br> (0.0175) | −0.0193 <br> (0.0349) |
| 家庭固定效应 | 是 | 是 |
| 时间固定效应 | 是 | 是 |
| 样本量 | 18765 | 7161 |
| $R^2$ | 0.0745 | 0.0844 |

注：*、**、***分别表示在10%、5%、1%的水平下显著；括号内为稳健性标准误。

## （五）分不同地区

地区差异也是影响数字不平等对家庭支出作用的因素，因此本部分按照户主户口所在地区将全样本分为四类：东部地区家庭、中部地区家庭、西部地区家庭和东北地区家庭。从表5-31中可以看出，各地区内部数字不平等对家庭支出水平的影响均显著为负。再从系数的对比来看，西部地区内部数字不平等的影响程度更大，而东部地区内部数字不平等的影响程度较小，这与地区数字经济发展水平相关。东部地区数字经济发展水平较高，数字基础设施完善，数字经济产业结构丰富，居民数字技能水平较高，数字技能弱对支出行为的限制相对较小；而西部地区数字经济发展水平偏低，数字基础设施不够完善，居民数字技能水平偏低，数字技能弱对支出行为的限制则相对较大，这是系数存在差异的主要原因。

表 5-31　　　　　　　数字不平等对不同地区家庭支出的影响

| 变量 | 家庭支出 | | | |
|---|---|---|---|---|
| | （1） | （2） | （3） | （4） |
| | 东部地区 | 中部地区 | 西部地区 | 东北地区 |
| 数字不平等 | -0.3562 *** <br> (0.0774) | -0.4206 *** <br> (0.0827) | -0.6030 *** <br> (0.1261) | -0.3882 *** <br> (0.0916) |
| 户主性别 | 0.0483 * <br> (0.0240) | 0.0784 *** <br> (0.0246) | 0.0372 <br> (0.0245) | 0.0256 <br> (0.0311) |
| 户主年龄平方 | -0.0117 *** <br> (0.0020) | -0.0108 *** <br> (0.0028) | -0.0117 *** <br> (0.0015) | -0.0109 *** <br> (0.0034) |
| 户主受教育水平 | 0.0032 <br> (0.0040) | 0.0078 <br> (0.0051) | 0.0056 <br> (0.0039) | 0.0137 * <br> (0.0067) |
| 户主婚姻 | 0.2064 *** <br> (0.0602) | 0.1590 ** <br> (0.0639) | 0.1955 *** <br> (0.0563) | 0.0359 <br> (0.0736) |
| 户主健康水平 | -0.0284 ** <br> (0.0115) | -0.0131 <br> (0.0118) | -0.0027 <br> (0.0110) | -0.0225 * <br> (0.0129) |
| 户主政治面貌 | 0.0957 ** <br> (0.0444) | -0.0374 <br> (0.0461) | 0.0052 <br> (0.0521) | -0.0823 * <br> (0.0465) |
| 家庭规模 | 0.0627 *** <br> (0.0092) | 0.0687 *** <br> (0.0137) | 0.0562 *** <br> (0.0116) | 0.1008 *** <br> (0.0178) |
| 家庭老人抚养比 | -0.1604 <br> (0.0984) | -0.0340 <br> (0.1520) | 0.0132 <br> (0.1169) | -0.1747 <br> (0.1130) |
| 家庭少儿抚养比 | -0.1293 *** <br> (0.0472) | -0.1901 * <br> (0.0978) | -0.1465 * <br> (0.0811) | -0.0886 <br> (0.0630) |
| 家庭收入 | 0.0269 *** <br> (0.0061) | 0.0304 *** <br> (0.0070) | 0.0339 *** <br> (0.0075) | 0.0178 ** <br> (0.0079) |
| 地区经济水平 | 0.0390 <br> (0.1881) | 0.5003 *** <br> (0.1765) | 0.1833 <br> (0.1491) | 0.1088 <br> (0.0970) |
| 地区教育水平 | 0.0176 <br> (0.0240) | -0.0154 <br> (0.0356) | 0.0017 <br> (0.0299) | -0.0476 <br> (0.0565) |
| 家庭固定效应 | 是 | 是 | 是 | 是 |
| 时间固定效应 | 是 | 是 | 是 | 是 |
| 样本量 | 7986 | 6465 | 7371 | 4104 |
| $R^2$ | 0.0742 | 0.0783 | 0.0779 | 0.0798 |

注：*、**、***分别表示在10%、5%、1%的水平下显著；括号内为稳健性标准误。

## 五、机制分析：支付手段与支付成本

### (一) 支付手段

数字技术的飞速发展带来了支付手段的革新，从传统的现金、银行卡支付逐渐转变为线上的网络第三方支付或网上银行支付，这极大程度上降低了支付成本，增加了居民的消费倾向，随着数字支付的不断普及，其便利性带来的支出水平的提升也逐渐显现，但由于数字不平等现象的存在，这种数字支付的便利性和低成本性更多体现在数字技能较高的群体中，而较少覆盖数字技能较差群体。但可以看出，数字支付技术在不断创新，其普惠性越来越显著，低门槛性使得数字支付技术能够缓解数字不平等对支出水平的限制。为检验数字支付的普惠性是否能够缓解数字不平等的负向影响，本部分使用互联网支付作为支付手段革新的代表，将其作为调节变量进行检验。具体的，居民数字支付手段较多，如网上银行支付、支付宝、微信支付、Apple Pay 等，出于数据可得性的考虑，本部分使用北京大学数字普惠金融中心和蚂蚁金服合作编制的数字普惠金融指数中的支付子指数作为代理性指标进行检验。还需要说明的是，支付指数属于地区层面的变量，而本部分主要考察的是家庭样本，由于使用数字支付的基础条件为使用互联网，未接入互联网的家庭则不能享受到数字支付对支出带来的便利，因此本部分将支付指数与家庭是否使用互联网做交互作为家庭网络支付的代理指标。

本部分将数字不平等与网络支付做交互项，考察数字支付是否能够缓解数字不平等对支出水平的负向作用，结果见表 5 - 32。表中列 (1) 结果显示，数字不平等对家庭支出的影响显著为负，但交互项的系数显著为正，这表明网络支付能够减弱数字不平等对支出的负向影响，也进一步验证了数字支付的普惠性。同时，本部分还将所有细分类型的支出作为被解释变量进行回归，表 5 - 32 中仅列示了关键解释变量显著的结果，出于篇幅考虑，不显著的结果放在附表 12 中。表 5 - 32 列 (2) 和列 (3) 结果显示，数字支付主要缓解了数字不平等对家庭设备及日用品支出、衣着鞋帽支出等的负向影响，即数字支付的普惠性主要体现在家庭的基础性支出上，数字支付对家庭其他类型支出，如文娱支出、福利性支出等的普惠性并不明显。再进一步的解释为，数字技能较差的居民也逐渐能够使用数字支付进行基础性支出，但其使用数字支付进行文娱支出、福利性支出等的倾向则不明显。

表 5－32　　　　　　　　支付手段的机制检验结果

| 变量 | (1)<br>家庭总支出 | (2)<br>家庭日用品支出 | (3)<br>家庭衣着鞋帽支出 |
|---|---|---|---|
| 数字不平等 | − 0.4138 ***<br>(0.0506) | − 1.0748 ***<br>(0.1509) | − 0.4745 ***<br>(0.1296) |
| 数字不平等×网络支付 | 0.0008 **<br>(0.0003) | 0.0018 **<br>(0.0007) | 0.0011 *<br>(0.0007) |
| 户主性别 | 0.0473 ***<br>(0.0129) | 0.0123<br>(0.0396) | − 0.0285<br>(0.0388) |
| 户主年龄平方 | − 0.0112 ***<br>(0.0011) | − 0.0250 ***<br>(0.0023) | − 0.0283 ***<br>(0.0026) |
| 户主受教育水平 | 0.0065 ***<br>(0.0024) | 0.0135 **<br>(0.0058) | 0.0204 ***<br>(0.0063) |
| 户主婚姻 | 0.1656 ***<br>(0.0311) | 0.2432 ***<br>(0.0662) | 0.0608<br>(0.0672) |
| 户主健康水平 | − 0.0151 **<br>(0.0060) | − 0.0331 **<br>(0.0137) | 0.0203<br>(0.0133) |
| 户主政治面貌 | 0.0133<br>(0.0241) | 0.2880 ***<br>(0.0808) | − 0.0315<br>(0.0527) |
| 家庭规模 | 0.0655 ***<br>(0.0063) | 0.0746 ***<br>(0.0185) | 0.1230 ***<br>(0.0191) |
| 家庭老人抚养比 | − 0.0816<br>(0.0632) | − 0.1631<br>(0.1475) | − 0.4185 ***<br>(0.1341) |
| 家庭少儿抚养比 | − 0.1378 ***<br>(0.0363) | − 0.1970 **<br>(0.0755) | − 0.1839 **<br>(0.0846) |
| 家庭收入 | 0.0282 ***<br>(0.0036) | 0.0587 ***<br>(0.0088) | 0.0699 ***<br>(0.0091) |

续表

| 变量 | (1) | (2) | (3) |
|---|---|---|---|
| | 家庭总支出 | 家庭日用品支出 | 家庭衣着鞋帽支出 |
| 地区经济水平 | 0.1265 **<br>(0.0601) | 0.0494<br>(0.1284) | 0.1332<br>(0.1865) |
| 地区教育水平 | 0.0063<br>(0.0155) | − 0.0184<br>(0.0426) | − 0.0229<br>(0.0294) |
| 家庭固定效应 | 是 | 是 | 是 |
| 年份固定效应 | 是 | 是 | 是 |
| 样本量 | 25926 | 25926 | 25926 |
| $R^2$ | 0.0753 | 0.0345 | 0.0342 |

注：*、**、*** 分别表示在10%、5%、1%的水平下显著；括号内为稳健性标准误。

## （二）支付成本

传统线下商品或服务的购买需要付出时间和人力成本，在电子商务模式出现后，消费场景逐渐由线下转变为线上，以时间和人力成本为代表的消费成本被不断压缩，并且网店中商品种类丰富，消费者保障机制也不断完善，这均促使了居民更多使用网上购物的方式缩小支付成本，增加消费倾向。但由于数字鸿沟的存在，数字技能较弱的居民对网购的接触较少，并不能够享受到相应的物流便利。

本部分以家庭是否网购作为中介变量，检验数字不平等是否通过限制家庭网上购物，进而降低家庭支出水平。表5－33中列（1）的回归结果显示，数字不平等对家庭是否网购的影响显著为负，这表明数字技能差的家庭较少参与网购行为。需要说明的是，由于是否网购为二元0－1变量，列（1）主要使用了 Probit 回归模型。再从列（3）回归结果看出，是否网购对家庭支出的影响显著为正。因此，综合列（1）和列（3）回归结果，数字不平等通过限制家庭网购行为，进而降低家庭支出水平。进一步，为检验结果的稳健性，本部分还使用网购花费金额作为中介变量重新进行检验，综合列（2）和列（4）回归结果，验证了数字不平等通过限制网购，降低居民支出水平的结论。

表 5 - 33 支付成本的机制检验结果

| 变量 | （1）是否网购 | （2）网购花费 | （3）家庭支出 | （4）家庭支出 |
|---|---|---|---|---|
| 数字不平等 | - 4. 0548 *** (0. 0780) | - 6. 5032 *** (0. 1889) | | |
| 是否网购 | | | 0. 1180 *** (0. 0198) | |
| 网购花费 | | | | 0. 0174 *** (0. 0031) |
| 户主性别 | - 0. 0107 (0. 0245) | - 0. 0522 (0. 0451) | 0. 0500 *** (0. 0128) | 0. 0503 *** (0. 0128) |
| 户主年龄平方 | - 0. 0208 *** (0. 0013) | - 0. 0300 *** (0. 0032) | - 0. 0114 *** (0. 0011) | - 0. 0113 *** (0. 0011) |
| 户主受教育水平 | 0. 0065 ** (0. 0031) | 0. 0228 *** (0. 0075) | 0. 0064 *** (0. 0024) | 0. 0063 *** (0. 0024) |
| 户主婚姻 | - 0. 0724 * (0. 0373) | - 0. 2293 *** (0. 0874) | 0. 1634 *** (0. 0310) | 0. 1644 *** (0. 0309) |
| 户主健康水平 | - 0. 0026 (0. 0103) | - 0. 0289 * (0. 0164) | - 0. 0143 ** (0. 0060) | - 0. 0143 ** (0. 0060) |
| 户主政治面貌 | - 0. 0670 (0. 0502) | - 0. 1114 (0. 0788) | 0. 0117 (0. 0241) | 0. 0124 (0. 0242) |
| 家庭规模 | 0. 0337 *** (0. 0099) | - 0. 0489 ** (0. 0227) | 0. 0686 *** (0. 0064) | 0. 0689 *** (0. 0064) |
| 家庭老人抚养比 | 0. 5530 *** (0. 1175) | 0. 9504 *** (0. 2167) | - 0. 0888 (0. 0631) | - 0. 0913 (0. 0632) |
| 家庭少儿抚养比 | - 0. 1973 *** (0. 0548) | - 0. 6603 *** (0. 1091) | - 0. 1533 *** (0. 0363) | - 0. 1510 *** (0. 0363) |
| 家庭收入 | 0. 0016 (0. 0058) | 0. 0137 (0. 0107) | 0. 0291 *** (0. 0037) | 0. 0290 *** (0. 0037) |
| 地区经济水平 | - 0. 0832 (0. 1501) | 0. 3174 ** (0. 1319) | 0. 1276 ** (0. 0608) | 0. 1245 ** (0. 0609) |

| 变量 | (1) | (2) | (3) | (4) |
|---|---|---|---|---|
| | 是否网购 | 网购花费 | 家庭支出 | 家庭支出 |
| 地区教育水平 | 0.0820 ** <br> (0.0348) | 0.1189 ** <br> (0.0526) | 0.0070 <br> (0.0158) | 0.0067 <br> (0.0157) |
| 家庭固定效应 | 否 | 是 | 是 | 是 |
| 区县固定效应 | 是 | 否 | 否 | 否 |
| 年份固定效应 | 是 | 是 | 是 | 是 |
| 样本量 | 25926 | 25926 | 25926 | 25926 |
| Pseudo $R^2/R^2$ | 0.3576 | 0.1397 | 0.0736 | 0.0742 |

注：＊、＊＊、＊＊＊分别表示在10%、5%、1%的水平下显著；括号内为稳健性标准误。

# 第六节　数字不平等与居民主观福利

## 一、数字不平等对居民主观福利的影响

表5-34中展示了数字不平等对家庭主观福利的基准回归结果。从列（1）结果中可以看出，数字不平等程度能够显著降低家庭幸福感。可能的原因是数字技术发展越来越快，社会生产、服务活动中的数字化程度越来越高，数字技能较差的群体较难融入数字化社会中，进而产生排斥效应，降低居民家庭幸福感。从不同类型的数字不平等来看，数字接入、使用、获益不平等均能够显著降低居民家庭幸福感，这表明不同层级的数字技能掌握较差均会被数字化社会所排斥，进而影响自身的主观福利。进一步，对比列（2）至列（4）关键变量的回归系数可以看出，数字使用不平等对家庭幸福感的负向影响最大，其次为数字获益不平等，数字接入不平等对家庭幸福感的负向影响最小。这说明居民ICT使用与主观福利的相关程度更大，比如居民使用智能手机社交、聊天、娱乐能够显著提升自身主观福利，提高幸福程度，而处于ICT使用劣势端的居民幸福感程度则被拉开较大差距。居民ICT接入与主观福利的相关程度相对较小，比如居民是否能够接触到互联网对其主观福利的影响较小，即能够接触互联网居民与未能接触互联网

居民幸福感的平均水平差异相对较小。

还需要说明的是，家庭幸福感指标属于相对主观的变量，原有控制变量多属于客观指标。因此为排除遗漏变量的影响，减少估计偏误，本部分在基准回归结果中同时加入了户主信仰和户主自评社会地位等主观性变量。显然，是否拥有信仰或是否信教，以及社会地位高低均会显著影响主观幸福感，一般的，由于拥有信仰的居民其精神有所寄托，幸福感程度可能偏高，但这也受其他协变量的影响，此外，自评社会地位越高，居民主观幸福感程度可能越高。从表 5-34 中回归结果可以看出，列（1）至列（4）回归结果中，户主信仰变量对主观幸福感的影响为正，但不显著，户主自评社会地位对主观幸福感的影响显著为正，该结果验证了前文理论分析的结论。此外，家庭收入也会显著影响主观幸福感，因此模型中同样也加入家庭总收入作为控制变量，一般的，家庭收入水平越高，家庭幸福感程度越高。从回归结果中可以看出，家庭收入对主观幸福感的影响均显著为正，这也验证了前文理论分析结论。

表 5-34　　　　　数字不平等对家庭主观福利的基准回归结果

| 变量 | 家庭幸福感 | | | |
|---|---|---|---|---|
| | （1） | （2） | （3） | （4） |
| 数字不平等 | -1.2392 *** (0.1873) | | | |
| 数字接入不平等 | | -0.9086 *** (0.1308) | | |
| 数字使用不平等 | | | -1.1933 *** (0.1752) | |
| 数字获益不平等 | | | | -0.9326 *** (0.1712) |
| 户主性别 | 0.0280 (0.0364) | 0.0302 (0.0364) | 0.0300 (0.0362) | 0.0289 (0.0364) |
| 户主年龄平方 | -0.0013 (0.0022) | -0.0017 (0.0022) | -0.0014 (0.0022) | -0.0019 (0.0022) |

续表

| 变量 | 家庭幸福感 | | | |
|---|---|---|---|---|
| | （1） | （2） | （3） | （4） |
| 户主受教育水平 | 0.0090<br>（0.0059） | 0.0091<br>（0.0060） | 0.0091<br>（0.0059） | 0.0093<br>（0.0060） |
| 户主婚姻 | 0.2049***<br>（0.0626） | 0.2075***<br>（0.0624） | 0.2049***<br>（0.0628） | 0.1935***<br>（0.0625） |
| 户主健康水平 | 0.0980***<br>（0.0130） | 0.0990***<br>（0.0130） | 0.0972***<br>（0.0130） | 0.0984***<br>（0.0129） |
| 户主政治面貌 | -0.2011***<br>（0.0598） | -0.2058***<br>（0.0603） | -0.1938***<br>（0.0591） | -0.2033***<br>（0.0596） |
| 户主信仰 | 0.0243<br>（0.0437） | 0.0276<br>（0.0436） | 0.0239<br>（0.0437） | 0.0272<br>（0.0436） |
| 户主社会地位 | 0.1055***<br>（0.0179） | 0.1054***<br>（0.0178） | 0.1061***<br>（0.0179） | 0.1059***<br>（0.0179） |
| 家庭规模 | -0.2010***<br>（0.0233） | -0.1994***<br>（0.0232） | -0.2017***<br>（0.0232） | -0.1970***<br>（0.0233） |
| 家庭老人抚养比 | 1.5089***<br>（0.1788） | 1.5144***<br>（0.1796） | 1.4715***<br>（0.1769） | 1.5172***<br>（0.1785） |
| 家庭少儿抚养比 | -0.0171<br>（0.1158） | -0.0369<br>（0.1142） | -0.0207<br>（0.1161） | -0.0379<br>（0.1150） |
| 家庭收入 | 0.0196**<br>（0.0083） | 0.0208**<br>（0.0082） | 0.0198**<br>（0.0083） | 0.0204**<br>（0.0083） |
| 地区经济水平 | 0.5020**<br>（0.2470） | 0.5032**<br>（0.2469） | 0.5163**<br>（0.2475） | 0.4988**<br>（0.2479） |
| 地区教育水平 | -0.0247<br>（0.0552） | -0.0214<br>（0.0549） | -0.0267<br>（0.0550） | -0.0232<br>（0.0553） |
| 家庭固定效应 | 是 | 是 | 是 | 是 |
| 年份固定效应 | 是 | 是 | 是 | 是 |
| 样本量 | 25926 | 25926 | 25926 | 25926 |
| $R^2$ | 0.8452 | 0.8451 | 0.8452 | 0.8449 |

注：*、**、*** 分别表示在10%、5%、1%的水平下显著；括号内为稳健性标准误。

## 二、分时段和分主观福利类型的回归结果

### （一）分年度回归结果

为考察数字不平等对家庭幸福感的动态影响，本部分分年度进行回归，结果见表5-35。表中结果显示，数字不平等对家庭幸福感的影响负向显著，这表明数字技能较差能够显著抑制居民幸福感，而数字技能较优的居民能够利用数字技术，更好地融入数字化社会，进而提升自身的幸福感。还值得关注的是，数字不平等影响幸福感的系数大小呈现"U型"变动，即第一期样本中数字不平等对家庭幸福感的负向影响较大，第二期样本中这种负向影响变小，第三期样本中负向影响又变大。可能的原因在于，在第一期中，数字基础设施水平相对较低，各地区间数字经济发展差异相对较大，数字技能较优和数字技能较差群体之间利用数字技术提升自身主观福利的差距很大。而伴随数字经济的快速发展，一级和二级数字鸿沟的不断弥合，在第二期中，数字技能较优和数字技能较差群体间利用数字技术提升主观福利的差距逐渐缩小。然而伴随新一代信息技术的快速发展，如人工智能、大数据、区块链、物联网等技术的接入与普及，数字化社会中对居民数字技能的要求也逐渐增加，对能够提升主观福利的数字技术的门槛也不断提高，因此在第三期中，数字不平等影响居民幸福感的系数相比第二期中更大。

本部分还分别针对不同数字不平等类型，将数字接入、使用和获益不平等分别作为关键解释变量重新进行回归，结果见附表13至附表15。结果显示，三种类型的数字不平等对幸福感的影响均显著为负，其系数也均呈现先下降后上升的趋势，这与表5-35中结果基本保持一致。对比来看，三期样本中，数字使用不平等对居民幸福感的负向影响最大，其次为数字获益不平等，最后是数字接入不平等，这与基准回归结果保持一致。表明在考察分类型数字不平等对幸福感的动态影响时，数字技术的使用差异与家庭幸福感的相关性最大，而代表一级数字鸿沟的数字技术接入差异对家庭幸福感的影响最小，这与数字技术的自身性质相关，并非数字技能层级越高，对居民主观福利的促进作用越大。

表 5 - 35 数字不平等对家庭幸福感的分年度回归结果

| 变量 | 家庭幸福感 | | |
|---|---|---|---|
| | （1） | （2） | （3） |
| | 2014 年 | 2016 年 | 2018 年 |
| 数字不平等 | - 1. 5124 *** <br> （0. 2640） | - 0. 2254 *** <br> （0. 0668） | - 0. 9987 *** <br> （0. 1819） |
| 户主性别 | - 0. 0466 <br> （0. 0477） | - 0. 0251 <br> （0. 0206） | 0. 0128 <br> （0. 0538） |
| 户主年龄平方 | - 0. 0020 <br> （0. 0029） | - 0. 0029 *** <br> （0. 0009） | 0. 0047 * <br> （0. 0025） |
| 户主受教育水平 | 0. 0168 *** <br> （0. 0060） | - 0. 0029 <br> （0. 0019） | 0. 0176 *** <br> （0. 0060） |
| 户主婚姻 | 0. 8566 *** <br> （0. 0905） | - 0. 1103 *** <br> （0. 0322） | 0. 6775 *** <br> （0. 0749） |
| 户主健康水平 | 0. 2104 *** <br> （0. 0213） | 0. 0139 ** <br> （0. 0064） | 0. 2219 *** <br> （0. 0201） |
| 户主政治面貌 | 0. 2653 *** <br> （0. 0928） | 0. 0187 <br> （0. 0283） | - 0. 1096 <br> （0. 3164） |
| 户主信仰 | 0. 1047 * <br> （0. 0598） | 0. 0020 <br> （0. 0211） | 0. 0594 <br> （0. 0568） |
| 户主社会地位 | 0. 2742 *** <br> （0. 0273） | 0. 0038 <br> （0. 0070） | 0. 3209 *** <br> （0. 0259） |
| 家庭规模 | - 0. 2302 *** <br> （0. 0291） | 0. 0157 * <br> （0. 0082） | - 0. 2173 *** <br> （0. 0222） |
| 家庭老人抚养比 | 1. 1326 *** <br> （0. 3646） | 0. 0510 <br> （0. 1336） | 2. 0764 *** <br> （0. 1988） |
| 家庭少儿抚养比 | 0. 3806 *** <br> （0. 1099） | - 0. 0523 ** <br> （0. 0251） | 0. 2497 ** <br> （0. 1055） |
| 家庭收入 | 0. 0154 <br> （0. 0099） | 0. 0058 <br> （0. 0036） | 0. 0569 *** <br> （0. 0142） |

续表

| 变量 | 家庭幸福感 | | |
|---|---|---|---|
| | (1) | (2) | (3) |
| | 2014 年 | 2016 年 | 2018 年 |
| 地区经济水平 | 0.6143<br>(0.4496) | 0.0473<br>(0.2116) | 0.4845 *<br>(0.2875) |
| 地区教育水平 | − 0.1328<br>(0.1006) | 0.0164<br>(0.0389) | − 0.0894<br>(0.0696) |
| 村庄固定效应 | 是 | 是 | 是 |
| 样本量 | 8642 | 8642 | 8642 |
| $R^2$ | 0.3289 | 0.1542 | 0.2572 |

注：＊、＊＊、＊＊＊分别表示在 10%、5%、1% 的水平下显著；括号内为稳健性标准误。

### （二）分主观福利类型的回归结果

本部分使用家庭幸福感表征居民的主观福利，具体的，根据不同场景，将家庭幸福感进一步分为家庭工作满意度和家庭生活满意度，来考察数字不平等对不同类型主观福利的影响。表 5 - 36 中结果显示，数字不平等对家庭工作、生活满意度的影响均显著为负，这表明数字技能较差的居民在工作、生活等方面的幸福感均显著低于数字技能较优的居民。可能的原因在于，一方面，数字技术能够减少信息不对称性，降低道德风险，增加就业概率，促进就业方式多元化，提高就业地点的灵活程度，并且数字技能高的群体还能够利用数字技术提高自身收入水平，因而数字技术能够提高工作满意度。相对而言，数字技能较差群体的工作满意度水平较低。另一方面，数字技术的使用能够增加居民的娱乐渠道，拓宽居民的社交范围，如网上聊天、网络短视频、网上直播等，同时数字技术带来的便利性也极大提高了居民的生活质量，如网上购物、数字媒体等；而在数字不平等弱势一端，数字技能较差群体则较难融入数字化社会中，生活满意度水平偏低。对比来看，数字不平等对家庭工作满意度的负向影响略大于家庭生活满意度，可能的原因是居民工作时间普遍大于闲暇时间，群体内部工作的重要性相对高于闲暇的重要性，工作满意度在居民幸福感中所占比重更大，数字技能差异对工作满意度的影响相对更大。

表 5-36　　　　　　数字不平等对不同类型家庭主观福利的回归结果

| 变量 | 家庭幸福感 | |
| --- | --- | --- |
| | （1） | （2） |
| | 家庭工作满意度 | 家庭生活满意度 |
| 数字不平等 | -0.5748 *** | -0.4149 *** |
| | (0.0650) | (0.0860) |
| 户主性别 | 0.0314 ** | 0.0058 |
| | (0.0132) | (0.0148) |
| 户主年龄平方 | 0.0013 | 0.0032 *** |
| | (0.0010) | (0.0010) |
| 户主受教育水平 | 0.0009 | 0.0030 |
| | (0.0029) | (0.0027) |
| 户主婚姻 | 0.0677 ** | 0.1003 *** |
| | (0.0265) | (0.0298) |
| 户主健康水平 | 0.0272 *** | 0.0436 *** |
| | (0.0065) | (0.0060) |
| 户主政治面貌 | -0.0375 | -0.0102 |
| | (0.0311) | (0.0283) |
| 户主信仰 | 0.0382 * | 0.0133 |
| | (0.0193) | (0.0158) |
| 户主社会地位 | 0.0362 *** | 0.1217 *** |
| | (0.0062) | (0.0068) |
| 家庭规模 | -0.1836 *** | -0.1312 *** |
| | (0.0084) | (0.0109) |
| 家庭老人抚养比 | -1.2108 *** | -1.2234 *** |
| | (0.0530) | (0.0806) |
| 家庭少儿抚养比 | -0.2287 *** | 0.1601 *** |
| | (0.0556) | (0.0450) |

续表

| 变量 | 家庭幸福感 | |
|---|---|---|
| | （1） | （2） |
| | 家庭工作满意度 | 家庭生活满意度 |
| 家庭收入 | 0.0205 *** | − 0.0015 |
| | （0.0043） | （0.0037） |
| 地区经济水平 | 0.0276 | − 0.0018 |
| | （0.0690） | （0.0777） |
| 地区教育水平 | 0.0218 | − 0.0192 |
| | （0.0134） | （0.0150） |
| 村庄固定效应 | 是 | 是 |
| 样本量 | 25926 | 25926 |
| $R^2$ | 0.0937 | 0.1003 |

注：* 、** 、*** 分别表示在10% 、5% 、1% 的水平下显著；括号内为稳健性标准误。

## 三、稳健性检验

### （一）工具变量检验

数字技能差异能够影响居民的主观福利，反之居民幸福感的变动也可能激励居民改变自身的数字技能，比如幸福程度较低的居民可能试图利用学习数字技能，增加娱乐方式，进而提升自身的主观福利。这可能导致回归模型出现反向因果问题，进而引起内生性偏误。为解决潜在的内生性问题，本书同样使用工具变量方法对模型进行重新回归，选取的工具变量分别为历史份额×时间序列和地理距离×时间序列两种类型变量，具体为1984 年人均邮局拥有量与地区数字技能的交互项和所在地区距离省会的球面距离与地区数字不平等程度的交互项，回归结果见表5－37。结果显示，两类工具变量与数字不平等均具有较强的相关性，两类工具变量也均通过了可识别检验和弱工具变量检验，并且在使用工具变量对原解释变量拟合后，数字不平等对家庭幸福感的影响同样显著为负，这表明本部分的基准回归结果具有一定的稳健性。

表 5 - 37                          数字不平等影响主观福利的工具变量检验结果

| 变量 | (1) | (2) | (3) | (4) |
|---|---|---|---|---|
| | 数字不平等 | 家庭幸福感 | 数字不平等 | 家庭幸福感 |
| 数字不平等指数 | | - 5. 2125 **<br>(2. 3043) | | - 6. 0641 **<br>(2. 9249) |
| 工具变量 I<br>(1984 年人均邮局 ×<br>地区数字技能) | - 0. 6807 ***<br>(0. 1214) | | | |
| 工具变量 Ⅱ<br>(距省会球面距离 ×<br>地区数字不平等) | | | 0. 0013 ***<br>(0. 0003) | |
| Ⅳ可识别检验 | | 30. 493<br>< 0. 0000 > | | 25. 925<br>< 0. 0000 > |
| 弱Ⅳ检验 I | | 273. 547<br>[16. 38] | | 118. 703<br>[16. 38] |
| 弱Ⅳ检验 Ⅱ | | 31. 444 | | 17. 748 |
| 样本数 | 25926 | 25926 | 25926 | 25926 |
| $R^2$ | 0. 1686 | 0. 8361 | 0. 1612 | 0. 8317 |

注: ①表中使用 Kleibergen - Paap rk LM 统计量进行可识别检验, < > 中为检验统计量的 p 值; ②弱Ⅳ检验 I 中使用的是 Cragg - Donald Wald F 统计量, [ ] 中为 Stock - Yogo 弱识别检验容忍 10% 扭曲下对应的临界值; ③弱Ⅳ检验 Ⅱ 中使用的是第一阶段 F 统计量; ④列 (1)、列 (2) 和列 (3)、列 (4) 分别为工具变量 I 和工具变量 Ⅱ 的第一阶段、第二阶段回归结果, 均为聚类到城市层面的稳健性标准误, 其中 * 、 ** 、 *** 分别表示在 10% 、5% 、1% 的水平下显著。

## (二) 替换变量检验

本部分主要使用信息熵权法对数字不平等进行测度。信息熵权法综合考虑了数字技能综合评价体系中的所有指标, 这可能会掩盖部分重要指标信息, 因此在稳健性检验中重新使用因子分析法对数字不平等进行重新测度, 并对结果进行重新回归, 结果见表 5 - 38。结果发现, 重新测算的数字不平等指数对家庭幸福感的影响同样显著为负, 这说明了数字技能较差群体的家庭幸福感水平较低这一结论是稳健的。进一步, 本部分还考察了重新测算后的数字不平等指数对家庭工作满意度和家庭生活满意度的影响, 结果发现系数同样显著为负, 并且家庭工作满意度的系数略大于家庭生活满意度，这与分样本回归结果基本保持一致。以上结果均表明本书的基准回归结果具有一定的稳健性。

表 5-38　　　　数字不平等对家庭主观福利的影响结果（基于因子分析法）

| 变量 | （1）家庭幸福感 | （2）家庭工作满意度 | （3）家庭生活满意度 |
|---|---|---|---|
| 数字不平等 | -1.0306 *** (0.1820) | -0.4648 *** (0.0655) | -0.3637 *** (0.0879) |
| 户主性别 | 0.0304 (0.0362) | 0.0325 ** (0.0131) | 0.0065 (0.0148) |
| 户主年龄平方 | -0.0015 (0.0022) | 0.0013 (0.0010) | 0.0032 *** (0.0010) |
| 户主受教育水平 | 0.0091 (0.0059) | 0.0010 (0.0029) | 0.0031 (0.0027) |
| 户主婚姻 | 0.1991 *** (0.0627) | 0.0649 ** (0.0266) | 0.0986 *** (0.0300) |
| 户主健康水平 | 0.0978 *** (0.0129) | 0.0272 *** (0.0065) | 0.0435 *** (0.0060) |
| 户主政治面貌 | -0.2002 *** (0.0593) | -0.0371 (0.0313) | -0.0098 (0.0283) |
| 户主信仰 | 0.0249 (0.0439) | 0.0386 ** (0.0191) | 0.0133 (0.0158) |
| 户主社会地位 | 0.1059 *** (0.0179) | 0.0364 *** (0.0062) | 0.1219 *** (0.0068) |
| 家庭规模 | -0.1995 *** (0.0233) | -0.1829 *** (0.0084) | -0.1309 *** (0.0109) |
| 家庭老人抚养比 | 1.4971 *** (0.1780) | -1.2162 *** (0.0532) | -1.2275 *** (0.0802) |
| 家庭少儿抚养比 | -0.0195 (0.1168) | -0.2307 *** (0.0567) | 0.1607 *** (0.0454) |

续表

| 变量 | (1) | (2) | (3) |
| --- | --- | --- | --- |
| | 家庭幸福感 | 家庭工作满意度 | 家庭生活满意度 |
| 家庭收入 | 0.0199 **<br>(0.0083) | 0.0207 ***<br>(0.0043) | − 0.0015<br>(0.0037) |
| 地区经济水平 | 0.5104 **<br>(0.2486) | 0.0315<br>(0.0689) | 0.0010<br>(0.0784) |
| 地区教育水平 | − 0.0262<br>(0.0555) | 0.0211<br>(0.0136) | − 0.0199<br>(0.0152) |
| 家庭固定效应 | 是 | 是 | 是 |
| 年份固定效应 | 是 | 是 | 是 |
| 样本量 | 25926 | 25926 | 25926 |
| $R^2$ | 0.8449 | 0.0917 | 0.0996 |

注：＊、＊＊、＊＊＊分别表示在10%、5%、1%的水平下显著；括号内为稳健性标准误。

### （三）遗漏变量检验

遗漏变量同样是引起内生性、导致回归结果出现偏误的重要因素。家庭幸福感属于居民主观福利变量，其影响因素相对于客观变量更多。社会保险也可能是影响家庭幸福感的重要变量之一，相对来说，参与社会保险居民的生活更加能够得到保障，其主观福利水平也更高，未参与社会保险或者参与社会保险种类较少的居民受突发事件的影响更大，抵御风险的能力较弱，对应的其家庭幸福感水平也较低。因此，本部分将社会保险变量加入控制变量中，对结果进行重新回归。此处还需要说明的是，社会保险包括医疗保险、养老保险、工伤保险等多种类型，为避免多重共线性的影响，本部分使用覆盖范围最广，也是最为普遍的医疗保险作为社会保险的代表性变量。表5－39中的回归结果显示，在加入社会保险这一控制变量后，数字不平等对家庭幸福感的影响依旧显著为负。此外，再从不同类型的数字不平等来看，数字接入、使用、获益不平等对家庭幸福感的影响均显著为负，数字使用不平等对家庭幸福感的负向影响最大，并且各控制变量的显著性也与基准回归结果保持一致。以上结果均表明本部分的回归结果具有一定的稳健性。

表5-39                         遗漏变量检验的回归结果

| 变量 | 家庭幸福感 | | | |
| --- | --- | --- | --- | --- |
| | (1) | (2) | (3) | (4) |
| 数字不平等 | -1.1764 *** <br> (0.1792) | | | |
| 数字接入不平等 | | -0.8907 *** <br> (0.1239) | | |
| 数字使用不平等 | | | -1.1342 *** <br> (0.1705) | |
| 数字获益不平等 | | | | -0.8578 *** <br> (0.1649) |
| 户主性别 | 0.0072 <br> (0.0371) | 0.0090 <br> (0.0372) | 0.0091 <br> (0.0369) | 0.0082 <br> (0.0370) |
| 户主年龄平方 | -0.0019 <br> (0.0023) | -0.0022 <br> (0.0023) | -0.0020 <br> (0.0023) | -0.0025 <br> (0.0023) |
| 户主受教育水平 | 0.0081 <br> (0.0060) | 0.0082 <br> (0.0060) | 0.0082 <br> (0.0060) | 0.0084 <br> (0.0060) |
| 户主婚姻 | 0.1434 ** <br> (0.0613) | 0.1462 ** <br> (0.0611) | 0.1434 ** <br> (0.0615) | 0.1323 ** <br> (0.0614) |
| 户主健康水平 | 0.0978 *** <br> (0.0127) | 0.0987 *** <br> (0.0127) | 0.0971 *** <br> (0.0127) | 0.0983 *** <br> (0.0126) |
| 户主政治面貌 | -0.1520 ** <br> (0.0592) | -0.1562 ** <br> (0.0597) | -0.1450 ** <br> (0.0588) | -0.1542 ** <br> (0.0590) |
| 户主信仰 | 0.0163 <br> (0.0417) | 0.0191 <br> (0.0416) | 0.0159 <br> (0.0418) | 0.0192 <br> (0.0417) |
| 户主社会地位 | 0.1033 *** <br> (0.0174) | 0.1031 *** <br> (0.0174) | 0.1039 *** <br> (0.0174) | 0.1037 *** <br> (0.0175) |
| 家庭规模 | -0.1806 *** <br> (0.0228) | -0.1793 *** <br> (0.0227) | -0.1813 *** <br> (0.0227) | -0.1766 *** <br> (0.0228) |
| 家庭老人抚养比 | 2.1538 *** <br> (0.2052) | 2.1630 *** <br> (0.2064) | 2.1185 *** <br> (0.2032) | 2.1614 *** <br> (0.2050) |

续表

| 变量 | 家庭幸福感 | | | |
|---|---|---|---|---|
| | （1） | （2） | （3） | （4） |
| 家庭少儿抚养比 | -0.0615<br>(0.1125) | -0.0788<br>(0.1109) | -0.0649<br>(0.1128) | -0.0830<br>(0.1115) |
| 家庭收入 | 0.0162*<br>(0.0082) | 0.0172**<br>(0.0082) | 0.0163*<br>(0.0083) | 0.0170**<br>(0.0082) |
| 家庭医疗保险 | 1.3619***<br>(0.1162) | 1.3697***<br>(0.1160) | 1.3624***<br>(0.1168) | 1.3620***<br>(0.1162) |
| 地区经济水平 | 0.5835**<br>(0.2571) | 0.5849**<br>(0.2570) | 0.5971**<br>(0.2578) | 0.5807**<br>(0.2580) |
| 地区教育水平 | -0.0195<br>(0.0562) | -0.0164<br>(0.0559) | -0.0215<br>(0.0561) | -0.0180<br>(0.0563) |
| 家庭固定效应 | 是 | 是 | 是 | 是 |
| 年份固定效应 | 是 | 是 | 是 | 是 |
| 样本量 | 25926 | 25926 | 25926 | 25926 |
| $R^2$ | 0.8499 | 0.8499 | 0.8499 | 0.8496 |

注：*、**、*** 分别表示在10%、5%、1%的水平下显著；括号内为稳健性标准误。

## 四、不同群体内的影响差异分析

### （一）分不同家庭财富

家庭富裕程度不同，数字不平等对居民幸福感的影响存在异质性。本部分将全样本按照家庭财富存量分为三类，分别为低等财富家庭（财富总量在1/3分位数以下）、中等财富家庭（财富总量在1/3分位数至2/3分位数之间）和高等财富家庭（财富总量在2/3分位数以上），并在不同群体中考察数字不平等的影响，结果见表5-40。结果发现数字不平等显著降低了低等财富群体和中等财富群体的幸福感，对高等财富群体幸福感的影响为负，但并不显著。并且对比来看，在低等财富群体中，数字不平等对家庭幸福感的负向作用更大，这表明数字不平等对幸福感的抑制作用主要体现在中低等财富群体中，高等财富群体幸福感与自身数字技能高低相关性并不强，或者还可以说高等财富群体中的幸福感来源并非数字技术，而是其他因素。此外，相比之下，在低等财富群体中，数字技能较优群体的幸福感与数字技能较差群体的幸福感差距更大，数字技能较差群体接触并使用数字技术增强自身幸福感的能力更弱，因此更容易被数字化社会所排斥。

表 5-40　　　　数字不平等对不同财富禀赋家庭主观福利的影响

| 变量 | 家庭幸福感 | | |
|---|---|---|---|
| | (1) | (2) | (3) |
| | 低等财富 | 中等财富 | 高等财富 |
| 数字不平等 | -1.8241 *** (0.4993) | -1.4920 *** (0.2826) | -0.3632 (0.2444) |
| 户主性别 | -0.0421 (0.1052) | 0.0297 (0.0738) | 0.0394 (0.0549) |
| 户主年龄平方 | -0.0059 (0.0053) | -0.0033 (0.0053) | 0.0024 (0.0035) |
| 户主受教育水平 | 0.0236 * (0.0133) | 0.0030 (0.0116) | 0.0024 (0.0108) |
| 户主婚姻 | 0.2765 (0.1733) | 0.1809 (0.1382) | 0.0024 (0.0965) |
| 户主健康水平 | 0.1240 *** (0.0342) | 0.0730 *** (0.0272) | 0.0577 ** (0.0222) |
| 户主政治面貌 | -0.1258 (0.1623) | 0.0453 (0.1315) | -0.2199 *** (0.0795) |
| 户主信仰 | -0.0173 (0.0933) | -0.0164 (0.0921) | 0.0092 (0.0565) |
| 户主社会地位 | 0.0916 *** (0.0301) | 0.1096 *** (0.0335) | 0.1020 *** (0.0242) |
| 家庭规模 | -0.2819 *** (0.0530) | -0.1795 *** (0.0392) | -0.1206 *** (0.0325) |
| 家庭老人抚养比 | 1.8428 *** (0.3575) | 1.2531 *** (0.2920) | 1.3543 *** (0.3229) |

| 变量 | 家庭幸福感 | | |
|---|---|---|---|
| | （1） | （2） | （3） |
| | 低等财富 | 中等财富 | 高等财富 |
| 家庭少儿抚养比 | -0.1087<br>(0.2357) | 0.1368<br>(0.2073) | 0.0658<br>(0.1678) |
| 家庭收入 | -0.0063<br>(0.0180) | 0.0155<br>(0.0169) | 0.0257 **<br>(0.0123) |
| 地区经济水平 | 0.7762 **<br>(0.3127) | 0.2877<br>(0.2938) | 0.4708<br>(0.3733) |
| 地区教育水平 | -0.0056<br>(0.1086) | 0.0037<br>(0.0792) | 0.0117<br>(0.0620) |
| 家庭固定效应 | 是 | 是 | 是 |
| 时间固定效应 | 是 | 是 | 是 |
| 样本量 | 8649 | 8635 | 8642 |
| $R^2$ | 0.7939 | 0.8613 | 0.9045 |

注：*、**、*** 分别表示在 10%、5%、1% 的水平下显著；括号内为稳健性标准误。

## （二）分不同受教育水平

受教育水平差异也同样会影响数字不平等对家庭幸福感的作用，受教育水平不同的群体中，数字不平等对主观福利的影响程度可能不同。本部分按照户主受教育年限将全样本划分为两类，分别为高中学历以下家庭和高中学历及以上家庭，分别考察不同群体内数字不平等对家庭幸福感的影响情况，结果见表 5-41。结果发现数字不平等仅显著降低了高中学历以下群体中的家庭幸福感，对高中学历及以上群体幸福感的影响为负，但并不显著。可能的原因在于低受教育水平群体中，数字技能水平普遍较低，数字技术对居民幸福感的边际影响更大，低数字技能水平居民的幸福感与高数字技能水平居民的幸福感差距更大；而在高受教育水平群体中，数字技能水平相对较高，数字技术对居民幸福感的边际影响相对较小，其中低技能和高技能群体间的幸福感差距较小。此外，为保证回归结果的稳健性，本部分还将受教育水平按照中位数进行划分，同样划分为低受教育水平和高受教育水平两类，并重新进行回归检验，发现其结果与表 5-41 中结果基本保

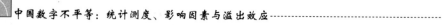

持一致，这说明本部分回归结论具有一定的稳健性。

表5－41 数字不平等对不同受教育水平家庭主观福利的影响

| 变量 | 家庭幸福感 | |
|---|---|---|
| | （1） | （2） |
| | 高中学历以下 | 高中学历及以上 |
| 数字不平等 | － 1. 6914 *** <br> （0. 2161） | － 0. 3409 <br> （0. 2693） |
| 户主性别 | 0. 0128 <br> （0. 0471） | 0. 1165 <br> （0. 0934） |
| 户主年龄平方 | － 0. 0014 <br> （0. 0028） | － 0. 0038 <br> （0. 0072） |
| 户主受教育水平 | 0. 0139 * <br> （0. 0079） | － 0. 0198 <br> （0. 0348） |
| 户主婚姻 | 0. 2541 *** <br> （0. 0753） | 0. 0478 <br> （0. 1746） |
| 户主健康水平 | 0. 1004 *** <br> （0. 0155） | 0. 0688 ** <br> （0. 0338） |
| 户主政治面貌 | － 0. 2700 *** <br> （0. 0802） | － 0. 0985 <br> （0. 0841） |
| 户主信仰 | 0. 0163 <br> （0. 0525） | 0. 0852 <br> （0. 0686） |
| 户主社会地位 | 0. 1114 *** <br> （0. 0204） | 0. 0678 * <br> （0. 0350） |
| 家庭规模 | － 0. 2043 *** <br> （0. 0271） | － 0. 1925 *** <br> （0. 0484） |
| 家庭老人抚养比 | 1. 5229 *** <br> （0. 2251） | 1. 4860 *** <br> （0. 2820） |
| 家庭少儿抚养比 | 0. 0455 <br> （0. 1384） | － 0. 2791 <br> （0. 2032） |

续表

| 变量 | 家庭幸福感 | |
|---|---|---|
| | (1) | (2) |
| | 高中学历以下 | 高中学历及以上 |
| 家庭收入 | 0.0159<br>(0.0098) | 0.0261*<br>(0.0156) |
| 地区经济水平 | 0.6102**<br>(0.2785) | 0.0795<br>(0.2475) |
| 地区教育水平 | −0.0181<br>(0.0622) | −0.0020<br>(0.0787) |
| 家庭固定效应 | 是 | 是 |
| 时间固定效应 | 是 | 是 |
| 样本量 | 20560 | 5366 |
| $R^2$ | 0.8335 | 0.8955 |

注：*、**、*** 分别表示在10%、5%、1%的水平下显著；括号内为稳健性标准误。

### （三）分不同年龄

年龄差异会影响数字不平等对家庭幸福感的作用，通常情况下，老年人数字技能水平相对较低，在数字化社会中更容易受到排斥。本部分依据家庭户主年龄将全样本分为三类，分别为较年轻家庭、较年长家庭和年长家庭，并在不同群体内部考察数字不平等的异质性影响，结果见表5-42。表中结果显示，数字不平等对较年长和年长家庭幸福感的影响显著为负，并且对年长家庭幸福感的负向影响更大，数字不平等对较年轻家庭的影响为负，但并不显著。可能的原因在于，老年人在数字化社会中更容易受到排斥，老年群体中数字技能较优的居民可利用数字技术显著增加自身的主观福利，如使用智能设备增进与亲人、朋友间的沟通交流等；而数字技能较差居民则不能享受此红利，并且在社会数字化程度越来越高的趋势下，数字技能较差的老年人更容易受到排斥，群体幸福感水平进一步下降。而对于年轻群体来讲，自身数字技能水平相对较高，数字技能高低对于群体幸福感的影响相对较弱，并且影响的边际效应也相对较低。

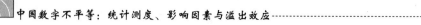

表 5-42　　　　　　数字不平等对不同年龄区间家庭主观福利的影响

| 变量 | 家庭幸福感 | | |
|---|---|---|---|
| | （1） | （2） | （3） |
| | 较年轻 | 较年长 | 年长 |
| 数字不平等 | -0.2206<br>(0.2229) | -1.8385***<br>(0.2882) | -2.0437***<br>(0.3903) |
| 户主性别 | 0.0498<br>(0.0586) | 0.0266<br>(0.0732) | 0.0703<br>(0.0997) |
| 户主年龄平方 | -0.0586***<br>(0.0110) | -0.0156<br>(0.0282) | 0.0069<br>(0.0158) |
| 户主受教育水平 | -0.0035<br>(0.0123) | 0.0119<br>(0.0154) | 0.0209<br>(0.0157) |
| 户主婚姻 | 0.4155**<br>(0.1709) | 0.6515***<br>(0.2435) | 0.3411**<br>(0.1322) |
| 户主健康水平 | 0.1137***<br>(0.0229) | 0.0343<br>(0.0276) | 0.0866***<br>(0.0310) |
| 户主政治面貌 | 0.0001<br>(0.1180) | -0.2634**<br>(0.1272) | -0.2632**<br>(0.1018) |
| 户主信仰 | -0.0695<br>(0.0612) | -0.0511<br>(0.0869) | 0.1959***<br>(0.0683) |
| 户主社会地位 | 0.0916***<br>(0.0336) | 0.0559<br>(0.0338) | 0.1273***<br>(0.0276) |
| 家庭规模 | -0.0777*<br>(0.0397) | -0.1337***<br>(0.0411) | -0.3214***<br>(0.0524) |
| 家庭老人抚养比 | 1.2844***<br>(0.2301) | 1.1290***<br>(0.3637) | 1.7095***<br>(0.3817) |
| 家庭少儿抚养比 | -1.1668***<br>(0.4387) | -1.4608***<br>(0.3245) | 0.1851<br>(0.1815) |
| 家庭收入 | 0.0203<br>(0.0137) | 0.0168<br>(0.0142) | 0.0418***<br>(0.0148) |
| 地区经济水平 | 0.7333**<br>(0.3248) | 0.7208**<br>(0.3078) | 0.1709<br>(0.3243) |

续表

| 变量 | 家庭幸福感 | | |
|---|---|---|---|
| | (1) | (2) | (3) |
| | 较年轻 | 较年长 | 年长 |
| 地区教育水平 | -0.0547<br>(0.0657) | -0.0159<br>(0.0795) | -0.0371<br>(0.0894) |
| 家庭固定效应 | 是 | 是 | 是 |
| 时间固定效应 | 是 | 是 | 是 |
| 样本量 | 9201 | 8245 | 8480 |
| $R^2$ | 0.8674 | 0.8547 | 0.8484 |

注：*、**、***分别表示在10%、5%、1%的水平下显著；括号内为稳健性标准误。

### （四）分城乡类型

城乡二元结构差异是数字不平等作用于家庭幸福感的重要影响因素，城乡群体不同，数字不平等影响家庭幸福感的程度也不尽相同。本部分将全样本按照户主的户籍类型分为农村家庭和城市家庭，并在不同群体内部考察数字不平等对家庭幸福感的影响，结果见表5-43。结果显示，数字不平等对农村家庭幸福感的影响显著为负，对城市家庭幸福感的影响为负，但不显著。可能的原因在于农村地区社交范围相对较小，娱乐活动也较为单一，并且农村地区数字基础设施建设相对较差，农村居民数字技能水平相对较低，数字技术的使用对农村家庭幸福感的边际影响较大；而城市中娱乐活动较为多元，城市居民的幸福感来源中数字技术使用占比相对于农村居民来讲更小，因此，数字不平等对城市居民幸福感的影响并不显著。

表5-43　　　　　　数字不平等对分城乡家庭主观福利的影响

| 变量 | 家庭幸福感 | |
|---|---|---|
| | (1) | (2) |
| | 农村 | 城市 |
| 数字不平等 | -1.6314***<br>(0.2096) | -0.3850<br>(0.2557) |

| 变量 | 家庭幸福感 | |
|---|---|---|
| | （1） | （2） |
| | 农村 | 城市 |
| 户主性别 | 0.0332 (0.0462) | 0.0833 * (0.0480) |
| 户主年龄平方 | − 0.0019 (0.0029) | 0.0029 (0.0039) |
| 户主受教育水平 | 0.0096 (0.0072) | − 0.0138 (0.0104) |
| 户主婚姻 | 0.1831 ** (0.0860) | 0.1239 (0.0957) |
| 户主健康水平 | 0.0984 *** (0.0155) | 0.0780 *** (0.0289) |
| 户主政治面貌 | − 0.1406 (0.0891) | − 0.1745 ** (0.0755) |
| 户主信仰 | − 0.0250 (0.0532) | 0.1677 *** (0.0583) |
| 户主社会地位 | 0.0962 *** (0.0212) | 0.1158 *** (0.0291) |
| 家庭规模 | − 0.2178 *** (0.0273) | − 0.1683 *** (0.0367) |
| 家庭老人抚养比 | 1.7691 *** (0.2210) | 0.9491 *** (0.2615) |
| 家庭少儿抚养比 | − 0.1553 (0.1486) | 0.1282 (0.1454) |
| 家庭收入 | 0.0163 (0.0101) | 0.0080 (0.0158) |
| 地区经济水平 | 0.5147 * (0.2903) | 0.1813 (0.1737) |
| 地区教育水平 | 0.0169 (0.0636) | − 0.0025 (0.0710) |

续表

| 变量 | 家庭幸福感 | |
| --- | --- | --- |
| | （1） | （2） |
| | 农村 | 城市 |
| 家庭固定效应 | 是 | 是 |
| 时间固定效应 | 是 | 是 |
| 样本量 | 18765 | 7161 |
| $R^2$ | 0.8289 | 0.8936 |

注：*、**、*** 分别表示在10%、5%、1%的水平下显著；括号内为稳健性标准误。

### （五）分不同地区

地区差异也是数字不平等作用于居民幸福感的重要影响因素。本部分按照户主户口所在地区将全样本分为东部、中部、西部和东北地区家庭，并在不同群体内部考察数字不平等对居民幸福感的影响，结果见表5-44。结果发现，数字不平等显著降低了东、中、西部家庭的幸福感，对东北地区家庭幸福感的影响为负，但并不显著。从关键变量的影响系数大小来看，数字不平等对西部地区家庭幸福感的负向影响更大，对中部地区家庭幸福感的负向影响次之，对东部地区家庭幸福感的负向影响较小，可能的原因在于，西部地区数字基础设施水平较低，居民整体数字技能水平也较低，群体内部数字技术使用对幸福感提升的边际效应更大；相对而言，东部地区数字基础设施水平较完善，居民数字技能水平较高，群体内部数字技术使用的边际影响较小。但总体上，在不同地区内部，数字技能较优的群体始终处于数字鸿沟的优势端，能够较好地利用数字技术增加自身幸福感，提高居民主观福利；而数字技能较差群体则极容易在数字化社会中受到排斥，不能够同等地享受到数字经济发展带来的信息红利。

表5-44　　　　　　数字不平等对不同地区家庭主观福利的影响

| 变量 | 家庭幸福感 | | | |
| --- | --- | --- | --- | --- |
| | （1） | （2） | （3） | （4） |
| | 东部地区 | 中部地区 | 西部地区 | 东北地区 |
| 数字不平等 | -0.7509**<br>（0.2892） | -1.7979***<br>（0.3211） | -1.8880***<br>（0.2959） | -0.6182<br>（0.5011） |

续表

| 变量 | 家庭幸福感 | | | |
|---|---|---|---|---|
| | （1） | （2） | （3） | （4） |
| | 东部地区 | 中部地区 | 西部地区 | 东北地区 |
| 户主性别 | 0.0521<br>（0.0519） | 0.0685<br>（0.0861） | － 0.0259<br>（0.0622） | 0.0403<br>（0.0904） |
| 户主年龄平方 | － 0.0037<br>（0.0041） | － 0.0016<br>（0.0044） | － 0.0026<br>（0.0035） | 0.0094<br>（0.0055） |
| 户主受教育水平 | － 0.0067<br>（0.0109） | 0.0168<br>（0.0124） | 0.0165<br>（0.0103） | － 0.0045<br>（0.0182） |
| 户主婚姻 | 0.2562 **<br>（0.0963） | 0.3495 ***<br>（0.1130） | 0.1004<br>（0.1307） | 0.1851 *<br>（0.0924） |
| 户主健康水平 | 0.0951 ***<br>（0.0245） | 0.0876 ***<br>（0.0272） | 0.0999 ***<br>（0.0262） | 0.0994 ***<br>（0.0225） |
| 户主政治面貌 | － 0.1374<br>（0.1079） | － 0.4187 ***<br>（0.0900） | － 0.0843<br>（0.1204） | － 0.2542<br>（0.1818） |
| 户主信仰 | － 0.0935<br>（0.0923） | 0.1780 **<br>（0.0715） | 0.0796<br>（0.0743） | 0.0533<br>（0.0901） |
| 户主社会地位 | 0.1034 ***<br>（0.0239） | 0.0928 **<br>（0.0343） | 0.1231 ***<br>（0.0333） | 0.0787<br>（0.0537） |
| 家庭规模 | － 0.1853 ***<br>（0.0413） | － 0.1854 ***<br>（0.0487） | － 0.2265 ***<br>（0.0354） | － 0.2053 ***<br>（0.0454） |
| 家庭老人抚养比 | 1.0257 ***<br>（0.3483） | 1.9206 ***<br>（0.2445） | 2.0081 ***<br>（0.3327） | 1.0174 **<br>（0.3668） |
| 家庭少儿抚养比 | － 0.1088<br>（0.1567） | 0.1947<br>（0.2325） | 0.1952<br>（0.2901） | － 0.3103 *<br>（0.1585） |
| 家庭收入 | 0.0064<br>（0.0133） | 0.0582 ***<br>（0.0187） | 0.0203<br>（0.0139） | 0.0110<br>（0.0161） |
| 地区经济水平 | － 0.0112<br>（0.3645） | 0.0302<br>（0.7091） | 1.0672 **<br>（0.4188） | 0.0166<br>（0.3649） |
| 地区教育水平 | 0.0478<br>（0.0614） | － 0.0389<br>（0.1601） | － 0.1309 **<br>（0.0572） | － 0.1327<br>（0.2284） |

续表

| 变量 | 家庭幸福感 | | | |
|---|---|---|---|---|
| | (1) | (2) | (3) | (4) |
| | 东部地区 | 中部地区 | 西部地区 | 东北地区 |
| 家庭固定效应 | 是 | 是 | 是 | 是 |
| 时间固定效应 | 是 | 是 | 是 | 是 |
| 样本量 | 7986 | 6465 | 7371 | 4104 |
| $R^2$ | 0.8672 | 0.8501 | 0.8108 | 0.8713 |

注：*、**、*** 分别表示在10%、5%、1%的水平下显著；括号内为稳健性标准误。

## 五、机制分析：社会网络与工作保障

### （一）社会网络

在数字技术快速发展前，居民往往通过书信、固定电话等传统方式进行社交互动，这极大程度上限制了居民的社交范围，影响居民幸福感的提升。伴随着数字经济的不断发展，尤其是新一代数字技术的出现与普及，居民的社交网络不断被拓宽，比如使用数字智能设备增加与亲友联系等，而且数字技术的特性使得居民社交不再受地域等多重因素限制，能够极大程度上提升居民幸福感和获得感。因此本部分试图检验数字不平等是否能够通过限制居民社会网络，进而抑制居民幸福感的提升。具体的，居民社交网络机制可以进一步分为原有社交网络的增强和现有社交网络的拓宽，本部分使用家庭人情礼支出（取对数处理）作为原有社交网络增强的代理变量，使用是否与陌生人联系作为现有社交网络拓宽的代理变量，回归结果分别见表5-45和表5-46。

表 5-45　　　　社会网络机制检验结果（经营原有社交圈）

| 变量 | (1) | (2) | (3) | (4) | (5) | (6) |
|---|---|---|---|---|---|---|
| | 人情礼支出 | 人情礼支出 | 人情礼支出 | 人情礼支出 | 家庭幸福感 | 生活满意度 |
| 数字不平等 | -0.8004 *** (0.1529) | | | | | |

续表

| 变量 | (1) | (2) | (3) | (4) | (5) | (6) |
|---|---|---|---|---|---|---|
| | 人情礼支出 | 人情礼支出 | 人情礼支出 | 人情礼支出 | 家庭幸福感 | 生活满意度 |
| 数字接入不平等 | | −0.6563 ***<br>(0.1263) | | | | |
| 数字使用不平等 | | | −0.7512 ***<br>(0.1581) | | | |
| 数字获益不平等 | | | | −0.5444 ***<br>(0.1519) | | |
| 人情礼支出 | | | | | 0.0138 *<br>(0.0070) | 0.0060 **<br>(0.0028) |
| 户主性别 | 0.0969 **<br>(0.0476) | 0.0979 **<br>(0.0477) | 0.0982 **<br>(0.0478) | 0.0978 **<br>(0.0476) | 0.0336<br>(0.0363) | 0.0076<br>(0.0149) |
| 户主年龄平方 | −0.0182 ***<br>(0.0034) | −0.0183 ***<br>(0.0034) | −0.0183 ***<br>(0.0034) | −0.0186 ***<br>(0.0034) | −0.0028<br>(0.0022) | 0.0027 ***<br>(0.0010) |
| 户主受教育水平 | 0.0005<br>(0.0082) | 0.0005<br>(0.0082) | 0.0006<br>(0.0082) | 0.0007<br>(0.0081) | 0.0098<br>(0.0060) | 0.0033<br>(0.0027) |
| 户主婚姻 | 0.5362 ***<br>(0.1007) | 0.5396 ***<br>(0.1005) | 0.5359 ***<br>(0.1003) | 0.5282 ***<br>(0.1008) | 0.1775 ***<br>(0.0630) | 0.0904 ***<br>(0.0301) |
| 户主健康水平 | −0.1024 ***<br>(0.0253) | −0.1018 ***<br>(0.0253) | −0.1029 ***<br>(0.0252) | −0.1021 ***<br>(0.0252) | 0.1010 ***<br>(0.0129) | 0.0447 ***<br>(0.0060) |
| 户主政治面貌 | 0.1336 *<br>(0.0758) | 0.1305 *<br>(0.0754) | 0.1381 *<br>(0.0760) | 0.1320 *<br>(0.0759) | −0.2074 ***<br>(0.0594) | −0.0124<br>(0.0282) |
| 户主信仰 | 0.1406 **<br>(0.0638) | 0.1421 **<br>(0.0641) | 0.1405 **<br>(0.0635) | 0.1429 **<br>(0.0638) | 0.0324<br>(0.0436) | 0.0158<br>(0.0160) |
| 户主社会地位 | 0.0234<br>(0.0201) | 0.0232<br>(0.0201) | 0.0238<br>(0.0201) | 0.0237<br>(0.0202) | 0.1064 ***<br>(0.0178) | 0.1220 ***<br>(0.0068) |
| 家庭规模 | 0.1029 ***<br>(0.0258) | 0.1033 ***<br>(0.0257) | 0.1026 ***<br>(0.0259) | 0.1059 ***<br>(0.0259) | −0.1923 ***<br>(0.0231) | −0.1285 ***<br>(0.0107) |
| 家庭老人抚养比 | 0.1020<br>(0.2017) | 0.1063<br>(0.2022) | 0.0784<br>(0.2001) | 0.1066<br>(0.2027) | 1.5031 ***<br>(0.1772) | −1.2255 ***<br>(0.0802) |

续表

| 变量 | （1）人情礼支出 | （2）人情礼支出 | （3）人情礼支出 | （4）人情礼支出 | （5）家庭幸福感 | （6）生活满意度 |
|---|---|---|---|---|---|---|
| 家庭少儿抚养比 | − 0.0830<br>(0.1397) | − 0.0914<br>(0.1404) | − 0.0866<br>(0.1367) | − 0.1000<br>(0.1399) | − 0.0933<br>(0.1116) | 0.1347 ***<br>(0.0440) |
| 家庭收入 | 0.0864 ***<br>(0.0121) | 0.0870 ***<br>(0.0121) | 0.0865 ***<br>(0.0121) | 0.0870 ***<br>(0.0122) | 0.0219 ***<br>(0.0081) | − 0.0009<br>(0.0038) |
| 地区经济水平 | 0.5509 *<br>(0.2987) | 0.5512 *<br>(0.2988) | 0.5600 *<br>(0.2974) | 0.5494 *<br>(0.2985) | 0.5017 **<br>(0.2489) | − 0.0026<br>(0.0782) |
| 地区教育水平 | − 0.1363 ***<br>(0.0518) | − 0.1343 **<br>(0.0516) | − 0.1375 ***<br>(0.0518) | − 0.1351 **<br>(0.0518) | − 0.0179<br>(0.0549) | − 0.0168<br>(0.0150) |
| 家庭固定效应 | 是 | 是 | 是 | 是 | 是 | 是 |
| 年份固定效应 | 是 | 是 | 是 | 是 | 是 | 是 |
| 样本量 | 25926 | 25926 | 25926 | 25926 | 25926 | 25926 |
| $R^2$ | 0.0560 | 0.0562 | 0.0559 | 0.0555 | 0.8444 | 0.0976 |

注：* 、** 、*** 分别表示在10% 、5% 、1%的水平下显著；括号内为稳健性标准误。

表 5 – 46　　　　　社会网络机制检验结果（拓展新社交圈）

| 变量 | （1）与陌生人联系 | （2）与陌生人联系 | （3）与陌生人联系 | （4）与陌生人联系 | （5）家庭幸福感 | （6）生活满意度 |
|---|---|---|---|---|---|---|
| 数字不平等 | − 1.8651 ***<br>(0.0424) | | | | | |
| 数字接入不平等 | | − 1.3070 ***<br>(0.0332) | | | | |
| 数字使用不平等 | | | − 1.9384 ***<br>(0.0390) | | | |
| 数字获益不平等 | | | | − 1.2924 ***<br>(0.0441) | | |
| 与陌生人联系 | | | | | 0.7236 ***<br>(0.0588) | 0.2803 ***<br>(0.0293) |

续表

| 变量 | （1）<br>与陌生人联系 | （2）<br>与陌生人联系 | （3）<br>与陌生人联系 | （4）<br>与陌生人联系 | （5）<br>家庭幸福感 | （6）<br>生活满意度 |
|---|---|---|---|---|---|---|
| 户主性别 | 0.0085<br>(0.0060) | 0.0122 *<br>(0.0062) | 0.0109 *<br>(0.0056) | 0.0106<br>(0.0065) | 0.0212<br>(0.0361) | 0.0028<br>(0.0146) |
| 户主年龄平方 | −0.0045 ***<br>(0.0003) | −0.0050 ***<br>(0.0003) | −0.0043 ***<br>(0.0003) | −0.0054 ***<br>(0.0004) | 0.0020<br>(0.0022) | 0.0046 ***<br>(0.0010) |
| 户主受教育水平 | −0.0002<br>(0.0010) | −0.0001<br>(0.0011) | −0.0001<br>(0.0010) | 0.0002<br>(0.0012) | 0.0091<br>(0.0058) | 0.0030<br>(0.0026) |
| 户主婚姻 | −0.0318 **<br>(0.0122) | −0.0294 **<br>(0.0129) | −0.0293 **<br>(0.0116) | −0.0500 ***<br>(0.0136) | 0.2297 ***<br>(0.0621) | 0.1109 ***<br>(0.0298) |
| 户主健康水平 | 0.0024<br>(0.0019) | 0.0040 *<br>(0.0020) | 0.0010<br>(0.0019) | 0.0033<br>(0.0022) | 0.0961 ***<br>(0.0130) | 0.0428 ***<br>(0.0060) |
| 户主政治面貌 | −0.0017<br>(0.0095) | −0.0088<br>(0.0107) | 0.0107<br>(0.0089) | −0.0053<br>(0.0105) | −0.1995 ***<br>(0.0588) | −0.0093<br>(0.0282) |
| 户主信仰 | 0.0052<br>(0.0046) | 0.0105 **<br>(0.0053) | 0.0032<br>(0.0044) | 0.0103 *<br>(0.0053) | 0.0197<br>(0.0435) | 0.0110<br>(0.0156) |
| 户主社会地位 | −0.0029<br>(0.0020) | −0.0029<br>(0.0021) | −0.0019<br>(0.0019) | −0.0022<br>(0.0022) | 0.1074 ***<br>(0.0178) | 0.1224 ***<br>(0.0068) |
| 家庭规模 | −0.0083 **<br>(0.0040) | −0.0053<br>(0.0041) | −0.0106 ***<br>(0.0038) | −0.0015<br>(0.0044) | −0.1959 ***<br>(0.0230) | −0.1298 ***<br>(0.0106) |
| 家庭老人抚养比 | 0.2165 ***<br>(0.0249) | 0.2242 ***<br>(0.0278) | 0.1563 ***<br>(0.0241) | 0.2276 ***<br>(0.0290) | 1.3526 ***<br>(0.1772) | −1.2837 ***<br>(0.0785) |
| 家庭少儿抚养比 | −0.1849 ***<br>(0.0145) | −0.2187 ***<br>(0.0146) | −0.1815 ***<br>(0.0135) | −0.2230 ***<br>(0.0157) | 0.1237<br>(0.1175) | 0.2187 ***<br>(0.0455) |
| 家庭收入 | 0.0023 *<br>(0.0013) | 0.0043 ***<br>(0.0014) | 0.0021<br>(0.0013) | 0.0037 **<br>(0.0015) | 0.0177 **<br>(0.0083) | −0.0025<br>(0.0037) |
| 地区经济水平 | 0.0049<br>(0.0240) | 0.0072<br>(0.0253) | 0.0273<br>(0.0223) | 0.0013<br>(0.0266) | 0.4978 **<br>(0.2464) | −0.0038<br>(0.0780) |
| 地区教育水平 | 0.0220 ***<br>(0.0061) | 0.0270 ***<br>(0.0062) | 0.0180 ***<br>(0.0061) | 0.0246 ***<br>(0.0071) | −0.0410<br>(0.0557) | −0.0258 *<br>(0.0149) |

续表

| 变量 | (1) | (2) | (3) | (4) | (5) | (6) |
|---|---|---|---|---|---|---|
| | 与陌生人联系 | 与陌生人联系 | 与陌生人联系 | 与陌生人联系 | 家庭幸福感 | 生活满意度 |
| 家庭固定效应 | 是 | 是 | 是 | 是 | 是 | 是 |
| 年份固定效应 | 是 | 是 | 是 | 是 | 是 | 是 |
| 样本量 | 25926 | 25926 | 25926 | 25926 | 25926 | 25926 |
| $R^2$ | 0.4708 | 0.4206 | 0.5140 | 0.3307 | 0.8472 | 0.1101 |

注：*、**、***分别表示在10%、5%、1%的水平下显著；括号内为稳健性标准误。

首先，对于原有社交网络增强的机制检验结果，从列（1）至列（4）回归结果可以看出，数字不平等能够显著降低人情礼支出金额，不同类型的数字不平等与数字不平等总指数相同，均能够显著降低人情礼支出的金额，其中数字使用不平等对人情礼支出金额的降低幅度最大。从列（5）回归结果可以看出，人情礼支出能够显著增加家庭幸福感程度。从以上结果可以看出，数字不平等能够通过限制原有社交网络的增加，进而抑制家庭幸福感。进一步，为考察数字不平等通过该机制影响的主观福利类型，本部分还将人情礼支出作为关键解释变量，与生活满意度和工作满意度分别进行回归检验。列（6）回归结果显示，人情礼支出主要增加了居民生活满意度。此外，人情礼支出对居民工作满意度的影响并不显著，出于篇幅考虑，本部分并未将该结果列示于表中。总的来看，数字不平等能够通过限制居民原有社交网络的增加，限制经营原有社交圈，进而降低居民家庭的生活满意度。

其次，对于现有社交网络拓宽的检验结果，从列（1）至列（4）回归结果可以看出，数字不平等减少了与陌生人之间的联系。不同类型的数字不平等均能够减少与陌生人之间的联系。其中数字使用不平等降低与陌生人之间联系程度最大，这表明数字技能较优群体能够通过互联网、智能手机增加与陌生人之间的联系频率，而数字技能较差群体则受地域等多重因素限制，与陌生人交往的频率较低。从列（5）回归结果可以看出，与陌生人联系能够增加家庭幸福感水平。以上结果表明数字不平等能够限制现有社交网络的拓宽，进而抑制家庭幸福感的提升。同样的，本部分还分别将生活满意度和工作满意度作为被解释变量重新进行回归，考察数字不平等通过该机制主要影响了何种类型的主观福利。列（6）回归结果显示，与陌生人联系能够显著提升生活满意度，此外，与陌生人联系对工作满意度的影响不显著，限于篇幅，表中未列示对应结果。总的来看，数字不平等还能够通过限制现有社交网络的拓宽，进而抑制家庭生活满意度的提升。

### （二）工作保障

数字技能体现了居民的数字素养，在数字化社会中是一种基础性、必备的技能，数字技能较优的居民能够利用互联网等数字技术减少信息不对称性，降低了道德风险，增加了居民参与劳动力市场的概率，并且由于数字技术的信息优势，数字技能较优群体更加倾向于参与正规型就业，增加自身的社会保障，减少不确定性风险，这进一步也能够提升居民自身的幸福感和获得感。本部分考察了数字不平等是否能够限制工作保障增加，进而降低家庭幸福感，回归结果见表5-47。列（1）至列（4）回归结果显示，数字不平等能够显著降低正规型就业，不同类型的数字不平等均能显著降低正规型就业，其中代表高阶数字技能差异的数字获益不平等对正规型就业的负向影响更大。列（5）回归结果显示，正规型就业能够显著提升居民幸福感。以上结果表明数字不平等能够限制工作保障增加，降低正规型就业规模，进而降低家庭幸福感。同样的，本部分将工作满意度和生活满意度分别作为被解释变量进行检验，以考察数字不平等影响的异质性。列（6）结果显示，正规型就业的参与主要增加了居民的工作满意度，此外，正规型就业的参与对生活满意度的影响并不显著，限于篇幅考虑，表中并未列示对应结果。总的来看，数字不平等能够限制工作保障的提升，降低正规型就业的参与，进而降低居民的工作满意度。

表5-47　　　　　　　　　　　工作保障机制检验结果

| 变量 | （1） | （2） | （3） | （4） | （5） | （6） |
|---|---|---|---|---|---|---|
| | 正规型就业 | 正规型就业 | 正规型就业 | 正规型就业 | 家庭幸福感 | 工作满意度 |
| 数字不平等 | −0.2209 *** <br>（0.0170） | | | | | |
| 数字接入不平等 | | −0.1329 *** <br>（0.0120） | | | | |
| 数字使用不平等 | | | −0.1639 *** <br>（0.0183） | | | |

续表

| 变量 | (1) | (2) | (3) | (4) | (5) | (6) |
|---|---|---|---|---|---|---|
| | 正规型就业 | 正规型就业 | 正规型就业 | 正规型就业 | 家庭幸福感 | 工作满意度 |
| 数字获益不平等 | | | | - 0.2063 *** (0.0154) | | |
| 正规型就业 | | | | | 0.4996 *** (0.0845) | 0.7894 *** (0.0418) |
| 户主性别 | 0.0011 (0.0038) | 0.0017 (0.0038) | 0.0017 (0.0039) | 0.0010 (0.0038) | 0.0339 (0.0363) | 0.0328 ** (0.0135) |
| 户主年龄平方 | - 0.0012 *** (0.0003) | - 0.0013 *** (0.0003) | - 0.0013 *** (0.0003) | - 0.0012 *** (0.0003) | - 0.0023 (0.0022) | 0.0017 * (0.0009) |
| 户主受教育水平 | 0.0012 * (0.0007) | 0.0013 * (0.0007) | 0.0013 * (0.0007) | 0.0012 * (0.0007) | 0.0091 (0.0060) | 0.0002 (0.0028) |
| 户主婚姻 | - 0.0133 * (0.0071) | - 0.0135 * (0.0069) | - 0.0141 ** (0.0071) | - 0.0149 ** (0.0071) | 0.1932 *** (0.0621) | 0.0717 *** (0.0262) |
| 户主健康水平 | 0.0008 (0.0013) | 0.0010 (0.0013) | 0.0007 (0.0013) | 0.0008 (0.0013) | 0.0990 *** (0.0129) | 0.0271 *** (0.0065) |
| 户主政治面貌 | 0.0103 (0.0068) | 0.0095 (0.0068) | 0.0111 (0.0070) | 0.0100 (0.0068) | - 0.2104 *** (0.0595) | - 0.0471 (0.0306) |
| 户主信仰 | - 0.0017 (0.0035) | - 0.0009 (0.0035) | - 0.0014 (0.0035) | - 0.0015 (0.0035) | 0.0344 (0.0437) | 0.0428 ** (0.0187) |
| 户主社会地位 | 0.0014 (0.0011) | 0.0014 (0.0011) | 0.0015 (0.0011) | 0.0014 (0.0011) | 0.1060 *** (0.0179) | 0.0356 *** (0.0062) |
| 家庭规模 | - 0.0106 *** (0.0019) | - 0.0101 *** (0.0019) | - 0.0103 *** (0.0019) | - 0.0102 *** (0.0019) | - 0.1864 *** (0.0228) | - 0.1720 *** (0.0088) |
| 家庭老人抚养比 | - 0.1054 *** (0.0149) | - 0.1047 *** (0.0151) | - 0.1107 *** (0.0150) | - 0.1033 *** (0.0148) | 1.5575 *** (0.1769) | - 1.1291 *** (0.0502) |
| 家庭少儿抚养比 | - 0.1059 *** (0.0154) | - 0.1113 *** (0.0160) | - 0.1096 *** (0.0159) | - 0.1072 *** (0.0155) | - 0.0353 (0.1136) | - 0.1703 *** (0.0493) |
| 家庭收入 | 0.0071 *** (0.0006) | 0.0074 *** (0.0006) | 0.0073 *** (0.0006) | 0.0071 *** (0.0006) | 0.0193 ** (0.0081) | 0.0160 *** (0.0042) |

续表

| 变量 | (1) | (2) | (3) | (4) | (5) | (6) |
|---|---|---|---|---|---|---|
| | 正规型就业 | 正规型就业 | 正规型就业 | 正规型就业 | 家庭幸福感 | 工作满意度 |
| 地区经济水平 | 0.0174 (0.0220) | 0.0178 (0.0225) | 0.0196 (0.0223) | 0.0163 (0.0219) | 0.5001 ** (0.2480) | 0.0163 (0.0685) |
| 地区教育水平 | 0.0156 ** (0.0064) | 0.0162 ** (0.0065) | 0.0155 ** (0.0064) | 0.0157 ** (0.0064) | − 0.0279 (0.0558) | 0.0111 (0.0127) |
| 家庭固定效应 | 是 | 是 | 是 | 是 | 是 | 是 |
| 年份固定效应 | 是 | 是 | 是 | 是 | 是 | 是 |
| 样本量 | 25926 | 25926 | 25926 | 25926 | 25926 | 25926 |
| $R^2$ | 0.0652 | 0.0577 | 0.0570 | 0.0652 | 0.8446 | 0.1143 |

注：*、**、*** 分别表示在 10%、5%、1% 的水平下显著；括号内为稳健性标准误。

# 第七节  本章小结

社会中原有的不平等现象是导致数字不平等的重要因素，数字不平等则可能进一步加剧居民间的社会不平等程度。本章从居民部门视角，利用家庭追踪调查数据（CFPS），首先使用指数编制法测算数字不平等指数，其次考察了数字不平等的影响因素，最后考察数字不平等对居民家庭收入、支出和主观福利的影响及其作用机制。

研究发现，首先，家庭面临的数字不平等程度不断下降，居民数字技能水平不断提升，数字技能的层级与居民对应数字技能的差异程度成正比，总体表现为三级数字鸿沟＞二级数字鸿沟＞一级数字鸿沟，但伴随数字经济的不断发展，居民部门内部各级数字鸿沟均呈现不断缩小的态势。

其次，物质资本、人力资本、社会资本均是数字不平等形成的重要因素。具体的，物质资本方面，家庭收入提升能够缩小不同收入水平群体间的数字技能差异。人力资本方面，女性群体中数字技能差异更小；年龄越大群体更容易处于数字不平等中的弱势一端；受教育水平越高群体中数字技能差异越小；健康群体中数字技能差异更小。社会资本方面，婚姻中离异和丧偶群体中数字技能差异更小；不同规模的家庭间数字技能差异在显著缩小；群体内社会网络越复杂，数字技能差异越小。此外，在不同时期的样本中，数字不平等的影响因素也在动态变动，如家庭收入增加对数字技能差异的弥合效应在不断增强等。在考虑替换分解指标、替换分解方式后的回归结果与基准结果保持一致。

最后，数字不平等对收入、支出和主观福利的影响均显著为负，不同类型的数字不平等对家庭收入、支出和主观福利的影响存在一定差异，数字不平等对家庭中不同类型收入、支出和主观福利的影响也存在一定的差异。数字不平等对家庭收入、支出和主观福利的影响是动态变化的，数字不平等对收入和支出的负向影响逐渐增加，对主观福利的影响呈"U型"变动。从内生性和替换关键变量两个维度进行的稳健性检验结果与基准结果均保持一致。异质性分析表明低等财富群体、低受教育水平群体、老年群体、农村群体、西部地区群体中，数字不平等造成的负向影响更大。机制分析表明，数字不平等通过减少劳动力市场参与，降低正规型就业比例，进而降低工资性收入；通过抑制创业行为，进而减少经营性收入；通过抑制非金融资产和金融资产的投资行为，降低财产性收入。数字支付的普及能够缓解数字不平等对支出水平的负向作用，数字支付的普惠性主要体现在家庭基础型支出上，数字不平等通过降低物流便利，限制网购行为，进而降低家庭支出水平。数字不平等能够限制居民原有社交网络的增加，限制现有社交网络的拓宽，进而降低居民生活满意度，还能够通过限制工作保障程度的提升，降低正规型就业的参与，进而降低居民工作满意度。

## 第六章

# 企业部门视角的数字不平等：
# 数字化水平差距

数字经济的快速发展也推动了企业数字化的进程，数字技术的使用，尤其是人工智能、大数据、区块链、物联网等新一代数字技术的使用，极大程度上助推了企业发展，比如降低企业生产成本，促进企业创新，进而提升企业效率。此外，企业数字化还可能对高技能劳动力产生更强的偏好，进而影响企业的人工成本。相对之下，在数字时代，数字化程度较低的企业生产效率提升可能相对较慢，企业内高技能劳动力增加速度也相对较慢。因此，本章参考第一、第三章的研究方法，以及第五章的研究思路，从企业部门视角出发，通过使用 A 股上市公司的微观数据，考察数字不平等对企业生产效率和人工成本的影响及其内在机制。

## 第一节　理论分析与研究思路

### 一、企业数字不平等的表现及影响

伴随互联网的不断普及，数字技术开始成为经济社会发展的主要驱动力，传统企业逐渐向网络化、自动化、智能化转型。企业数字化可以看作以数字技术为主要手段，传统生产要素与数据要素不断融合，生产方式、管理模式、商业形式等不断变革、优化、提升、创新的过程（陈梦根和周元任，2021）。

从内涵上看，企业数字化主要可以分为生产要素的数字化和生产经营的数字化。其中生产要素的数字化主要包括固定资本的数字化和人力资本的数字化，再具体来说就是企业生产设备、基础设施等的数字化，以及企业员工对数字技能的掌握和对信息技术设备的使用等（陈梦根和周元任，2021）。进一步，企业生产经营的数字化建立在生产要素数字化的基础之上，主要表现为企业生产、销售、管理、创新活动向高效化、智能化、便利化等方向发展。

企业数字化能够有效推动企业发展，提高生产效率。比如贝尔切克（Bertschek）等在2013年的研究发现宽带互联网的接入能够有效增加企业的创新行为，增强企业的创新能力。何小钢等（2019）发现经常使用计算机的员工占比越高的企业，信息与通信技术（ICT）应用水平越高，其生产效率也越高。沈国兵、袁征宇（2020）发现，拥有公司网站、微博主页的企业创新能力更强，企业通过创新选择行为还能进一步促进出口。除此以外，企业生产、管理过程中数字技术的应用会提升企业的自动化、智能化水平，这种发展趋势可能对传统生产方式造成一定的冲击，比如对常规任务型、低技能劳动力产生较强的替代性作用（Acemoglu et al.，2018；陈梦根和周元任，2021），但是对非常规任务型、高技能劳动力产生一定的偏向性。由于两种类型劳动力的工资水平存在差异，因此企业自动化、智能化可能会进一步影响企业内部的劳动收入份额，也就是企业内部的人工成本占比（陈梦根和周元任，2021；肖土盛等，2022）。还值得关注的是，数字技术还可能对就业带来一定的"创造效应"，即派生出基本无复杂度、无须经过太多培训的工作（Goos et al.，2009）。

经过以上理论分析可以发现，处于数字不平等优势一端的企业能够通过降低成本、促进创新，提升企业生产效率，还能够通过影响企业原有的员工雇佣结构，进而对企业人工成本产生一定的影响。而处于数字不平等弱势端的企业可能并未较好地享受到数字化发展的红利，比如生产效率在整个市场中处于落后位置，形成"生产数字鸿沟"；在产业链中地位下降，与消费者之间的搜寻、匹配和交流成本增加；抑制企业创新能力的提升，降低企业在全行业中的产品竞争力（陈梦根和周元任，2022）。

## 二、主要研究思路

本部分从企业部门视角出发，主要使用A股上市公司2010~2020年的微观数据，考察企业层面的数字不平等问题，主要包括企业层面的数字不平等测度、企业数字不平等的影响因素分析以及企业数字不平等对生产效率和人工成本的影响及内在机制。

具体来看，首先本部分从各年份上市公司年报中使用爬虫技术和分词技术整理出数字化相关词汇，利用数字化词频的形式作为企业数字化程度的表征，同时使用相对差距法计算不同企业面临的数字不平等程度。其次从企业经营业绩、基础设施、公司属性、公司规模、宏观数字经济环境等方面，考察企业数字不平等的影响因素，并进一步通过划分时段的方式，考察企业数字不平等影响因素的动态变动。最后本部分主要考察了数字不平等对企业生产效率和人工成本的影响，实证检验可能的机制渠道，主要包括企业数字不平等通过影响经营成本和创新能力，进而改变企业生产效率；企业数字不平等通过偏好高技能、非常规任务型劳动力，影响员工雇佣结构，进而改变企业人工成本。

# 第二节　研究方法与数据说明

## 一、主要研究方法

本章的研究方法与第五章较为相似，虽然企业可以看成固定资本、人力资本、无形资产等要素的集合，但在考察企业间数字化程度差异的相关问题时，主要将企业看作个体，企业数字不平等主要体现为企业个体数字化之间的差距。

### （一）企业数字化程度与数字不平等的测度

首先，参照已有研究，本章使用上市公司各年年报中数字化词频来具体表征企业数字化程度，进一步根据数字化词汇的属性与特征将企业数字化分为要素数字化和经营数字化。生产要素数字化主要包括互联网、大数据、区块链等数字技术在生产过程中的使用；经营数字化主要包括电子商务、P2P、互联网金融、智慧医疗等数字技术在商业运营过程中的使用，两种类型的数字化程度分别表征了企业在生产运营不同过程中与数字技术相融合的程度。其次，本章在测算出企业数字化水平的基础之上，参照第五章的测算方法，依据企业数字化程度的分布进一步测度不同上市企业数字化水平在总体中所处的相对位置，来刻画不同类型的数字鸿沟程度，具体的测算方法为相对差距法，其中的参考数值仍为样本中的最大值。通过相对差距法测算出的结果包括企业数字鸿沟、企业要素数字鸿沟和企业经营数字鸿沟。

### （二）企业数字不平等的影响因素分析

同样借助第五章的研究方法，本部分使用 RIF–I–OLS 分解方法，将总体层面（地区层面）的数字不平等分解到个体层面（企业层面），再使用多元线性回归模型探讨影响数字不平等变动的潜在因素。除此以外，本部分还将样本按不同时段进行进一步划分，以探讨企业数字不平等影响因素的动态变动。

### （三）企业数字不平等的影响研究及机制分析

数字化对企业生产经营的影响是多维度的，但最主要产生的两个影响分别为企业生产效率的变动，以及企业内部物质资本和人力资本份额的变动。因此本部分主要考察数字不平等对企业生产效率以及对企业人工成本的影响，其中生产效率主要使用 LP 方法测算出的全要素生产率（Total Factor Productivity，TFP）进行表征，企业人工成本主要使用企业内劳动收入份额进行表征。从机制上看，企业数字化差距主要可能通过经营成本、创新能力等途径影响生产效率，通过改变企业内部的雇佣结构、替代常规任务型劳动力、偏好非常规任务型劳动力等机制影响劳动收入份额。本部分试图使用双向固定效应模型进一步检验企业数字不平等对生产效率和人工成本的影响与内在机制，建立的基准模型具体如下：

$$Y_{i,t} = \beta_0 + \beta_1 EDDI_{i,t} + \beta_2 Z_{ijt}^C + \beta_3 Z_{ijt}^R + \sigma_t + \nu_i + e_{it} \qquad (6.1)$$

其中，$Y_{i,t}$ 表示第 t 年第 i 个企业的被解释变量取值，主要包括企业生产效率 $TFP_{i,t}$ 和企业人工成本 $Labor_{i,t}$。$EDDI_{i,t}$ 表示企业层面的数字不平等指标，使用前文测算的企业数字鸿沟指数表征，若企业 i 在第 t 年的数字化水平越低，则该企业越处于数字不平等的弱势端，面临的数字不平等程度 $EDDI_{i,t}$ 越大。$\beta_1$ 表示企业数字不平等 $EDDI_{i,t}$ 对被解释变量的影响程度。由于对企业数字化类型的进一步划分，企业数字不平等也可以分为两种类型，即企业要素数字不平等和企业经营数字不平等，可以使用 $EDDI_{i,t}^h$（h = 1，2）分别表征这两种企业不平等的类型。

$Z_{ijt}^C$ 和 $Z_{ijt}^R$ 分别表示企业层面和地区层面的控制变量，$\sigma_t$ 和 $\nu_i$ 分别表示时间固定效应和个体固定效应。此外，本部分同样参考江艇（2022）推荐的方法进行中介机制检验。

## 二、相关数据说明

### （一）数据来源

本部分主要使用 2010 年至 2020 年我国 A 股上市公司的微观数据，考察企业部门层面的数字不平等相关问题。与第五章相同的是，本部分实证检验中使用的也是平衡面板数据，剔除掉未成功追踪的企业样本，将企业数字不平等的变动来源仅限制在自身数字化水平变动所导致。除此以外，本部分还剔除了 ST、*ST 或 PT 的企业样本，以及剔除了各指标存在极端值的企业样本。在数据清洗、整理后共得到 20779 个企业样本，每年成功追踪到 1889 个企业样本。

本部分的数据主要来源于 WIND 金融终端，此外，在宏观地区层面的控制变量数据主要来源于《中国统计年鉴》《中国城市统计年鉴》以及在第二章中测算出的地区数字经济综合发展指数。

### （二）变量说明

1. 被解释变量。

本部分的被解释变量主要包括两类：企业生产效率和企业人工成本，具体说明如下：

（1）企业生产效率。本部分主要使用 LP 方法对上市公司的生产效率进行测算，测算的具体步骤如下：

首先定义企业 i 的生产函数为标准的 Cobb – Douglas 形式：

$$Y_{i,t} = A_{i,t} K_{i,t}^\beta L_{i,t}^\gamma \tag{6.2}$$

$Y_{i,t}$ 为企业产出，$K_{i,t}$ 和 $L_{i,t}$ 分别代表资本和劳动，$A_{i,t}$ 代表技术进步的全要素生产率，两边同时取对数可得：

$$\ln Y_{i,t} = \alpha + \beta \ln K_{i,t} + \gamma \ln L_{i,t} + u_{i,t} \tag{6.3}$$

$$u_{i,t} = \omega_{i,t} + \varepsilon_{i,t} \tag{6.4}$$

其中，$u_{i,t}$可以拆分成两部分，$\omega_{i,t}$表示能够影响到企业 TFP 并且可以被观测到的因素，$\varepsilon_{i,t}$表示方程的残差项。假设将企业投资看作不可观测生产率冲击的代理变量，则企业当前资本存量与企业投资之间的关系可以表示为：

$$K_{i,t+1} = (1 - \delta) K_{i,t} + I_{i,t} \qquad (6.5)$$

其中，$K_{i,t}$和$K_{i,t+1}$分别表示当期资本存量和下一期资本存量，$I_{i,t}$表示当期企业投资总额。当企业受到有利且可观测的生产率冲击时，由于无法立即改变资本存量$K_{it}$，企业将通过提高当期投资量$I_{it}$来应对，以提升当期企业经营绩效，即当$\omega_{i,t}$显著提升时，企业当期投资总额$I_{i,t}$也会增加，据此可以构建当期最优投资函数：

$$I_{i,t} = I(K_{i,t}, \ \omega_{i,t}) \qquad (6.6)$$

对式（6.6）右侧求反函数可得：

$$\omega_{i,t} = I^{-1}(I_{i,t}, \ K_{i,t}) = h(I_{i,t}, \ K_{i,t}) \qquad (6.7)$$

则原生产函数变为：

$$Y_{i,t} = \alpha + \gamma \ln L_{i,t} + \Phi(I_{i,t}, \ K_{i,t}) + \varepsilon_{i,t} \qquad (6.8)$$

$$\Phi(I_{i,t}, \ K_{i,t}) = \beta \ln K_{i,t} + h(I_{i,t}, \ K_{i,t}) = \beta \ln K_{i,t} + \omega_{i,t} \qquad (6.9)$$

其中，$\Phi(I_{i,t}, \ K_{i,t})$衡量了生产函数中资本要素的贡献，通过式（6.8）和式（6.9）可以得到$\gamma$的估计$\hat{\gamma}$，再假定$\omega_{i,t}$服从一阶马尔科夫过程，则有：

$$\omega_{i,t} = E(\omega_{i,t} \mid \Omega_{i,t-1}) + \xi_{i,t} = E(\omega_{i,t} \mid \omega_{i,t-1}) + \xi_{i,t} = g(\omega_{i,t-1}) + \xi_{i,t} \qquad (6.10)$$

因此，原生产函数还可以表示为：

$$Y_{i,t} = \alpha + \hat{\gamma} \ln L_{i,t} + \beta \ln K_{i,t} + g(\hat{\omega}_{i,t-1}) + e_{i,t} \qquad (6.11)$$

其中，$e_{i,t} = \xi_{i,t} + \varepsilon_{i,t}$表示生产函数对数化后的残差项，即为全要素生产率的对数表达形式，并且有$\hat{\omega}_{i,t} = \hat{\Phi}(I_{i,t}, \ K_{i,t}) - \beta \ln K_{i,t}$，再假定$g(\cdot)$服从随机游走过程，可以得到：

$$Y_{i,t} = \alpha + \hat{\gamma} \ln L_{i,t} + \beta(\ln K_{i,t} - \ln K_{i,t-1}) + \hat{\Phi}(I_{i,t-1}, \ K_{i,t-1}) + e_{i,t} \qquad (6.12)$$

通过式（6.12）可以得到$\beta$的估计$\hat{\beta}$，则企业 i 的 TFP 的对数值可以估计为：

$$TFP = e_{i,t}^{*} = Y_{i,t} - \alpha - \hat{\gamma} \ln L_{i,t} - \hat{\beta}(\ln K_{i,t} - \ln K_{i,t-1}) - \hat{\Phi}(I_{i,t-1}, \ K_{i,t-1}) \qquad (6.13)$$

在 OP 法中需要满足企业投资与生产率之间的关系为单调递增，即企业投资额为 0 的样本不能被有效估计，但事实上并非每个企业在每一年都有大于 0 的投资，因此在 LP 方法中不再用企业投资作为生产率的代理变量，而使用中间品投

入 $M_{i,t}$ 作为替代，这使得对 TFP 的估计更加灵活。在实际测算过程中，产出变量使用企业营业总收入代替，资本投入使用固定资产净额代替，劳动力投入使用员工总人数代替，中间投入的计算方式为营业成本、销售费用、管理费用、财务费用之和减去折旧摊销、支付给职工以及为职工支付的现金，最终测算出的 TFP 数值取对数处理。

（2）企业人工成本。本部分主要使用支付给职工以及为职工支付的现金表示员工工资及福利，将员工工资及福利与企业营业总收入的比重作为企业人工成本的份额，该指标越高表明劳动收入份额越高，劳动要素的相对收益越高。

2. 核心解释变量。

本部分的核心解释变量在于对企业数字化程度的表征，综合现有研究（陈梦根和周元任，2021），表示企业数字化程度相关变量主要包括：①使用全国工业企业微观数据库，用企业主页、邮箱、微博等数量作为企业互联网化程度的代理指标（沈国兵和袁征宇，2020）；②使用行业间工业机器人安装数量作为企业自动化程度的代理指标（Acemoglu et al.，2020）；③使用地区电子商务发展的相关财务指标作为企业电子商务发展程度的代理指标（Fan et al.，2018）；④使用上市公司定期披露的年报或季度报告中的数字化词频，作为企业数字化的代理指标（何帆和刘红霞，2019；肖土盛等，2022）。

本章最终选用上市公司年报中数字化词频表征企业数字化程度的原因主要在于：首先，全国工业企业微观数据库仅更新到 2015 年，这与数字经济快速发展的时间段并不吻合，使用企业互联网相关指标并不能完全刻画企业的数字化程度。其次，使用数字经济发展某一维度的指标，比如信息化员工占比、无形资产比重、数字金融、工业机器人等对企业数字化的刻画可能存在偏误，并且使用地区或行业层面指标表征相应地区内或行业内所有企业的数字化程度本身也会掩盖微观信息。最后，上市公司年报或季度报告中数字化词频能够从微观个体层面考察企业数字化程度，该方法能够很好地在微观层面考察企业的数字化相关问题，但该方法的局限性在于可能受主观因素影响较大，若企业顺应行业发展趋势，主观性地将更多数字化词汇添加进报告中，则可能高估对应企业的数字化程度。比较来看，在微观企业缺乏更为科学、准确的数字化程度统计指标的现状下，受限于数据可得性，使用上市公司报告中的数字化词频能够更为精确地体现微观企业的数字化水平。

本部分使用网络爬虫技术以及 Jieba 分词技术提取 A 股上市公司各年报中的数字化词汇，并计算各个数字化词汇对应的词频。本部分还将数字化词汇分为两类，企业要素数字化和企业经营数字化，前者主要包括互联网、大数据、区块链等数字技术在生产过程中的使用，后者主要包括电子商务、P2P、互联网金融、智慧医疗等数字技术在商业运营过程中的使用。表 6-1 中展示了所有提取的数字化词汇。

表 6-1　　　　　　　上市公司年报中提取的数字化相关词汇

| 企业数字化 | |
| --- | --- |
| 要素数字化 | 经营数字化 |
| 人工智能、图像理解、智能数据分析、智能机器人、机器学习、深度学习、语义搜索、生物识别技术、人脸识别、语音识别、身份验证、自然语言处理、大数据、数据挖掘、文本挖掘、数据可视化、异构数据、增强现实、混合现实、虚拟现实、云计算、流计算、图计算、内存计算、多方安全计算、类脑计算、绿色计算、认知计算、融合架构、亿级并发、EB 级存储、物联网、信息物理系统、区块链、分布式计算、差分隐私技术、移动互联网、工业互联网、数据管理、数据挖掘、数据网络、数据平台、数据中心、数据科学、数字控制、数字技术、数字网络、数字化、云 IT、产业互联网、互联网技术、互联网移动、Internet、互联网+、高端智能、工业智能、移动智能、智能控制、智能管理、智能工厂、智能制造、智能技术、智能设备、智能生产、智能系统、智能化、自动控制、自动监测、自动监控、自动检测、自动生产、数控、一体化、集成化、集成解决方案、集成控制、集成系统、工业云、智能故障诊断、生命周期管理、生产制造执行系统、虚拟化、虚拟制造、信息共享、信息管理、信息集成、信息软件、信息系统、信息网络、信息终端、信息中心、信息化、网络化、工业信息、工业通信 | 商业智能、投资决策辅助系统、自动驾驶、征信、数字货币、智能金融合约、移动互联、互联网医疗、电子商务、移动支付、第三方支付、NFC 支付、智能能源、B2B、B2C、C2B、C2C、O2O、网联、智能穿戴、智慧农业、智能交通、智能医疗、智能客服、智能家居、智能投顾、智能文旅、智能环保、智能电网、智能营销、数字营销、无人零售、互联网金融、数字金融、Fin-tech、金融科技、量化金融、开放银行、数字通信、数字智能、数字终端、数字营销、云生态、云服务、云平台、互联网解决方案、互联网思维、互联网行动、互联网业务、互联网应用、互联网营销、互联网战略、互联网平台、互联网模式、互联网商业模式、互联网生态、电商、线上线下、线上到线下、线上和线下、智能终端、智能移动、智能物流、智能仓储、智能网联、未来工厂 |

3. 其他控制变量。

本章实证中其他控制变量主要包括两个层面的变量：企业层面的控制变量和地区层面的控制变量。

（1）企业层面的控制变量主要包括：经营利润（营业利润取对数）、固定资产（固定资产总额取对数）、负债程度（资产负债率）、企业年龄（上市年数，为避免多重共线性，在实证分析中取平方处理）、资产回报（年末净利润与总资产之比）、成长潜力（营业收入的增长率）、股权集中（前十大股东持股所占比例）、企业规模（依据资产规模划分，大型企业取值为3，中型企业取值为2，小型企业取值为1）、企业所有制（国有企业取值为1，非国有企业取值为0）等。

（2）地区层面的控制变量主要包括：地区数字经济发展水平（数据来源为第二章测算出的地区数字经济综合发展指数）、地区产业结构（第三产业增加值占总增加值比重）、地区教育水平（高等院校毕业生人数占总就业人数比重）等。

## 三、主要变量的描述性统计

表6-2中展示了实证分析中各变量的描述性统计结果，由于篇幅所限，表中仅列示了样本区间首尾年份变量的描述性统计结果。从表中结果可以看出，企业数字不平等指数，以及两种分类型的数字不平等指数均呈现缩小的态势。此处需要特别说明的是，与第五章实证结果相同，由于测算数字不平等结果时使用的是以样本最大值为参考的相对差距法，并且企业数字化程度的样本分布呈现"右偏"态势，因此数字不平等指数结果相对偏大。此外，企业全要素生产率均值从2010年的8.2286增加至2020年的8.5599，表明我国上市公司生产效率整体呈现上升态势。劳动收入份额均值从2010年的0.1489增长至2020年的0.2170，表明我国企业中劳动者权益在不断得到提升。

表6-2　　　　企业部门数字不平等分析中各变量的描述性统计

| 变量 | 2010 年 | | | 2020 年 | | |
|---|---|---|---|---|---|---|
| | 均值 | 标准差 | 样本量 | 均值 | 标准差 | 样本量 |
| 数字不平等 | 0.9769 | 0.0526 | 1889 | 0.9501 | 0.0837 | 1889 |
| 要素数字不平等 | 0.9806 | 0.0432 | 1889 | 0.9573 | 0.0776 | 1889 |
| 经营数字不平等 | 0.9959 | 0.0265 | 1889 | 0.9797 | 0.0474 | 1889 |
| 生产效率 | 8.2286 | 1.1828 | 1889 | 8.5599 | 1.2511 | 1889 |
| 劳动收入份额 | 0.1489 | 1.0629 | 1889 | 0.2170 | 0.2062 | 1889 |
| 经营利润 | 11.8630 | 1.6622 | 1889 | 12.5415 | 1.6786 | 1889 |
| 固定资产 | 19.7603 | 1.9060 | 1889 | 20.8103 | 1.9572 | 1889 |
| 负债程度 | 53.5783 | 123.2715 | 1889 | 58.0289 | 409.9136 | 1889 |

续表

| 变量 | 2010 年 | | | 2020 年 | | |
|---|---|---|---|---|---|---|
| | 均值 | 标准差 | 样本量 | 均值 | 标准差 | 样本量 |
| 企业年龄 | 96.4664 | 97.7184 | 1889 | 351.7549 | 215.8101 | 1889 |
| 资产回报 | 7.6464 | 29.6058 | 1889 | 3.6001 | 25.9789 | 1889 |
| 成长潜力 | 34.2624 | 112.1549 | 1889 | 14.2822 | 393.3134 | 1889 |
| 流动比率 | 60.1421 | 23.5015 | 1889 | 54.1669 | 20.8908 | 1889 |
| 股权集中 | 58.4719 | 16.8820 | 1889 | 54.1500 | 15.5591 | 1889 |
| 企业规模 | 2.8276 | 0.4682 | 1889 | 2.8114 | 0.4421 | 1889 |
| 企业所有制 | 0.4923 | 0.5001 | 1889 | 0.4807 | 0.4998 | 1889 |
| 地区数字经济 | 0.1792 | 0.1261 | 1889 | 0.3891 | 0.1759 | 1889 |
| 地区产业结构 | 0.4419 | 0.1151 | 1889 | 0.5751 | 0.1029 | 1889 |
| 地区教育水平 | 1.7863 | 0.6117 | 1889 | 1.0409 | 0.2578 | 1889 |

本部分还考察了数字不平等均值的动态变动情况，见图 6-1。从图中可以看出，企业数字不平等指数总体呈现波动下行趋势，要素数字不平等和要素经营不平等指数总体也呈现波动下行态势。在样本区间内部，企业数字不平等总指数在 2010 年至 2015 年下降速度较快，2015 年至 2018 年企业数字不平等转为上升趋势，从 2018 年起又开始转为下降态势。企业数字不平等在中间时段出现短暂上行趋势的原因可能在于，2015 年后新一代数字技术逐渐出现并普及，比如人工智能、大数据、云计算、物联网等在企业中开始得到广泛应用，数字化基础较好的企业能够利用此次发展浪潮，快速提升自身的数字化水平，而数字化基础较差的企业在使用新型数字技术方面存在滞后性，因而在中间时段企业数字不平等出现短暂上行趋势。而由于数字技术的普惠性和包容性，数字化基础较差企业在后期能够迎头赶上，充分利用数字技术进一步提升自身数字化水平，因此在 2018 年后企业数字不平等程度又开始逐渐减弱。企业要素数字不平等的变动趋势与数字不平等总指数基本保持一致。企业经营数字不平等与数字不平等总指数的变动略有不同，在中间时段企业经营数字不平等上行的初始时间比数字不平等总指数早一年，这可能与当年电子商务等数字化商业模式快速发展相关。

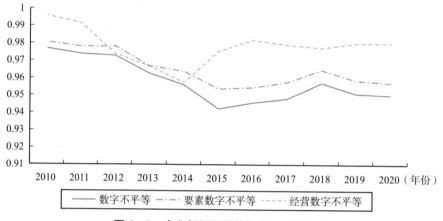

图 6 - 1 企业部门层面的数字不平等变动

## 第三节 企业部门数字不平等的影响因素分析

### 一、基准回归结果

本部分首先使用基尼指数法测算上市公司总的数字不平等指数、要素数字不平等指数和经营数字不平等指数，并通过 RIF 函数将不平等指数分解到个体层面作为企业数字不平等指标的表征。表 6 - 3 展示了企业部门数字不平等影响因素的 RIF - I - OLS 回归结果，其中潜在的影响因素包括两个层面，即企业层面和地区层面。企业层面主要包括企业经营情况、基础设施水平、企业规模大小、企业所有制情况；地区层面主要包括企业所在地区的数字经济发展宏观环境、地区产业结构和地区教育水平。从表中回归结果可以得到以下几点结论：（1）企业经营情况对数字不平等的影响显著为负，对要素数字不平等和经营数字不平等的影响也显著为负，这说明企业经营效益越好，则有更多资金投入到自身数字化转型的进程中，对应企业的数字不平等程度越低，企业自身数字化水平越高。（2）基础设施水平对数字不平等的影响也显著为负，对要素数字不平等的影响显著为负，对经营数字不平等的影响虽然为负，但并不显著。可能的原因在于基础设施水平高的企业数字化相关的硬件设施较好，使得对应企业在数字化转型过程中具有硬件设备等优势，并且这种优势主要体现在要素数字化层面，企业商业模式、应用场景数字化等经营数字化层面与企业基础设施的相关性较小。（3）企业规模对数字不平等的影响在10%的水平下显著为正，对要素数字不平等的影响也在10%的水平下显著为正，但对经营数字不平等的影响并不显著。可能的原因在于企业规模越大，其生产经营模型越系统、稳定，数字化成本越大，数字化转型的速率也相对较慢，而规模较小的企业则相对灵活，数字化转型成本相对更低，因此比较来看，规模相对较小的企业在数字不平等中更容易处于优势一端，并且这种情形更多体现在要素数字化维度上。（4）地区层面的相关指标对企业数字不平等的影响均不显著。可能的原因在于企业生产经营范围并不局限于自身所在地区，企业数字化进程与所在地区宏观经济、社会因素相关性较小。

表6-3　　企业部门数字不平等影响因素的基准回归结果（GINI 指数）

| 变量 | (1)<br>数字不平等 | (2)<br>要素数字不平等 | (3)<br>经营数字不平等 |
| --- | --- | --- | --- |
| 企业经营 | -0.0209 ***<br>(0.0041) | -0.0250 ***<br>(0.0042) | -0.0160 **<br>(0.0072) |
| 基础设施 | -0.0183 ***<br>(0.0040) | -0.0179 ***<br>(0.0035) | -0.0039<br>(0.0092) |
| 企业规模 | 0.0198 *<br>(0.0110) | 0.0227 *<br>(0.0120) | -0.0034<br>(0.0121) |
| 企业所有制 | -0.0126<br>(0.0090) | -0.0107<br>(0.0099) | 0.0036<br>(0.0082) |
| 地区数字经济发展 | -0.0107<br>(0.2182) | 0.0467<br>(0.2424) | 0.0441<br>(0.2396) |
| 地区产业结构 | 0.1804<br>(0.2783) | 0.2859<br>(0.3051) | -0.1863<br>(0.3027) |
| 地区教育水平 | -0.3456<br>(2.0608) | -0.1151<br>(2.2920) | -1.0816<br>(1.6213) |
| 常数项 | 1.1562 ***<br>(0.1950) | 1.1241 ***<br>(0.2126) | 1.1444 ***<br>(0.2251) |

续表

| 变量 | (1) 数字不平等 | (2) 要素数字不平等 | (3) 经营数字不平等 |
|---|---|---|---|
| 城市固定效应 | 是 | 是 | 是 |
| 年份固定效应 | 是 | 是 | 是 |
| 样本量 | 20779 | 20779 | 20779 |
| $R^2$ | 0.0401 | 0.0380 | 0.0193 |

注：*、**、*** 分别表示在10%、5%、1%的水平下显著；括号内为稳健性标准误。

## 二、影响因素的动态变动结果

本部分主要考察企业数字不平等影响因素的动态变动结果。根据图 6-1 的相关结果，数字不平等变动主要可以划分为三个时段：2010 年至 2015 年、2016 年至 2018 年和 2019 年至 2020 年，因此本部分将全样本分为以上三个时间段，分别考察每一时间段下企业数字不平等的影响因素。表 6-4 展示了数字不平等总指数基于 RIF-I-OLS 的分时段回归结果。从结果中可以看出，在不同时段，企业经营对数字不平等的影响均为负，这表明在不同阶段，企业经营绩效均与企业数字化进程密切相关。基础设施对企业数字不平等的负向影响主要体现在后两个时段。可能的原因在于，在数字化转型初期，各企业数字化水平普遍偏低，基础设施水平对数字化程度的影响不大，但在中后期，基础设施水平较高的企业能够更好地提升数字软硬件设备水平，进一步助力企业数字化转型。企业规模对数字不平等的影响主要体现在前两个时段。可能的原因在于，较大规模企业数字化转型速率较慢，在前中期较小规模企业数字化平均水平相对高于较大规模企业，但在后期伴随大型企业数字化进程加快，两类规模企业数字化水平差异不再显著。地区层面的宏观经济因素在不同时段对企业数字不平等的影响均不显著，这与基准回归结果保持一致。

附表 16 和附表 17 展示了要素数字不平等和经营数字不平等基于 RIF-I-OLS 的分时段回归结果。附表 16 中的结果与表 6-4 的基准结果保持一致，这表明要素数字化是企业数字化进程中最主要的维度。附表 17 中的结果与表 6-4 的基准结果略有不同，差异主要在于企业经营绩效对数字不平等的负向影响主要体现在前两个时段，基础设施对企业数字不平等的影响并不显著，企业规模对数字

不平等的影响主要体现在第一时段，第一时段中企业所有制对数字不平等的影响
显著为正。

表6-4        基于 RIF-I-OLS 的分时段回归结果（数字不平等总指标）

| 变量 | 数字不平等 | | |
|---|---|---|---|
| | （1） | （2） | （3） |
| | 2010~2015 年 | 2016~2018 年 | 2019~2020 年 |
| 企业经营 | -0.0378 ** | -0.0179 *** | -0.0203 *** |
| | （0.0186） | （0.0061） | （0.0060） |
| 基础设施 | -0.0149 | -0.0211 *** | -0.0165 *** |
| | （0.0234） | （0.0064） | （0.0052） |
| 企业规模 | 0.1137 ** | 0.0275 * | 0.0055 |
| | （0.0529） | （0.0162） | （0.0159） |
| 企业所有制 | -0.0117 | -0.0156 | -0.0051 |
| | （0.0304） | （0.0127） | （0.0140） |
| 地区数字经济发展 | 0.4430 | 0.0534 | -0.2566 |
| | （0.4337） | （0.4232） | （0.6931） |
| 地区产业结构 | 0.1199 | 0.0306 | 0.6585 |
| | （1.1579） | （1.1184） | （1.3121） |
| 地区教育水平 | -0.8689 | 2.4011 | -1.0035 |
| | （9.2552） | （7.8886） | （3.3405） |
| 常数项 | 1.0829 * | 1.1924 * | 0.9546 |
| | （0.6202） | （0.6103） | （0.8753） |
| 城市固定效应 | 是 | 是 | 是 |
| 年份固定效应 | 是 | 是 | 是 |
| 样本量 | 11334 | 5667 | 3778 |
| R² | 0.1792 | 0.0384 | 0.0339 |

注：*、**、*** 分别表示在10%、5%、1%的水平下显著；括号内为稳健性标准误。

## 三、稳健性检验

基准回归结果中主要以基尼指数法为基准，将不平等指标分解到企业层面并

进行回归。基于稳健性的考虑，本部分还使用泰尔 L 指数、泰尔 T 指数、阿特金森指数、90～10 分位数差距值法对企业数字不平等进行测算，再使用 RIF 函数将不平等指标分解到企业层面。表 6－5 展示了基于其他指数分解的影响因素回归结果。从表中可以看出，除列（4）回归结果外，企业经营绩效对数字不平等的影响均显著为负；各列回归结果中基础设施对数字不平等的影响均显著为负；各列回归结果中企业规模对数字不平等的影响均为正，其显著性主要体现在列（2）和列（4）回归结果中；除列（2）回归结果外，其他回归结果中企业所有制对数字不平等的影响均显著为负；各列回归结果中，地区宏观经济因素对企业数字不平等的影响均不显著。以上回归结果与基准回归结果基本保持一致，这进一步验证了本部分回归结果具有一定的稳健性。

表 6－5　基于 RIF－I－OLS 分解的家庭数字不平等影响因素分析结果（其他指数分解）

| 变量 | 数字不平等 | | | |
|---|---|---|---|---|
| | （1） | （2） | （3） | （4） |
| | 泰尔 L 指数 | 泰尔 T 指数 | 阿特金森指数 | 90～10 分位数差距值 |
| 企业经营 | －0.0409*** | －0.0828*** | －0.0174*** | 0.1859 |
| | （0.0135） | （0.0151） | （0.0057） | （1.8520） |
| 基础设施 | －0.0887*** | －0.0365** | －0.0377*** | －1.4337*** |
| | （0.0129） | （0.0145） | （0.0055） | （0.1702） |
| 企业规模 | 0.0337 | 0.0923** | 0.0143 | 3.3842*** |
| | （0.0376） | （0.0402） | （0.0160） | （0.6330） |
| 企业所有制 | －0.1009*** | 0.0015 | －0.0429*** | －0.9359** |
| | （0.0294） | （0.0326） | （0.0125） | （0.4088） |
| 地区数字经济发展 | 0.1305 | －0.2817 | 0.0555 | －2.3913 |
| | （0.6920） | （0.8583） | （0.2942） | （8.5212） |
| 地区产业结构 | 0.1709 | 0.7166 | 0.0727 | 2.8537 |
| | （0.9504） | （0.9343） | （0.4041） | （16.1793） |
| 地区教育水平 | －0.3618 | －0.4842 | －0.1538 | 29.5995 |
| | （6.5043） | （7.9453） | （2.7654） | （81.1993） |

| 变量 | 数字不平等 | | | |
| --- | --- | --- | --- | --- |
| | （1） | （2） | （3） | （4） |
| | 泰尔 L 指数 | 泰尔 T 指数 | 阿特金森指数 | 90~10 分位数差距值 |
| 常数项 | 3.0437 *** (0.6496) | 2.0805 *** (0.7022) | 1.5053 *** (0.2762) | 41.9946 *** (10.1719) |
| 城市固定效应 | 是 | 是 | 是 | 是 |
| 年份固定效应 | 是 | 是 | 是 | 是 |
| 样本量 | 20779 | 20779 | 20779 | 20779 |
| R² | 0.0525 | 0.0280 | 0.0525 | 0.0638 |

注：*、**、*** 分别表示在 10%、5%、1% 的水平下显著；括号内为稳健性标准误。

## 第四节　数字不平等、创新能力与企业生产效率

### 一、数字不平等对企业生产效率的影响

本部分使用 LP 方法测算了不同上市企业的全要素生产率（TFP）作为企业生产效率的表征。根据理论分析结论，数字化水平较低的企业其生产效率也相对较低，进而在数字不平等中处于弱势地位。表 6-6 展示了企业数字不平等对生产效率的影响结果，从中可以看出，数字不平等对企业 TFP 呈现显著的负向影响，这验证了理论分析的结论，表明数字化能够极大程度上促进企业生产效率的提升，有助于优化企业的生产经营，数字化进程较慢的企业则在生产效率提升维度不具有显著优势。此外，本部分还将要素数字不平等和经营数字不平等分别作为关键解释变量进行回归，结果发现两者对企业 TFP 的影响均显著为负，这表明要素数字化和经营数字化均能够通过降低成本、增加协同、促进创新等途径显著提升企业的生产效率。

再从控制变量的结果来看，企业规模对 TFP 的影响显著为正，可能的原因在于大型企业更容易形成规模经济、降低成本，增加企业 TFP；负债程度对 TFP 的影响显著为正，表明企业进行适度的融资等负债业务有助于促进生产经营；资产

回报和成长潜力对企业 TFP 的影响显著为正，这表明企业经营效益越好，发展潜力越大，越能够提升生产效率水平；流动比率对企业 TFP 的影响也显著为正，这表明企业流动资产占比越高，融资约束越小，越有助于促进企业经营发展；地区数字经济发展等宏观经济、社会因素对地区内部企业生产效率的影响并不显著。

表 6 - 6　　　　　　　　企业数字不平等影响生产效率的基准回归结果

| 变量 | (1) | (2) | (3) |
|---|---|---|---|
| | 企业 TFP | 企业 TFP | 企业 TFP |
| 数字不平等 | - 0. 4581 ***<br>(0. 1381) | | |
| 要素数字不平等 | | - 0. 3860 **<br>(0. 1538) | |
| 经营数字不平等 | | | - 0. 3647 ***<br>(0. 0953) |
| 企业规模 | 0. 5926 ***<br>(0. 0226) | 0. 5948 ***<br>(0. 0226) | 0. 5980 ***<br>(0. 0225) |
| 负债程度 | 0. 0002 ***<br>(0. 0000) | 0. 0002 ***<br>(0. 0000) | 0. 0002 ***<br>(0. 0000) |
| 企业年龄 | - 0. 0000<br>(0. 0002) | - 0. 0000<br>(0. 0002) | - 0. 0000<br>(0. 0002) |
| 资产回报 | 0. 0021 ***<br>(0. 0007) | 0. 0021 ***<br>(0. 0008) | 0. 0021 ***<br>(0. 0007) |
| 成长潜力 | 0. 0002 ***<br>(0. 0001) | 0. 0002 ***<br>(0. 0001) | 0. 0002 ***<br>(0. 0001) |
| 流动比率 | 0. 0099 ***<br>(0. 0008) | 0. 0099 ***<br>(0. 0008) | 0. 0098 ***<br>(0. 0008) |
| 股权集中 | 0. 0010<br>(0. 0008) | 0. 0010<br>(0. 0008) | 0. 0009<br>(0. 0008) |
| 地区数字经济发展 | 0. 0250<br>(0. 1441) | 0. 0277<br>(0. 1441) | 0. 0328<br>(0. 1433) |
| 地区产业结构 | - 0. 0140<br>(0. 2827) | - 0. 0193<br>(0. 2830) | - 0. 0490<br>(0. 2834) |

续表

| 变量 | （1） | （2） | （3） |
|---|---|---|---|
| | 企业 TFP | 企业 TFP | 企业 TFP |
| 地区教育水平 | 0.3403<br>(2.1097) | 0.3212<br>(2.1104) | 0.3464<br>(2.1042) |
| 企业固定效应 | 是 | 是 | 是 |
| 年份固定效应 | 是 | 是 | 是 |
| 样本量 | 20779 | 20779 | 20779 |
| $R^2$ | 0.4302 | 0.4296 | 0.4298 |

注：*、**、*** 分别表示在 10%、5%、1% 的水平下显著；括号内为稳健性标准误。

## 二、数字不平等影响企业生产效率的动态变动

参照图 6－1 对数字不平等指数发展阶段的划分，本部分同样将样本区间划分为三段，即 2010 年至 2015 年、2016 年至 2018 年、2019 年至 2020 年，并分别在每个时段内部考察数字不平等对企业 TFP 的影响。表 6－7 展示了企业数字不平等影响生产效率的分时段回归结果，从结果中可以看出，在每一时段中数字不平等对企业生产效率的影响均显著为负，这表明数字化差距对企业生产率的抑制效应是始终存在的，数字化水平较高的企业对应的生产效率始终较高。但从列（1）至列（3）的结果可以看出，数字不平等对企业 TFP 的负向影响逐渐增大。可能的原因在于数字技术发展不断加快，数字技术与各行业生产、经营等行为的融合程度不断加深，企业生产效率提升对数字化水平的依赖程度逐渐加大，在数字经济发展水平更高的第三时段，企业间的数字化水平差距更能够拉大生产效率的差距。

控制变量的系数显著性结果与基准回归基本保持一致。值得关注的是，在每一时段内部，宏观地区的数字经济发展水平对企业 TFP 的影响显著为正，其他宏观因素对企业 TFP 的影响不显著。可能的原因在于地区数字经济发展水平一定程度上表征了地区内部对应企业面临的数字化发展环境，短期来看，良好的宏观数字经济发展环境能够建立较好的企业发展生态，促进部门协同和要素流动，有助于企业生产效率的提升，但长期来看，企业 TFP 的提升主要依靠企业自身数字化水平的提高，其中包括要素数字化和经营数字化。

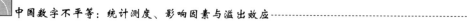

表6-7　　　　　企业数字不平等影响生产效率的分时段回归结果

| 变量 | 企业 TFP | | |
|---|---|---|---|
| | (1) | (2) | (3) |
| | 2010～2015 年 | 2016～2018 年 | 2019～2020 年 |
| 数字不平等 | -0.4271 *** | -0.7604 *** | -0.8318 *** |
| | (0.1528) | (0.2117) | (0.2968) |
| 企业规模 | 0.5605 *** | 0.3835 *** | 0.4805 *** |
| | (0.0406) | (0.0531) | (0.0615) |
| 负债程度 | -0.0001 | 0.0016 * | -0.0000 |
| | (0.0006) | (0.0009) | (0.0000) |
| 企业年龄 | -0.0015 *** | 0.0027 *** | -0.0019 *** |
| | (0.0003) | (0.0005) | (0.0006) |
| 资产回报 | 0.0019 * | 0.0080 *** | 0.0011 ** |
| | (0.0010) | (0.0016) | (0.0006) |
| 成长潜力 | 0.0003 * | 0.0001 | 0.0002 *** |
| | (0.0001) | (0.0001) | (0.0001) |
| 流动比率 | 0.0097 *** | 0.0086 *** | 0.0087 *** |
| | (0.0010) | (0.0014) | (0.0023) |
| 股权集中 | 0.0011 | 0.0088 *** | 0.0015 |
| | (0.0009) | (0.0022) | (0.0024) |
| 地区数字经济发展 | 0.4004 ** | 0.5298 * | 0.9077 ** |
| | (0.1943) | (0.2965) | (0.4488) |
| 地区产业结构 | -0.9977 *** | 0.9958 | 0.8076 |
| | (0.3676) | (0.6252) | (1.1447) |
| 地区教育水平 | -3.9484 | -0.5521 | -0.2470 |
| | (3.9193) | (6.7568) | (1.8585) |
| 企业固定效应 | 是 | 是 | 是 |
| 年份固定效应 | 是 | 是 | 是 |
| 样本量 | 11334 | 5667 | 3778 |
| $R^2$ | 0.3897 | 0.2834 | 0.3194 |

注：* 、** 、*** 分别表示在 10%、5%、1% 的水平下显著；括号内为稳健性标准误。

## 三、稳健性检验

### （一）工具变量检验

本部分主要使用工具变量方法对回归结果进行稳健性检验，以避免潜在的内生性。使用工具变量的原因在于企业数字化可能会提升企业的全要素生产率，而企业全要素生产率提升，企业经营效益提高，同样会促进企业向数字化、智能化方向发展，也就是说二者可能存在反向因果的关系，并且企业数字化还可能与回归模型中的残差项具有一定的相关性。本部分使用两种工具变量进行检验：行业数字不平等指数均值和企业所在城市移动电话数量。首先，行业数字不平等指数均值与企业数字不平等程度相关，但不直接影响某一企业的 TFP。其次，企业所在城市移动电话数量一定程度表征了企业所在城市的通信水平，通信水平越高则数字基础设施建设越完善，相应地区的数字经济发展水平越高，相应地区内部企业的数字化进程相对更高，企业对应的数字不平等指数也越小，并且企业所在城市移动电话数量并不能直接影响某一企业的 TFP。以上分析均表明本部分所选择的两类工具变量同时具有相关性和外生性。

表 6 - 8 展示了工具变量的回归检验结果，两类工具变量均通过了可识别检验和弱工具变量检验。从列（1）和列（3）的一阶段回归结果可以看出，工具变量与关键解释变量具有显著相关性；从列（2）和列（4）的回归结果可以看出，在通过工具变量拟合后，数字不平等对企业 TFP 的影响依旧显著为负，这表明基准回归结果具有一定的稳健性。

表 6 - 8　　　　　数字不平等影响生产效率的工具变量检验结果

| 变量 | （1） | （2） | （3） | （4） |
|---|---|---|---|---|
| | 数字不平等 | 企业 TFP | 数字不平等 | 企业 TFP |
| 数字不平等指数 | | - 1. 0023 ***<br>(0. 2234) | | - 0. 6821 *<br>(0. 3514) |
| 工具变量 I<br>（行业数字不平等<br>指数均值） | 0. 4429 ***<br>(0. 0889) | | | |

续表

| 变量 | （1） | （2） | （3） | （4） |
|---|---|---|---|---|
| | 数字不平等 | 企业 TFP | 数字不平等 | 企业 TFP |
| 工具变量Ⅱ<br>（企业所在城市移动<br>电话数量） | | | -0.3738 **<br>（0.1705） | |
| Ⅳ可识别检验 | | 28.559<br>＜0.0000＞ | | 26.923<br>＜0.0000＞ |
| 弱Ⅳ检验Ⅰ | | 178.533<br>［16.38］ | | 165.112<br>［16.38］ |
| 弱Ⅳ检验Ⅱ | | 239.662 | | 448.121 |
| 样本数 | 20779 | 20779 | 20779 | 20779 |
| $R^2$ | 0.2221 | 0.8789 | 0.1919 | 0.6482 |

注：①表中使用 Kleibergen - Paap rk LM 统计量进行可识别检验，＜＞中为检验统计量的 p 值；②弱Ⅳ检验Ⅰ中使用的是 Cragg - Donald Wald F 统计量，［ ］中为 Stock - Yogo 弱识别检验容忍 10%扭曲下对应的临界值；③弱Ⅳ检验Ⅱ中使用的是第一阶段 F 统计量；④列（1）、列（2）和列（3）、列（4）分别为工具变量Ⅰ和工具变量Ⅱ的第一阶段、第二阶段回归结果，均为聚类到城市层面的稳健性标准误，其中 *、** 、*** 分别表示在 10% 、5% 、1% 的水平下显著。

## （二）替换变量检验

本部分试图使用替换关键解释变量的方法，对基准回归结果进行稳健性检验。本部分使用主观构建的数字化相关词库，通过数字化词频的方式构建企业数字化指标，进一步测算企业数字不平等程度。但参考已有研究（吴非等，2021；赵宸宇等，2021；肖土盛等，2022），数字化词库的构建不尽相同，为使本部分构建的数字化词库具有一定的代表性和稳健性，能够准确反映企业数字化程度，本部分还使用吴非等（2021）和赵宸宇等（2021）构建的数字化词库（分别记为构建方法Ⅰ和构建方法Ⅱ），重新测算数字不平等指数。表6-9展示了替换关键解释变量后的回归结果，从结果中可以看出，重新测算的两类数字不平等指数对企业 TFP 的影响显著为负，并且控制变量对应的系数正负号与显著性和基准回归结果基本保持一致，这进一步验证了本部分基准回归结果的稳健性。

表 6-9          数字不平等对企业生产效率的影响（替换关键解释变量）

| 变量 | （1） | （2） |
|---|---|---|
| | 企业 TFP | 企业 TFP |
| 数字不平等（构建方法Ⅰ） | -0.2946 *** | |
| | (0.1136) | |
| 数字不平等（构建方法Ⅱ） | | -0.2800 * |
| | | (0.1619) |
| 企业规模 | 0.5963 *** | 0.5955 *** |
| | (0.0225) | (0.0226) |
| 负债程度 | 0.0002 *** | 0.0002 *** |
| | (0.0000) | (0.0000) |
| 企业年龄 | -0.0000 | -0.0000 |
| | (0.0002) | (0.0002) |
| 资产回报 | 0.0021 *** | 0.0021 *** |
| | (0.0008) | (0.0008) |
| 成长潜力 | 0.0002 *** | 0.0002 *** |
| | (0.0001) | (0.0001) |
| 流动比率 | 0.0099 *** | 0.0099 *** |
| | (0.0008) | (0.0008) |
| 股权集中 | 0.0010 | 0.0010 |
| | (0.0008) | (0.0008) |
| 地区数字经济发展 | 0.0282 | 0.0287 |
| | (0.1437) | (0.1440) |
| 地区产业结构 | -0.0354 | -0.0183 |
| | (0.2835) | (0.2826) |
| 地区教育水平 | 0.3316 | 0.2985 |
| | (2.1061) | (2.1086) |
| 企业固定效应 | 是 | 是 |
| 年份固定效应 | 是 | 是 |
| 样本量 | 20779 | 20779 |
| $R^2$ | 0.4296 | 0.4293 |

注：*、**、***分别表示在10%、5%、1%的水平下显著；括号内为稳健性标准误。

## 四、不同类型企业内的影响差异分析

### （一）分企业规模

本部分将企业按照资产规模分为三类：小型企业、中型企业和大型企业，分别考察不同规模企业下，数字不平等对企业 TFP 的影响。从表 6 – 10 展示的回归结果可以看出，不同规模企业下，数字不平等对企业生产效率的影响均显著为负，并且从系数大小上看，数字不平等对小型企业 TFP 的负向影响最大，对大型企业 TFP 的负向影响最小。可能的原因在于数字化对小型企业 TFP 的促进作用更强，小型企业若处于数字不平等的弱势端，其企业 TFP 与处于数字不平等优势端的企业 TFP 差距更大；而大型企业生产经营规模较大，自身与创新相关的无形资产体量较大，企业 TFP 增加对数字化的依赖程度相对小于小型企业。但总的来看，无论企业规模大小，数字化对企业生产效率的促进作用是非常显著的，若企业处于数字不平等的弱势端，自身数字化水平较低，则该企业与其他数字化水平较高企业的生产率差距会被拉大。

表 6 – 10　　　　　　数字不平等对不同规模企业生产效率的影响

| 变量 | 企业 TFP | | |
|---|---|---|---|
| | （1） | （2） | （3） |
| | 小型企业 | 中型企业 | 大型企业 |
| 数字不平等 | − 7. 4434 ** <br> (3. 5940) | − 2. 2550 *** <br> (0. 8674) | − 0. 4218 ** <br> (0. 1924) |
| 企业规模 | 0. 2682 <br> (0. 2716) | 0. 4206 *** <br> (0. 0777) | 0. 4251 *** <br> (0. 0466) |
| 负债程度 | − 0. 0001 <br> (0. 0001) | 0. 0001 <br> (0. 0020) | − 0. 0025 <br> (0. 0017) |
| 企业年龄 | 0. 0021 <br> (0. 0055) | 0. 0005 <br> (0. 0009) | 0. 0010 ** <br> (0. 0004) |

| 变量 | 企业 TFP | | |
|---|---|---|---|
| | (1) | (2) | (3) |
| | 小型企业 | 中型企业 | 大型企业 |
| 资产回报 | − 0. 0021 *** <br> (0. 0007) | 0. 0014 <br> (0. 0019) | 0. 0052 *** <br> (0. 0020) |
| 成长潜力 | 0. 0012 *** <br> (0. 0004) | 0. 0008 *** <br> (0. 0003) | 0. 0001 <br> (0. 0003) |
| 流动比率 | 0. 0067 <br> (0. 0079) | 0. 0090 *** <br> (0. 0030) | 0. 0078 *** <br> (0. 0020) |
| 股权集中 | 0. 0318 <br> (0. 0248) | − 0. 0058 <br> (0. 0039) | 0. 0031 <br> (0. 0020) |
| 地区数字经济发展 | 6. 4067 * <br> (3. 7310) | 0. 2429 <br> (0. 7500) | 0. 3931 * <br> (0. 2274) |
| 地区产业结构 | − 2. 7182 <br> (7. 2931) | − 0. 2694 <br> (1. 1924) | − 0. 1730 <br> (0. 3913) |
| 地区教育水平 | 5. 9638 <br> (25. 7691) | − 3. 8101 <br> (6. 4856) | − 1. 9100 <br> (1. 8100) |
| 企业固定效应 | 是 | 是 | 是 |
| 年份固定效应 | 是 | 是 | 是 |
| 样本量 | 6920 | 6928 | 6931 |
| $R^2$ | 0. 4374 | 0. 3379 | 0. 3064 |

注：* 、** 、*** 分别表示在 10% 、5% 、1% 的水平下显著；括号内为稳健性标准误。

## （二）分企业所有制

本部分将企业按不同所有制分为国有企业和非国有企业，其中非国有企业主要包括民营企业、公众企业、集体企业、外商独资企业、外资企业、中外合资企业和其他企业等，分别考察不同所有制下，数字不平等对企业 TFP 的影响。从表 6 - 11 的回归结果中可以看出，非国有企业内部数字不平等对企业 TFP 的影响显著为负，国有企业内部数字不平等对企业 TFP 的影响仅在 10% 的显著性水平下显著，并且对应的系数也显著小于非国有企业。可能的原因在于国有企业自身生产效率的平均水平偏低于非国有企业，并且国有企业自身规模较大，有政府部门做担保，其生产效率提升对数字化、智能化、网络化的依赖性相对较弱，因此国有企业内部数字化水平较低企业与数字化水平较高企业的生产率差距并没有非国有企业显著。

表 6 - 11　　　　　　　　　数字不平等对不同所有制企业生产效率的影响

| 变量 | 企业 TFP | |
| --- | --- | --- |
| | (1) | (2) |
| | 国有企业 | 非国有企业 |
| 数字不平等 | - 0. 1859 *<br>(0. 0998) | - 0. 4900 ***<br>(0. 1562) |
| 企业规模 | 0. 5422 ***<br>(0. 0315) | 0. 5962 ***<br>(0. 0294) |
| 负债程度 | 0. 0012 *<br>(0. 0007) | 0. 0001 ***<br>(0. 0000) |
| 企业年龄 | - 0. 0001<br>(0. 0002) | 0. 0005<br>(0. 0003) |
| 资产回报 | 0. 0038 **<br>(0. 0016) | 0. 0016 **<br>(0. 0007) |
| 成长潜力 | 0. 0002 **<br>(0. 0001) | 0. 0001 ***<br>(0. 0001) |
| 流动比率 | 0. 0116 ***<br>(0. 0012) | 0. 0085 ***<br>(0. 0011) |
| 股权集中 | 0. 0029 **<br>(0. 0011) | 0. 0004<br>(0. 0012) |
| 地区数字经济发展 | - 0. 0587<br>(0. 1844) | 0. 1953<br>(0. 2316) |
| 地区产业结构 | - 0. 4306<br>(0. 3422) | 0. 5002<br>(0. 4788) |

| 变量 | 企业 TFP | |
|---|---|---|
| | （1） | （2） |
| | 国有企业 | 非国有企业 |
| 地区教育水平 | 3.6475<br>(2.5071) | −2.3867<br>(3.7309) |
| 企业固定效应 | 是 | 是 |
| 年份固定效应 | 是 | 是 |
| 样本量 | 9889 | 10890 |
| $R^2$ | 0.3888 | 0.4356 |

注：*、**、***分别表示在10%、5%、1%的水平下显著；括号内为稳健性标准误。

## 五、机制分析：企业创新能力

根据理论分析，创新水平正向促进企业生产效率提升，创新机制是数字不平等影响企业 TFP 的重要机制，因此本部分使用企业研发投入（取对数）作为创新能力的代表性指标，实证检验数字不平等是否能够抑制创新，进而限制生产效率的提升。表6-12展示了数字不平等影响企业 TFP 的机制检验结果，列（1）结果即为基准回归结果，表明数字不平等对企业 TFP 的影响显著为负。列（2）为数字不平等对中介变量，即创新能力的回归结果，从结果中可以看出，数字化水平较低显著抑制了企业的创新能力。可能的原因在于数字技术如互联网、数据平台是研发产出的基础，数字化水平高能够显著提升创新水平，此外新一代数字技术，比如人工智能、大数据、物联网、区块链本身就是企业创新的产出或重要技术手段，因此在数字不平等中处于弱势端的企业，其对应的创新水平也相对较低。列（3）为创新能力对企业生产效率的回归结果，从结果中可以看出，企业创新有助于生产要素的提升，这也符合经济学常识，即在生产函数当中，创新对应着技术进步，促进创新有助于提高全要素生产率。综合列（1）至列（3）回归结果，可以验证创新能力的确是数字不平等影响企业 TFP 的重要机制。

表 6 - 12 数字不平等影响企业生产效率的机制检验结果

| 变量 | (1) | (2) | (3) |
|---|---|---|---|
| | 企业 TFP | 创新能力 | 企业 TFP |
| 数字不平等 | - 0.4581 *** (0.1381) | - 0.6572 *** (0.2132) | |
| 创新能力 | | | 0.0180 ** (0.0072) |
| 企业规模 | 0.5926 *** (0.0226) | 0.7303 *** (0.0400) | 0.5650 *** (0.0238) |
| 负债程度 | 0.0002 *** (0.0000) | - 0.0000 (0.0007) | 0.0016 *** (0.0004) |
| 企业年龄 | - 0.0000 (0.0002) | 0.0022 *** (0.0004) | - 0.0004 ** (0.0002) |
| 资产回报 | 0.0021 *** (0.0007) | 0.0019 (0.0012) | 0.0045 ** (0.0019) |
| 成长潜力 | 0.0002 *** (0.0001) | - 0.0002 *** (0.0001) | 0.0002 *** (0.0001) |
| 流动比率 | 0.0099 *** (0.0008) | - 0.0006 (0.0016) | 0.0089 *** (0.0008) |
| 股权集中 | 0.0010 (0.0008) | - 0.0002 (0.0019) | 0.0005 (0.0008) |
| 地区数字经济发展 | 0.0250 (0.1441) | - 0.3101 (0.2972) | - 0.0112 (0.1439) |
| 地区产业结构 | - 0.0140 (0.2827) | - 0.2650 (0.6981) | - 0.0946 (0.2732) |
| 地区教育水平 | 0.3403 (2.1097) | - 1.1833 (4.6254) | - 1.5571 (1.9723) |
| 企业固定效应 | 是 | 是 | 是 |
| 年份固定效应 | 是 | 是 | 是 |
| 样本量 | 20779 | 20779 | 20779 |
| $R^2$ | 0.4302 | 0.3888 | 0.4438 |

注：* 、** 、*** 分别表示在10% 、5% 、1% 的水平下显著；括号内为稳健性标准误。

## 第五节 数字不平等、任务类型与企业人工成本份额

### 一、数字不平等对企业人工成本份额的影响

本部分主要考察了数字不平等对企业人工成本份额的影响。根据理论分析，数字技术应用促进了企业生产经营的智能化和自动化，但这种发展趋势对传统生产方式产生一定冲击，最主要体现在对部分劳动力产生了技术替代性作用（记为作用Ⅰ）。由于高技能员工对数字技术的使用更加熟练，数字技术还可能促使企业形成对工资水平较高的高技能员工的偏好，这种技能偏向性改变企业内部的员工结构（记为作用Ⅱ）。除此以外，数字技术还可能对低技能要求就业带来一种创造效应，即派生出基本无复杂度、无须太多培训的工作类型，比如快递员、外卖员等（记为作用Ⅲ）。可以看出，作用Ⅰ能够显著降低人工成本份额，作用Ⅱ和作用Ⅲ能够显著提升人工成本份额，数字化对企业人工成本份额的影响取决于三种类型作用的相对大小。

表6-13展示了数字不平等影响企业人工成本的基准回归结果，从表中回归结果中可以看出，数字不平等对人工成本份额的影响显著为负，这表明企业数字化会增加内部的人工成本份额，数字化水平较低的企业对应的人工成本份额显著低于数字化水平较高的企业。可能的原因在于数字技术技能偏向性和派生作用的联合效应大于技术替代性，数字化水平增加有助于劳动者相对权益的提升。分类型来看，要素数字不平等和经营数字不平等对人工成本份额的影响也显著为负，这表明无论是要素数字化还是经营数字化，对应数字化水平的提升均具有显著的技能偏向性和派生作用，能够提高劳动收入份额，而技术替代性的影响则相对较弱。

表6-13 数字不平等影响企业人工成本份额的基准回归结果

| 变量 | (1) 人工成本份额 | (2) 人工成本份额 | (3) 人工成本份额 |
|---|---|---|---|
| 数字不平等 | -0.0144 ** <br> (0.0066) | | |

续表

| 变量 | （1） | （2） | （3） |
|---|---|---|---|
| | 人工成本份额 | 人工成本份额 | 人工成本份额 |
| 要素数字不平等 | | -0.0153** (0.0072) | |
| 经营数字不平等 | | | -0.0061* (0.0038) |
| 企业规模 | -0.0075 (0.0069) | -0.0074 (0.0069) | -0.0073 (0.0067) |
| 负债程度 | 0.0000 (0.0000) | 0.0000 (0.0000) | 0.0000 (0.0000) |
| 企业年龄 | -0.0000 (0.0000) | -0.0000 (0.0000) | -0.0000 (0.0000) |
| 资产回报 | -0.0001 (0.0001) | -0.0001 (0.0001) | -0.0001 (0.0001) |
| 成长潜力 | -0.0000* (0.0000) | -0.0000* (0.0000) | -0.0000* (0.0000) |
| 流动比率 | -0.0001 (0.0001) | -0.0001 (0.0001) | -0.0001 (0.0001) |
| 股权集中 | 0.0000 (0.0000) | 0.0000 (0.0000) | 0.0000 (0.0000) |
| 地区数字经济发展 | 0.0038 (0.0027) | 0.0038 (0.0027) | 0.0041 (0.0029) |
| 地区产业结构 | 0.0156 (0.0162) | 0.0156 (0.0162) | 0.0146 (0.0152) |
| 地区教育水平 | 0.2779 (0.2787) | 0.2772 (0.2779) | 0.2779 (0.2788) |
| 企业固定效应 | 是 | 是 | 是 |
| 年份固定效应 | 是 | 是 | 是 |
| 样本量 | 20779 | 20779 | 20779 |
| $R^2$ | 0.0081 | 0.0081 | 0.0080 |

注：*、**、***分别表示在10%、5%、1%的水平下显著；括号内为稳健性标准误。

## 二、数字不平等影响企业人工成本份额的动态变动

参照以上研究，本部分同样将样本区间分为三段，即 2010 年至 2015 年、2016 年至 2018 年和 2019 年至 2020 年，分别考察在不同时段下，企业数字不平等对人工成本份额影响的动态变动。从表 6 – 14 的回归结果可以看出，数字不平等对人工成本份额的负向影响主要体现在前两个时段，并且第二个时段中数字不平等对人工成本份额的负向影响绝对值显著小于第一时段。可能的原因在于在数字技术发展前中期，智能化、自动化技术与设备并未普及与渗透，数字技术影响人工成本的技能偏向性和派生效应起到主导作用，技术替代性则相对较弱，数字化水平较高的企业人工成本份额增加，数字化水平较低企业的人工成本份额显著低于数字化水平较高的企业。但在数字技术发展后期，人工智能、大数据等新型数字技术逐渐成熟，企业智能化、自动化程度不断提升，数字技术的技术替代性效应不断增强，这可能会抵消其他两种效应对人工成本的影响，最终导致数字化对企业人工成本份额的影响不再显著，进一步，数字不平等对企业人工成本份额的影响也不再显著。

表 6 – 14　　　　　企业数字不平等影响人工成本份额的分时段回归结果

| 变量 | 人工成本份额 | | |
|---|---|---|---|
| | （1） | （2） | （3） |
| | 2010 ~ 2015 年 | 2016 ~ 2018 年 | 2019 ~ 2020 年 |
| 数字不平等 | − 0. 0400 ** <br> （0. 0147） | − 0. 0026 ** <br> （0. 0011） | 0. 0012 <br> （0. 0010） |
| 企业规模 | − 0. 0234 <br> （0. 0214） | − 0. 0001 <br> （0. 0001） | − 0. 0001 <br> （0. 0002） |
| 负债程度 | 0. 0005 <br> （0. 0005） | − 0. 0000 <br> （0. 0000） | − 0. 0000 *** <br> （0. 0000） |
| 企业年龄 | 0. 0000 <br> （0. 0000） | − 0. 0000 *** <br> （0. 0000） | 0. 0000 <br> （0. 0000） |

| 变量 | 人工成本份额 | | |
|---|---|---|---|
| | （1） | （2） | （3） |
| | 2010~2015 年 | 2016~2018 年 | 2019~2020 年 |
| 资产回报 | 0.0000<br>（0.0001） | -0.0000 ***<br>（0.0000） | 0.0000<br>（0.0000） |
| 成长潜力 | -0.0000 ***<br>（0.0000） | -0.0000 *<br>（0.0000） | -0.0000 ***<br>（0.0000） |
| 流动比率 | -0.0002<br>（0.0002） | -0.0000<br>（0.0000） | -0.0000<br>（0.0000） |
| 股权集中 | 0.0002<br>（0.0002） | -0.0000<br>（0.0000） | 0.0000<br>（0.0000） |
| 地区数字经济发展 | 0.0156<br>（0.0132） | 0.0004<br>（0.0009） | -0.0004<br>（0.0018） |
| 地区产业结构 | 0.0112<br>（0.0173） | -0.0034 **<br>（0.0014） | -0.0055 *<br>（0.0031） |
| 地区教育水平 | 0.6545<br>（0.6976） | 0.0028<br>（0.0158） | -0.0054<br>（0.0093） |
| 企业固定效应 | 是 | 是 | 是 |
| 年份固定效应 | 是 | 是 | 是 |
| 样本量 | 11334 | 5667 | 3778 |
| $R^2$ | 0.0520 | 0.2354 | 0.6906 |

注：*、**、*** 分别表示在 10%、5%、1% 的水平下显著；括号内为稳健性标准误。

# 三、稳健性检验

## （一）工具变量检验

本部分主要使用工具变量方法排除回归中潜在的内生性问题，以验证结果的稳健性。企业数字化可能更加偏向于高技能员工，并且衍生出较多的从事数字经济相关的职业，员工结构的改变可能反过来会进一步影响企业数字化水平，进而产生反向因果问题，此外企业数字化水平还可能与残差项中隐藏的变量具有相关性，因此模型可能存在内生性问题。本部分同样使用行业数字不平等均值和企业所在城市移动电话数量作为工具变量进行检验。从表 6 - 15 的回归结果中可以看出，一阶段回归结果中工具变量与关键解释变量具有较强的相关性，二阶段回归结果中数字不平等指数对企业人工成本份额的影响显著为负，除此以外，本部分使用的工具变量均通过了可识别检验和弱工具变量检验。以上结果均表明本部分的基准回归结果具有一定的稳健性。

表 6 - 15　　　　　数字不平等影响人工成本份额的工具变量检验结果

| 变量 | (1) | (2) | (3) | (4) |
|---|---|---|---|---|
|  | 数字不平等 | 企业人工成本份额 | 数字不平等 | 企业人工成本份额 |
| 数字不平等指数 |  | - 0. 0014 *<br>(0. 0007) |  | - 0. 0371 *<br>(0. 0182) |
| 工具变量 I<br>（行业数字不平等<br>均值） | 0. 4429 ***<br>(0. 0889) |  |  |  |
| 工具变量 II<br>（企业所在城市移动<br>电话数量） |  |  | - 0. 3738 **<br>(0. 1705) |  |
| IV 可识别检验 |  | 44. 001<br>< 0. 0000 > |  | 33. 582<br>< 0. 0000 > |
| 弱 IV 检验 I |  | 244. 524<br>[ 16. 38 ] |  | 284. 453<br>[ 16. 38 ] |
| 弱 IV 检验 II |  | 266. 092 |  | 343. 201 |
| 样本数 | 20779 | 20779 | 20779 | 20779 |
| R² | 0. 2221 | 0. 7783 | 0. 1919 | 0. 5537 |

注：①表中使用 Kleibergen - Paap rk LM 统计量进行可识别检验，< > 中为检验统计量的 p 值；②弱 IV 检验 I 中使用的是 Cragg - Donald Wald F 统计量，[ ] 中为 Stock - Yogo 弱识别检验容忍 10% 扭曲下对应的临界值；③弱 IV 检验 II 中使用的是第一阶段 F 统计量；④列 (1)、列 (2) 和列 (3)、列 (4) 分别为工具变量 I 和工具变量 II 的第一阶段、第二阶段回归结果，均为聚类到城市层面的稳健性标准误，其中 * 、** 、*** 分别表示在 10% 、5% 、1% 的水平下显著。

### （二）替换变量检验

本部分使用替换变量的方法对基准回归结果进行重新检验，同样使用前述两种测算方法（吴非等，2021；赵宸宇等，2021），将企业数字化水平进行重新测度，并通过相对差距法测算数字不平等指数，结果见表6－16。表中结果显示，无论使用何种测算方式，数字不平等对企业人工成本份额的影响依旧显著为负。再从企业规模、负债程度、企业年龄等控制变量看，其对应的系数大小和显著性与基准回归结果基本保持一致，这进一步表明本部分的基准回归结果是稳健的，并且还能证明本章中通过上市公司年报提取数字化相关词汇构建数字化词库，使用数字化词频表征企业数字化水平，并通过相对差距法测度数字不平等指数的方法是合理且稳健的。

表6－16    数字不平等对企业人工成本份额的影响（替换关键解释变量）

| 变量 | (1) | (2) |
|---|---|---|
| | 企业人工成本份额 | 企业人工成本份额 |
| 数字不平等（测算方法Ⅰ） | -0.0100 * <br> (0.0054) | |
| 数字不平等（测算方法Ⅱ） | | -0.0175 ** <br> (0.0082) |
| 企业规模 | -0.0074 <br> (0.0068) | -0.0075 <br> (0.0070) |
| 负债程度 | 0.0000 <br> (0.0000) | 0.0000 <br> (0.0000) |
| 企业年龄 | -0.0000 <br> (0.0000) | -0.0000 <br> (0.0000) |
| 资产回报 | -0.0001 <br> (0.0001) | -0.0001 <br> (0.0001) |
| 成长潜力 | -0.0000 * <br> (0.0000) | -0.0000 * <br> (0.0000) |

续表

| 变量 | （1） | （2） |
|---|---|---|
| | 企业人工成本份额 | 企业人工成本份额 |
| 流动比率 | −0.0001<br>（0.0001） | −0.0001<br>（0.0001） |
| 股权集中 | 0.0000<br>（0.0000） | 0.0000<br>（0.0000） |
| 地区数字经济发展 | 0.0039<br>（0.0027） | 0.0038<br>（0.0027） |
| 地区产业结构 | 0.0149<br>（0.0155） | 0.0161<br>（0.0166） |
| 地区教育水平 | 0.2776<br>（0.2784） | 0.2755<br>（0.2764） |
| 企业固定效应 | 是 | 是 |
| 年份固定效应 | 是 | 是 |
| 样本量 | 20779 | 20779 |
| $R^2$ | 0.0081 | 0.0082 |

注：*、**、*** 分别表示在10%、5%、1%的水平下显著；括号内为稳健性标准误。

## 四、不同类型企业内的影响差异分析

### （一）分企业规模

本部分将企业按照资产规模分为大中小型三种类型企业，并在不同规模企业内部考察数字不平等对人工成本份额的影响，结果见表6-17。表中结果显示，数字不平等对小型企业人工成本份额的负向影响最大，对中型企业人工成本份额的负向影响次之，对大型企业人工成本份额的影响虽然为负，但并不显著。这表明数字化对中小型企业的员工结构的影响程度更大，大型企业中，一方面数字化成本较大，数字化进程相对较慢，另一方面员工流动速度也小于中小型企业，因此大型企业中的员工雇佣结构对企业数字化变动并没有中小型企业敏感。而在中小型企业中，数字化水平较低的企业对高技能人才的引进和数字经济相关职业的培养相对慢于数字化水平较高的企业，其对应的人工成本份额也相对低于数字化水平较高的企业，因此在中小型企业中，数字不平等对人工成本份额的影响显著为负。再比较来看，小型企业中数字不平等对应系数的绝对值相对大于中型企业，这也说明了小型企业中人工成本变动对数字化转型的影响最为敏感。

表 6-17　　　　　数字不平等对不同规模企业人工成本份额的影响

| 变量 | 企业人工成本份额 | | |
|---|---|---|---|
| | （1） | （2） | （3） |
| | 小型企业 | 中型企业 | 大型企业 |
| 数字不平等 | -0.0648 ** (0.0300) | -0.0011 ** (0.0004) | -0.0001 (0.0001) |
| 企业规模 | -0.0045 (0.0078) | -0.0004 * (0.0002) | -0.0002 ** (0.0001) |
| 负债程度 | -0.0000 (0.0000) | 0.0000 (0.0000) | -0.0000 (0.0000) |
| 企业年龄 | 0.0000 (0.0001) | -0.0000 *** (0.0000) | -0.0000 *** (0.0000) |
| 资产回报 | 0.0003 (0.0002) | -0.0004 (0.0004) | -0.0002 * (0.0001) |
| 成长潜力 | -0.0006 (0.0004) | -0.0005 * (0.0003) | -0.0004 (0.0004) |
| 流动比率 | 0.0002 (0.0002) | -0.0000 * (0.0000) | 0.0000 (0.0000) |
| 股权集中 | -0.0003 (0.0003) | 0.0000 * (0.0000) | -0.0000 (0.0000) |
| 地区数字经济发展 | -0.0917 (0.0748) | -0.0007 (0.0019) | -0.0003 (0.0008) |
| 地区产业结构 | -0.0451 (0.0599) | 0.0041 (0.0028) | -0.0003 (0.0010) |

续表

| 变量 | 企业人工成本份额 | | |
|---|---|---|---|
| | （1） | （2） | （3） |
| | 小型企业 | 中型企业 | 大型企业 |
| 地区教育水平 | -0.0942<br>(0.1458) | -0.0463<br>(0.0359) | 0.0158***<br>(0.0055) |
| 企业固定效应 | 是 | 是 | 是 |
| 年份固定效应 | 是 | 是 | 是 |
| 样本量 | 6920 | 6928 | 6931 |
| $R^2$ | 0.3623 | 0.1378 | 0.2140 |

注：*、**、***分别表示在10%、5%、1%的水平下显著；括号内为稳健性标准误。

## （二）分企业所有制

本部分按企业所有制不同将样本划分为国有企业和非国有企业两类，其中非国有企业主要包括民营企业、公众企业、集体企业、外商独资企业、外资企业、中外合资企业和其他企业等，并在不同类型企业内部考察数字不等对人工成本份额的影响。从表6-18的结果可以看出，数字不等对国有企业人工成本份额的影响虽然为负，但并不显著，数字不等对非国有企业人工成本份额的影响在5%的显著性水平下负向显著。这表明国有企业中劳动收入份额对数字化转型并不敏感，但非国有企业的劳动收入份额受数字化转型的影响相对较大。在非国有企业中，处于数字不等优势端的企业人工成本份额相对较高，显著高于处于数字不等劣势端的企业，其原因与分不同规模企业回归结果出现差异的原因类似，国有企业具有政府担保、规模较大、员工流动速度较慢、数字化成本相对于非国有企业更大，因此受数字化转型的影响相对更弱。

表6-18　　　数字不等对不同所有制企业人工成本份额的影响

| 变量 | 企业人工成本份额 | |
|---|---|---|
| | （1） | （2） |
| | 国有企业 | 非国有企业 |
| 数字不等 | -0.0006<br>(0.0009) | -0.0019**<br>(0.0007) |

续表

| 变量 | 企业人工成本份额 | |
|---|---|---|
| | (1) | (2) |
| | 国有企业 | 非国有企业 |
| 企业规模 | -0.0004 **<br>(0.0002) | -0.0026<br>(0.0020) |
| 负债程度 | 0.0000<br>(0.0000) | -0.0000<br>(0.0000) |
| 企业年龄 | -0.0000 *<br>(0.0000) | 0.0000<br>(0.0000) |
| 资产回报 | 0.0006<br>(0.0005) | -0.0001<br>(0.0001) |
| 成长潜力 | -0.0003 ***<br>(0.0000) | -0.0002<br>(0.0002) |
| 流动比率 | -0.0004<br>(0.0007) | -0.0002<br>(0.0002) |
| 股权集中 | -0.0004<br>(0.0004) | 0.0003<br>(0.0005) |
| 地区数字经济发展 | 0.0005<br>(0.0005) | -0.0037<br>(0.0073) |
| 地区产业结构 | -0.0008<br>(0.0013) | -0.0280<br>(0.0282) |
| 地区教育水平 | -0.0159<br>(0.0183) | 0.0625<br>(0.0626) |
| 企业固定效应 | 是 | 是 |
| 年份固定效应 | 是 | 是 |
| 样本量 | 9889 | 10890 |
| $R^2$ | 0.0469 | 0.0038 |

注：* 、** 、*** 分别表示在10%、5%、1%的水平下显著；括号内为稳健性标准误。

# 五、机制分析：技术替代与技能偏向

本部分主要考察数字不平等影响企业人工成本份额的内在机制。根据理论分析结论，数字不平等可能通过改变企业内部员工雇佣结构，进而影响人工成本份额。因此，本部分按照员工受教育水平，将员工划分为高技能员工（专科及以上学历）和低技能员工（高中及以下学历），此外，还按照不同劳动类型将员工分为从事常规任务型劳动力和从事非常规任务型劳动力①。需要说明的是，常规任务型劳动力主要包括生产人员，非常规任务型劳动力主要包括销售人员、客服人员、技术人员、财务人员、人事人员、行政人员、综合管理人员、风控稽核人员、采购仓储人员等。

表6-19展示了数字不平等影响企业人工成本份额的机制检验结果。表中列（1）和列（2）结果显示数字不平等显著降低了高技能员工数量，即数字化水平较高的企业拥有的高技能员工数量越多，数字化水平较低的企业拥有的高技能员工数量较少。但数字不平等对低技能员工数量的影响并不显著，这表明企业数字化对高技能员工产生一定的偏好，提高了高技能员工在企业所有员工中的比重，对低技能员工的影响并不显著。再根据列（5）和列（6）回归结果，高技能员工的工资水平更高，其比重增加能够显著提升企业人工成本份额，低技能员工占比增加对人工成本份额的影响虽然为正，但并不显著。除此以外，列（3）和列（4）为数字不平等对不同任务类型员工的影响。从结果中可以看出，数字不平等显著增加了从事常规任务类型员工的数量，显著降低了从事非常规任务类型员工的数量，也就是说，数字化水平较高的企业从事非常规任务类型员工数量显著增加，而从事常规任务类型员工数量显著下降，这验证了理论分析的结论，与数字技术的技术替代性、技能偏向性和派生效应密切相关。列（7）和列（8）回归结果表明非常规任务劳动力占比增加显著提升人工成本份额，常规任务劳动力占比增加对人工成本份额的影响虽然为正，但并不显著。以上实证结果表明，数字不平等能够抑制高技能员工数量增加、抑制非常规任务劳动力数量增加、提高常规任务劳动力数量，进而降低企业人工成本份额，进一步说，数字不平等能够通过数字技术的技术替代性、技能偏向性和派生效应，降低企业人工成本份额。

---

① 常规任务部门主要从事生产过程中通过遵循明确的规则来实现的工作，非常规任务部门主要从事生产过程中依赖于复杂的沟通活动和抽象能力来解决的工作（余玲铮等，2021）。

表 6—19　　数字不平等影响企业人工成本的机制检验

| 变量 | (1) 专科及以上 | (2) 高中及以下 | (3) 常规任务 | (4) 非常规任务 | (5) 人工成本 | (6) 人工成本 | (7) 人工成本 | (8) 人工成本 |
|---|---|---|---|---|---|---|---|---|
| 数字不平等 | -0.7414*** (0.2859) | 0.7022 (1.2441) | 0.7535*** (0.2772) | -0.9205*** (0.1512) | | | | |
| 专科及以上 | | | | | 0.0008*** (0.0002) | | | |
| 高中及以下 | | | | | | 0.0001 (0.0001) | | |
| 常规任务 | | | | | | | 0.0002 (0.0001) | |
| 非常规任务 | | | | | | | | 0.0018** (0.0008) |
| 企业规模 | 0.7932*** (0.1066) | 0.6416*** (0.1386) | 0.6469*** (0.0318) | 0.6136*** (0.0259) | -0.0007*** (0.0002) | -0.0004 (0.0002) | -0.0002*** (0.0000) | -0.0067 (0.0060) |
| 负债程度 | 0.0003 (0.0002) | -0.0019 (0.0023) | 0.0001 (0.0000) | 0.0000 (0.0001) | -0.0000*** (0.0000) | 0.0000 (0.0000) | -0.0000*** (0.0000) | 0.0000 (0.0000) |
| 企业年龄 | 0.0003 (0.0006) | -0.0010 (0.0009) | -0.0010*** (0.0003) | 0.0001 (0.0002) | -0.0000*** (0.0000) | -0.0000 (0.0000) | -0.0000*** (0.0000) | -0.0000 (0.0000) |
| 资产回报 | -0.0025* (0.0013) | -0.0026 (0.0033) | -0.0003 (0.0005) | -0.0005 (0.0004) | -0.0003*** (0.0000) | 0.0002 (0.0002) | 0.0003 (0.0004) | -0.0001 (0.0001) |

续表

| 变量 | (1) 专科及以上 | (2) 高中及以下 | (3) 常规任务 | (4) 非常规任务 | (5) 人工成本 | (6) 人工成本 | (7) 人工成本 | (8) 人工成本 |
|---|---|---|---|---|---|---|---|---|
| 成长潜力 | 0.0002** (0.0001) | -0.0002 (0.0002) | -0.0000 (0.0001) | -0.0001 (0.0001) | -0.0004 (0.0007) | -0.0002 (0.0002) | -0.0004** (0.0000) | -0.0005* (0.0003) |
| 流动比率 | -0.0002 (0.0022) | -0.0028 (0.0033) | -0.0035*** (0.0013) | -0.0005 (0.0010) | -0.0000 (0.0000) | 0.0000 (0.0000) | -0.0000 (0.0000) | -0.0001 (0.0001) |
| 股权集中 | -0.0019 (0.0026) | -0.0014 (0.0041) | -0.0023* (0.0013) | 0.0018 (0.0014) | -0.0000 (0.0000) | -0.0000 (0.0000) | -0.0000** (0.0000) | 0.0000 (0.0000) |
| 地区数字经济 | 0.9692** (0.4207) | -0.6256 (0.7322) | -0.3178 (0.2028) | -0.0772 (0.2043) | 0.0018 (0.0015) | 0.0009 (0.0010) | 0.0007* (0.0004) | 0.0041 (0.0029) |
| 地区产业结构 | 0.9436** (0.4501) | -0.8413 (1.1857) | -0.5959 (0.3949) | -0.9857** (0.4049) | -0.0023 (0.0016) | 0.0011 (0.0020) | -0.0015** (0.0006) | 0.0139 (0.0143) |
| 地区教育水平 | 0.6003 (4.1846) | 10.0359 (9.7117) | -1.4506 (2.6818) | 1.1435 (2.8707) | 0.0183 (0.0166) | 0.0059 (0.0198) | 0.0056 (0.0050) | 0.2786 (0.2798) |
| 企业固定效应 | 是 | 是 | 是 | 是 | 是 | 是 | 是 | 是 |
| 年份固定效应 | 是 | 是 | 是 | 是 | 是 | 是 | 是 | 是 |
| 样本量 | 20779 | 20779 | 20779 | 20779 | 20779 | 20779 | 20779 | 20779 |
| $R^2$ | 0.5776 | 0.2744 | 0.2610 | 0.8876 | 0.4699 | 0.2693 | 0.1973 | 0.0081 |

注：*、**、***分别表示在10%、5%、1%的水平下显著；括号内为稳健性标准误。

# 第六节 本章小结

本部分主要从企业部门视角，利用 A 股上市公司数据，首先收集 2010 年至 2020 年上市公司年度报表，根据构建的数字化词库，计算年报中包含的数字化词频作为企业数字化水平的度量。其次通过相对差距法计算了不同企业面临的数字不平等程度。然后考察了数字不平等的影响因素。最后考察数字不平等对企业生产效率和人工成本份额的影响及其作用机制。

研究发现，首先，企业数字不平等逐渐缓解，不平等指数的变动总体呈现波动下行趋势，数字要素不平等和经营不平等指数总体也呈现波动下行态势。在样本区间内部，企业数字不平等总指数在 2010 年至 2015 年下降速度较快，2015 年至 2018 年企业数字不平等转为上升趋势，从 2018 年起又开始转为下降态势。企业数字不平等在中间时段出现短暂上行趋势的原因可能在于，2015 年后新一代数字技术逐渐出现并普及，比如人工智能、大数据、云计算、物联网等在企业中开始得到广泛应用，数字化基础较好的企业能够利用此次发展浪潮，快速提升自身的数字化水平，而数字化基础较差的企业在使用新型数字技术方面存在滞后性，因而在中间时段企业数字不平等出现短暂上行趋势。而由于数字技术的普惠性和包容性，数字化基础较差企业在后期能够迎头赶上，充分利用数字技术进一步提升自身数字化水平，因此在 2018 年后企业数字不平等程度又开始逐渐减弱。企业要素数字不平等的变动趋势与数字不平等总指数基本保持一致，企业经营数字不平等与数字不平等总指数的变动略有不同，在中间时段企业经营数字不平等上行的初始时间比数字不平等总指数早一年，这可能与当年电子商务等数字化商业模式快速发展相关。

其次，企业经营效益越好，对应企业的数字不平等程度越低，企业自身数字化水平越高；基础设施水平对数字不平等的影响显著为负；规模相对较小的企业在数字不平等中更容易处于优势一端；地区层面的相关指标对企业数字不平等的影响均不显著，企业数字化进程与所在地区宏观经济、社会因素相关性较小。在不同时段，相关因素对企业数字不平等的影响存在异质性。以上结论在进行替换变量的稳健性检验后依然成立。

　　再其次，数字不平等对企业 TFP 呈现显著的负向影响，数字化进程较慢的企业则在生产效率提升维度不具有显著优势。在不同时段，数字不平等对企业 TFP 的负向影响逐渐增大，数字技术与各行业生产、经营等行为的融合程度不断加深，企业生产效率提升对数字化水平的依赖程度逐渐加大。数字不平等对小型企业 TFP 的负向影响最大，对大型企业 TFP 的负向影响最小，数字不平等对非国有企业 TFP 的负向影响更大。数字不平等能够通过抑制企业创新能力，进而降低企业生产效率。

　　最后，数字不平等对人工成本份额的影响显著为负，企业数字化会增加内部的人工成本份额。数字不平等对人工成本份额的负向影响主要体现在前两个时段，并且第二个时段中数字不平等对人工成本份额的负向影响绝对值显著小于第一时段。数字不平等对小型企业人工成本份额的负向影响最大，数字不平等对非国有企业人工成本份额的负向影响更大。数字不平等能够抑制高技能员工数量增加、抑制非常规任务劳动力数量增加、提高常规任务劳动力数量，进而降低企业人工成本份额。

# 参 考 文 献

［1］［美］阿尔温·托夫勒：《权力的转移》，中信出版社，1990 年版。

［2］柏培文、张云：《数字经济、人口红利下降与中低技能劳动者权益》，载《经济研究》2021 年第 5 期。

［3］蔡跃洲、牛新星：《中国数字经济增加值规模测算及结构分析》，载《中国社会科学》2021 年第 11 期。

［4］陈梦根、张帅：《中国地区经济发展不平衡及影响因素研究——基于夜间灯光数据》，载《统计研究》2020 年第 6 期。

［5］陈梦根、张鑫：《中国数字经济规模测度与生产率分析》，载《数量经济技术经济研究》2022 年第 1 期。

［6］陈梦根、张鑫：《数字经济要素投入核算框架及应用研究》，载《统计研究》2022 第 8 期。

［7］陈梦根、周元任：《数字化对企业人工成本的影响》，载《中国人口科学》2021 年第 4 期。

［8］陈梦根、周元任：《数字不平等研究新进展》，载《经济学动态》2022 年第 4 期。

［9］陈维涛、韩峰、张国峰：《互联网电子商务、企业研发与全要素生产率》，载《南开经济研究》2019 年第 5 期。

［10］陈玉宇、吴玉立：《信息化对劳动力市场的影响：个人电脑使用回报率的估计》，载《经济学》（季刊）2008 年第 4 期。

［11］程名望、张家平：《互联网普及与城乡收入差距：理论与实证》，载《中国农村经济》2019 年第 2 期。

［12］郭峰、王靖一、王芳等：《测度中国数字普惠金融发展：指数编制与空间特征》，载《经济学》（季刊）2020 年第 4 期。

[13] 郭凯明：《人工智能发展、产业结构转型升级与劳动收入份额变动》，载《管理世界》2019年第7期。

[14] 韩先锋、宋文飞、李勃昕：《互联网能成为中国区域创新效率提升的新动能吗》，载《中国工业经济》2019年第7期。

[15] 韩兆安、赵景峰、吴海珍：《中国省际数字经济规模测算、非均衡性与地区差异研究》，载《数量经济技术经济研究》2021年第8期。

[16] 何帆、刘红霞：《数字经济视角下实体企业数字化变革的业绩提升效应评估》，载《改革》2019年第4期。

[17] 何小钢、梁权熙、王善骝：《信息技术、劳动力结构与企业生产率——破解"信息技术生产率悖论"之谜》，载《管理世界》2019年第9期。

[18] 何宗樾、张勋、万广华：《数字金融、数字鸿沟与多维贫困》，载《统计研究》2020年第10期。

[19] 胡彬、仲崇阳、王媛媛：《公共服务、人口再配置与城市生产率》，载《中国人口科学》2022年第1期。

[20] 胡西娟、师博、杨建飞：《中国数字经济与实体经济融合发展的驱动因素与区域分异》，载《学习与实践》2022年第12期。

[21] 黄群慧、余泳泽、张松林：《互联网发展与制造业生产率提升：内在机制与中国经验》，载《中国工业经济》2019年第8期。

[22] 江艇：《因果推断经验研究中的中介效应与调节效应》，载《中国工业经济》2022年第5期。

[23] 金春枝、李伦：《我国互联网数字鸿沟空间分异格局研究》，载《经济地理》2016年第8期。

[24] 柯善咨、赵曜：《产业结构、城市规模与中国城市生产率》，载《经济研究》2014年第4期。

[25] 李海舰、杜爽：《推进共同富裕若干问题探析》，载《改革》2021年第12期。

[26] 李敬、陈澍、万广华等：《中国区域经济增长的空间关联及其解释——基于网络分析方法》，载《经济研究》2014年第11期。

[27] 李敬、刘洋：《中国国民经济循环：结构与区域网络关系透视》，载《经济研究》2022年第2期。

［28］李静萍：《数据资产核算研究》，载《统计研究》2020 年第 11 期。

［29］李磊、王小霞、包群：《机器人的就业效应：机制与中国经验》，载《管理世界》2021 年第 9 期。

［30］李实：《共同富裕的目标和实现路径选择》，载《经济研究》2021 年第 11 期。

［31］李文莲、夏健明：《基于"大数据"的商业模式创新》，载《中国工业经济》2013 年第 5 期。

［32］李晓、吴雨、李洁：《数字金融发展与家庭商业保险参与》，载《统计研究》2021 年第 5 期。

［33］刘培林、钱滔、黄先海等：《共同富裕的内涵、实现路径与测度方法》，载《管理世界》2021 年第 8 期。

［34］刘淑春、闫津臣、张思雪等：《企业管理数字化变革能提升投入产出效率吗》，载《管理世界》2021 年第 5 期。

［35］刘艳霞：《数字经济赋能企业高质量发展——基于企业全要素生产率的经验证据》，载《改革》2022 年第 9 期。

［36］罗良清、平卫英、张雨露：《基于融合视角的中国数字经济卫星账户编制研究》，载《统计研究》2021 年第 1 期。

［37］马述忠、吴鹏、潘钢健：《互联网使用、生活性服务业扩张与劳动收入分化》，载《经济学动态》2022 年第 2 期。

［38］平卫英、罗良清：《分享经济统计核算：一个初步的研究框架》，载《统计研究》2018 年第 9 期。

［39］平卫英、张雨露、罗良清：《互联网免费服务价值核算研究》，载《统计研究》2021 年第 12 期。

［40］戚聿东、蔡呈伟：《数字化企业的性质：经济学解释》，载《财经问题研究》2019 年第 5 期。

［41］邱泽奇、张樹沁、刘世定等：《从数字鸿沟到红利差异——互联网资本的视角》，载《中国社会科学》2016 年第 10 期。

［42］任保平：《以数字经济打造中国式现代化新引擎》，载《人民论坛·学术前沿》2023 年第 3 期。

［43］阮俊虎、刘天军、冯晓春等：《数字农业运营管理：关键问题、理论

方法与示范工程》，载《管理世界》2020 年第 8 期。

[44] 沈国兵、袁征宇：《企业互联网化对中国企业创新及出口的影响》，载《经济研究》2020 年第 1 期。

[45] 宋傅天、卫平、姚东旻：《共享经济的统计测度：界定、困境与展望》，载《统计研究》2018 年第 5 期。

[46] 腾讯研究院：《中国"互联网＋"数字经济指数》，腾讯研究院，2017 年。

[47] 王洪亮、朱星姝：《中老年人口健康差异的影响因素分析》，载《中国人口科学》2018 年第 3 期。

[48] 王军、朱杰、罗茜：《中国数字经济发展水平及演变测度》，载《数量经济技术经济研究》2021 年第 7 期。

[49] 王永进、匡霞、邵文波：《信息化、企业柔性与产能利用率》，载《世界经济》2017 年第 1 期。

[50] 王永钦、董雯：《机器人的兴起如何影响中国劳动力市场？——来自制造业上市公司的证据》，载《经济研究》2020 年第 10 期。

[51] 夏杰长、刘诚：《数字经济赋能共同富裕：作用路径与政策设计》，载《经济与管理研究》2021 年第 9 期。

[52] 鲜祖德、王天琪：《中国数字经济核心产业规模测算与预测》，载《统计研究》2022 年第 1 期。

[53] 肖土盛、孙瑞琦、袁淳等：《企业数字化转型、人力资本结构调整与劳动收入份额》，载《管理世界》2022 年第 12 期。

[54] 许宪春、张美慧：《中国数字经济规模测算研究——基于国际比较的视角》，载《中国工业经济》2020 年第 5 期。

[55] 许宪春、张美慧、张钟文：《"免费"内容产品核算问题研究》，载《统计研究》2021 年第 9 期。

[56] 许宪春、张钟文、胡亚茹：《数据资产统计与核算问题研究》，载《管理世界》2022 年第 2 期。

[57] 许竹青、郑风田、陈洁：《"数字鸿沟"还是"信息红利"？信息的有效供给与农民的销售价格——一个微观角度的实证研究》，载《经济学》（季刊）2013 年第 4 期。

［58］杨慧梅、江璐：《数字经济、空间效应与全要素生产率》，载《统计研究》2021 年第 4 期。

［59］杨俊青、陈虹、许艳红：《传统产业转型与新兴产业培育发展中的就业问题研究——以山西省为例》，载《中国人口科学》2018 年第 5 期。

［60］杨仲山、张美慧：《数字经济卫星账户：国际经验及中国编制方案的设计》，载《统计研究》2019 年第 5 期。

［61］姚星、蒲岳、吴钢等：《中国在"一带一路"沿线的产业融合程度及地位：行业比较、地区差异及关联因素》，载《经济研究》2019 年第 9 期。

［62］易行健、周利：《数字普惠金融发展是否显著影响了居民消费——来自中国家庭的微观证据》，载《金融研究》2018 年第 11 期。

［63］尹志超、蒋佳伶、严雨：《数字鸿沟影响家庭收入吗》，载《财贸经济》2021 年第 9 期。

［64］余玲铮、魏下海、孙中伟等：《工业机器人、工作任务与非常规能力溢价——来自制造业"企业—工人"匹配调查的证据》，载《管理世界》2021 年第 1 期。

［65］张来明、李建伟：《促进共同富裕的内涵、战略目标与政策措施》，载《改革》2021 年第 9 期。

［66］张勋、万广华、吴海涛：《缩小数字鸿沟：中国特色数字金融发展》，载《中国社会科学》2021 年第 8 期。

［67］张勋、万广华、张佳佳等：《数字经济、普惠金融与包容性增长》，载《经济研究》2019 年第 8 期。

［68］张正平、卢欢：《数字鸿沟研究进展》，载《武汉金融》2020 年第 3 期。

［69］赵宸宇、王文春、李雪松：《数字化转型如何影响企业全要素生产率》，载《财贸经济》2021 年第 7 期。

［70］赵涛、张智、梁上坤：《数字经济、创业活跃度与高质量发展——来自中国城市的经验证据》，载《管理世界》2020 年第 10 期。

［71］赵云辉、张哲、冯泰文等：《大数据发展、制度环境与政府治理效率》，载《管理世界》2019 年第 11 期。

［72］中国信息通信研究院：《中国数字经济发展报告》，中国信通院，2020 年 7 月。

［73］中国信息通信研究院：《中国数字经济发展报告》，中国信通院，2021年4月。

［74］中国信息通信研究院：《中国数字经济发展报告》，中国信息通信研究院，2022年。

［75］周天芸、陈铭翔：《数字渗透、金融普惠与家庭财富增长》，载《财经研究》2021年第7期。

［76］Abu – Shanab E, Khasawneh R. , E – government adoption: The challenge of digital divide based on Jordanian's perceptions. *Theoretical and Empirical Researches in Urban Management*, Vol. 9, No. 4, 2014, pp. 5 – 19.

［77］Acemoglu D, Autor D, Dorn D, et al. , Return of the Solow paradox? IT, productivity, and employment in US manufacturing. *American Economic Review*, Vol. 104, No. 5, 2014, pp. 394 – 399.

［78］Acemoglu D, Restrepo P. , The race between man and machine: Implications of technology for growth, factor shares, and employment. *American Economic Review*, Vol. 108, No. 6, 2018, pp. 1488 – 1542.

［79］Acemoglu D. , Restrepo P, Robots and jobs: Evidence from US labor markets. *Journal of Political Economy*, Vol. 128, No. 6, 2020, pp. 2188 – 2244.

［80］Acemoglu D, Restrepo P. , Automation and new tasks: How technology displaces and reinstates labor. *Journal of Economic Perspectives*, Vol. 33, No. 2, 2019, pp. 3 – 30.

［81］Agarwal R, Animesh A, Prasad K. , Research note—Social interactions and the "digital divide": Explaining variations in internet use. *Information Systems Research*, Vol. 20, No. 2, 2009, pp. 277 – 294.

［82］Aghion P, Jones B F, Jones C I. , *Artificial intelligence and economic growth, The economics of artificial intelligence: An agenda.* University of Chicago Press, 2018, pp. 237 – 282.

［83］Aguiar L, Waldfogel J. , Quality predictability and the welfare benefits from new products: Evidence from the digitization of recorded music. *Journal of Political Economy*, Vol. 126, No. 2, 2018, pp. 492 – 524.

［84］Ahmad N, van de Ven P. , Recording and measuring data in the System of

National Accounts. *Meeting of the Informal Advisory Group on Measuring GDP in a Digitalized Economy*, 2018, 5.

[85] Aker J C, Mbiti I M. , Mobile phones and economic development in Africa. *Journal of economic Perspectives*, Vol. 24, No. 3, 2010, pp. 207 –232.

[86] Akerman A, Gaarder I, Mogstad M. , The skill complementarity of broadband internet. *The Quarterly Journal of Economics*, Vol. 130, No. 4, 2015, pp. 1781 – 1824.

[87] Albuja J, Navas A, Paguay D, et al. , Technological GINI: a study of the inequality in Ecuador. Second International Conference on eDemocracy & eGovernment (ICEDEG). IEEE, 2015.

[88] Arvanitis S, Loukis E. , Employee education, information and communication technologies, workplace organization, and trade: a comparative analysis of Greek and Swiss firms. *Industrial and Corporate Change*, Vol. 24, No. 6, 2015, pp. 1417 – 1442.

[89] Autor D H, Levy F. , Murnane R J, The skill content of recent technological change: An empirical exploration. *The Quarterly Journal of Economics*, Vol. 118, No. 4, 2003, pp. 1279 –1333.

[90] Avila F. , Recentered Influence Functions (RIFs) in Stata: RIF Regression and RIF Decomposition. *The Stata Journal*, Vol. 20, No. 1, 2020, pp. 51 –94.

[91] Barefoot K, Curtis D, Jolliff W, et al. , Defining and measuring the digital economy. *US Department of Commerce Bureau of Economic Analysis*, *Washington*, *DC*, 2018, 15.

[92] Bélanger F, Carter L. , The impact of the digital divide on e-government use. *Communications of the ACM*, Vol. 52, No. 4, 2009, pp. 132 –135.

[93] Bertschek I, Cerquera D, Klein G J. , More bits-more bucks? Measuring the impact of broadband internet on firm performance. *Information Economics and Policy*, Vol. 25, No. 3, 2013, pp. 190 –203.

[94] Bertschek I, Fryges H, Kaiser U. , B2B or not to be: does B2B e-commerce increase labour productivity? *International journal of the Economics of Business*, Vol. 13, No. 3, 2006, pp. 387 –405.

[95] Billon M, Lera – Lopez F, Marco R. , Differences in digitalization levels: a multivariate analysis studying the global digital divide. *Review of World Economics*, Vol. 146, 2010, pp. 39 – 73.

[96] Bloom N, Sadun R, Reenen J V. , Americans do IT better: US multinationals and the productivity miracle. *American Economic Review*, Vol. 102, No. 1, 2012, pp. 167 – 201.

[97] Bogan V. , Stock market participation and the internet. *Journal of Financial and Quantitative Analysis*, Vol. 43, No. 1 2008, pp. 191 – 211.

[98] Brynjolfsson E, Hui X, Liu M. , Does machine translation affect international trade? Evidence from a large digital platform. *Management Science*, Vol. 65, No. 12, 2019, pp. 5449 – 5460.

[99] Bukht R, Heeks R. , Defining, Conceptualizing and measuring the digital economy. *Development Informatics Working Paper*, No. 68, 2017.

[100] Burgess R, Pande R. , Do rural banks matter? Evidence from the Indian social banking experiment. *American Economic Review*, Vol. 95, No. 3, 2005, pp. 780 – 795.

[101] Chaney T. , The network structure of international trade. American Economic Review, Vol. 104, No. 11, 2014, pp. 3600 – 3634.

[102] Chen C, Ye A. , Heterogeneous effects of ICT across multiple economic development in Chinese cities: A spatial quantile regression model. *Sustainability*, Vol. 13, No. 2 2021, pp. 954.

[103] Chinn M D, Fairlie R W. , The determinants of the global digital divide: a cross-country analysis of computer and internet penetration. *Oxford Economic Papers*, Vol. 59, No. 1, 2007, pp. 16 – 44.

[104] Chinn M D, Fairlie R W. , ICT use in the developing world: an analysis of differences in computer and internet penetration. *Review of International Economics*, Vol. 18, No. 1, 2010, pp. 153 – 167.

[105] Chou Y C, Chuang H H C, Shao B B M. , The impacts of information technology on total factor productivity: A look at externalities and innovations. *International Journal of Production Economics*, Vol. 158, 2014, pp. 290 – 299.

［106］ Clarke G R G, Qiang C Z, Xu L C. , The Internet as a general-purpose technology: Firm-level evidence from around the world. *Economics Letters*, Vol. 135, 2015, pp. 24 –27.

［107］ Cooper J. , The digital divide: The special case of gender. *Journal of Computer Assisted Learning*, Vol. 22, No. 5, 2006, pp. 320 –334.

［108］ Corrado C, Haskel J, Jona – Lasinio C. , Knowledge spillovers, ICT and productivity growth. *Oxford Bulletin of Economics and Statistics*, Vol. 79, No. 4, 2017, pp. 592 –618.

［109］ Czernich N, Falck O, Kretschmer T, et al. , Broadband infrastructure and economic growth. *The Economic Journal*, Vol. 552, No. 121, 2011, pp. 505 – 532.

［110］ Demertzis M, Merler S, Wolff G B. , Capital Markets Union and the fintech opportunity. *Journal of Financial Regulation*, Vol. 4, No. 1, 2018, pp. 157 – 165.

［111］ Dewan S, Riggins F J. , The digital divide: Current and future research directions. *Journal of the Association for Information Systems*, Vol. 6, No. 12, 2005, pp. 298 –337.

［112］ DiMaggio P, Hargittai E. , From the "digital divide" to "digital inequality": Studying Internet use as penetration increases. *Princeton: Center for Arts and Cultural Policy Studies, Woodrow Wilson School, Princeton University*, Vol. 4, No. 1, 2001, pp. 2 –4.

［113］ DiMaggio P, Garip F. , Network effects and social inequality. *Annual Review of Sociology*, Vol. 38, 2012, pp. 93 –118.

［114］ DiMaggio P, Hargittai E, Celeste C, et al. , From unequal access to differentiated use: A literature review and agenda for research on digital inequality. *Social Inequality*, Vol. 1, 2004, pp. 355 –400.

［115］ Edquist H, Henrekson M. , Do R&D and ICT affect total factor productivity growth differently? *Telecommunications Policy*, Vol. 41, No. 2, 2017, pp. 106 – 119.

［116］ Elena – Bucea A, Cruz – Jesus F, Oliveira T, et al. , Assessing the role of age, education, gender and income on the digital divide: Evidence for the European Union. *Information Systems Frontiers*, Vol. 23, 2021, pp. 1007 – 1021.

[117] Erumban A A, Das D K. , Information and communication technology and economic growth in India. *Telecommunications Policy*, Vol. 40, No. 5, 2016, pp. 412 – 431.

[118] Fan J, Tang L, Zhu W, et al. , The Alibaba effect: Spatial consumption inequality and the welfare gains from e-commerce. *Journal of International Economics*, Vol. 114, 2018, pp. 203 – 220.

[119] Fidan H. , Measurement of the Intersectoral Digital Divide with the Gini Coefficients: Case Study Turkey and Lithuania. *Engineering Economics*, Vol. 27, No. 4, 2016, pp. 439 – 451.

[120] Friemel T N. , The digital divide has grown old: Determinants of a digital divide among seniors. *New Media & Society*, Vol. 18, No. 2, 2016, pp. 313 – 331.

[121] Fronda A. , BEPS and the Digital Economy: Why Is It so Taxing to Tax. *Int'l Tax Rev*, Vol. 25, 2014, pp. 13.

[122] Frydman J L, Gelfman L P, Goldstein N E, et al. , The digital divide: do older adults with serious illness access telemedicine? *Journal of General Internal Medicine*, 2022, pp. 1 – 3.

[123] Garratt R J, Van Oordt M R C. , Privacy as a public good: a case for electronic cash. *Journal of Political Economy*, Vol. 129, No. 7, 2021, pp. 2157 – 2180.

[124] Girardi G, Ergün A T. , Systemic risk measurement: Multivariate GARCH estimation of CoVaR. *Journal of Banking & Finance*, Vol. 37, No. 8, 2013, pp. 3169 – 3180.

[125] Giudici P, Spelta A. , Graphical network models for international financial flows. *Journal of Business & Economic Statistics*, Vol. 34, No. 1, 2016, pp. 128 – 138.

[126] Goldfarb A, Tucker C. , Digital economics. *Journal of Economic Literature*, Vol. 57, No. 1, 2019, pp. 3 – 43.

[127] Goldfarb A, Prince J. , Internet adoption and usage patterns are different: Implications for the digital divide. *Information Economics and Policy*, Vol. 20, No. 1, 2008, pp. 2 – 15.

[128] Goos M, Manning A, Salomons A. , Job polarization in Europe. *American Economic Review*, Vol. 99, No. 2, 2009, pp. 58 – 63.

[129] Goos M, Manning A, Salomons A. , Explaining job polarization: Routine-biased technological change and offshoring. *American Economic Review*, Vol. 104, No. 8, 2014, pp. 2509 – 2526.

[130] Graetz G, Michaels G. , Robots at work. *Review of Economics and Statistics*, Vol. 100, No. 5, 2018, pp. 753 – 768.

[131] Graham C, Nikolova M. , Does access to information technology make people happier? Insights from well-being surveys from around the world. *The Journal of Socio – Economics*, Vol. 44, 2013, pp. 126 – 139.

[132] Hargittai E. , Survey measures of web-oriented digital literacy. *Social Science Computer Review*, Vol. 23, No. 3, 2005, pp. 371 – 379.

[133] Hellmanzik C, Schmitz M. , Virtual proximity and audiovisual services trade. *European Economic Review*, Vol. 77, 2015, pp. 82 – 101.

[134] Ichihashi S. , Online privacy and information disclosure by consumers. *American Economic Review*, Vol. 110, No. 2, 2020, pp. 569 – 595.

[135] International Monetary Fund, Measuring the Digital Economy. *IMF Working Paper*, 2018.

[136] Jolivet G, Turon H. , Consumer search costs and preferences on the internet. *The Review of Economic Studies*, Vol. 86, No. 3, 2019, pp. 1258 – 1300.

[137] Jolliff W, Nicholson J R. , Measuring the digital economy: An update incorporating data from the 2018 comprehensive update of the industry economic accounts. *US Bureau of Economic Analysis*, Vol. 4, 2019.

[138] Jorgenson D W, Ho M S, Stiroh K J. , A retrospective look at the US productivity growth resurgence. *Journal of Economic Perspectives*, Vol. 22, No. 1, 2008, pp. 3 – 24.

[139] Kahin, B. & J. Keller. *Public access to the Internet*. MIT Press, 2010.

[140] Katz R L, Koutroumpis P. , Measuring digitization: A growth and welfare multiplier. *Technovation*, Vol. 33, No. (10 – 11), 2013, pp. 314 – 319.

[141] Kaufmann A, Lehner P, Tödtling F. , Effects of the Internet on the spatial

structure of innovation networks. *Information Economics and Policy*, Vol. 15, No. 3, 2003, pp. 402 – 424.

[142] Koutroumpis P. , The economic impact of broadband on growth: A simultaneous approach. *Telecommunications Policy*, Vol. 33, No. 9, 2009, pp. 471 – 485.

[143] Krishnan S, Teo T S H, Lymm J. , Determinants of electronic participation and electronic government maturity: Insights from cross-country data. *International Journal of Information Management*, Vol. 37, No. 4, 2017, pp. 297 – 312.

[144] Lankisch C, Prettner K, Prskawetz A. , How can robots affect wage inequality? *Economic Modelling*, Vol. 81, 2019, pp. 161 – 169.

[145] Lee B, Chen Y, Hewitt L. , Age differences in constraints encountered by seniors in their use of computers and the internet. *Computers in Human Behavior*, Vol. 27, No. 3, 2011, pp. 1231 – 1237.

[146] Liang P, Guo S. , Social interaction, Internet access and stock market participation—An empirical study in China. *Journal of Comparative Economics*, Vol. 43, No. 4, 2015, pp. 883 – 901.

[147] Ma W, Nie P, Zhang P, et al. , Impact of Internet use on economic well-being of rural households: Evidence from China. *Review of Development Economics*, Vol. 24, No. 2, 2020, pp. 503 – 523.

[148] Martin S P. , Is the digital divide really closing? A critique of inequality measurement in a nation online. *IT & society*, Vol. 1, No. 4, 2003, pp. 1 – 13.

[149] Martínez E. , Pandemic shakes up world's education systems. *Right to Education Initiative*, Vol. 4, 2020, pp. 1 – 12.

[150] Mayer J. , Digitalization and industrialization: Friends or foes. *Research Paper*, Vol. 25, 2018.

[151] Mayer T, Melitz M J, Ottaviano G. I. P. , Market size, competition, and the product mix of exporters. *American Economic Review*, Vol. 104, No. 2, 2014, pp. 495 – 536.

[152] Milgrom P, Roberts J. , The economics of modern manufacturing: Technology, strategy, and organization. *The American Economic Review*, 1990, pp. 511 – 528.

［153］ Montagnier P, Wirthmann A. , Digital divide: from computer access to online activities-a micro data analysis, 2011.

［154］ Mouelhi R. B. A. , Impact of the adoption of information and communication technologies on firm efficiency in the Tunisian manufacturing sector. *Economic Modelling*, Vol. 26, No. 5, 2009, pp. 961 –967.

［155］ Mourtzis D. , Internet based collaboration in the manufacturing supply chain. *CIRP Journal of Manufacturing Science and Technology*, Vol. 4, No. 3, 2011, pp. 296 – 304.

［156］ Mumporeze N, Prieler M. , Gender digital divide in Rwanda: A qualitative analysis of socioeconomic factors. *Telematics and Informatics*, Vol. 34, No. 7, 2017, pp. 1285 – 1293.

［157］ Nakamura L I, Samuels J, Soloveichik R H. , Valuing ‘Free’ Media in GDP: An Experimental Approach, 2016.

［158］ Nishijima M, Ivanauskas T M, Sarti F M. , Evolution and determinants of digital divide in Brazil (2005 – 2013). *Telecommunications Policy*, Vol. 41, No. 1, 2017, pp. 12 – 24.

［159］ Nunn N, Qian N. , US food aid and civil conflict. *American Economic Review*, Vol. 104, No. 6, 2014, pp. 1630 – 1666.

［160］ OECD, *Measuring the Digital Economy: A New Perspective.* Paris: OECD Publishing, 2014.

［161］ OECD, *OECD Digital Economy Outlook* 2017. Paris: OECD Publishing, 2017.

［162］ Pantea S, Martens B. , Has the digital divide been reversed? Evidence from five EU countries, 2013.

［163］ Peacock S E, Künemund H. , Senior citizens and Internet technology: Reasons and correlates of access versus non-access in a European comparative perspective. *European Journal of Ageing*, Vol. 4, 2007, pp. 191 – 200.

［164］ Philip L, Cottrill C, Farrington J, et al. , The digital divide: Patterns, policy and scenarios for connecting the ‘final few’ in rural communities across Great Britain. *Journal of Rural Studies*, Vol. 54, 2017, pp. 386 – 398.

[165] Riddlesden D, Singleton A D. , Broadband speed equity: A new digital divide? *Applied Geography*, Vol. 52, 2014, pp. 25 – 33.

[166] Robinson L, Cotten S R, Ono H, et al. , Digital inequalities and why they matter. *Information, Communication & Society*, Vol. 18, No. 5, 2015, pp. 569 – 582.

[167] Scheerder A, Van Deursen A, Van Dijk J. , Determinants of Internet skills, uses and outcomes. A systematic review of the second-and third-level digital divide. *Telematics and Informatics*, Vol. 34, No. 8, 2017, pp. 1607 – 1624.

[168] Schmidpeter B, Winter – Ebmer R. , Automation, unemployment, and the role of labor market training. *European Economic Review*, Vol. 137, 2021, pp. 103808.

[169] Hüsing T, Selhofer H. , The Digital Divide Index – A Measure of Social Inequalities in the Adoption of ICT, 2002.

[170] Selwyn N, Gorard S, Furlong J. , et al. , Older adults' use of information and communications technology in everyday life. *Ageing & Society*, Vol. 23, No. 5, pp. 561 – 582.

[171] Selwyn N. , Reconsidering political and popular understandings of the digital divide. *New Media & Society*, Vol. 6, No. 3, 2004, pp. 341 – 362.

[172] Sicherl P. The time distance among selected EU and candidate countries. 10th General Conference of European Association of Development Institutes, 2002, pp. 19 – 21.

[173] Song Z, Song T, Yang Y, et al. , Spatial-temporal characteristics and determinants of digital divide in China: A multivariate spatial analysis. *Sustainability*, Vol. 11, No. 17, 2019, pp. 4529.

[174] Steinfield C, Ellison N B, Lampe C. , Social capital, self-esteem, and use of online social network sites: A longitudinal analysis. *Journal of Applied Developmental Psychology*, Vol. 29, No. 6, 2008, pp. 434 – 445.

[175] Stiroh K J. , Are ICT spillovers driving the new economy? *Review of Income and Wealth*, Vol. 48, No. 1, 2002, pp. 33 – 57.

[176] Sun L, Qin L, Taghizadeh – Hesary F, et al. , Analyzing carbon emission transfer network structure among provinces in China: new evidence from social network

analysis. *Environmental Science and Pollution Research*, Vol. 27, 2020, pp. 23281 – 23300.

［177］ Susanty A, Sari D P, Budiawan W, et al. , Improving green supply chain management in furniture industry through internet based geographical information system for connecting the producer of wood waste with buyer. *Procedia Computer Science*, Vol. 83, 2016, pp. 734 – 741.

［178］ Szeles M R. , New insights from a multilevel approach to the regional digital divide in the European Union. *Telecommunications Policy*, Vol. 42, No. 6, 2018, pp. 452 – 463.

［179］ Tang L, Lu B, Tian T. , Spatial correlation network and regional differences for the development of digital economy in China. *Entropy*, Vol. 23, No. 12, 2021, pp. 1575.

［180］ Tapscott Don. , *The Digital Economy*: *Promise and Peril in the Age of Networked Intelligence*. New York: McGraw – Hill Press, 1996, p. 13.

［181］ UNCTAD, *Digital Economy Report* 2019 *Value Creation and Capture*: *Implication for Developing Countries*. New York: United Nations Publishing, 2019.

［182］ Van Deursen A J A M, Van Dijk J A G M. , The digital divide shifts to differences in usage. *New Media & Society*, Vol. 16, No. 3, 2014, pp. 507 – 526.

［183］ Van Deursen A J A M, Helsper E J. , Collateral benefits of Internet use: Explaining the diverse outcomes of engaging with the Internet. *New Media & Society*, Vol. 20, No. 7, 2018, pp. 2333 – 2351.

［184］ Van Deursen A J A M, Van Dijk J A G M. , The first-level digital divide shifts from inequalities in physical access to inequalities in material access. *New Media & Society*, Vol. 21, No. 2, 2019, pp. 354 – 375.

［185］ Van Deursen A J A M. , van der Zeeuw A, de Boer P, et al. , Digital inequalities in the Internet of Things: differences in attitudes, material access, skills, and usage. *Information, Communication & Society*, Vol. 24, No. 2, 2021, pp. 258 – 276.

［186］ Van Deursen A J A M. , Digital inequality during a pandemic: Quantitative study of differences in COVID – 19 – related internet uses and outcomes among the general population. *Journal of Medical Internet Research*, Vol. 22, No. 8, 2020, e20073.

[187] Van Dijk J A G M. , Digital divide: Impact of access. *The International Encyclopedia of Media Effects*, 2017, pp. 1 – 11.

[188] Van Dijk J A G M. , *The deepening divide: Inequality in the information society*. Sage publications, 2005.

[189] Várallyai L, Herdon M, Botos S, Statistical analyses of digital divide factors. *Procedia Economics and Finance*, Vol. 19, 2015, pp. 364 – 372.

[190] Vicente M R, López A J. , Assessing the regional digital divide across the European Union – 27. *Telecommunications Policy*, Vol. 35, No. 3, 2011, pp. 220 – 237.

[191] Wang H, Hu X, Ali N. , Spatial Characteristics and Driving Factors Toward the Digital Economy: Evidence from Prefecture – Level Cities in China. *The Journal of Asian Finance, Economics and Business*, Vol. 9, No. 2, 2022, pp. 419 – 426.

[192] Wang J, Hu Y, Zhang Z. , Skill-biased technological change and labor market polarization in China. *Economic Modelling*, Vol. 100, 2021, pp. 105507.

[193] Wasserman I M, Richmond – Abbott M. , Gender and the Internet: Causes of variation in access, level, and scope of use. *Social Science Quarterly*, Vol. 86, No. 1, 2005, pp. 252 – 270.

[194] Wasserman S, Faust K. , Social network analysis: Methods and applications, 1994.

[195] Wei K K, Teo H H, Chan H C, et al. , Conceptualizing and testing a social cognitive model of the digital divide. *Information Systems Research*, Vol. 22, No. 1, 2011, pp. 170 – 187.

[196] Wilson C K, Thomas J. , Barraket J. , Measuring digital inequality in Australia: The Australian digital inclusion index. *Journal of Telecommunications and the Digital Economy*, Vol. 7, No. 2, 2019, pp. 102 – 120.

[197] Wu L, Lou B, Hitt L. , Data analytics supports decentralized innovation. *Management Science*, Vol. 65, No. 10, 2019, pp. 4863 – 4877.

[198] Xu A, Cheng C, Qiu K, et al. , Innovation policy and firm patent value: evidence from China. *Economic Research – Ekonomska Istraživanja*, Vol. 35, No. 1

2022, pp. 2615 – 2644.

[199] Zhao F, Collier A, Deng H. , A multidimensional and integrative approach to study global digital divide and e-government development. *Information Technology & People*, Vol. 27, No. 1, 2014, pp. 38 – 62.

[200] Zheng Y, Walsham G. , Inequality of what? An intersectional approach to digital inequality under Covid – 19. *Information and Organization*, Vol. 31, No. 1, 2021, pp. 100341.

# 附　　录

**附表 1**　　　　分类型收入、支出、主观福利变量的描述性统计结果

| 变量 | 2014 年 | | | 2016 年 | | | 2018 年 | | |
|---|---|---|---|---|---|---|---|---|---|
| | 均值 | 标准差 | 样本量 | 均值 | 标准差 | 样本量 | 均值 | 标准差 | 样本量 |
| 工资性收入 | 7.3731 | 4.6707 | 8642 | 7.3267 | 4.7923 | 8642 | 8.0533 | 4.5965 | 8642 |
| 经营性收入 | 4.3476 | 4.4927 | 8642 | 4.1517 | 4.4926 | 8642 | 3.5422 | 4.4046 | 8642 |
| 财产性收入 | 0.9991 | 2.7014 | 8642 | 1.1501 | 2.8779 | 8642 | 1.3283 | 3.0606 | 8642 |
| 转移性收入 | 5.5598 | 3.6853 | 8642 | 5.3428 | 3.9919 | 8642 | 5.6544 | 4.0388 | 8642 |
| 设备及日用品支出 | 7.1355 | 1.9469 | 8642 | 7.4220 | 1.8045 | 8642 | 7.2740 | 2.3193 | 8642 |
| 衣着鞋帽支出 | 6.6597 | 2.1850 | 8642 | 6.7445 | 2.1778 | 8642 | 6.7866 | 2.2895 | 8642 |
| 文教娱乐支出 | 4.9574 | 4.0323 | 8642 | 5.3130 | 4.0524 | 8642 | 5.4195 | 4.1474 | 8642 |
| 食品支出 | 9.0781 | 1.5072 | 8642 | 9.2515 | 1.2901 | 8642 | 9.2843 | 1.4545 | 8642 |
| 居住支出 | 7.7100 | 1.7887 | 8642 | 7.9420 | 1.5104 | 8642 | 7.9523 | 1.7334 | 8642 |
| 医疗保健支出 | 6.7714 | 2.7005 | 8642 | 6.9580 | 2.6646 | 8642 | 7.0338 | 2.7620 | 8642 |
| 交通通信支出 | 7.4880 | 1.8066 | 8642 | 7.6776 | 1.6502 | 8642 | 7.6541 | 1.9051 | 8642 |
| 转移性支出 | 7.0035 | 3.0525 | 8642 | 7.7137 | 2.3791 | 8642 | 7.5686 | 2.6433 | 8642 |
| 福利性支出 | 1.6567 | 3.2213 | 8642 | 1.8802 | 3.4342 | 8642 | 2.3485 | 3.7465 | 8642 |
| 房贷支出 | 0.5930 | 2.3018 | 8642 | 0.0936 | 0.4125 | 8642 | 0.9569 | 2.9254 | 8642 |
| 工作满意度 | 2.7637 | 0.9644 | 8642 | 2.8007 | 0.9370 | 8642 | 2.7140 | 1.0630 | 8642 |
| 生活满意度 | 3.5050 | 0.9132 | 8642 | 3.4350 | 0.9057 | 8642 | 3.6000 | 0.9137 | 8642 |

**附表 2    基于 RIF - I - OLS 分解的分时段回归结果（数字接入不平等）**

| 变量 | 数字接入不平等 | | |
|---|---|---|---|
| | （1） | （2） | （3） |
| | 2014 年 | 2016 年 | 2018 年 |
| 家庭收入 | - 0.0029 *** | - 0.0062 *** | - 0.0088 *** |
| | (0.0011) | (0.0015) | (0.0016) |
| 女性 | - 0.0219 *** | - 0.0113 * | - 0.0079 |
| | (0.0054) | (0.0060) | (0.0058) |
| 年龄 | 0.0035 *** | 0.0057 *** | 0.0047 *** |
| | (0.0002) | (0.0002) | (0.0003) |
| 小学 | - 0.0324 *** | - 0.0312 *** | - 0.0339 *** |
| | (0.0064) | (0.0074) | (0.0075) |
| 初中 | - 0.0647 *** | - 0.0738 *** | - 0.0689 *** |
| | (0.0068) | (0.0079) | (0.0079) |
| 高中及以上 | - 0.0290 *** | - 0.0434 *** | - 0.0390 *** |
| | (0.0090) | (0.0100) | (0.0098) |
| 非常健康 | - 0.0025 | - 0.0377 *** | - 0.0063 |
| | (0.0092) | (0.0103) | (0.0095) |
| 很健康 | 0.0061 | - 0.0289 *** | - 0.0062 |
| | (0.0082) | (0.0096) | (0.0100) |
| 比较健康 | - 0.0023 | - 0.0217 *** | - 0.0079 |
| | (0.0068) | (0.0078) | (0.0073) |
| 一般健康 | - 0.0194 ** | - 0.0220 *** | - 0.0118 |
| | (0.0078) | (0.0085) | (0.0089) |
| 已婚 | - 0.0206 | - 0.0001 | - 0.0243 |
| | (0.0150) | (0.0149) | (0.0153) |
| 离异 | - 0.0560 ** | - 0.0035 | - 0.0217 |
| | (0.0245) | (0.0238) | (0.0245) |
| 丧偶 | - 0.0671 *** | - 0.0650 *** | - 0.0650 *** |
| | (0.0178) | (0.0180) | (0.0180) |

续表

| 变量 | 数字接入不平等 | | |
|---|---|---|---|
| | （1） | （2） | （3） |
| | 2014 年 | 2016 年 | 2018 年 |
| 党员 | − 0. 0142 | 0. 0175 * | 0. 0500 |
| | （0. 0097） | （0. 0103） | （0. 0477） |
| 家庭规模 | − 0. 0600 *** | − 0. 0605 *** | − 0. 0452 *** |
| | （0. 0022） | （0. 0023） | （0. 0022） |
| 家庭礼金支出 | − 0. 0029 *** | − 0. 0064 *** | − 0. 0065 *** |
| | （0. 0009） | （0. 0012） | （0. 0012） |
| 农村地区 | − 0. 0045 | 0. 0073 | 0. 0054 |
| | （0. 0106） | （0. 0108） | （0. 0104） |
| 中部地区 | − 0. 0241 | − 0. 0735 | − 0. 0719 |
| | （0. 0516） | （0. 0534） | （0. 0549） |
| 西部地区 | 0. 0615 | 0. 0429 | 0. 0336 |
| | （0. 0801） | （0. 0846） | （0. 0833） |
| 东北地区 | − 0. 0268 | − 0. 1218 | − 0. 0967 |
| | （0. 0800） | （0. 0855） | （0. 0703） |
| 常数项 | 0. 6775 *** | 0. 5869 *** | 0. 5906 *** |
| | （0. 0448） | （0. 0468） | （0. 0476） |
| 村庄固定效应 | 是 | 是 | 是 |
| 样本量 | 8338 | 8338 | 8338 |
| $R^2$ | 0. 2894 | 0. 3230 | 0. 2893 |

注： * 、 ** 、 *** 分别表示在 10% 、5% 、1% 的水平下显著；括号内为稳健性标准误。

**附表 3　　基于 RIF - I - OLS 分解的分时段回归结果（数字使用不平等）**

| 变量 | 数字使用不平等 | | |
|---|---|---|---|
| | （1） | （2） | （3） |
| | 2014 年 | 2016 年 | 2018 年 |
| 家庭收入 | − 0. 0031 *** | − 0. 0094 *** | − 0. 0149 *** |
| | （0. 0011） | （0. 0015） | （0. 0017） |
| 女性 | − 0. 0205 *** | − 0. 0138 ** | − 0. 0100 * |
| | （0. 0056） | （0. 0062） | （0. 0060） |

续表

| 变量 | 数字使用不平等 | | |
|---|---|---|---|
| | （1） | （2） | （3） |
| | 2014 年 | 2016 年 | 2018 年 |
| 年龄 | 0. 0040 *** | 0. 0069 *** | 0. 0068 *** |
| | （0. 0002） | （0. 0003） | （0. 0003） |
| 小学 | − 0. 0303 *** | − 0. 0373 *** | − 0. 0316 *** |
| | （0. 0068） | （0. 0083） | （0. 0086） |
| 初中 | − 0. 0605 *** | − 0. 0757 *** | − 0. 0744 *** |
| | （0. 0073） | （0. 0085） | （0. 0087） |
| 高中及以上 | − 0. 0627 *** | − 0. 0744 *** | − 0. 0831 *** |
| | （0. 0093） | （0. 0104） | （0. 0102） |
| 非常健康 | − 0. 0004 | − 0. 0384 *** | − 0. 0114 |
| | （0. 0096） | （0. 0111） | （0. 0103） |
| 很健康 | − 0. 0003 | − 0. 0271 *** | − 0. 0132 |
| | （0. 0085） | （0. 0103） | （0. 0106） |
| 比较健康 | − 0. 0114 | − 0. 0219 *** | − 0. 0148 * |
| | （0. 0072） | （0. 0083） | （0. 0078） |
| 一般健康 | − 0. 0170 ** | − 0. 0136 | − 0. 0098 |
| | （0. 0083） | （0. 0091） | （0. 0096） |
| 已婚 | 0. 0033 | − 0. 0073 | − 0. 0381 ** |
| | （0. 0150） | （0. 0149） | （0. 0150） |
| 离异 | − 0. 0336 | − 0. 0230 | − 0. 0509 ** |
| | （0. 0223） | （0. 0234） | （0. 0219） |
| 丧偶 | − 0. 0620 *** | − 0. 0920 *** | − 0. 0999 *** |
| | （0. 0177） | （0. 0185） | （0. 0184） |
| 党员 | − 0. 0216 ** | 0. 0035 | 0. 0794 |
| | （0. 0092） | （0. 0100） | （0. 0496） |
| 家庭规模 | − 0. 0777 *** | − 0. 0739 *** | − 0. 0572 *** |
| | （0. 0023） | （0. 0025） | （0. 0023） |

续表

| 变量 | 数字使用不平等 | | |
|---|---|---|---|
| | （1） | （2） | （3） |
| | 2014 年 | 2016 年 | 2018 年 |
| 家庭礼金支出 | − 0. 0037 *** <br> （0. 0009） | − 0. 0071 *** <br> （0. 0013） | − 0. 0076 *** <br> （0. 0012） |
| 农村地区 | − 0. 0017 <br> （0. 0107） | 0. 0066 <br> （0. 0107） | 0. 0097 <br> （0. 0102） |
| 中部地区 | 0. 0297 <br> （0. 0487） | − 0. 0040 <br> （0. 0518） | − 0. 0324 <br> （0. 0489） |
| 西部地区 | 0. 1352 * <br> （0. 0787） | 0. 0601 <br> （0. 0748） | 0. 0567 <br> （0. 0819） |
| 东北地区 | 0. 0668 <br> （0. 0782） | − 0. 0157 <br> （0. 0887） | 0. 0188 <br> （0. 0742） |
| 常数项 | 0. 6683 *** <br> （0. 0428） | 0. 5555 *** <br> （0. 0453） | 0. 5355 *** <br> （0. 0475） |
| 村庄固定效应 | 是 | 是 | 是 |
| 样本量 | 8338 | 8338 | 8338 |
| $R^2$ | 0. 3423 | 0. 3745 | 0. 3806 |

注：* 、** 、*** 分别表示在 10% 、5% 、1% 的水平下显著；括号内为稳健性标准误。

附表 4　　　基于 RIF – I – OLS 分解的分时段回归结果（数字获益不平等）

| 变量 | 数字获益不平等 | | |
|---|---|---|---|
| | （1） | （2） | （3） |
| | 2014 年 | 2016 年 | 2018 年 |
| 家庭收入 | − 0. 0034 ** <br> （0. 0014） | − 0. 0103 *** <br> （0. 0018） | − 0. 0182 *** <br> （0. 0020） |
| 女性 | − 0. 0291 *** <br> （0. 0070） | − 0. 0129 * <br> （0. 0074） | − 0. 0132 * <br> （0. 0071） |
| 年龄 | 0. 0048 *** <br> （0. 0003） | 0. 0073 *** <br> （0. 0003） | 0. 0071 *** <br> （0. 0003） |

续表

| 变量 | 数字获益不平等 | | |
|------|------|------|------|
| | （1） | （2） | （3） |
| | 2014 年 | 2016 年 | 2018 年 |
| 小学 | − 0. 0172 ** | − 0. 0229 ** | − 0. 0255 *** |
| | （0. 0086） | （0. 0096） | （0. 0099） |
| 初中 | − 0. 0741 *** | − 0. 0810 *** | − 0. 0736 *** |
| | （0. 0094） | （0. 0101） | （0. 0103） |
| 高中及以上 | − 0. 1251 *** | − 0. 1039 *** | − 0. 1009 *** |
| | （0. 0121） | （0. 0124） | （0. 0123） |
| 非常健康 | − 0. 0110 | − 0. 0303 ** | − 0. 0097 |
| | （0. 0122） | （0. 0133） | （0. 0121） |
| 很健康 | − 0. 0097 | − 0. 0226 * | − 0. 0186 |
| | （0. 0109） | （0. 0122） | （0. 0125） |
| 比较健康 | − 0. 0182 ** | − 0. 0090 | − 0. 0158 * |
| | （0. 0089） | （0. 0097） | （0. 0092） |
| 一般健康 | − 0. 0103 | − 0. 0043 | − 0. 0039 |
| | （0. 0105） | （0. 0107） | （0. 0112） |
| 已婚 | 0. 0239 | 0. 0176 | − 0. 0426 ** |
| | （0. 0171） | （0. 0175） | （0. 0171） |
| 离异 | − 0. 0261 | 0. 0136 | − 0. 0611 ** |
| | （0. 0280） | （0. 0273） | （0. 0255） |
| 丧偶 | − 0. 0706 *** | − 0. 0887 *** | − 0. 1275 *** |
| | （0. 0209） | （0. 0215） | （0. 0207） |
| 党员 | − 0. 0365 *** | 0. 0020 | 0. 0787 |
| | （0. 0118） | （0. 0119） | （0. 0529） |
| 家庭规模 | − 0. 0858 *** | − 0. 0807 *** | − 0. 0680 *** |
| | （0. 0029） | （0. 0030） | （0. 0028） |
| 家庭礼金支出 | − 0. 0047 *** | − 0. 0057 *** | − 0. 0086 *** |
| | （0. 0011） | （0. 0014） | （0. 0014） |

续表

| 变量 | 数字获益不平等 | | |
|---|---|---|---|
| | （1） | （2） | （3） |
| | 2014 年 | 2016 年 | 2018 年 |
| 农村地区 | 0.0353 **<br>（0.0140） | 0.0286 **<br>（0.0133） | 0.0073<br>（0.0120） |
| 中部地区 | − 0.0391<br>（0.0677） | − 0.0615<br>（0.0676） | − 0.0442<br>（0.0639） |
| 西部地区 | 0.1058<br>（0.1049） | 0.0995<br>（0.0950） | 0.0418<br>（0.0874） |
| 东北地区 | 0.0076<br>（0.1101） | − 0.1130<br>（0.1050） | − 0.0813<br>（0.0883） |
| 常数项 | 0.8265 ***<br>（0.0568） | 0.6807 ***<br>（0.0563） | 0.7763 ***<br>（0.0548） |
| 村庄固定效应 | 是 | 是 | 是 |
| 样本量 | 8338 | 8338 | 8338 |
| $R^2$ | 0.3572 | 0.3491 | 0.3677 |

注：* 、** 、*** 分别表示在 10% 、5% 、1% 的水平下显著；括号内为稳健性标准误。

附表 5　　　　　　　数字接入不平等对家庭收入的分年度影响结果

| 变量 | 家庭收入 | | |
|---|---|---|---|
| | （1） | （2） | （3） |
| | 2014 年 | 2016 年 | 2018 年 |
| 数字接入不平等 | − 0.6145 ***<br>（0.1643） | − 0.7964 ***<br>（0.1434） | − 1.0702 ***<br>（0.1229） |
| 户主性别 | − 0.0038<br>（0.0622） | − 0.0396<br>（0.0494） | − 0.0168<br>（0.0447） |
| 户主年龄平方 | 0.0155 ***<br>（0.0035） | 0.0060 **<br>（0.0025） | 0.0043 **<br>（0.0021） |
| 户主受教育水平 | 0.0293 ***<br>（0.0086） | 0.0359 ***<br>（0.0058） | 0.0379 ***<br>（0.0056） |

续表

| 变量 | 家庭收入 | | |
|---|---|---|---|
| | （1） | （2） | （3） |
| | 2014 年 | 2016 年 | 2018 年 |
| 户主婚姻 | 0.2720 ***<br>（0.1004） | 0.2178 ***<br>（0.0701） | 0.2885 ***<br>（0.0565） |
| 户主健康水平 | 0.0374<br>（0.0259） | 0.0099<br>（0.0184） | 0.0487 ***<br>（0.0178） |
| 户主政治面貌 | 0.2715 ***<br>（0.0841） | 0.3185 ***<br>（0.0762） | − 0.1484<br>（0.3788） |
| 家庭规模 | 0.3178 ***<br>（0.0294） | 0.3353 ***<br>（0.0211） | 0.2948 ***<br>（0.0171） |
| 家庭老人抚养比 | − 1.9287 ***<br>（0.5210） | − 1.1007 ***<br>（0.3971） | − 1.0642 ***<br>（0.1736） |
| 家庭少儿抚养比 | − 0.5355 ***<br>（0.1279） | − 0.1579<br>（0.0972） | − 0.2699 ***<br>（0.0761） |
| 地区经济水平 | 0.6247<br>（0.4695） | 0.9636 ***<br>（0.3481） | 0.6918 ***<br>（0.2483） |
| 地区教育水平 | 0.1964 ***<br>（0.0613） | 0.0301<br>（0.0463） | 0.0177<br>（0.0370） |
| 村庄固定效应 | 是 | 是 | 是 |
| 样本量 | 8642 | 8642 | 8642 |
| $R^2$ | 0.2494 | 0.2833 | 0.3123 |

注：*、**、*** 分别表示在 10%、5%、1% 的水平下显著；括号内为稳健性标准误。

附表 6　　　　　　数字使用不平等对家庭收入的分年度影响结果

| 变量 | 家庭收入 | | |
|---|---|---|---|
| | （1） | （2） | （3） |
| | 2014 年 | 2016 年 | 2018 年 |
| 数字使用不平等 | − 0.8235 ***<br>（0.2361） | − 1.0696 ***<br>（0.1903） | − 1.4534 ***<br>（0.1754） |
| 户主性别 | − 0.0066<br>（0.0621） | − 0.0390<br>（0.0494） | − 0.0121<br>（0.0446） |

续表

| 变量 | 家庭收入 | | |
|---|---|---|---|
| | （1） | （2） | （3） |
| | 2014 年 | 2016 年 | 2018 年 |
| 户主年龄平方 | 0.0157 *** <br> （0.0035） | 0.0066 ** <br> （0.0025） | 0.0055 ** <br> （0.0021） |
| 户主受教育水平 | 0.0304 *** <br> （0.0085） | 0.0367 *** <br> （0.0057） | 0.0374 *** <br> （0.0058） |
| 户主婚姻 | 0.2695 *** <br> （0.1008） | 0.2210 *** <br> （0.0708） | 0.2958 *** <br> （0.0569） |
| 户主健康水平 | 0.0363 <br> （0.0259） | 0.0082 <br> （0.0183） | 0.0471 ** <br> （0.0180） |
| 户主政治面貌 | 0.2786 *** <br> （0.0841） | 0.3225 *** <br> （0.0762） | − 0.0978 <br> （0.3773） |
| 家庭规模 | 0.3155 *** <br> （0.0295） | 0.3334 *** <br> （0.0211） | 0.2905 *** <br> （0.0172） |
| 家庭老人抚养比 | − 1.9470 *** <br> （0.5188） | − 1.1652 *** <br> （0.3935） | − 1.1082 *** <br> （0.1723） |
| 家庭少儿抚养比 | − 0.5379 *** <br> （0.1283） | − 0.1455 <br> （0.0980） | − 0.2222 *** <br> （0.0759） |
| 地区经济水平 | 0.6385 <br> （0.4699） | 0.9582 *** <br> （0.3477） | 0.7182 *** <br> （0.2412） |
| 地区教育水平 | 0.1962 *** <br> （0.0613） | 0.0286 <br> （0.0467） | 0.0186 <br> （0.0376） |
| 村庄固定效应 | 是 | 是 | 是 |
| 样本量 | 8642 | 8642 | 8642 |
| $R^2$ | 0.2493 | 0.2834 | 0.3139 |

注：*、**、***分别表示在10%、5%、1%的水平下显著；括号内为稳健性标准误。

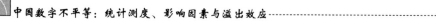

**附表7** 数字获益不平等对家庭收入的分年度影响结果

| 变量 | 家庭收入 | | |
|---|---|---|---|
| | （1） | （2） | （3） |
| | 2014 年 | 2016 年 | 2018 年 |
| 数字获益不平等 | − 0.7391 *** <br> （0.2604） | − 1.0098 *** <br> （0.2062） | − 1.0237 *** <br> （0.1565） |
| 户主性别 | − 0.0067 <br> （0.0622） | − 0.0429 <br> （0.0493） | − 0.0193 <br> （0.0454） |
| 户主年龄平方 | 0.0151 *** <br> （0.0035） | 0.0058 ** <br> （0.0025） | 0.0042 ** <br> （0.0021） |
| 户主受教育水平 | 0.0304 *** <br> （0.0086） | 0.0363 *** <br> （0.0058） | 0.0389 *** <br> （0.0058） |
| 户主婚姻 | 0.2588 ** <br> （0.1009） | 0.2191 *** <br> （0.0699） | 0.2826 *** <br> （0.0572） |
| 户主健康水平 | 0.0372 <br> （0.0259） | 0.0099 <br> （0.0185） | 0.0461 ** <br> （0.0179） |
| 户主政治面貌 | 0.2727 *** <br> （0.0851） | 0.3087 *** <br> （0.0776） | − 0.1442 <br> （0.3788） |
| 家庭规模 | 0.3208 *** <br> （0.0294） | 0.3376 *** <br> （0.0210） | 0.2961 *** <br> （0.0174） |
| 家庭老人抚养比 | − 1.9017 *** <br> （0.5221） | − 1.0674 *** <br> （0.3881） | − 1.0703 *** <br> （0.1729） |
| 家庭少儿抚养比 | − 0.5561 *** <br> （0.1274） | − 0.1659 * <br> （0.0982） | − 0.2829 *** <br> （0.0788） |
| 地区经济水平 | 0.6295 <br> （0.4661） | 0.9807 *** <br> （0.3523） | 0.7105 *** <br> （0.2522） |
| 地区教育水平 | 0.1958 *** <br> （0.0592） | 0.0286 <br> （0.0474） | 0.0221 <br> （0.0366） |
| 村庄固定效应 | 是 | 是 | 是 |
| 样本量 | 8642 | 8642 | 8642 |
| $R^2$ | 0.2490 | 0.2835 | 0.3104 |

注：*、**、***分别表示在10%、5%、1%的水平下显著；括号内为稳健性标准误。

附表 8                数字不平等影响不同类型家庭收入的稳健性检验结果

| 变量 | （1） | （2） | （3） | （4） |
|---|---|---|---|---|
| | Tobit | Tobit | OLS | OLS |
| | 财产性收入 | | 经营性收入 | |
| 数字不平等 | -5.4440 ***<br>（0.7775） | | | |
| 数字接入不平等 | | | 0.2999<br>（0.1899） | |
| 数字使用不平等 | | | | 0.1015<br>（0.2690） |
| 数字获益不平等 | | -1.2039 ***<br>（0.3822） | | |
| 户主性别 | 0.2740<br>（0.2388） | 1.2105 ***<br>（0.1126） | 0.4591 ***<br>（0.0730） | 0.4580 ***<br>（0.0730） |
| 户主年龄平方 | 0.0173<br>（0.0119） | -0.0318 ***<br>（0.0056） | 0.0019<br>（0.0042） | 0.0022<br>（0.0042） |
| 户主受教育水平 | 0.0367<br>（0.0306） | -0.0372 ***<br>（0.0141） | 0.0024<br>（0.0132） | 0.0022<br>（0.0133） |
| 户主婚姻 | -0.7121 **<br>（0.3473） | 2.0307 ***<br>（0.1721） | 0.3712 ***<br>（0.1336） | 0.3769 ***<br>（0.1333） |
| 户主健康水平 | -0.2691 ***<br>（0.0962） | 0.1636 ***<br>（0.0435） | 0.0191<br>（0.0287） | 0.0191<br>（0.0287） |
| 户主政治面貌 | 0.5501<br>（0.4722） | -0.1587<br>（0.2292） | -0.0300<br>（0.1317） | -0.0312<br>（0.1316） |
| 家庭规模 | 0.4825 ***<br>（0.0969） | 0.6681 ***<br>（0.0438） | 0.3080 ***<br>（0.0404） | 0.3059 ***<br>（0.0402） |
| 家庭老人抚养比 | -1.2480<br>（1.3103） | -1.1219 *<br>（0.5942） | -0.9973 ***<br>（0.3101） | -0.9909 ***<br>（0.3097） |
| 家庭少儿抚养比 | 2.1072 ***<br>（0.4351） | -0.8019 ***<br>（0.2032） | 0.2038<br>（0.1642） | 0.2167<br>（0.1640） |

续表

| 变量 | (1) | (2) | (3) | (4) |
|---|---|---|---|---|
| | Tobit | Tobit | OLS | OLS |
| | 财产性收入 | | 经营性收入 | |
| 地区经济水平 | 0.3298 (0.9922) | 0.9698 ** (0.4650) | 1.0388 * (0.5754) | 1.0361 * (0.5755) |
| 地区教育水平 | -0.0597 (0.2384) | -0.7075 *** (0.1191) | -0.1518 ** (0.0650) | -0.1518 ** (0.0648) |
| 家庭固定效应 | 否 | 否 | 是 | 是 |
| 村庄固定效应 | 是 | 是 | 否 | 否 |
| 年份固定效应 | 是 | 是 | 是 | 是 |
| 样本量 | 25926 | 25926 | 25926 | 25926 |
| Pseudo $R^2$/$R^2$ | 0.1126 | 0.0956 | 0.0263 | 0.0261 |

注：*、**、*** 分别表示在10%、5%、1%的水平下显著；括号内为稳健性标准误。

附表9　　　　数字接入不平等对家庭支出的分年度影响结果

| 变量 | 家庭支出 | | |
|---|---|---|---|
| | (1) | (2) | (3) |
| | 2014 年 | 2016 年 | 2018 年 |
| 数字接入不平等 | -0.5898 *** (0.0583) | -0.6267 *** (0.0552) | -0.6279 *** (0.0621) |
| 户主性别 | -0.0241 (0.0219) | -0.0200 (0.0189) | 0.0000 (0.0224) |
| 户主年龄平方 | -0.0093 *** (0.0014) | -0.0092 *** (0.0013) | -0.0118 *** (0.0015) |
| 户主受教育水平 | 0.0163 *** (0.0026) | 0.0178 *** (0.0026) | 0.0249 *** (0.0028) |
| 户主婚姻 | 0.3036 *** (0.0313) | 0.2751 *** (0.0303) | 0.3470 *** (0.0388) |
| 户主健康水平 | 0.0215 ** (0.0082) | -0.0079 (0.0080) | -0.0064 (0.0094) |

续表

| 变量 | 家庭支出 | | |
|---|---|---|---|
| | （1） | （2） | （3） |
| | 2014 年 | 2016 年 | 2018 年 |
| 户主政治面貌 | 0.1753 ***<br>（0.0267） | 0.1520 ***<br>（0.0282） | − 0.0388<br>（0.1395） |
| 家庭规模 | 0.1370 ***<br>（0.0097） | 0.1151 ***<br>（0.0089） | 0.1041 ***<br>（0.0081） |
| 家庭老人抚养比 | − 0.0788<br>（0.1849） | − 0.2521 *<br>（0.1463） | 0.0161<br>（0.0756） |
| 家庭少儿抚养比 | − 0.1257 ***<br>（0.0396） | − 0.1528 ***<br>（0.0397） | − 0.0863 *<br>（0.0490） |
| 家庭收入 | 0.0294 ***<br>（0.0049） | 0.0410 ***<br>（0.0066） | 0.0671 ***<br>（0.0091） |
| 地区经济水平 | 0.4649 **<br>（0.1931） | 0.5654 ***<br>（0.1304） | 0.4068 **<br>（0.1594） |
| 地区教育水平 | 0.0172<br>（0.0319） | − 0.0231<br>（0.0249） | 0.0004<br>（0.0304） |
| 村庄固定效应 | 是 | 是 | 是 |
| 样本量 | 8642 | 8642 | 8642 |
| $R^2$ | 0.4242 | 0.4473 | 0.4210 |

注：*、**、***分别表示在10%、5%、1%的水平下显著；括号内为稳健性标准误。

附表 10　　　　数字使用不平等对家庭支出的分年度影响结果

| 变量 | 家庭支出 | | |
|---|---|---|---|
| | （1） | （2） | （3） |
| | 2014 年 | 2016 年 | 2018 年 |
| 数字使用不平等 | − 0.8794 ***<br>（0.0820） | − 0.9254 ***<br>（0.0733） | − 0.9665 ***<br>（0.0859） |
| 户主性别 | − 0.0260<br>（0.0220） | − 0.0185<br>（0.0190） | 0.0037<br>（0.0220） |

续表

| 变量 | 家庭支出 | | |
|---|---|---|---|
| | (1) | (2) | (3) |
| | 2014 年 | 2016 年 | 2018 年 |
| 户主年龄平方 | - 0.0090 *** | - 0.0085 *** | - 0.0109 *** |
| | (0.0014) | (0.0013) | (0.0015) |
| 户主受教育水平 | 0.0168 *** | 0.0179 *** | 0.0238 *** |
| | (0.0025) | (0.0027) | (0.0029) |
| 户主婚姻 | 0.3043 *** | 0.2803 *** | 0.3553 *** |
| | (0.0309) | (0.0304) | (0.0383) |
| 户主健康水平 | 0.0201 ** | - 0.0097 | - 0.0074 |
| | (0.0083) | (0.0080) | (0.0094) |
| 户主政治面貌 | 0.1803 *** | 0.1534 *** | - 0.0030 |
| | (0.0270) | (0.0279) | (0.1418) |
| 家庭规模 | 0.1332 *** | 0.1123 *** | 0.1009 *** |
| | (0.0096) | (0.0089) | (0.0081) |
| 家庭老人抚养比 | - 0.1037 | - 0.3053 ** | - 0.0073 |
| | (0.1894) | (0.1453) | (0.0738) |
| 家庭少儿抚养比 | - 0.1213 *** | - 0.1339 *** | - 0.0440 |
| | (0.0396) | (0.0390) | (0.0508) |
| 家庭收入 | 0.0293 *** | 0.0404 *** | 0.0647 *** |
| | (0.0049) | (0.0064) | (0.0090) |
| 地区经济水平 | 0.4751 ** | 0.5562 *** | 0.4230 *** |
| | (0.1915) | (0.1303) | (0.1510) |
| 地区教育水平 | 0.0176 | - 0.0241 | 0.0009 |
| | (0.0312) | (0.0249) | (0.0304) |
| 村庄固定效应 | 是 | 是 | 是 |
| 样本量 | 8642 | 8642 | 8642 |
| $R^2$ | 0.4256 | 0.4502 | 0.4257 |

注：＊、＊＊、＊＊＊分别表示在 10%、5%、1% 的水平下显著；括号内为稳健性标准误。

**附表 11　　　　　　　　数字获益不平等对家庭支出的分年度影响结果**

| 变量 | 家庭支出 | | |
|---|---|---|---|
| | （1） | （2） | （3） |
| | 2014 年 | 2016 年 | 2018 年 |
| 数字获益不平等 | − 0. 7883 *** <br> （0. 0773） | − 0. 7751 *** <br> （0. 0641） | − 0. 7361 *** <br> （0. 0655） |
| 户主性别 | − 0. 0261 <br> （0. 0221） | − 0. 0228 <br> （0. 0191） | − 0. 0008 <br> （0. 0224） |
| 户主年龄平方 | − 0. 0096 *** <br> （0. 0014） | − 0. 0093 *** <br> （0. 0013） | − 0. 0116 *** <br> （0. 0015） |
| 户主受教育水平 | 0. 0168 *** <br> （0. 0026） | 0. 0182 *** <br> （0. 0026） | 0. 0242 *** <br> （0. 0028） |
| 户主婚姻 | 0. 2927 *** <br> （0. 0314） | 0. 2756 *** <br> （0. 0309） | 0. 3475 *** <br> （0. 0387） |
| 户主健康水平 | 0. 0211 ** <br> （0. 0083） | − 0. 0078 <br> （0. 0079） | − 0. 0084 <br> （0. 0095） |
| 户主政治面貌 | 0. 1738 *** <br> （0. 0272） | 0. 1452 *** <br> （0. 0282） | − 0. 0312 <br> （0. 1441） |
| 家庭规模 | 0. 1387 *** <br> （0. 0096） | 0. 1173 *** <br> （0. 0088） | 0. 1031 *** <br> （0. 0080） |
| 家庭老人抚养比 | − 0. 0545 <br> （0. 1874） | − 0. 2274 <br> （0. 1460） | 0. 0270 <br> （0. 0758） |
| 家庭少儿抚养比 | − 0. 1406 *** <br> （0. 0384） | − 0. 1611 *** <br> （0. 0396） | − 0. 0760 <br> （0. 0500） |
| 家庭收入 | 0. 0298 *** <br> （0. 0049） | 0. 0409 *** <br> （0. 0065） | 0. 0676 *** <br> （0. 0090） |
| 地区经济水平 | 0. 4652 ** <br> （0. 1895） | 0. 5800 *** <br> （0. 1308） | 0. 4147 ** <br> （0. 1634） |
| 地区教育水平 | 0. 0171 <br> （0. 0275） | − 0. 0244 <br> （0. 0253） | 0. 0032 <br> （0. 0296） |
| 村庄固定效应 | 是 | 是 | 是 |
| 样本量 | 8642 | 8642 | 8642 |
| $R^2$ | 0. 4232 | 0. 4472 | 0. 4223 |

注：＊、＊＊、＊＊＊分别表示在 10%、5%、1% 的水平下显著；括号内为稳健性标准误。

附表12　　剩余支出类型中支付手段的机制检验结果

| 变量 | (1)<br>文娱支出 | (2)<br>食品支出 | (3)<br>居住支出 | (4)<br>医疗支出 | (5)<br>交通支出 | (6)<br>转移支出 | (7)<br>福利支出 | (8)<br>房贷支出 |
|---|---|---|---|---|---|---|---|---|
| 数字不平等 | -0.8884 ***<br>(0.2298) | -0.3900 ***<br>(0.0971) | -0.4584 ***<br>(0.1311) | 0.7959 ***<br>(0.2035) | -0.8634 ***<br>(0.1080) | -0.7732 ***<br>(0.1733) | -1.6654 ***<br>(0.2178) | -0.0965<br>(0.1863) |
| 数字不平等 ×<br>网络支付 | 0.0015<br>(0.0012) | -0.0001<br>(0.0004) | -0.0014 *<br>(0.0006) | -0.0018 *<br>(0.0010) | 0.0005<br>(0.0006) | 0.0009<br>(0.0010) | 0.0023<br>(0.0016) | 0.0009<br>(0.0008) |
| 户主性别 | -0.0058<br>(0.0570) | 0.0857 ***<br>(0.0280) | 0.0261<br>(0.0332) | 0.0446<br>(0.0560) | 0.1680 ***<br>(0.0320) | 0.0771<br>(0.0532) | 0.1872 ***<br>(0.0666) | 0.0107<br>(0.0443) |
| 户主年龄平方 | -0.0420 ***<br>(0.0042) | -0.0140 ***<br>(0.0020) | -0.0077 ***<br>(0.0023) | -0.0024<br>(0.0036) | -0.0285 ***<br>(0.0027) | -0.0184 ***<br>(0.0035) | -0.0332 ***<br>(0.0044) | -0.0063 **<br>(0.0024) |
| 户主受教育水平 | 0.0429 ***<br>(0.0106) | 0.0162 ***<br>(0.0048) | 0.0090<br>(0.0060) | 0.0153 *<br>(0.0088) | 0.0102 *<br>(0.0053) | 0.0112<br>(0.0096) | 0.0285 ***<br>(0.0104) | 0.0152 *<br>(0.0081) |
| 户主婚姻 | 0.1297<br>(0.1205) | 0.2359 ***<br>(0.0493) | 0.3437 ***<br>(0.0581) | 0.5292 ***<br>(0.0945) | 0.2882 ***<br>(0.0503) | 0.2294 **<br>(0.1101) | 0.4876 ***<br>(0.1009) | 0.1740 **<br>(0.0773) |
| 户主健康水平 | -0.0403 *<br>(0.0236) | 0.0120<br>(0.0084) | -0.0055<br>(0.0122) | -0.2167 ***<br>(0.0211) | 0.0165<br>(0.0113) | -0.0818 ***<br>(0.0232) | -0.0412 **<br>(0.0188) | -0.0066<br>(0.0143) |
| 户主政治面貌 | 0.1828 *<br>(0.1015) | 0.0429<br>(0.0373) | 0.0570<br>(0.0514) | -0.1247<br>(0.0844) | 0.0151<br>(0.0459) | 0.0809<br>(0.0802) | 0.1276<br>(0.1236) | -0.2709 ***<br>(0.0895) |
| 家庭规模 | 0.2229 ***<br>(0.0269) | 0.0593 ***<br>(0.0145) | 0.0603 ***<br>(0.0174) | 0.1137 ***<br>(0.0222) | 0.0890 ***<br>(0.0150) | 0.0618 **<br>(0.0260) | 0.0866 ***<br>(0.0270) | 0.0192<br>(0.0195) |

| 变量 | (1) 文娱支出 | (2) 食品支出 | (3) 居住支出 | (4) 医疗支出 | (5) 交通支出 | (6) 转移支出 | (7) 福利支出 | (8) 房贷支出 |
|---|---|---|---|---|---|---|---|---|
| 家庭老人抚养比 | 0.1568 (0.2057) | -0.1261 (0.1264) | -0.1002 (0.1379) | -0.3195 (0.2242) | -0.0427 (0.1071) | 0.3013 (0.2201) | 0.0746 (0.2461) | 0.1259 (0.2184) |
| 家庭少儿抚养比 | -0.4722*** (0.1473) | -0.1205** (0.0594) | -0.0268 (0.0681) | 0.3956*** (0.1067) | -0.1872*** (0.0599) | -0.3372*** (0.1258) | -0.4183*** (0.1548) | -0.3309*** (0.0907) |
| 家庭收入 | 0.0611*** (0.0115) | 0.0491*** (0.0077) | 0.0329*** (0.0091) | 0.0617*** (0.0123) | 0.0359*** (0.0057) | 0.0925*** (0.0133) | 0.0463*** (0.0160) | 0.0329*** (0.0073) |
| 地区经济水平 | 0.1115 (0.2236) | 0.1965** (0.0849) | 0.0700 (0.1313) | 0.1405 (0.1856) | 0.1077 (0.1067) | 0.4445 (0.2714) | 0.3666* (0.2185) | -0.0092 (0.1852) |
| 地区教育水平 | -0.0375 (0.0481) | 0.0438* (0.0258) | 0.0363 (0.0315) | -0.0138 (0.0497) | 0.0541* (0.0296) | -0.0524 (0.0453) | -0.0578 (0.0555) | -0.0177 (0.0547) |
| 家庭固定效应 | 是 | 是 | 是 | 是 | 是 | 是 | 是 | 是 |
| 年份固定效应 | 是 | 是 | 是 | 是 | 是 | 是 | 是 | 是 |
| 样本量 | 25926 | 25926 | 25926 | 25926 | 25926 | 25926 | 25926 | 25926 |
| $R^2$ | 0.0379 | 0.0391 | 0.0178 | 0.0207 | 0.0495 | 0.0427 | 0.0417 | 0.0523 |

注：*、**、***分别表示在10%、5%、1%的水平下显著；括号内为稳健性标准误。

**附表 13**　　　　　　　数字接入不平等对家庭幸福感的分年度回归结果

| 变量 | 家庭幸福感 | | |
|---|---|---|---|
| | （1） | （2） | （3） |
| | 2014 年 | 2016 年 | 2018 年 |
| 数字接入不平等 | - 1. 0013 *** <br> （0. 1997） | - 0. 1570 *** <br> （0. 0512） | - 0. 5917 *** <br> （0. 1546） |
| 户主性别 | - 0. 0472 <br> （0. 0478） | - 0. 0253 <br> （0. 0206） | 0. 0109 <br> （0. 0540） |
| 户主年龄平方 | - 0. 0025 <br> （0. 0029） | - 0. 0030 *** <br> （0. 0009） | 0. 0039 <br> （0. 0025） |
| 户主受教育水平 | 0. 0181 *** <br> （0. 0060） | - 0. 0026 <br> （0. 0019） | 0. 0207 *** <br> （0. 0062） |
| 户主婚姻 | 0. 8547 *** <br> （0. 0907） | - 0. 1121 *** <br> （0. 0322） | 0. 6649 *** <br> （0. 0753） |
| 户主健康水平 | 0. 2116 *** <br> （0. 0213） | 0. 0141 ** <br> （0. 0064） | 0. 2233 *** <br> （0. 0201） |
| 户主政治面貌 | 0. 2721 *** <br> （0. 0923） | 0. 0207 <br> （0. 0281） | - 0. 1308 <br> （0. 3139） |
| 户主信仰 | 0. 1069 * <br> （0. 0595） | 0. 0028 <br> （0. 0212） | 0. 0613 <br> （0. 0565） |
| 户主社会地位 | 0. 2762 *** <br> （0. 0274） | 0. 0043 <br> （0. 0070） | 0. 3227 *** <br> （0. 0258） |
| 家庭规模 | - 0. 2258 *** <br> （0. 0290） | 0. 0163 ** <br> （0. 0081） | - 0. 2135 *** <br> （0. 0222） |
| 家庭老人抚养比 | 1. 1425 *** <br> （0. 3656） | 0. 0497 <br> （0. 1335） | 2. 0520 *** <br> （0. 1994） |
| 家庭少儿抚养比 | 0. 3697 *** <br> （0. 1104） | - 0. 0571 ** <br> （0. 0249） | 0. 1984 * <br> （0. 1044） |
| 家庭收入 | 0. 0158 <br> （0. 0099） | 0. 0061 * <br> （0. 0036） | 0. 0601 *** <br> （0. 0142） |

续表

| 变量 | 家庭幸福感 | | |
|---|---|---|---|
| | （1） | （2） | （3） |
| | 2014 年 | 2016 年 | 2018 年 |
| 地区经济水平 | 0.6238<br>(0.4378) | 0.0486<br>(0.2122) | 0.4830 *<br>(0.2839) |
| 地区教育水平 | − 0.1348<br>(0.1001) | 0.0165<br>(0.0390) | − 0.0907<br>(0.0694) |
| 村庄固定效应 | 是 | 是 | 是 |
| 样本量 | 8642 | 8642 | 8642 |
| $R^2$ | 0.3274 | 0.1536 | 0.2553 |

注：*、**、*** 分别表示在 10%、5%、1% 的水平下显著；括号内为稳健性标准误。

附表 14　　　　　数字使用不平等对家庭幸福感的分年度回归结果

| 变量 | 家庭幸福感 | | |
|---|---|---|---|
| | （1） | （2） | （3） |
| | 2014 年 | 2016 年 | 2018 年 |
| 数字使用不平等 | − 1.8298 ***<br>(0.2843) | − 0.2504 ***<br>(0.0753) | − 1.1526 ***<br>(0.1913) |
| 户主性别 | − 0.0475<br>(0.0473) | − 0.0248<br>(0.0206) | 0.0161<br>(0.0537) |
| 户主年龄平方 | − 0.0012<br>(0.0029) | − 0.0028 ***<br>(0.0009) | 0.0052 **<br>(0.0025) |
| 户主受教育水平 | 0.0171 ***<br>(0.0060) | − 0.0027<br>(0.0019) | 0.0180 ***<br>(0.0061) |
| 户主婚姻 | 0.8678 ***<br>(0.0901) | − 0.1102 ***<br>(0.0323) | 0.6809 ***<br>(0.0741) |
| 户主健康水平 | 0.2085 ***<br>(0.0212) | 0.0136 **<br>(0.0064) | 0.2220 ***<br>(0.0202) |
| 户主政治面貌 | 0.2740 ***<br>(0.0932) | 0.0207<br>(0.0283) | − 0.0836<br>(0.3155) |

续表

| 变量 | 家庭幸福感 | | |
|---|---|---|---|
| | （1） | （2） | （3） |
| | 2014 年 | 2016 年 | 2018 年 |
| 户主信仰 | 0.1052 * <br>（0.0594） | 0.0019 <br>（0.0211） | 0.0579 <br>（0.0568） |
| 户主社会地位 | 0.2745 *** <br>（0.0274） | 0.0039 <br>（0.0070） | 0.3224 *** <br>（0.0258） |
| 家庭规模 | − 0.2380 *** <br>（0.0293） | 0.0153 * <br>（0.0083） | − 0.2187 *** <br>（0.0221） |
| 家庭老人抚养比 | 1.0707 *** <br>（0.3661） | 0.0358 <br>（0.1335） | 2.0383 *** <br>（0.1978） |
| 家庭少儿抚养比 | 0.4019 *** <br>（0.1101） | − 0.0504 ** <br>（0.0251） | 0.2694 ** <br>（0.1053） |
| 家庭收入 | 0.0150 <br>（0.0099） | 0.0059 * <br>（0.0035） | 0.0555 *** <br>（0.0140） |
| 地区经济水平 | 0.6298 <br>（0.4443） | 0.0452 <br>（0.2104） | 0.4979 * <br>（0.2818） |
| 地区教育水平 | − 0.1319 <br>（0.0993） | 0.0163 <br>（0.0390） | − 0.0905 <br>（0.0704） |
| 村庄固定效应 | 是 | 是 | 是 |
| 样本量 | 8642 | 8642 | 8642 |
| $R^2$ | 0.3311 | 0.1543 | 0.2582 |

注：* 、** 、*** 分别表示在 10% 、5% 、1% 的水平下显著；括号内为稳健性标准误。

附表 15　　　　　数字获益不平等对家庭幸福感的分年度回归结果

| 变量 | 家庭幸福感 | | |
|---|---|---|---|
| | （1） | （2） | （3） |
| | 2014 年 | 2016 年 | 2018 年 |
| 数字获益不平等 | − 1.3601 *** <br>（0.2455） | − 0.2039 *** <br>（0.0645） | − 0.8605 *** <br>（0.1541） |
| 户主性别 | − 0.0509 <br>（0.0479） | − 0.0260 <br>（0.0205） | 0.0107 <br>（0.0540） |

续表

| 变量 | 家庭幸福感 | | |
|------|------|------|------|
| | (1) | (2) | (3) |
| | 2014 年 | 2016 年 | 2018 年 |
| 户主年龄平方 | -0.0029<br>(0.0029) | -0.0030 ***<br>(0.0009) | 0.0043 *<br>(0.0025) |
| 户主受教育水平 | 0.0189 ***<br>(0.0062) | -0.0026<br>(0.0018) | 0.0186 ***<br>(0.0061) |
| 户主婚姻 | 0.8372 ***<br>(0.0901) | -0.1116 ***<br>(0.0323) | 0.6714 ***<br>(0.0753) |
| 户主健康水平 | 0.2111 ***<br>(0.0214) | 0.0141 **<br>(0.0064) | 0.2212 ***<br>(0.0201) |
| 户主政治面貌 | 0.2696 ***<br>(0.0924) | 0.0188<br>(0.0283) | -0.1177<br>(0.3196) |
| 户主信仰 | 0.1020 *<br>(0.0603) | 0.0024<br>(0.0212) | 0.0601<br>(0.0567) |
| 户主社会地位 | 0.2739 ***<br>(0.0273) | 0.0037<br>(0.0070) | 0.3203 ***<br>(0.0260) |
| 家庭规模 | -0.2230 ***<br>(0.0286) | 0.0167 **<br>(0.0082) | -0.2159 ***<br>(0.0222) |
| 家庭老人抚养比 | 1.1818 ***<br>(0.3622) | 0.0564<br>(0.1344) | 2.0773 ***<br>(0.1995) |
| 家庭少儿抚养比 | 0.3456 ***<br>(0.1083) | -0.0583 **<br>(0.0256) | 0.2292 **<br>(0.1042) |
| 家庭收入 | 0.0164<br>(0.0099) | 0.0060 *<br>(0.0036) | 0.0591 ***<br>(0.0142) |
| 地区经济水平 | 0.6229<br>(0.4571) | 0.0519<br>(0.2121) | 0.4881 *<br>(0.2896) |
| 地区教育水平 | -0.1349<br>(0.1014) | 0.0162<br>(0.0389) | -0.0877<br>(0.0694) |
| 村庄固定效应 | 是 | 是 | 是 |
| 样本量 | 8642 | 8642 | 8642 |
| $R^2$ | 0.3270 | 0.1538 | 0.2568 |

注: *、**、*** 分别表示在 10% 、5% 、1% 的水平下显著；括号内为稳健性标准误。

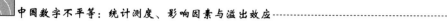

附表 16　　　　　　基于 RIF－I－OLS 分解的分时段回归结果（要素数字不平等）

| 变量 | 要素数字不平等 | | |
| --- | --- | --- | --- |
| | （1） | （2） | （3） |
| | 2010～2015 年 | 2016～2018 年 | 2019～2020 年 |
| 企业经营 | −0.0500 ** <br> (0.0198) | −0.0199 *** <br> (0.0062) | −0.0255 *** <br> (0.0060) |
| 基础设施 | −0.0162 <br> (0.0242) | −0.0217 *** <br> (0.0055) | −0.0152 *** <br> (0.0045) |
| 企业规模 | 0.1153 ** <br> (0.0580) | 0.0323 * <br> (0.0176) | 0.0057 <br> (0.0171) |
| 企业所有制 | −0.0383 <br> (0.0295) | −0.0149 <br> (0.0139) | −0.0003 <br> (0.0153) |
| 地区数字经济发展 | 0.5061 <br> (0.4465) | 0.1040 <br> (0.4418) | −0.2551 <br> (0.8046) |
| 地区产业结构 | 0.0674 <br> (1.2186) | 0.0741 <br> (1.2563) | 0.6795 <br> (1.3888) |
| 地区教育水平 | −1.2605 <br> (8.3570) | 0.5007 <br> (9.0172) | −0.6779 <br> (3.6954) |
| 常数项 | 1.3092 ** <br> (0.6350) | 1.2145 * <br> (0.6945) | 0.9873 <br> (0.9412) |
| 城市固定效应 | 是 | 是 | 是 |
| 年份固定效应 | 是 | 是 | 是 |
| 样本量 | 11334 | 5667 | 3778 |
| $R^2$ | 0.1791 | 0.0354 | 0.0342 |

注：*、**、*** 分别表示在 10%、5%、1% 的水平下显著；括号内为稳健性标准误。

附表 17　　　　　基于 RIF－I－OLS 分解的分时段回归结果（经营数字不平等）

| 变量 | 经营数字不平等 | | |
| --- | --- | --- | --- |
| | （1） | （2） | （3） |
| | 2010～2015 年 | 2016～2018 年 | 2019～2020 年 |
| 企业经营 | −0.0565 *** <br> (0.0178) | −0.0233 ** <br> (0.0103) | −0.0092 <br> (0.0112) |
| 基础设施 | 0.0316 <br> (0.0204) | −0.0045 <br> (0.0145) | −0.0101 <br> (0.0132) |

续表

| 变量 | 经营数字不平等 | | |
|---|---|---|---|
| | （1） | （2） | （3） |
| | 2010～2015 年 | 2016～2018 年 | 2019～2020 年 |
| 企业规模 | 0. 1065 *** <br> （0. 0342） | 0. 0082 <br> （0. 0188） | － 0. 0090 <br> （0. 0179） |
| 企业所有制 | 0. 1849 *** <br> （0. 0348） | － 0. 0028 <br> （0. 0112） | － 0. 0025 <br> （0. 0133） |
| 地区数字经济发展 | 0. 1349 <br> （0. 6147） | － 0. 1325 <br> （0. 6393） | 0. 0206 <br> （0. 5621） |
| 地区产业结构 | － 0. 1671 <br> （1. 2448） | － 0. 9473 <br> （0. 9875） | 1. 0290 <br> （1. 5664） |
| 地区教育水平 | 5. 2121 <br> （9. 6576） | 6. 4546 <br> （7. 4931） | － 2. 0019 <br> （2. 3035） |
| 常数项 | 0. 4746 <br> （0. 6751） | 1. 6049 *** <br> （0. 6060） | 0. 5166 <br> （1. 0103） |
| 城市固定效应 | 是 | 是 | 是 |
| 年份固定效应 | 是 | 是 | 是 |
| 样本量 | 11334 | 5667 | 3778 |
| $R^2$ | 0. 2884 | 0. 0218 | 0. 0169 |

注：＊、＊＊、＊＊＊分别表示在10%、5%、1%的水平下显著；括号内为稳健性标准误。

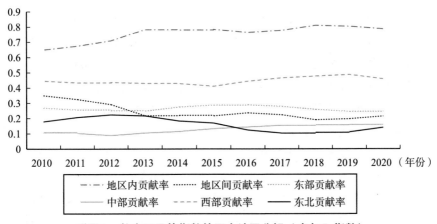

附图 1　数字不平等指数的四大地区分解（泰尔 L 指数）

# 后　　记

伴随着信息技术的迅猛发展，数字经济已经成为推动中国经济增长的重要引擎。然而，数字技术的快速普及也在无形中加剧了社会的不平等现象。数字不平等不仅表现为不同地区、不同群体之间数字技术获取、使用、收益层面的差距，还反映为由此带来的社会中的机会不平等和结果不平等。本书旨在系统性地探讨中国数字不平等现状、成因及其广泛的经济社会影响。

本书的研究得到一系列丰富、有价值的结论。总体上可以看出，数字不平等具有广泛、丰富的内涵，整体上我国数字不平等呈现下降态势，但地区数字经济发展水平仍存在一定差距。不同主体对应的数字不平等表现也不尽相同，地区层面对应着地区数字经济发展差距，居民层面对应着数字技能或数字素养差距，企业层面对应着数字化水平差距，在不同主体内部数字不平等的成因及溢出效应也存在差异。针对以上结论，本书认为可以从强化数字经济测度的数据基础与统计工作、营造良好数字技术创新环境、大力培养数字技术相关人才、加强弱势地区数字基础设施建设、加大弱势群体的数字技能培训等多维度推动政策发力，切实减小当前数字不平等程度，不断推动我国数字经济进一步协同、创新发展。

撰写本书的过程既是对中国数字不平等问题的一次系统研究，也是对相关理论和方法的一次深入探索。本书不仅借鉴了国内外相关领域的先进研究成果，还结合中国的实际情况进行了创新性的研究。通过大量的理论分析与实证研究，本书力图为读者提供一幅全面、真实的中国数字不平等图景。本书的出版只是作者及所在团队研究工作中的一个阶段性成果，未来我们将继续在这一领域深入探索和研究，为解决数字不平等问题、推动社会公平与发展贡献我们的智慧和力量。我们真诚希望本书能够引起读者对数字不平等问题的关注和思考，并为相关领域的研究和实践提供有益的参考和借鉴。

周元任

2024 年 6 月 14 日

于北京